龙
图

Pour Madeleine
de la part de Kéko
Noël 97

L'ÂGE D'OR DU JAPON

« L'âge d'or des civilisations »

Rose Hempel

L'ÂGE D'OR DU JAPON

L'époque Heian 794–1192

Office du Livre

Titre de l'édition originale: *Japan zur Heian-Zeit – Kunst und Kultur*

Traduction française: Madeleine Mattys-Solvel

© 1983 by Office du Livre S.A., Fribourg (Suisse).
Tous droits réservés. Reproduction même partielle interdite
sans l'autorisation préalable de l'éditeur.

ISBN 2-8264-0109-2

Imprimé en Italie

Table des matières

Introduction 7

I Le Japon dans le sillage de la Chine ... 11

Le Yamato et sa capitale Nara 12
La littérature à l'époque Nara 19

II Mutation de la culture japonaise 21

La nouvelle capitale Heian-kyō 22
Les nouvelles doctrines secrètes du bouddhisme et
le Shintō 27
Les temples de la secte Shingon 29
Les *mandara* 38
La sculpture Jōgan 40
La peinture bouddhique 48
Littérature et calligraphie chinoises 52
Littérature et calligraphie japonaises 56

III L'apogée de l'époque Heian 61

Le clan des Fujiwara 62
Le gouvernement de monastère *(insei)* 64
Le palais *shinden* 66
L'architecture Shintō 70
L'amidisme 74
Le temple, œuvre d'art globale 80
La sculpture Fujiwara 102
La peinture religieuse 112
La rédaction des *sūtra* 121
L'apogée de la littérature 135
La calligraphie de l'époque Heian tardive 139
La peinture profane: Kara-e et Yamato-e 147
L'artisanat d'art 151

La musique et la danse 163
Les fêtes de l'année 168
Les seigneurs et les dames de la cour 172
Le vêtement 175
La nourriture et les boissons 184

IV Reflets de la littérature et de la vie
dans la peinture 185

La peinture Yamato-e et le *Genji-monogatari-emaki* 186
L'Histoire et les légendes dans l'*emaki* 195
La littérature de femmes dans l'*emaki* 206
Les portraits 209
Les caricatures et les «six univers» 210

Postface
La fin d'une époque 217

Appendices 219

Notes 221
Carte du Japon avec les provinces de l'époque Heian 223
Plan du palais impérial (Daidairi) 224
Plan du palais intérieur (Dairi) 226
Les empereurs de l'époque Heian 227
Les régents Fujiwara (866–1184) 228
Les Minamoto (Genji) 228
Dates importantes concernant l'art et l'architecture
de l'époque Heian 229
Répertoire des œuvres des sculpteurs de bouddha
Kōshō et Jōchō 233
Arbre généalogique des sculpteurs de l'école Jōchō 235
Glossaire 236
Bibliographie 244
Index 248

Introduction

Ce livre est consacré à une période de la culture et de l'art japonais, la période Heian, que J. E. Kidder considère comme «l'une des plus japonaises de toute l'histoire du Japon»[1].

La période Heian doit son nom à la nouvelle capitale fondée en 794, Heian-kyō, l'actuelle Kyōto. Cette époque, la plus longue de l'histoire japonaise, couvre quatre siècles. Elle prend fin lors du transfert du siège du gouvernement (mais non celui de la cour impériale) à Kamakura, transfert décidé par le régent militaire Minamoto no Yoritomo à la fin du XIIe siècle (1192)[2].

Qu'est-ce qui fit de la période Heian une des plus japonaises de l'histoire japonaise? Quelles forces nouvelles entrèrent en action? Quels sont les facteurs qui suscitèrent cet épanouissement du vieux fond culturel et artistique japonais?

Au cours de la première phase de la période Heian, qui s'étend de la fondation de Heian-kyō à la rupture des relations diplomatiques avec la Chine en 894, des religieux érudits répandirent de nouveaux modes de pensée. Le moine Kūkai (Kōbō Daishi) et son contemporain Saichō (Dengyō Daishi) ramenèrent de Chine en 805 et 806 les doctrines bouddhiques de la connaissance et de la délivrance les plus récemment parvenues des Indes. Ils se détournèrent de la cour et fondèrent des cloîtres isolés dans la montagne. L'essence du véritable «style japonais» se manifesta pour la première fois, loin de la cour influencée par la Chine, dans les formes architecturales ainsi que dans la peinture et la sculpture bouddhiques. La relation très profonde que la nouvelle doctrine bouddhique entretenait avec la nature et le paysage permit d'y incorporer les conceptions Shintō. Le Shintō, «voie des Dieux», religion primitive japonaise où l'image n'avait pas cours, fut logiquement inclus dans le panthéon bouddhique des doctrines ésotériques. La quête de la connaissance et de la mise en évidence de la vérité ultime imprègne les débuts de la période Heian.

Le milieu de cette période porte le nom du clan des régents détenteurs du pouvoir: les Fujiwara. Autour de l'empereur se développa l'univers luxueux d'une cour élégante et frivole (*miyabi*). Chaque nuance du vêtement, du geste, du mot, de la perception était codifiée en cette époque caractérisée par «le règne du bon goût», selon l'expression de G. B. Sansom[3]. Dans le monde clos des appartements féminins, les dames de la cour calligraphiaient leur journal, leurs contes et leurs romans. Vers 1010, Murasaki Shikibu écrivit un roman psychologique d'une grande puissance, le *Genji-monogatari*, qui dépeint la vie de cour autour du prince Genji, resplendissant de beauté et auréolé de ses succès amoureux, puis autour de son fils et de son petit-fils. Et que serait ce monde amoureux de l'amour et pourtant profondément mélancolique sans la poésie? Peut-être est-ce par elle que le Japon avait été façonné avant même que les arts plastiques ne fassent de la nature, des sentiments, de l'homme et du destin, leurs thèmes principaux. Dans ce domaine aussi, le vrai Japon (*wa-yō*) se révéla d'abord dans le registre du léger, du quotidien, de l'amusant, dont les femmes se faisaient l'écho dans leurs œuvres par le choix des sujets, du style et de la calligraphie. La langue chinoise, son style et sa calligraphie, réservés à ce qui était sérieux, politique, important, demeuraient l'apanage des hommes (*kara-yō*). L'art bouddhique, malgré son caractère hiératique, fut influencé par le style *wa-yō* en usage à la cour. L'extrême élégance et la beauté pleine de douceur de ce dernier gagnèrent l'art religieux. La quête de la connaissance qui caractérisait la pensée religieuse au début de la période Heian fit place à une foi simple en un salut accessible par la prière ou même la seule invocation du nom d'Amida. Le Bouddha Amida promettait une renaissance immédiate dans le paradis de l'Ouest dont il était le maître.

La croyance en une fin prochaine du monde était très répandue. Sensibilisés à cette vision, les nobles tenaient pour acte de piété de faire exécuter des représentations du paradis, œuvres votives globales qui incluaient en un même programme l'architecture des palais, les sculptures figuratives et les représentations picturales. Artistes, artisans et esclaves travaillaient en grand nombre à ces projets. Les luttes armées des clans, acharnés à conquérir le pouvoir, entraînèrent, à la fin du XIIe siècle, la destruction des temples et des palais les plus représentatifs et plongèrent le peuple dans la misère.

Après 1068, au cours de la dernière phase de la période Heian où les ex-empereurs se retiraient dans leur cloître, les régents cherchèrent à pactiser tantôt avec l'un tantôt avec l'autre des deux clans dont la puissance montait: les Taira et les Minamoto. Les milieux de cour, coupés des réalités, perdirent progressivement les rênes du pouvoir réel. L'art qui en émanait continua cependant à s'épanouir dans tous les domaines: c'est dans la première moitié du XIIe siècle, alors que le monde de cour s'effritait déjà, que furent composés les rouleaux enluminés du *Dit du Genji* (*Genji-monogatari-emaki*), conçus, peints et calligraphiés par des nobles. Le style, purement japonais, fut qualifié dès cette époque de «Yamato-e». De nombreux récits illustrés par les courtisans[4] furent exécutés selon la technique de composition et d'application de couleurs très vives appelée «*tsukuri-e*» (littéralement «image fabriquée»). Cette époque vit la naissance du *Konjaku-monogatari*, anthologie d'histoires comprenant aussi des récits bouddhiques, destiné au peuple, et celle d'*emaki-mono* (rouleaux enluminés, en abrégé «*emaki*») dépeignant des événements historiques ou des miracles de bouddha. Ici aussi apparaît un goût nouveau de la réalité et du sens dramatique. Les silhouettes vivent, agissent, font montre de leurs sentiments sur un mode exubérant. Le pinceau, libéré, décrit avec une verve neuve la succession des événements. Probablement impressionnés par les nouvelles tendances artistiques de la Chine des Song (960–1279), les peintres, aujourd'hui inconnus, s'initièrent à de nouvelles techniques et les adaptèrent à la sensibilité japonaise. Le rouleau illustré *Caricatures d'animaux (Chōjū-giga)*, une des œuvres maîtresses de l'art mondial, vit le jour à cette époque. L'auteur, probablement un moine, a traité son sujet avec un humour consommé et un sens aigu de l'esquisse et de la caricature. Il met en scène des animaux facétieux qui vont jusqu'à tourner en dérision les cérémonies bouddhiques. Ici s'ébauche un nouveau mode de pensée et une liberté nouvelle dans la conception de l'œuvre d'art. La culture et l'art élitistes de la cour touchent à leur fin.

I   Le Japon dans le sillage de la Chine

Le Yamato et sa capitale Nara

«Le Yamato est la plus haute partie du pays.
Les montagnes, vertes parois, s'étagent en paliers.
Niché au creux des montagnes,
 qu'il est beau le Yamato!»

Kojiki, poème 30

Dans ce poème, un prince légendaire, Yamato-takeru, fils du douzième empereur Keikō, chante une région située dans le Japon central: le Yamato. C'est en cet endroit agréable situé au sud du lac Biwa que des clans royaux et nobles venant de l'île de Kyūshū se seraient fixés au IVe siècle après J.-C. Le caractère attribué au prince de la légende révèle les traits essentiels de la mentalité japonaise de cette époque: loyauté inconditionnelle, violence, profond attachement à la nature, sens aigu de la beauté, tendance à la mélancolie, goût de l'expression poétique et mélodieuse[5].

Par la force, le clan au pouvoir s'était assuré la suprématie sur les autres. Son chef, le *tennō* (monarque du Ciel), considéré comme descendant direct de la déesse du soleil, exerçait des fonctions à la fois politiques et sacerdotales. Généralement, les *tennō* bâtissaient leurs palais dans les plus beaux paysages. Ces palais étaient abandonnés à la mort de chacun d'entre eux pour respecter les rites de pureté imposés par les divinités *(kami)*.

Au IVe siècle, des émigrants venus probablement de Corée et aussi de Chine via les colonies du Nord s'étaient fixés au Yamato. L'apport de ces migrants très évolués, porteurs de la civilisation du continent, éleva le niveau culturel du peuple du Yamato. Armes et ustensiles en bronze, épées et miroirs, couteaux et socs de charrues en fer étaient déjà parvenus dans l'île au cours des premiers siècles de l'ère chrétienne. Mais il fallut attendre l'instauration d'un établissement japonais en Corée du Sud (Mimana) pour que l'Etat coréen de Paekche (Kudara) envoie des artisans en guise de tribut (il espérait obtenir en retour une aide armée des Japonais réputés pour leur valeur au combat). C'est ainsi qu'arrivèrent au Japon des éleveurs de vers à soie, des tisserands chinois et coréens, une couturière, un brasseur de saké et un forgeron[6].

Les annales mentionnent également les noms des lettrés Achiki et Wani arrivés à la cour japonaise vers 375. Ils apportèrent au Yamato, jusqu'alors sans écriture, le système complexe des idéogrammes chinois. Ils avaient emmené avec eux les textes de base chinois: le *Lunyu (Les Entretiens de Confucius)* et le *Qianziwen (1000 idéogrammes courants)*. Les scribes groupés en guilde *(fubito)* jouissaient d'un grand prestige et la cour leur assigna notamment les fonctions de comptables des trésors et de recenseurs de la population. A leur suite, des potiers, des selliers, des peintres, des tisserands de brocarts vinrent plus tard de Paekche. Les étrangers originaires de Chine (Aya) occupaient des postes élevés, ceux qui venaient de Corée (Hata) pratiquaient des métiers manuels. Ce seront ces derniers qui produiront la soie, travailleront le fer, couleront le bronze et même exécuteront des statues de Bouddha. Sans doute furent-ils écartés de l'administration, mais on leur confia des charges sacerdotales dans d'importants sanctuaires Shintō.

La pénétration du bouddhisme représente une étape importante dans les débuts de l'histoire japonaise. Elle commence environ 150 ans après l'introduction de l'écriture chinoise. On cite les années 538 et 552 comme dates des premiers tributs incluant des figures de Bouddha et de textes de *sūtra*. Les avis des clans sur la valeur de cette religion étrangère étaient partagés. Les ambitieux Soga adoptèrent la doctrine du Bouddha, mais sa reconnaissance officielle ne vint qu'un demi-siècle plus tard sous l'impulsion d'un prince aux idées modernes, Shōtoku Taishi (574–622). Il fit ériger, par des spécialistes coréens, des temples selon le plan chinois et les décora de peintures et de sculptures propitiatoires. Il entreprit également une réforme de l'Etat. En l'an 604 fut promulguée une Constitution selon le modèle chinois. Quatre ans plus tard, un groupe d'étude fit un voyage en Chine pour se documenter en vue d'autres réformes. Le Japon s'adapta à la culture continentale avec une fièvre et une habileté surprenantes.

Des temples bouddhiques apparurent dans tous les lieux de quelque importance et en particulier dans le voisinage des palais. Le Shitennō-ji, inauguré en 593 par Shōtoku Taishi, fut suivi par le Hōkō-ji en 596. Le

---

1
Temple Hōryū-ji, Nara: vue aérienne. Bâtiment en bois avec toits de tuiles. H. de la pagode: 32,45 m. Fondé en 607, érigé à la fin du VIIe siècle.
Au premier plan, on aperçoit la porte Chū-mon. A l'intérieur de la cour, à droite, le pavillon d'Or (Kondō) fait pendant à la pagode située à gauche. L'ensemble est complété, à l'ouest, par le pavillon d'enseignement, le Kōdō. Certains des bâtiments du Hōryū-ji sont les plus vieilles constructions en bois du monde.

temple principal du prince héritier, le Hōryū-ji (607), brûla de son vivant encore, en 670. Pour obtenir la guérison du prince malade, la famille avait fait vœu de faire couler une sculpture de Shakyamuni: il mourut cependant avant qu'elle fût terminée. Cette triade de Bouddha en bronze, une des figures de culte les plus prestigieuses du bouddhisme, fut créée par le maître des bouddha Tori, descendant d'immigrants chinois et maître de la guilde des selliers. La fièvre de foi et de puissance engendrée au Japon par le bouddhisme suscita un élan culturel et artistique dans tous les domaines.

Pendant la période Asuka (552–645), des courants stylistiques divers, propres au bouddhisme, parvinrent au Japon via la Corée. Les sculptures des grottes de Longmen semblent avoir marqué les œuvres en bronze de Tori et de son école. On retrouve semble-t-il des caractères propres au Sud de la Chine dans les figures de bodhisattva du Hōryū-ji et du Kōryū-ji désignées comme «coréennes».

L'influence morale du bouddhisme, pacifique par essence, tarda cependant à se manifester. C'est ainsi qu'une série d'assassinats perpétrés sur des héritiers au trône et même sur un empereur précéda la mise en œuvre de la réforme Taika en 645–646. Nakatomi no Kamatari, ancêtre du clan Fujiwara, joua un rôle prépondérant dans l'introduction de cette réforme. Cette année-là (645) marquera l'adoption par le Japon d'une computation du temps de type chinois par «ères» (nengō). Dès lors, le tennō fut déclaré maître absolu dans le domaine religieux et dans celui de l'Etat. Le domaine religieux n'incluait pas le bouddhisme mais avait trait aux seules cérémonies Shintō, purement japonaises, telles que les actions de grâce après la moisson, les fêtes purificatoires, l'entretien des sanctuaires et les oracles. Les offices administratifs et le corps des fonctionnaires, strictement hiérarchisés, étaient soumis à l'autorité du tennō. On adopta l'étiquette compliquée de la cour chinoise, et le sol fut déclaré propriété de l'Etat qui le répartissait entre les familles du peuple selon le nombre de têtes qu'elles comptaient. Cour, noblesse et temples vivaient de leurs tributs. Les énormes travaux de construction étaient réalisés par des esclaves dont on estime le nombre à quelque six millions à l'époque Nara.

La réforme, considérable, ne fut terminée qu'en 701 avec les lois Taihō. Cette nouvelle législation se révéla cependant dès le début impuissante à substituer l'ordre chinois aux conceptions claniques japonaises, à placer le mérite au-dessus des droits héréditaires et le rang acquis au-dessus de la position héritée. Dès 682, le rang social avait repris le pas sur la compétence dans la distribution des charges.

Sous les règnes de l'empereur Temmu (673–686), de son épouse Jitō (690–697), couronnée tennō après lui, et de leur petit-fils Mommu (697–707), le gouvernement et l'Etat se consolidèrent. Des émissaires japonais revinrent de Chine accompagnés de moines érudits appartenant à de nouvelles sectes bouddhiques. Ils furent accueillis à la cour et jouirent de sa protection.

La chute des royaumes coréens de Koguryo (Kōkuri) et de Paekche (Kudara) provoqua en 663 et en 668 un nouvel afflux de réfugiés vers le Japon. Le pays, peu peuplé et riche en terres inexploitées, absorba sans problème les nouveaux arrivants. C'est grâce à cette population venue de Corée que les styles du début de l'époque Tang parvinrent au Japon. On constate en effet, à partir du milieu du VIIe siècle, l'abandon des formes archaïques linéaires, plates et d'une lourdeur pathétique qui caractérisaient la sculpture bouddhique japonaise de la période Asuka. Au cours de la période Hakuhō (646–710) s'ébauche une évolution vers des formes arrondies et vers une liberté nouvelle dans les attitudes corporelles.

Les temples bouddhiques les plus anciens parvenus jusqu'à nous datent de la fin du VIIe siècle. La plupart étaient des temples votifs construits par la maison impériale et appartenaient à l'Etat. La reconstruction du Hōryū-ji, détruit par le feu en 670, ne fut terminée qu'à la fin du VIIe siècle. C'est à cette époque que fut peint l'intérieur du Kondō (pavillon d'Or): les paradis des quatre Bouddha accompagnés de bodhisattva témoignent de la maturité de l'art chinois dont ces peintures sont directement inspirées. Quelques années plus tard, l'empereur Temmu fit construire le temple Yakushi-ji qu'il dédia au Bouddha de la médecine pour obtenir la guérison de son épouse, la future impératrice Jitō, qui était atteinte d'une maladie des yeux. Dans ce cas, l'art coréen servit de modèle, notamment pour le plan des bâtiments et la forme des consoles et des toits.

Le grand essor économique, dû à la fois au défrichement de terres plus septentrionales et à la découverte d'argent et de cuivre, poussa l'empereur Temmu à fonder une capitale de type continental que l'impératrice Gemmei termina en 710. Les règles de la géomancie chinoise imposèrent pour la nouvelle capitale Heijōkyō, aujourd'hui Nara, un emplacement situé dans le Nord du Yamato. Les rues à angle droit, le palais impérial (Daidairi) au nord, l'emplacement des temples et des marchés, la division en neuf quartiers reprodui-

Eres (nengō) depuis leur introduction en 645 jusqu'en 1199

Taika	645–650	Shōhei (Jōhei)	931–938	Eichō	1096–1097
Hakuchi	650–655	Tengyō (Tenkei)	938–947	Jōtoku (Shotoku)	1097–1099
Saimei (Saimyō)	655–662	Tenryaku	947–957	Kōwa	1099–1104
Tenji (Tenchi)	662–672	Tentoku	957–961	Chōji	1104–1106
Sujaku	672	Ōwa	961–964	Kajō (Kashō)	1106–1108
Hakuhō	672–685	Kōhō	964–968	Tennin	1108–1110
Suchō	686	Anna	968–970	Tenei	1110–1113
Suchō/Jitō	687–696	Tenroku	970–973	Eikyū	1113–1118
Mommu	697–701	Tenen	973–976	Genei	1118–1120
Taihō	701–704	Jōgen	976–978	Hōan	1120–1124
Keiun	704–708	Tengen	978–983	Tenji	1124–1126
Wadō	708–715	Eikan	983–985	Daiji	1126–1131
Reiki	715–717	Kanna	985–987	Tenshō (Tenjō)	1131–1132
Yōrō	717–724	Eien	987–989	Chōshō (Chōjō)	1132–1135
Jinki	724–729	Eiso	989–990	Hōen	1135–1141
Tempyō	729–749	Shōryaku	990–995	Eiji	1141–1142
Tempyō-shōhō	749–757	Chōtoku	995–999	Kōji	1142–1144
Tempyō-hōji	757–765	Chōhō	999–1003	Tenyō	1144–1145
Tempyō-jingo	765–767	Kankō	1004–1012	Kyūan	1145–1151
Jingo-keiun	767–770	Chōwa	1012–1017	Nimpei (Nimpyō)	1151–1154
Hōki	770–780	Kannin	1017–1020	Kyūju	1154–1156
Tenō	781	Jian	1021–1024	Hōgen	1156–1159
Enryaku	782–806	Manju	1024–1028	Heiji	1159–1160
Daidō	806–810	Chōgen	1027–1037	Eiryaku	1160–1161
Kōnin	810–824	Chōryaku	1037–1040	Ōhō	1161–1163
Tenchō	824–834	Chōkyū	1040–1044	Chōkan	1163–1165
Jōwa	834–848	Kantoku	1044–1046	Eiman	1165–1166
Kashō	848–851	Eijō (Eishō)	1046–1053	Ninan	1166–1169
Ninju	851–854	Tenki	1053–1058	Kaō	1169–1171
Saikō	854–857	Kōhei	1058–1065	Jōan	1171–1175
Tenan (Tennan)	857–859	Jiryaku	1065–1069	Angen	1175–1177
Jōgan	859–876	Enkyū	1069–1074	Jishō	1177–1181
Gangyō	877–885	Jōhō	1074–1077	Yōwa	1181–1182
Ninna	885–889	Jōryaku (Shoryaku)	1077–1081	Juei	1182–1185
Kampyō	889–898	Eihō	1081–1084	Genryaku	1185
Shōtai	898–901	Ōtoku	1084–1087	Bunji	1185–1190
Engi	901–923	Kanji	1087–1094	Kenkyū	1190–1199
Enchō	923–931	Kahō	1094–1096		

saient fidèlement le grand modèle: Chang'an, la capitale des Tang. Il est aujourd'hui difficile d'imaginer le faste du domaine palatial, des édifices aux colonnes laquées rouges et aux toits de tuile s'étendant sur une superficie d'environ un kilomètre. Une route rectiligne venant du Sud y aboutissait, partageant la ville en deux quartiers, est et ouest. On réimplanta dans la grande circonscription urbaine les temples des capitales précédentes: en 711 le Daian-ji, en 716 le Gankō-ji (trois blocs plus loin vers l'est). Chaque pilier, chaque console, tous les matériaux de construction précieux étaient apparemment transportés sur des charrettes à bœufs. En 710 ou en 718, on reconstruisit le temple Yakushi-ji sur une aire carrée dans la sixième rue de la circonscription ouest. Son élégante pagode, unique en son genre avec ses trois étages et ses toits intermédiaires, aurait été créée à Heijō-kyō même, en 730. La datation de l'imposante triade Yakushi en bronze est controversée, mais l'arrondi des volumes et la liberté des attitudes semblent indiquer le début du VIIIe siècle comme l'époque la plus probable.

Le grand Kōfuku-ji à l'est de l'ancienne ville était le temple privé du clan Fujiwara. Il avait été érigé par Fujiwara no Fubito. Les bâtiments d'origine, pavillons,

pagodes et pavillon octogonal furent incendiés et totalement détruits au cours des luttes de la fin du XIIe siècle; ils furent reconstruits plus tard.

La période Nara atteignit son apogée au cours des règnes de l'empereur Shōmu (724–749) et de sa fille Kōken-Shōtoku (749–758, 764–770), sous l'impulsion de leurs orgueilleux projets nationalistes et religieux. Le bouddhisme, devenu religion d'Etat, servait à «la protection du pays». Les gens étaient contraints d'entrer dans les ordres ou engagés dans des entreprises d'Etat et affectés aux constructions ou à des travaux artisanaux. Par ces méthodes, l'art et en particulier l'architecture atteignirent un très haut niveau et les réalisations se multiplièrent. En dépit de cette pieuse activité, le pays fut ravagé en 737 par une épidémie de variole très meurtrière. Pour conjurer ce fléau, auquel s'étaient ajoutés des tremblements de terre, l'empereur Shōmu fit vœu de construire un temple d'Etat, le Tōdai-ji. Le peuple fut convié à apporter sa contribution et une personne sur dix le fit, parfois d'ailleurs avec des dons minimes.

Le Grand Bouddha (Daibutsu), une monumentale sculpture en bronze de 16,19 m de haut, représente le Bouddha universel Birushana (Vairocana). Elle constitue la principale figure de culte du temple. Son exécution absorba toutes les réserves de bronze du pays. Plusieurs coulées échouèrent et la statue ne fut terminée qu'après quatre ans (749). Le processus de dorure prit lui aussi plusieurs années. En 752, devant une assistance de plusieurs milliers de personnes comprenant nobles, religieux et fidèles, on procéda en grande pompe à la cérémonie de l'ouverture des yeux. Le grand pavillon qui abritait la statue était et reste, malgré diverses transformations, le plus grand bâtiment en bois du monde. Le Bouddha Birushana fut restauré à maintes reprises, la dernière fois en 1692.

D'autres figures de culte très importantes de l'époque Nara sont conservées dans des pavillons dépendant du Tōdai-ji, ainsi le pavillon du Lotus (Hokke-dō) et le pavillon d'initiation (Kaidan-in), et dans un temple situé plus au sud, le Shin-Yakushi-ji. Les matériaux utilisés, laque et argile, se prêtaient particulièrement bien au modelage et à l'application de couleurs et de dorures. De majestueuses silhouettes de bodhisattva, des gardiens, des démons et des disciples du Bouddha campés dans des attitudes dramatiques nous sont restés, témoins de l'art de l'époque Nara.

A la fin de la période Nara, l'arrivée du moine chinois Jianzhen (Ganjin; 688–763), devenu aveugle, qu'on avait invité à venir au Japon pour dispenser les enseignements de la secte Ritsu, donna un élan neuf à la doctrine et à l'art bouddhiques. La maison impériale lui fit don du temple Tōshōdai-ji, situé à l'ouest de la ville, au nord du Yakushi-ji. Le prince Niitabe lui offrit un pavillon dans son palais, le Kōdō, qui devint un centre d'enseignement après être passé sous la juridiction du temple. C'est le seul exemplaire d'architecture laïque de l'époque Nara qui ait survécu jusqu'aujourd'hui. Une école de sculpture sur bois s'y était fixée, car Ganjin et sa suite chinoise avaient donné à la sculpture une impulsion nouvelle.

L'art marqué par le bouddhisme s'étendait à divers domaines: construction de temples, peinture et sculpture religieuses, artisanat lié au culte. Le style de vie et l'ambiance de la cour impériale avaient un caractère international ou tout au moins s'efforçaient de l'acquérir. Les missions de 733 et de 736 avaient ramené des objets de luxe originaires non seulement de Chine mais aussi d'Asie centrale, d'Iran et de Syrie tels que tapis, verres, objets en métal et planches de jeux. Venaient également de «l'Ouest» des soies teintées et peintes selon des techniques compliquées et ornées de motifs en partie sassanides. La splendeur des instruments de musique incrustés de nacre, d'écaille de tortue et de pierreries, des miroirs et coffrets à miroirs sont des témoins de l'art ornemental que la Chine avait créé et dans lequel les influences étrangères s'étaient merveilleusement intégrées. D'autres objets, très modestes cette fois, nous sont également parvenus: un lit en bois, des armoires simples, du matériel de calligraphie, du papier, des armes, des objets de culte et enfin ce célèbre paravent représentant des dames chinoises sous des arbres qu'on considère aujourd'hui comme une œuvre japonaise. Ce prestigieux ensemble est resté intact grâce à une initiative de l'impératrice Kōmyō. Après la mort de son époux Shōmu, elle fit don de toutes les possessions de ce dernier au Grand Bouddha Birushana du Tōdai-ji, le 77e jour de l'an 756. Le temple fit construire une réserve (Shōsō-in) à l'intérieur de laquelle régnait une obscurité totale, ce qui a permis à tous ces objets aujourd'hui si précieux de parvenir intacts jusqu'à nous.

2
Temple Tōdai-ji, Nara: vue aérienne. Fondé en 745, plusieurs fois reconstruit.
A l'avant-plan, la porte à deux étages, Nandai-mon, datant de 1199. Dans le fond, le temple proprement dit, comprenant le pavillon du Grand Bouddha (Daibutsu-den), de 1709. A l'avant de ce pavillon, une lanterne en bronze haute de 4,5 m, remontant à la première moitié du VIIIe siècle.

La littérature à l'époque Nara

Les activités à la cour nous sont connues grâce aux comptes rendus des annales. Les deux œuvres historiques des premiers temps, le *Kojiki* datant de 712 et le *Nihon-shoki* de 720, parlent d'un passé mythique mais relatent aussi la chronologie historique des événements dans le pays et à la cour. L'ouvrage de J. et R. K. Reischauer[7] nous permet de suivre les cérémonies impériales: désignation des princes héritiers, couronnements, donations et autres festivités. Il décompte les missions, celles qui sont venues du continent et celles qui y ont été envoyées. S'y trouvent également consignés les décrets relatifs à la frappe de la monnaie, à l'établissement de centres d'artisanat (728) et le nombre (rarement les noms) de leurs membres ainsi que le salaire qui leur est alloué. Enfin, il fait état de la fondation de temples dans les provinces et de la levée des armées destinées à combattre les Barbares *(emishi)* ou à mener campagne en Corée.

La nature des charges impériales fut tenue à l'abri de toute innovation continentale. Les prières solennelles étaient dites pour que le riz pousse bien et pour rendre grâce après la récolte. Les rites de purification des hommes et de la terre étaient accomplis comme le voulait le culte national, le Shintō (voie des Dieux). Les anciens sanctuaires et le culte de la déesse du soleil Amaterasu-Ōmikami, fondatrice de la maison impériale du Yamato, conservèrent leur importance dans la vie religieuse du pays. Le sanctuaire de la déesse du soleil à Ise fut reconstruit en 685 dans le style du IIIe siècle après J.-C. Un décret imposait, pour maintenir intacte leur pureté, la reconstruction des bâtiments tous les 20 ans. Des princesses impériales y étaient consacrées prêtresses. Des représentants de l'empereur y commentaient les événements importants pour le pays et on sait notamment que la coulée du Grand Bouddha de Nara fut annoncée à Ise.

Le patrimoine littéraire japonais fut rassemblé dans des documents écrits au cours des VIIe et VIIIe siècles.

Rappelons que l'écriture fut apportée au Japon par la Chine, mais la poésie de tradition orale constituait depuis toujours une forme d'expression artistique importante. La phrase mélodique apparut d'abord dans les chansons d'amour. Des anciens chants d'amour *(utagaki)* étaient récités en duo avec fraîcheur et spontanéité par les jeunes; une partie nous a été conservée dans les chansons populaires.

Le goût de l'expression poétique est manifeste dans le *Kojiki*. Il relate – en s'appuyant apparemment sur des mythes coréens – l'histoire de la création de l'île. Ecrit en caractères chinois, il était lu tantôt phonétiquement, tantôt en s'attachant au sens. Cet ouvrage en trois tomes expose la chronologie des empereurs jusqu'à Suiko Tennō, tante de Shōtoku Taishi. Pour les passages mythologiques, le compilateur Ō no Yasumaro rassembla à la demande de l'impératrice Gemmei les dits de Hide no Are que la tradition avait conservés. C'est ainsi que 111 poèmes sont inclus dans le texte. Au *Kojiki* succéda en 720 le *Nihon-shoki* ou *Nihongi*, premier ouvrage historique officiel, entièrement chinois dans sa conception. Il se compose de 30 volumes et relate la naissance et l'expansion de l'Empire jusqu'en 697. Dans ses derniers volumes, l'ouvrage expose des faits, et il était utilisé par les ambassadeurs à l'étranger comme documentation sur leur pays. En 713, l'empereur donna l'ordre de rédiger une chronique sur les différentes provinces. Le *Fudōki (Notes sur les mœurs et le pays)* fournit de nombreuses informations concernant les usages et l'économie; malheureusement, il ne nous en reste que quelques fragments.

La plus ancienne anthologie de poésie vit le jour en 751. Elle comprend 120 poésies en chinois qui avaient été composées dans l'entourage de l'empereur. Son nom *Kaifusō* signifie «Morceaux choisis imités des Anciens». On y retrouve en vers de cinq mots les thèmes et les images de la poésie chinoise. Cependant, à l'inverse de ce qui se passe en Chine, ce sont les événements à la cour qui inspirent le poète. Les thèmes philosophiques et politiques ne sont pas abordés en poésie au Japon.

Le *Manyō-shū (Recueil des 10 000 feuilles)*, beaucoup plus vivant, s'attache aux us et coutumes, au mode de vie et de perception des gens issus de toutes les classes sociales. L'œuvre, en 20 volumes, contient quelque 4500 poèmes allant du milieu du Ve siècle jusqu'à l'année 759. Les poèmes japonais *waka* sont les plus nombreux (environ 4170) et présentent d'ailleurs plus d'intérêt que les 260 longs poèmes et les 60 dialogues en vers. Le *waka* ou *uta* (chant), appelé aussi «*tanka*»

3
Pavillon principal (Kondō) du temple Tōshōdai-ji, Nara: vue intérieure. H. de Birushana: 536 cm. Troisième quart du VIIIe siècle.
Triade de Birushana, plus grande que nature. A gauche, un Kannon aux mille bras; à droite, un Yakushi Nyorai en laque sec. La figure principale est flanquée de Bon-ten et de Taishaku-ten; les Shi-tennō sont placés au coin de l'autel.

(poème court), comportait 31 syllabes réparties selon la métrique 5-7-5, 7-7. Contrairement à la poésie chinoise, il ignorait la rime. L'art de donner un tour extrêmement personnel à une forme aussi ramassée est déjà poussé très loin dans le *Manyō-shū*. Les caractères étaient chinois mais utilisés pour leur seule valeur phonétique. La graphie *manyō-gana,* qui avait été adoptée à titre d'essai dans une partie du *Kojiki*, était cette fois arrivée à maturité. Un nom, Kakimoto no Hitomaro (VIIe–VIIIe siècle), émerge au milieu de ceux des poètes de cour représentés dans le *Manyō-shū*. Il écrivit de nombreux poèmes pour la maison impériale. Son langage nous paraît très ampoulé, parce que la poésie japonaise faisait usage de mots explétifs *(makura-kotoba)* pour obtenir le nombre de pieds adéquats et moduler la sonorité. Yamabe no Akahito, contemporain de Hitomaro, chantait sur un mode plus intime la nature et l'amour. Un autre poète, Ōtomo no Yakomochi (718–785), mérite d'être cité. Il est apparemment le dernier compilateur de l'anthologie, dont les quatre derniers volumes sont consacrés à ses propres œuvres[8].

La poésie, par sa musicalité, se rapproche des chansons populaires et des chants et danses Shintō. Les danses rituelles anciennes, *kagura* (tribune des dieux), étaient présentées dans les villages sous le nom de «*sato-kagura*» (*kagura* des campagnes) et à la cour où elles étaient dénommées «*mi-kagura*» (*kagura* solennel). Elles étaient accompagnées à la flûte, à la harpe et à la voix. A partir des VIe–VIIe siècles, en même temps que la sculpture, des danses, des masques, des instruments et des formes musicales originaires de Chine, d'Inde et d'Asie centrale parvinrent au Japon. L'office de la Musique *(Gagaku-ryō)* est prévu dans la législation Taihō. Lors de l'exécution des danses *gigaku* (art musical) dans le cadre culturel bouddhique, on utilisait des masques de démons qui couvraient toute la tête. Environ 240 d'entre eux ont été conservés dans les temples bouddhiques principaux.

II Mutation de la culture japonaise

La nouvelle capitale Heian-kyō

Lorsqu'en 781, à l'âge de 44 ans, le fils de l'empereur Kōnin monta sur le trône sous le nom de Kammu Tennō, il entreprit, avec l'appui des puissants Fujiwara, de transférer la capitale. La cour devait impérativement se soustraire à l'appétit de pouvoir des «sept grands temples bouddhiques» de Nara. La nouvelle capitale fut construite à environ 30 km au nord, à Nagaoka, près du fleuve Yodo-gawa, propice aux échanges commerciaux. Cette région était occupée par les Hata, originaires de Corée. La mère de l'empereur, Takano Niigasa, étant issue de la famille royale coréenne de Paekche (Kudara), il semblait que les relations avec les Hata seraient faciles. 314000 ouvriers travaillèrent pendant sept mois à la construction de la nouvelle métropole qui, comme Nara, était tracée selon le plan de la capitale chinoise, Chang'an. On démonta les portes de Nara pour les reconstruire dans la nouvelle capitale. En 784, l'empereur put occuper son nouveau palais. Pendant ce temps, l'administration poursuivit son travail.

Le choix de Nagaoka s'avéra être une erreur. La situation géographique dans une vallée encaissée était déplorable. De plus, les intrigues rendaient insupportable le climat de la cour. Un des notables du clan Fujiwara fut assassiné avec l'approbation tacite du frère de l'empereur et du prince héritier désigné, Sawara. Le prince à son tour fut tué sur le chemin qui le menait à l'île Awaji sur laquelle il avait été banni. La malédiction qui pesait sur lui sembla s'étendre à la maison impériale: l'impératrice mourut et le nouveau prince héritier tomba gravement malade; les Ezo (Aïnu) infligèrent dans le Nord-Est de lourdes défaites aux armées impériales.

Quelque dix ans plus tard, en chassant, des courtisans découvrirent un emplacement plus approprié à une capitale: entre les fleuves Katsura et Kamo, près du village Uda, au nord de Nagaoka. Les montagnes, proches, offraient un rempart contre les démons, et en particulier le massif du Hiei-zan répondait aux conditions imposées par la divination chinoise *fengshui* qui fixait certains rites à respecter lors de la fondation d'une ville. L'empereur Kammu annonça le projet du nouveau transfert aux divinités tutélaires de la région d'Uda dans le sanctuaire de Kamo, à la déesse du soleil au Dai-jingū d'Ise et aux mânes de ses ancêtres dans les mausolées. Une fois de plus, on entreprit de vastes travaux d'arpentage et de défrichage. En 794, les marchés de Nagaoka furent transférés dans la nouvelle ville. Le 22ᵉ jour du 10ᵉ mois, l'empereur et sa suite s'établirent dans le nouveau palais. La ville fut baptisée «Heian-kyō», capitale de la paix et du calme. Heian-kyō, la future Kyōto, demeura capitale officielle et résidence de l'empereur jusqu'en 1869.

La nouvelle ville, un rectangle de 5,5 sur 4,5 km, s'étendait sur une surface quadruple de celle de Nagaoka. Miroir de Chang'an, comme déjà Nara auparavant, elle ressemblait à un vaste échiquier comportant neuf bandes dans le sens vertical et huit dans le sens horizontal. Le palais impérial, Daidairi, était situé au centre de la partie septentrionale de la ville. Il occupait, dans le sens de la longueur, l'espace situé entre la première avenue Ichijō-ōji et la deuxième Nijō-ōji. Dans le sens de la largeur, il s'étendait sur l'espace de deux blocs, de part et d'autre de l'axe principal Suzaku-ōji. Cette large allée rectiligne reliait la porte Rashō-mon au sud à l'entrée principale du palais Suzaku-mon. Dans le palais du *tennō*, les bâtiments officiels, comme à Nara, occupaient des emplacements conformes au modèle chinois. La cour centrale du palais, le Chōdō-in, était entourée de divers pavillons parmi lesquels, au nord, la grande salle d'audience, le Daigoku-den. Les proportions des bâtiments et leur mode de construction rappelaient les temples bouddhiques. Les pavements étaient de pierre, les toits couverts de tuiles vertes et les piliers de bois peints en rouge. Même la cour des banquets (Buraku-in) à l'ouest du Chōdō-in, les bâtiments administratifs – office des Cérémonies, bureau des Affaires du peuple, le Tribunal –, les salles de garde et les écuries témoignaient de la même fidélité au modèle chinois.

Le palais de l'empereur proprement dit, Dairi ou Kōkyo, était situé au nord-est du Chōdō-in. L'entrée principale Kenrei-mon s'ouvrait sur un autre monde. Les bâtiments, sur pilotis, n'étincelaient pas par la luxuriance de leurs coloris; les piliers étaient laissés au naturel; les toits de bardeaux, les parquets polis, les portes pivotantes respiraient cette élégance spécifiquement japonaise faite d'équilibre et de discrétion. La salle d'audience privée de l'empereur (Shishin-den) se composait d'un espace central couvert des quatre côtés de toits faisant saillie. Dix-sept pavillons reliés par des galeries couvertes étaient agencés dans un ordre symétrique mais rythmé sans raideur. Ce style est qualifié de «style de palais» ou «style de villa» *(shinden-zukuri).* Ce mot *shinden* signifie en fait «chambre à coucher» et désigne une pièce de séjour et de repos dans un palais aristocratique. Du sable blanc soulignait l'étendue de l'esplanade qui précédait la salle d'audience impériale privée. Une véranda reliait cette salle et le pavillon privé de l'empe-

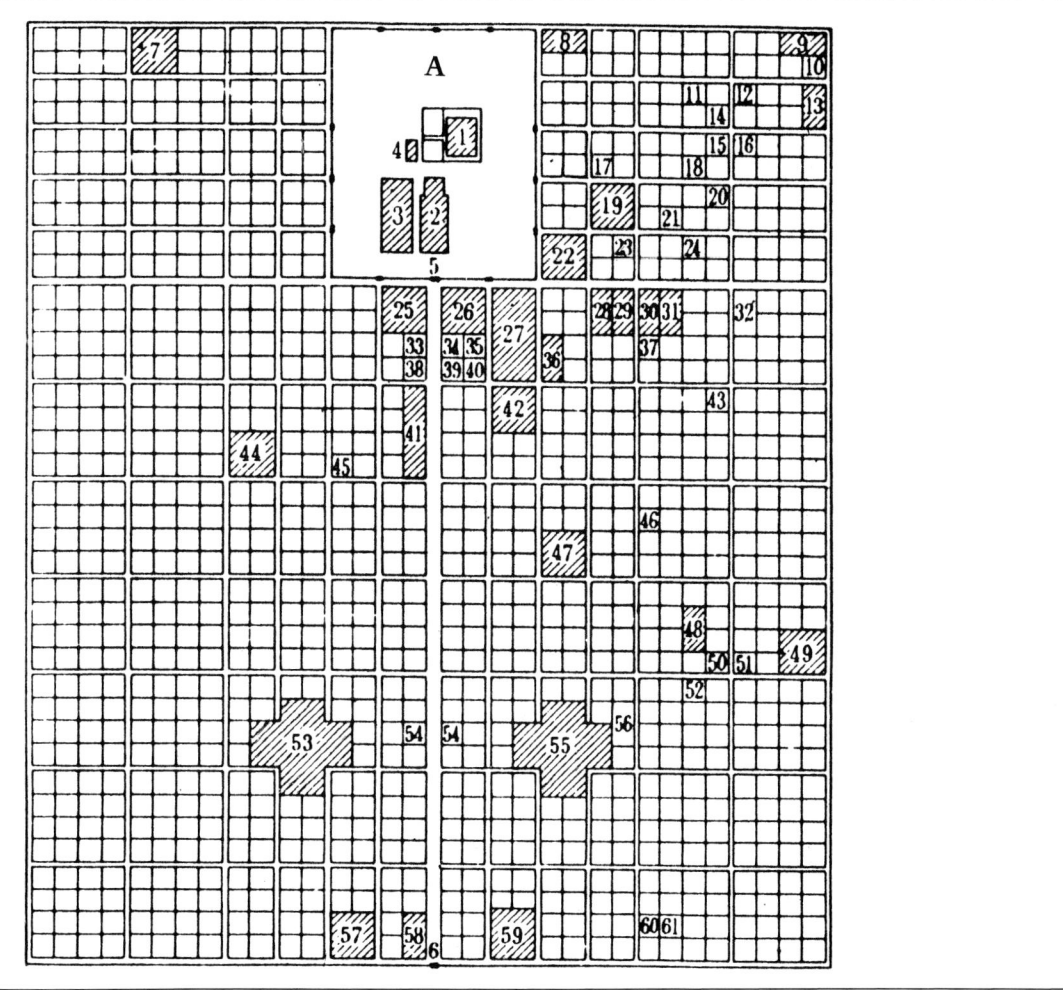

4
Plan de la capitale Heian-kyō

A Daidairi ou Kyūjo (Palais impérial)
1 Dairi (Palais intérieur)
2 Chōdō-in
3 Buraku-in
4 Shingon-in
5 Suzaku-mon
6 Rashō-mon
7 Uda-in
8 Ichijō-in
9 Some-dono
10 Seiwa-in
11 Tsuchimikada-dono
12 Takakura-dono
13 Kyōgoku-den
14 Biwa-dono
15 Koichijō-dono
16 Kazan-in
17 Hon-in
18 Sugawara-in
19 Kayano-in
20 Kon-in
21 Komatsu-in
22 Reizen-in
23 Yōsei-in
24 Ono-miya
25 Kokusō-in
26 Daigaku-ryō (Université)
27 Shinzen-en
28 Horikawa-in
29 Kan-in
30 Higashi Sanjō-dono
31 Kamoi-dono
32 Konijō-dono
33 Ukyō-tsukasa
34 Sakyō-tsukasa
35 Kōbun-in
36 Mikasa-dono
37 Takamatsu-dono
38 Nishi Sanjō-dono
39 Shōgaku-in
40 Kangaku-in
41 Suzaku-in
42 Shijōgo-in
43 Rokkaku-in
44 Shōwa-in
45 Sai-in
46 Kōbai-dono
47 Go-in
48 Korokujō-in
49 Kawara-in
50 Naka Rokujō-in
51 Tsuridono-in
52 Rokujō-in
53 Marché ouest
54 Kōkoku-in
55 Marché est
56 Teiji-in
57 Saiji (temple de l'Ouest)
58 Hanazono-dono
59 Tōji (temple de l'Est)
60 Seyaku-in (hôpital)
61 Kujō-dono

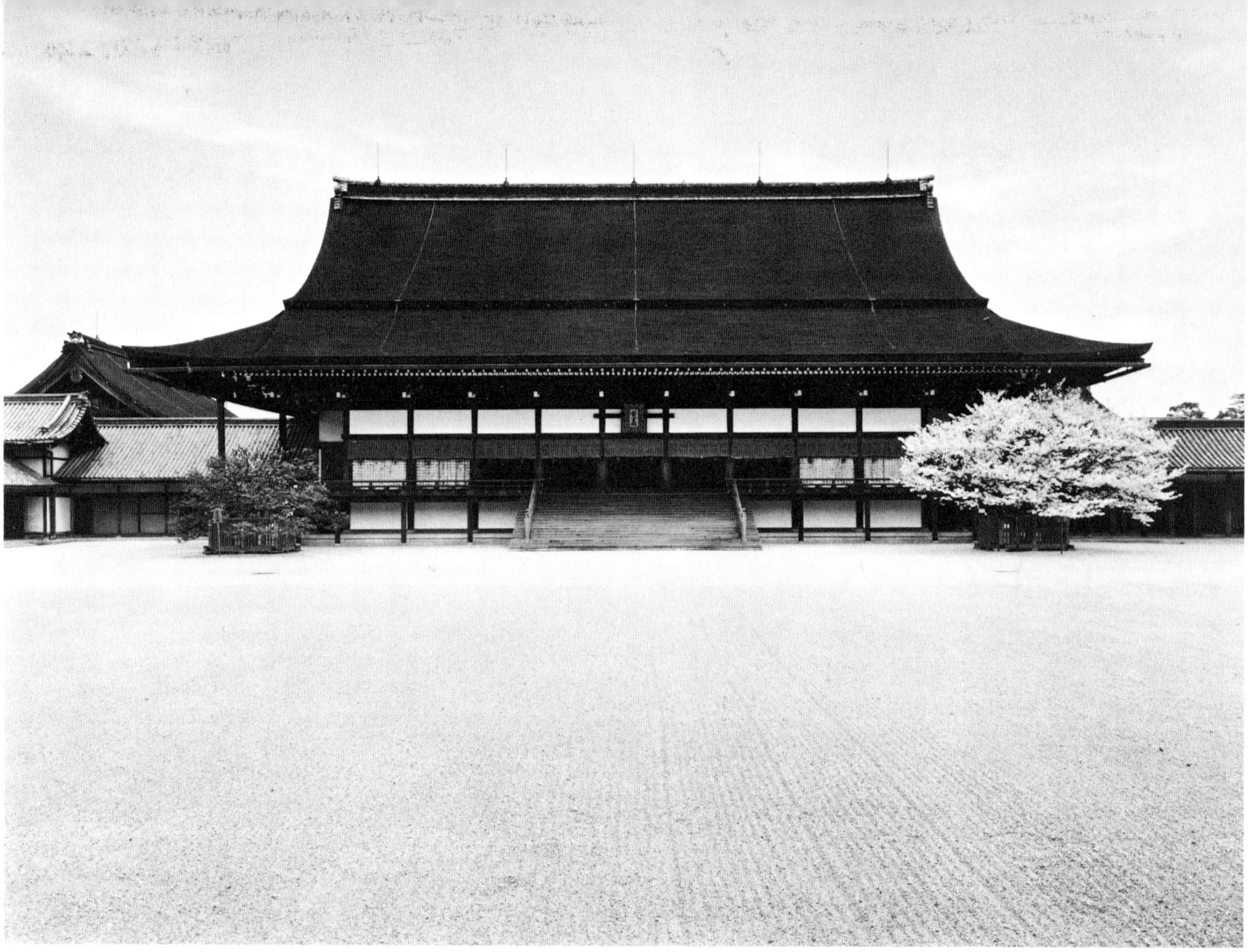

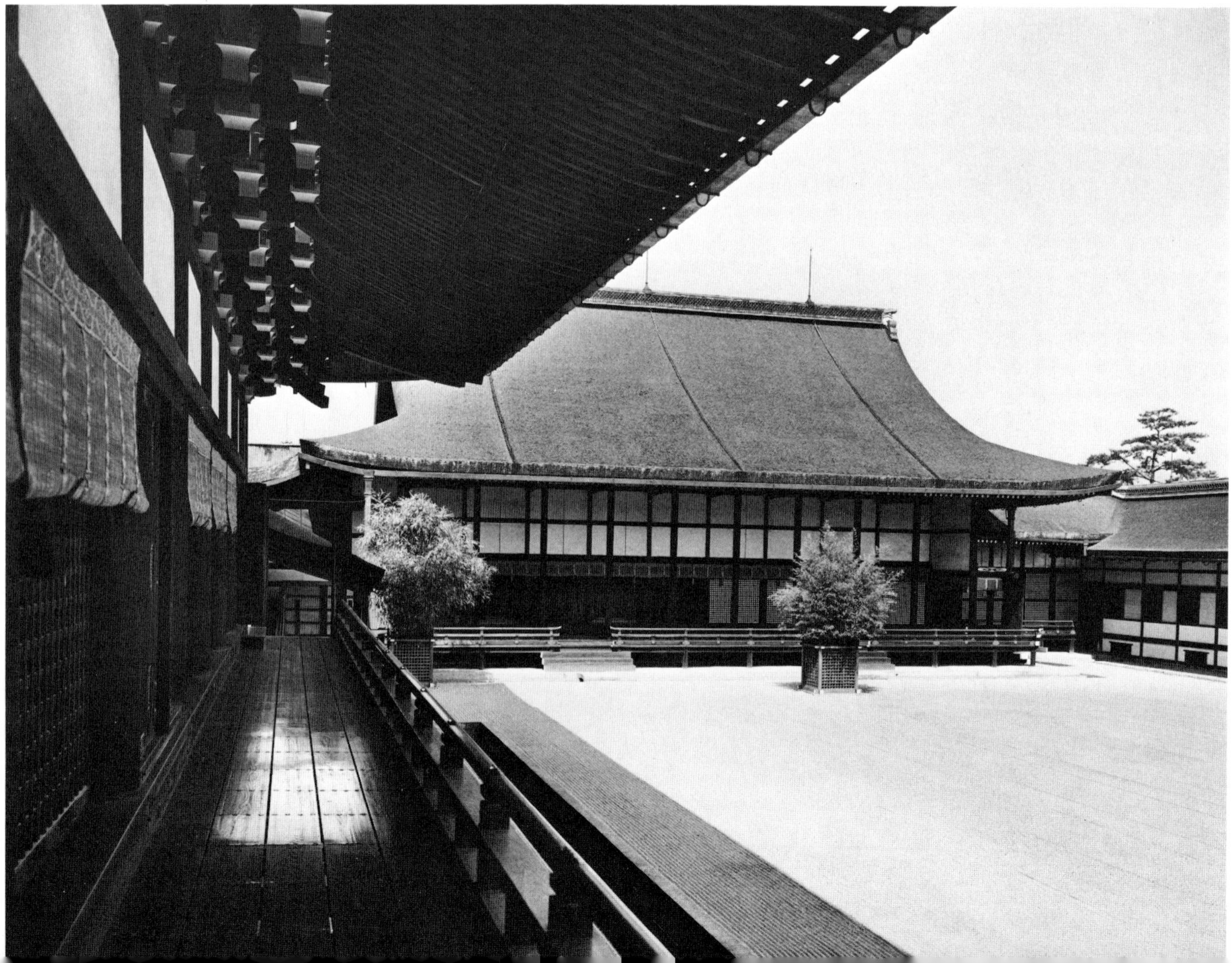

◁ 5
Pavillon Shishin-den du palais impérial, Kyōto. Reconstruction datant de 1855.
Le toit de bardeaux, très haut, mais en pente douce, donne au pavillon du trône, large de 27 m, un caractère imposant. On y accède par un escalier de 18 marches flanqué à gauche de l'oranger Tachibana et à droite du cerisier Sakura. Le nom du pavillon est inscrit sur un panneau fixé au milieu de la façade du bâtiment.

◁ 6
Pavillon Seiryō-den du palais impérial, Kyōto. Reconstruction datant de 1855.
Le Seiryō-den, pavillon d'habitation de l'empereur, se raccorde au nord, à angle droit, au pavillon du trône. Devant la façade qui fait face à l'est sont plantés deux bouquets de bambous: au nord, le *kuretake;* au sud, le *kawatake.* Deux escaliers étroits mènent à la galerie.

7
Plan du pavillon Seiryō-den, Kyōto.

8
Pavillon Seiryō-den du palais impérial, Kyōto: appartements privés de l'empereur.
La partie ouest du pavillon est cloisonnée par des paravents. L'empereur y séjourne et y prend ses repas. L'estrade servant de siège occupe le centre de la pièce Asagarei. Des objets de toilette en laque sont disposés devant des paravents muraux décoratifs.

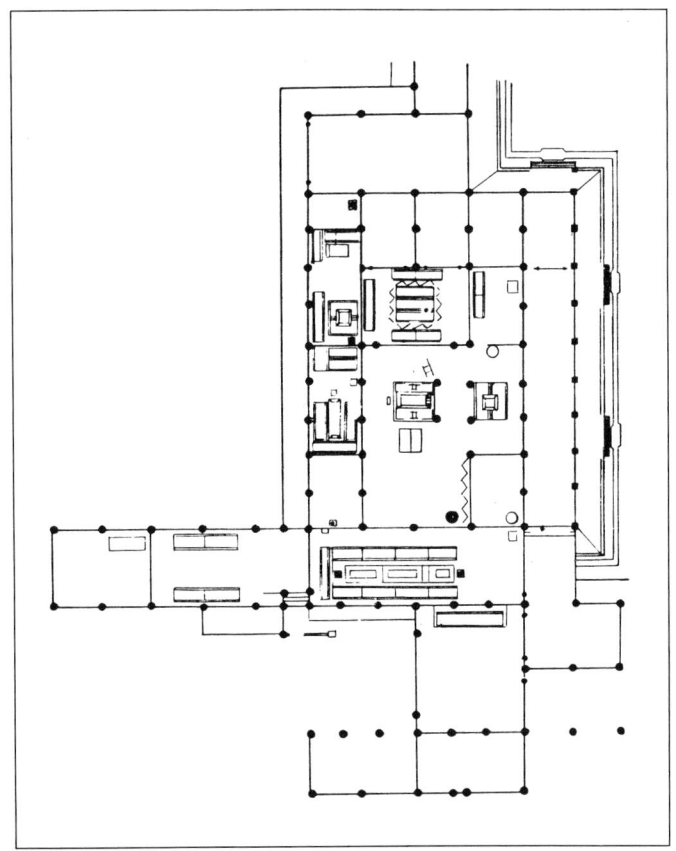

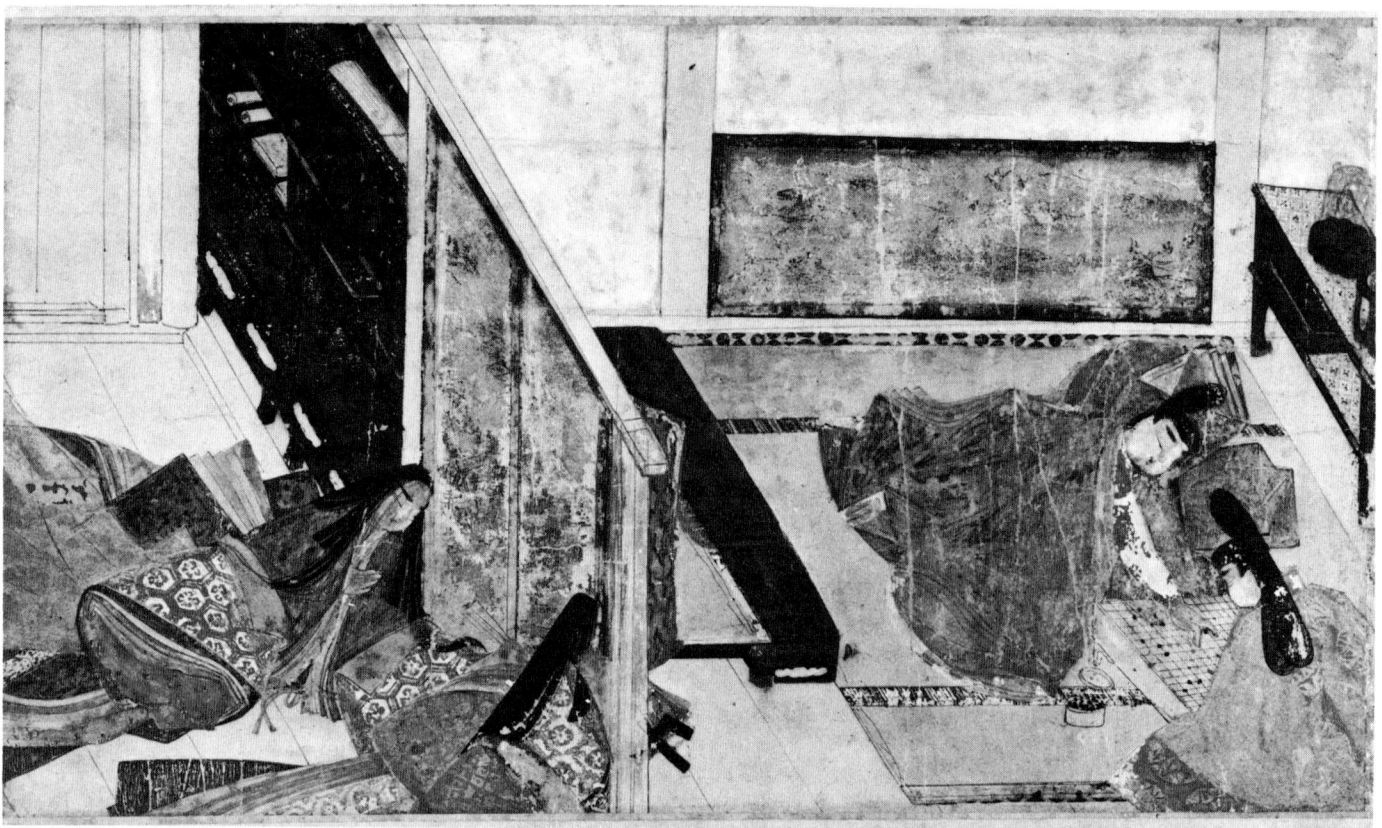

9
Genji-monogatari-emaki: chapitre 49, Yadorigi, première partie. Encre et couleurs sur papier. 21,2 × 37,2 cm. Premier quart du XIIᵉ siècle. Tokugawa Reimeikai Foundation, Tōkyō.
Dans la pièce Asagarei du pavillon Seiryō-den, l'empereur et le prince Kaoru jouent une partie de *gō* dont l'enjeu est la princesse Onna Ni no Miya. La salle est décorée de meubles en laque et d'un panneau à fond argenté représentant un paysage de style Yamato-e. A gauche, dans l'antichambre, deux dames de la cour épient les joueurs, à l'abri de portes coulissantes qui se prolongent par une armoire murale comportant deux parties.

6–8 reur, le Seiryō-den, situé au nord-ouest. Le bâtiment s'ouvrait à l'est sur une petite cour où poussaient deux bambous entourés d'un grillage. L'espace intérieur du
9 pavillon était cloisonné par des portes coulissantes et des paravents qui délimitaient les différentes pièces où séjournait l'empereur.

Etang et jardin, compléments indispensables des palais des nobles et lieux de fête de la cour, étaient situés plus au sud. Cependant, des cours intérieures *(tsubo)* donnaient au palais un charme particulier. Elles portaient des noms de plantes: paulownia *(kiri),* glycine *(fuji),* poire *(nashi),* prune *(ume),* comme les femmes et concubines de l'empereur auxquelles elles étaient réservées. Des bâtiments bas, construits le long des axes extérieurs, servaient de logement aux servantes.

Le quartier universitaire fut implanté à l'est du Suzaku-ōji, dans le troisième bloc au sud du palais. Le jardin du palais (Shinsen-en) était situé au sud de la porte Bifuku-mon entre le Nijō-ōji et le Sanjō-ōji. Son lac artificiel et ses ruisseaux sinueux, son paysage créé à partir de collines artificielles et de groupes d'arbres constituaient un cadre idéal pour des fêtes de plein air et des représentations poétiques et musicales. A la différence de Nara, un temple d'Etat était implanté à chaque extrémité de l'axe des marchés: à l'est le temple de l'Est, «Tōji», et à l'ouest son équivalent, le «Saiji». Les domaines des deux temples s'étendaient jusqu'à l'artère la plus méridionale, la neuvième avenue. Le Tōji, officiel- 14 lement nommé Kōōgokoku-ji (temple pour la Protection du Pays), joua un rôle pivot à partir de 823, date à laquelle le grand moine Kūkai (Kōbō Daishi) en fut nommé abbé.

Par son choix d'une nouvelle capitale, l'empereur Kammu avait visiblement marqué le début d'une nouvelle époque. Cet homme énergique contribua d'autre part à la pacification de l'Empire par ses campagnes contre les aborigènes. Pour affirmer son pouvoir, Kammu exigea, dès son séjour à Nagaoka, que les tributs fussent payés sous forme d'équipement militaire. Ainsi les provinces du Kantō durent fournir au gouvernement des armures en cuir, Dazaifū dans l'île de Kyūshū des casques de fer et les provinces du Tōkaidō et du Tōsandō des flèches par milliers. L'armée, bien équipée, fut placée sous le commandement de Sakanoue no Tamuramaro (758–811), homme de guerre courageux et loyal qui réussit finalement à soumettre les aborigènes récalcitrants. L'empereur le nomma «*sei-i tai-shōgun*» (commandant en chef pour la soumission des Barbares), titre honorifique que seul reçut encore, 400 ans plus tard, à la fin de la période Heian, Minamoto no Yoritomo. De lourdes charges pèsent sur le peuple au cours de ces années de bouleversements: impôts, corvées, service militaire. De plus en plus nombreux, les gens fuyaient vers les villes parce que, comme serviteurs de la noblesse ou même comme désœuvrés, ils échappaient aux impôts. Dans les annales anciennes, ces déracinés sont appelés «*rōnin*» (hommes-vagues), terme qui, plus tard, sera appliqué aux samouraï sans maître.

L'empereur Kammu fut mis au courant de ces problèmes par ses conseillers. Un an avant sa mort en 805, il proclama officiellement une amnistie. Il accorda également, à titre posthume, le titre de *tennō* au prince Sawara. Faut-il voir dans ces décisions l'influence des idéaux chinois – gouverner par la sagesse – ou celle des préceptes bouddhiques de clémence?

Saga, second fils de l'empereur Kammu qui succéda en 809 au médiocre Heijō, établit un nouveau mode de gouvernement. Pour échapper aux manœuvres politiques de ses prédécesseurs et de leurs concubines, il créa un bureau impérial privé qui pouvait donner force de loi aux décisions qu'il prenait seul ou en collaboration avec les chefs de la haute noblesse. La police impériale récemment mise sur pied faisait régner l'ordre. Lorsqu'il abdiqua prématurément, Saga créa un précédent notoire: non seulement il put, de son vivant, désigner son fils comme successeur de son frère Junna Tennō, mais il garda en coulisse la haute main sur les affaires de l'Etat. En tant que grand-empereur *(dajō-tennō)*, il s'adonnait officiellement à ses passions artistiques dans ses palais, le Reizei-in dans la ville et le Saga-in près de Kitano. Mais grâce au bureau qu'il avait institué, il tenait en main les rênes de l'Etat. Les champs en friche qui lui avaient été offerts et les familles de paysans qui travaillaient pour lui, lui fournissaient une base de pouvoir qui était loin d'être négligeable, encore que ces revenus ne représentassent qu'un cinquième de celui des Fujiwara[9]. Ceci lui permit de marquer de son sceau la politique suivie sous les règnes des empereurs Junna et Nimmyō. Cependant, après sa mort, le pouvoir réel tomba aux mains du puissant Fujiwara no Yoshifusa qui, grâce à sa politique matrimoniale – lui-même était le gendre de l'empereur Saga –, parvint à cumuler les postes clés de chancelier *(dajō-daijin)* et de régent *(sesshō)*.

Il fallut attendre un demi-siècle pour que l'empereur Uda, monté sur le trône en 887 à l'âge de 21 ans, dispute le pouvoir au chancelier en place Fujiwara no Mototsune. L'empereur Uda abdiqua, comme l'avait fait Saga, après dix ans de règne au profit de son fils Daigo. Il gouverna en qualité de grand-empereur et de moine-empereur *(hōō)* dans le Suzaku-in et dans le temple Ninna-ji. Il rassembla autour de lui des représentants de l'élite spirituelle d'inspiration chinoise à laquelle appartenait Sugawara no Michizane. Ce dernier et Ki no Haseo avaient, en 894, refusé une mission en Chine. On suppose que la chute de l'empire Tang leur fit considérer le voyage comme peu judicieux. Par ailleurs, ils redoutaient d'être évincés du pouvoir pendant leur absence. Fujiwara no Tokihira, leur principal adversaire, réussit cependant à faire bannir Michizane à Kyūshū. Le rouleau peint *Kitano-Tenjin-engi-emaki* datant de l'époque Kamakura fait revivre avec beaucoup d'intensité le tragique destin de cet homme d'Etat entré dans la légende.

Les nouvelles doctrines secrètes du bouddhisme et le Shintō

> Epoque de l'érection du pavillon principal sur le mont Hiei:
>
> «Vous, bouddha si généreux,
> Emplis de très haute sagesse
> Accordez à ces bois qui nous sont si familiers
> Votre divine protection.»
>
> Dengyō Daishi (Saichō)[10]

Tandis que la maison impériale se détachait de Nara, de jeunes intellectuels tentèrent d'échapper au rituel superficiel et à la pompe du bouddhisme d'Etat. Bien que

10
Saichō (Dengyō Daishi). Encre et couleurs sur soie. 129 × 75,8 cm. XIᵉ siècle. Temple Ichijō-ji, Kyōto.
Portrait idéalisé du grand érudit et fondateur de la secte Tendai, en méditation sur un siège sculpté. Comme les autres abbés, il porte un voile sur la tête. Cette peinture fait partie de la célèbre série «Shōtoku Taishi et les patriarches Tendai» conservée dans le temple Ichijō-ji.

11
Kūkai (Kōbō Daishi), détail d'un portrait posthume. Epoque Kamakura (1192–1333). Temple Kyōōgokoku-ji, Kyōto.
Le moine est assis sur une estrade et tient dans les mains le *vajra*, accessoire magique de la secte Shingon, et un chapelet. Devant et à côté de l'estrade, des chaussures et un flacon d'eau.

membres de l'une ou l'autre des six sectes auxquelles appartenaient les temples, ils cherchaient dans la solitude des montagnes une voie vers la connaissance ultime par la méditation et l'étude des *sūtra*.

Saichō (Dengyō Daishi; 767–822) fut le premier moine éminent à quitter Nara. Descendant d'une famille aisée originaire de Chine qui s'était fixée sur les bords du lac Biwa, il préféra au Tōdai-ji l'éloignement du mont Hiei-zan où il mit en pratique la nouvelle doctrine de l'école chinoise Tiantai. Son interprétation du *Hokke-kyō (Sūtra du Lotus)* impressionna l'empereur Kammu qui en 797 lui octroya un poste officiel au palais. Saichō dut à ce même empereur de pouvoir accompagner en Chine la mission dirigée par Fujiwara no Kadonomaru en 804. Il reçut l'ordination au mont Tiantai, foyer principal de la secte, situé près de Ningbo, et revint après neuf mois et demi dans la capitale japonaise chargé d'un grand nombre de copies des *sūtra*. Il obtint l'autorisation de faire du mont Hiei-zan le siège de son monastère et y construisit le temple Enryaku-ji.

11   Un peu plus jeune que lui, Kūkai (Kōbō Daishi; 774–835), petit-fils du poète Ōtomo no Yakamochi, vint de Shikoku à l'université impériale de Nagaoka pour y étudier la sinologie. Il se consacra ensuite à l'étude du confucianisme et du taoïsme et acquit, alors qu'il n'était que novice, une connaissance approfondie de la doctrine bouddhique. Extrêmement doué, il rédigea à 24 ans un traité relatif à l'unité de ces trois doctrines. Il put, à sa demande, prendre part à la même mission en Chine que Saichō. Mais il y resta trois ans et s'installa dans la capitale Chang'an. Grâce à sa connaissance du chinois, il fut initié par un grand maître à «la doctrine secrète de la Véritable Parole, Shenyan» (Shingon) et fut choisi par le septième patriarche Hui Guo pour lui succéder. Il étudia également le sanscrit auprès d'un bouddhiste indien, la calligraphie auprès du maître Han Fangming et même la poésie et les arts manuels. Il revint au Japon comblé d'honneurs et chargé d'écrits et d'œuvres d'art. Kūkai représente aux yeux des Japonais le modèle du génie universel qui a marqué la culture et l'art du début de la période Heian.

En quoi consistait la doctrine de Kūkai? S'appuyant sur les *sūtra Mahāvairocana (Dainichi-kyō)* et *Vajrasekhara (Kongōōchō-kyō)*, elle place au centre du cosmos le Bouddha de la plus haute sagesse, Vairocana (Dainichi). Ce Bouddha réunit les deux aspects du monde: celui de l'idée pure, du «monde du Diamant» *(Kongō-kai)* et celui des phénomènes, le «monde de la Matrice» *(Taizō-kai)*. Les multiples manifestations du très haut Bouddha sont représentées dans deux *mandala* (en japonais: *mandara)*, car tout est Bouddha. En faisant appel aux figures des *mandara*, en les implorant par des gestes *(mudrā)* et des sons *(mantra)* secrets, l'initié, et lui seul, peut éveiller des forces tantriques supraterrestres. Selon Kūkai, les divinités Shintō seraient des formes de Bouddha. Cette innovation rendit son enseignement, par ailleurs spéculatif, acceptable à la pensée japonaise. La conception selon laquelle Amaterasu-Ōmikami correspond au Bouddha Vairocana et que chaque divinité de la nature a sa place dans le panthéon bouddhique contribua beaucoup à la diffusion de la doctrine Shingon. Elle fascinait aussi par ses rites magiques le public superstitieux du début de la période Heian.

La secte Tendai suscita la vocation de quelques fortes personnalités. La plus célèbre, Ennin (Jigaku Daishi; 793–864) accomplit dans des conditions très difficiles un pèlerinage en Chine (838–846) à la recherche de la Loi du Bouddha. Ennin, accompagné d'interprètes coréens, se rendit au Wudaishan et de là à la capitale Chang'an où il fit à ses dépens l'expérience des persécutions brutales dont furent victimes les bouddhistes entre 842 et 845. Malheureusement, il reste dans son journal[11] muet sur les beautés de la capitale. Il étudia davantage l'enseignement tantrique du Shingon que la doctrine Tendai. Il ramena après un voyage très pénible des œuvres d'art chinoises et un grand nombre de rouleaux de *sūtra* copiés en partie de sa propre main.

Le moine Enchin (Chishō Daishi; 814–891) entreprit 30 après lui le périlleux voyage. Il quitta le mont Hiei-zan et vécut de 853 à 858 dans l'Etat de Yue où il étudia les doctrines bouddhiques dans le temple Qinglongsi. Après son retour, cet homme énergique – nous connaissons son portrait – prit ses distances vis-à-vis de la secte Tendai et fonda la secte tantrique Jimon-ha et son temple, le Onjō-ji, au bord du lac Biwa.

Les temples de la secte Shingon

«Tu me demandes pourquoi j'ai pénétré les montagnes profondes et froides
M'offrant aux vertiges des pics raides et des rochers grimaçants
Pour ne parvenir que douloureusement en difficiles escalades à l'endroit
Que hantent les dieux de la montagne et les esprits des bois.
[...]
Rester en la grande ville m'eût été dérisoire
Je dois partir, loin. Rester ici me serait impossible
Libère-moi, car un jour je serai maître du vide
Un enfant des Shingon ici ne demeurera.»

Kūkai, poème pour un aristocrate de Kyōto[12]

Kūkai fit des arts plastiques un outil fondamental de son enseignement, plus sans doute qu'aucun autre moine. Non seulement il assignait aux *mandara* le rôle de sup-

◁ 12
Pagode *tahō-tō* du temple Kongōsammai-in, Kōya-san, Wakayama. Bâtiment en bois avec toit de bardeaux. H. 14,9 m. 1223.
La petite pagode fut construite par Masako, épouse de Minamoto no Yoritomo, pour assurer le salut de ce dernier. Les trois pagodes *tahō-tō* du Kongōbu-ji, temple principal sur le Kōya-san, avaient été détruites dès 994 et une seule d'entre elles a été reconstruite, en 1936 seulement. Aussi la pagode du temple Kongōsammei-in est-elle, avec celle de l'Ishiyamadera, un des rares exemplaires des premiers *tahō-tō* qui subsistent encore aujourd'hui.

13
Pagode du temple Kyōōgokoku-ji (Tōji), Kyōto. H. 56 m. 1644.
La pagode fut reconstruite en 1644 sur ordre de Tokugawa no Iemitsu d'après le modèle du bâtiment original (826). Cette pagode à galeries incarne le style *wa-yō*, purement japonais. Dans la conception primitive, la pagode, située au sud-est, faisait pendant au pavillon d'initiation, le Konjō-in, situé au sud-ouest.

port du culte, mais il s'efforçait d'aménager les cloîtres et d'agencer les sculptures dans les salles d'enseignement de telle façon qu'ils reconstituent le «diagramme des Deux Mondes».

En 816, l'empereur Saga, qui lui accordait grande confiance, lui attribua une circonscription dans le massif du Kōya-san pour y construire un temple. Là, dans une nature sauvage et pleine de grandeur, il fonda le cloître principal de sa secte incluant le temple Kongō-bu-ji. L'ensemble ne fut cependant terminé que sous son successeur, Shinnen. La construction progressa lentement à cause de l'isolement de la région et la rareté de l'eau. L'agencement des bâtiments était inspiré des deux *mandara*. La grande pagode et la pagode occidentale (qui fut reconstruite en 1834) correspondaient aux «mondes de la Matrice et du Diamant». Le plan des pagodes, nouveau et peut-être conçu par Kūkai lui-même, se rapprochait de celui des *stūpa* indiens. Construites sur deux étages dans lesquels s'inséraient harmonieusement de fausses coupoles couvertes d'enduit blanc, ces *tahō-tō* (pagodes des Multiples Trésors) offraient un abri et un cadre au Bouddha Vairocana et à des reliques vénérées. Cette forme voisinait parfois, dans l'enceinte du temple, avec l'ancienne pagode à galeries, en général plus élancée que le modèle original du Hōryū-ji.

Les demeures des abbés situées entre les pagodes s'inscrivaient elles aussi dans un schéma de *mandara*. Divers pavillons, dont celui où se donnait l'enseigne-

◁ 14
Pavillon d'enseignement (Kōdō) du temple Kyōōgokoku-ji (Tōji), Kyōto: vue intérieure. Inauguré en 839.
Le pavillon fut érigé à la suite d'un vœu de l'empereur Nimmyō. Sur une large estrade sont exposées 21 sculptures formant un *mandara*. Les «cinq grands rois de le sagesse», les «quatre rois du ciel» et les dieux indiens Bon-ten et Taishaku-ten sont des originaux du IXe siècle encore très imprégnés des styles indien et chinois. Le groupe central des «cinq Bouddha» et la figure centrale des «cinq grands bodhisattva» ont été complétés ultérieurement.

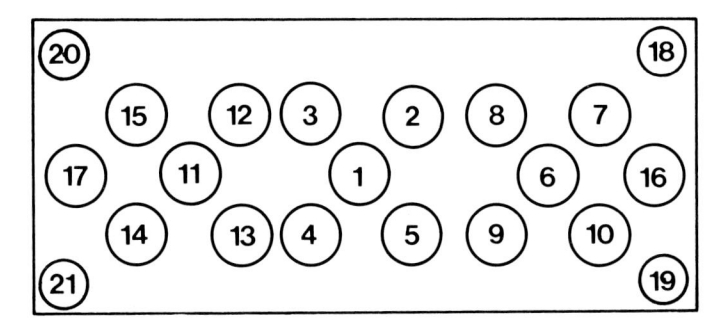

15
Pavillon d'enseignement (Kōdō) du temple Kyōōgokoku-ji (Tōji), Kyōto: configuration en *mandara* inaugurée en 839; six figures complétées plus tard, certaines des 15 figures originales fortement restaurées.

Groupe central des «cinq Bouddha»
1 Dainichi Nyorai (Mahāvairocana)
2 Ashuku Nyorai (Aksobhya)
3 Hōjō Nyorai (Ratnasambhava)
4 Fukujōju Nyorai (Amoghasiddhi)
5 Amida Nyorai (Amitāyus)

Groupe est des «cinq grands bodhisattva» (dénomination incertaine)
6 Kongōharamitsu Bosatsu
7 Kongōsatta – Kongōshu Bosatsu
8 Kongōhō Bosatsu
9 Kongōgyō Bosatsu – Kongōyakusha Bosatsu
10 Kongōhō Bosatsu – Kongōri Bosatsu

Groupe ouest des «cinq grands rois de la sagesse»
11 Fudō-myōō (Acalanātha)
12 Kongōyasha-myōō (Vajrajaksa)
13 Gozanze-myōō (Trailokyavijaya)
14 Gundari-myōō (Kundali)
15 Daiitoku-myōō (Yamāntaka)

Est, centre
16 Bon-ten (Brahma)

Ouest, centre
17 Taishaku-ten (Indra)

Dans les coins, «quatre rois célestes» montent la garde
18 Tamon-ten (Vaishravana)
19 Jikoku-ten (Dhartarāstra)
20 Kōmoku-ten (Virūpāksa)
21 Zōchō-ten (Virūdhaka)

ment (Kōdō), étaient situés derrière la porte intérieure. Seul le pavillon Fudō datant de 1197 nous est parvenu. L'ordre originel de l'ensemble a été bouleversé par la construction de temples annexes privés dont l'abondance s'explique par la sainteté du lieu qui garantissait l'accès à l'état de Bouddha.

Les réserves des cloîtres de montagne abritent de nombreuses œuvres d'art que Kūkai possédait en propre, une grande partie de ses écrits, ainsi que des peintures et des sculptures des époques Heian et Kamakura dont certaines sont étrangères au culte Shingon. Kūkai put amplifier son activité grâce à sa nomination en 823 par l'empereur Saga au poste de supérieur du Tōji, le temple oriental de la capitale. Il fut rebaptisé pour la circonstance Kyōōgokoku-ji (temple pour la Protection du Pays) pour mettre l'accent sur le caractère national de la protection qu'assurait la doctrine Shingon.

Le plan des lieux avait été fixé lors de la fondation de la ville. Partant de la porte sud (Nandai-mon), le chemin de prières, orienté sud–nord, menait au pavillon principal. La pagode à galeries, haute de cinq étages (elle fut reconstruite en 1644), occupait le coin sud-est; à l'origine, le pavillon d'initiation (Kaidan-in) occupait au sud-ouest un emplacement symétrique par rapport au sien. Elle abritait, s'étendant par-dessus les murs et les piliers, les *«mandara* des Deux Mondes». Peut-être cette représentation ressemblait-elle aux peintures intérieures de la pagode du temple Daigo-ji de 951.

Kūkai implanta le pavillon d'enseignement au centre du Kyōōgokoku-ji. Le grand *mandara* aux 21 sculptures de bois y a été placé sur une estrade. Le groupe central figurant quatre Bouddha autour du Bouddha universel Dainichi (Vairocana) et celui des «cinq grands bodhisattva» ont été refaits. A gauche, l'ensemble des «cinq grands rois de la sagesse» (Godai-myōō) date du début du IXe siècle. Le «roi de la sagesse immobile» (Fudō-myōō) est encadré de quatre véhémentes figures hindouistes: les Vidyārāja. Aux quatre coins du piédestal prennent place les «quatre rois du ciel» (Shi-tennō) et le long des petits côtés les dieux hindous Brahma et Indra (Bon-ten et Taishaku-ten) qui chevauchent des animaux. Ce n'est qu'après la mort de Kūkai en 839 que les figures furent consacrées. Dans ce *mandara*, le monde indien, ses corps lourds et ses formes magiques semblent avoir trouvé au Japon une vie propre.

Un autre temple à l'extérieur de Heian-kyō acquit une grande signification pour la secte Shingon: le Jingo-ji, situé dans les montagnes de Takao. A l'origine, l'endroit était un lieu saint du Shintō. Par la suite, le

16
Pagode du temple Murō-ji, Nara. Bâtiment en bois avec toits de bardeaux. H. 16,2 m; L. des côtés: 2,45 m. Vers 800.
La petite pagode à galeries, à cinq étages, est implantée sur un socle rocheux au milieu d'une dense forêt de cryptomères. Les toits aux larges surplombs sont faits de bardeaux. Elle se rapproche de la pagode du Yakushi-ji à Nara par la disposition de certains éléments de charpente.

17
Pavillon principal (Kondō) du temple Murō-ji, Nara. Bâtiment en bois avec toit en bardeaux. Début du IXe siècle.
A l'origine, le pavillon était rectangulaire (L. 15 m; larg. 12 m). L'adjonction ultérieure d'une salle de prière lui donna sa forme carrée actuelle. La courbe élégante du toit en bardeaux donne au bâtiment un caractère intime. La salle de prière et la véranda furent reconstruites en 1672.

ministre Wake no Kiyomaru, célèbre par ses malheurs, s'y fit construire un temple privé. Saichō lui aussi y résida et y commenta le *Sūtra du Lotus* devant la cour de l'empereur Kammu. Le temple, à cette époque, portait le nom de «Takao Sanji» (le temple de montagne de Takao). Cependant, deux ans après la mort de Saichō en 822, Kūkai reprit le temple et en fit le centre de la secte Shingon. Il édifia une pagode *tahō-tō* et y installa cinq sculptures en bois «Godai Kokūzō» qui personnifiaient le «monde de la Matrice». Kūkai fit don au Jingo-ji des plus anciens *mandara* peints d'or et d'argent sur fond de damas pourpre, qui ont certainement influencé ces sculptures. Les pavillons jumelés Godai-dō et Bishamon-dō aux toitures de bardeaux, de même que le Kondō et la pagode, ont été reconstruits ultérieurement. Au début du IXe siècle, la figure en bois représentant, debout, le Bouddha de la guérison, Yakushi (Baisha jyaguru), qui venait du temple Jingan-ji, fut accueillie parmi les possessions du temple comme «invitée». Elle constitue un des premiers exemples de la sculpture Jōgan, sculpture sur bois purement japonaise qui prend son essor à cette époque.

A la fin de la période Heian, le temple Jingo-ji redevint un point de mire, parce que l'ex-empereur Goshirakawa s'y réfugia. Le monarque rassembla autour de lui courtisans et artistes, fit faire – apparemment par Fujiwara no Takanobu – une série de portraits de ses familiers et célébra personnellement en 1190 la «cérémonie de l'allumage des lanternes» dans le pavillon principal.

18
Pavillon principal (Kondō) du temple Murō-ji, Nara: autel avec sculptures. Bois peint et enduit coloré. H. du Shaka Nyorai: 238 cm. IXe–Xe siècle.
Le monumental Shaka Nyorai, au centre, est flanqué à droite de Yakushi Nyorai et de Jizō Bosatsu, à gauche de Monju Bosatsu et d'un Kannon à onze têtes. Les pièces sont sculptées chacune dans un seul bloc de bois, technique propre au style Jōgan du début de la période Heian. A l'origine, elles n'étaient pas destinées à former un groupe homogène. Des auréoles peintes de couleurs vives encadrent les silhouettes. Les petites sculptures des «douze généraux célestes» datent de l'époque Kamakura.

19
Shaka Nyorai. Bois avec trace d'apprêt. H. 105 cm. IXe siècle. Miroku-dō du temple Murō-ji, Nara.
La statue est sculptée d'un seul bloc dans du bois de cyprès (hinoki). Quelques traces d'apprêt blanc, autrefois recouvert de peinture, sont encore visibles. La disparition des boucles de cheveux permet d'apprécier la qualité du travail de sculpture. La pièce est nantie d'une ouverture dans le dos; les mains (la droite faisant le geste de l'absence de crainte et la gauche celui de la charité) et les genoux sont rapportés. Les plis des vêtements sont exécutés dans le style en «vagues ondulantes» caractéristique de l'époque Jōgan.

20   ▷
«Mandara du Diamant» (détail). Couleurs sur soie. 183,5 × 163 cm. Vers 900. Temple Kyōōgokoku-ji, Kyōto.
Le champ central de la bande supérieure du mandara est occupé par le Bouddha Dainichi, assis sur un trône en forme de lotus et orné d'une riche parure de bodhisattva. Ses mains sont fermées en «poings de la sagesse». Cinq bouddha sont groupés en couronne dans l'ornement qu'il porte sur la tête encadrée d'un halo de flammes, léger comme un voile. La silhouette, entourée d'un nimbe léché par les flammes, se détache sur un cercle blanc pareil à la lune.

Le petit temple de montagne Murō-ji, implanté à 16–19 l'endroit où, vers 700, Shōkaku Gyōja avait son ermitage, dépendait du temple Kōfuku-ji appartenant à la secte Hossō de Nara. Ce serait Kenkei, un moine du temple Kōfuku-ji mort en 793, qui l'aurait érigé; les bâtiments semblent cependant n'avoir été construits qu'au début du IXe siècle. La jolie pagode à cinq étages, haute 16 de 16 m seulement, et le Kondō, tous deux recouverts 17 de bardeaux de cyprès, reflètent la nouvelle note intimiste apparue dans l'architecture des temples du début de la période Heian. La vallée dans laquelle est situé le temple était réputée pour ses processions destinées à obtenir des pluies, et, d'après une légende, Kūkai, lui-même grand faiseur de pluies, l'aurait désignée comme

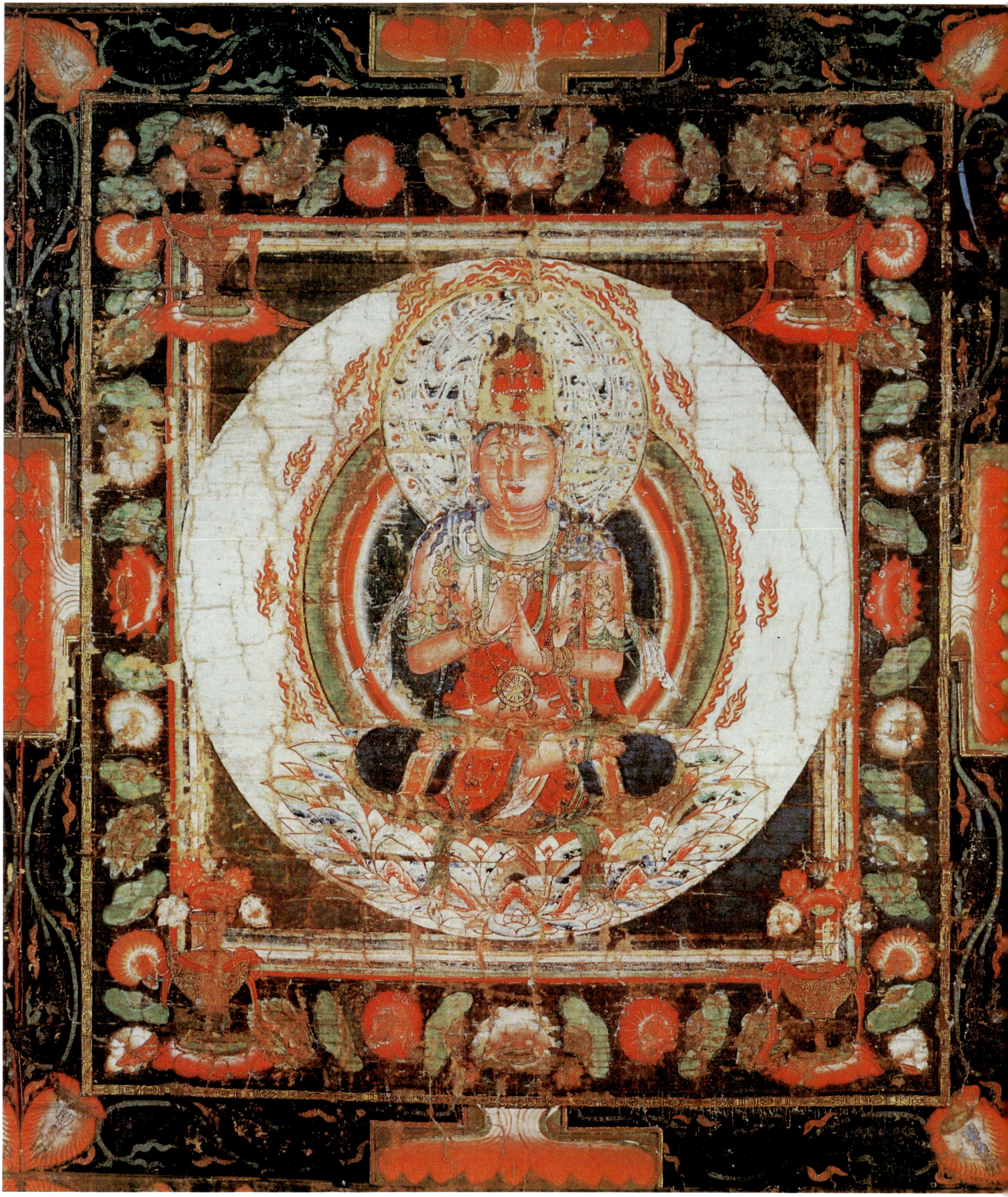

région-*mandara*. Le Murō-ji ne devint temple officiel de la secte Shingon que plus tard. Petit, sans prétention, fondu dans la nature, il témoignait d'un esprit neuf. A l'intérieur du Kondō, auquel on adjoindra plus tard un porche, sont alignées dans un ordre peu orthodoxe cinq figures en bois, paisibles mais sévères. La haute silhouette d'un Shaka (Shakyamuni) occupe le milieu, à sa droite le Bouddha Dainichi (Vairocana) et Jizō (Kshitigharba), à sa gauche Monju (Manjushri) et un Kannon à onze têtes, Jūichimen Kannon (Ekadashamukhāvalokiteshvara). Les figures sculptées dans un tronc selon la technique *ichiboku* sont polychromes et encadrées d'une auréole riche en couleurs. Bien que le groupe appartienne probablement à un style local, on peut dater le Shaka et le Kannon du IXe siècle et les trois autres divinités du Xe siècle. Devant ce groupe, on peut voir les statuettes des «douze généraux célestes» (Jūni Shinshō). Leurs attitudes vivantes et dramatiques portent la marque de l'époque Kamakura.

Le pavillon Maitreya (Miroku-dō) du Murō-ji abrite deux autres œuvres très réputées de l'époque Jōgan. Le Miroku auquel le pavillon doit son nom est un des très rares exemplaires de statuettes chinoises en bois de santal *(danzō)* dont les Japonais appréciaient tout particulièrement le parfum et la texture. Mais ils ne reprirent ni sa technique minutieuse, ni ses bijoux taillés dans la masse. Le pavillon abrite également la célèbre figure assise du Bouddha Shaka, bel exemple de la maturité et de la noblesse de sculpture Jōgan. L'absence d'enduit et de cheveux – tous deux disparus – met admirablement en évidence la qualité de l'exécution et ses aspects ornementaux.

Les *mandara*

Les enseignements secrets *(mikkyō)* des nouvelles sectes, en particulier celui de la secte Shingon, utilisaient la représentation artistique pour susciter chez les croyants une perception sensorielle qui devait étayer l'approche intellectuelle et spéculative de leur vision du cosmos. C'est dans ce but que Kūkai avait ramené de Chine peintures et sculptures. Les «*mandara* des Deux Mondes» (*Ryō-kai mandara*) constituaient la base de la méditation, des pratiques magiques et de la Connaissance. Ils offrent une représentation visuelle des deux aspects de Mahāvairocana, le Bouddha originel de la plus grande sagesse. Selon les textes des *sūtra Mahāvairocana* et *Vajrasekhara,* les diagrammes magiques sont venus de l'Inde. Ils ont acquis en Chine leur caractère oriental. Au milieu des deux configurations trône Vairocana. De ce point sont projetées plusieurs centaines de figures symboliques dont la disposition géométrique reflète l'importance et la puissance magique.

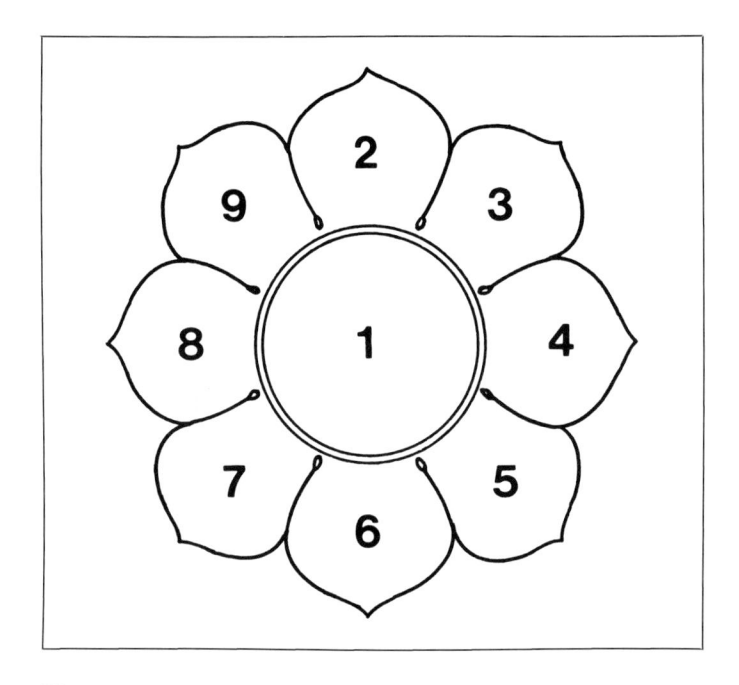

21
Diagramme du champ central du «*mandara* de la Matrice» du temple Kyōōgokoku-ji, Kyōto.
1 Dainichi Nyorai (Mahāvairocana)
2 Hōdō Nyorai (Ratnaketu)
3 Fugen Bosatsu (Samantabhadra)
4 Kaifukeō Nyorai (Samkusumitarāja)
5 Monju Bosatsu (Manjushrī)
6 Muryōju Bosatsu (Amitāyus)
7 Kannon Bosatsu (Avalokiteshvara)
8 Tenkuraion Nyorai (Divyadundubhimeghanirghosa)
9 Miroku Bosatsu (Maitreya)

22
«*Mandara* de la Matrice». Couleurs sur soie. 183,6 × 164,2 cm. Vers 900. Temple Kyōōgokoku-ji, Kyōto.
Ce *mandara* se compose de douze zones. La zone du milieu est occupée par un lotus à huit pétales. Au centre de cette fleur rouge, le Bouddha Dainichi, sous les apparences d'un bodhisattva, est assis sur un lotus blanc. Il est entouré de quatre bouddha et de quatre bodhisattva qui sont également des incarnations de Dainichi. Au-dessus du lotus se trouve la zone du savoir universel dont le centre est occupé par le symbole triangulaire de la sagesse absolue. Les «cinq grands rois de la sagesse» prennent place sous le lotus. Dans les zones extérieures, les multiples représentations de bouddha et de bodhisattva forment une fascinante mosaïque de couleurs.

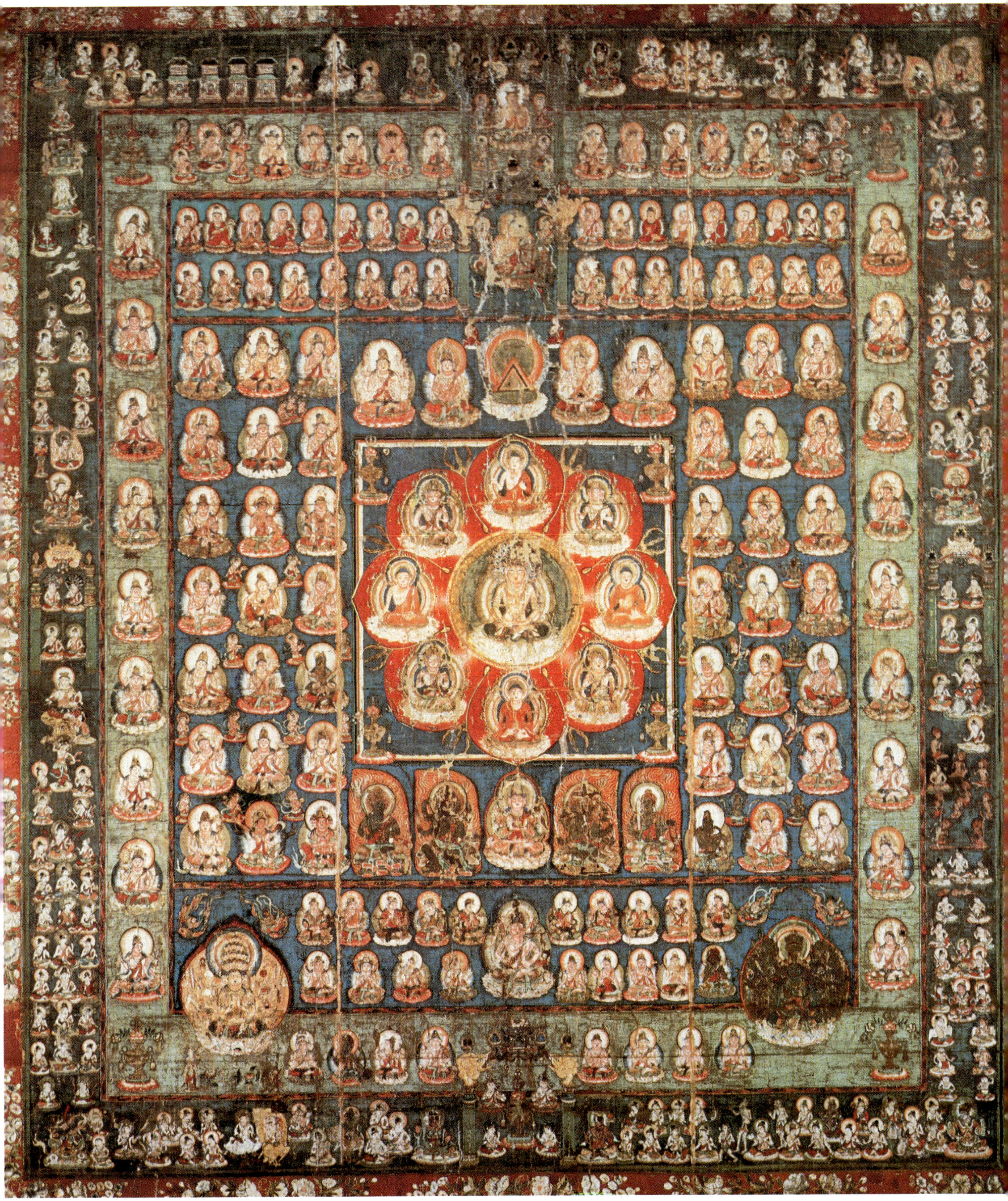

21, 22   Le *Garbhadhatu* (diagramme de la Matrice) représente, dans le monde des apparences, la «compassion illimitée». Vairocana, dans son aspect absolu, occupe le cœur d'un lotus. Quatre Bouddha et quatre bodhisattva l'entourent, logés dans huit pétales de lotus orientés selon les points cardinaux. Les «cinq grands Vidyārāja» (Godai-myōō), particulièrement vénérés dans le bouddhisme ésotérique, exercent au pied du lotus leur fonction protectrice. Les coins sont occupés par les figures magiques d'Avalokiteshvara sous forme de «Kannon aux mille bras» (Senjū Kannon).

Les emplacements du Bouddha Shaka et de Monju Bosatsu sont situés dans la partie supérieure. Dans le 20 *Vajradhatu* (*mandara* du Diamant), l'aspect «diamant» de la sagesse absolue du cosmos est symbolisé par 445 êtres. A côté et autour de Vairocana, qui occupe parmi les neuf carrés le champ médian de la rangée supérieure mais apparaît également au centre des huit autres, des créatures imaginaires et des symboles sont groupés en forme d'étoile. Dans son aspect absolu, dans le champ supérieur, Vairocana apparaît couronné, assis sur un lotus, les mains jointes dans le geste de l'illumination *bodhyagri-mūdra*.

Les *mandara* Takao du temple Jingo-ji sont considérés comme des versions issues de la tradition chinoise par le canal de Hui Guo, maître de Kūkai. Ils doivent avoir été composés entre 824 et 833. Ils sont – argument en faveur d'une copie par les Japonais – peints d'un trait fin en or et argent sur damas pourpre, et la technique utilisée rappelle celle des images sur papier bleu qu'on plaçait en tête des *sūtra*. La célèbre paire de *mandara* du temple Tōji, désignée sous le nom de «Version Saiin», date seulement de la fin du IXe siècle[13]. Cette œuvre réputée témoigne à la fois de la qualité de l'art pictural de la fin de l'époque Tang mais aussi de la virtuosité des moines copistes japonais. Toutes les formules propres à la peinture religieuse bouddhique y sont appliquées avec aisance et minutie: le modelé des corps nus, «l'ombrage inversé» des vêtements et du socle de lotus, l'utilisation de l'or; les fonds auraient même été, à l'origine, décorés de motifs *kirikane*. L'expressivité des visages, ceux des grands bouddha paisibles représentés de face ou ceux, joyeux ou féroces, des êtres inférieurs, est fascinante.

Comme le fait remarquer T. Yanagisawa, l'origine de ces *mandara* en couleur remonte peut-être au peintre de cour chinois Diao Qing[14]. Le moine Enchin qui en 855 se trouvait à Chang'an aurait le premier ramené les *mandara* au Japon et les aurait dédiés en 859 à l'empereur Seiwa.

Dans le temple Shingon, les *mandara* peints occupaient une place précise qui est encore la leur aujourd'hui: à l'avant de l'autel surélevé et perpendiculairement à celui-ci, mais en retrait, entre les piliers principaux. On les suspendait également dans le pavillon Shingon-in du palais pendant la seconde semaine de l'année pour la cérémonie de protection de la nation.

La sculpture Jōgan

La sculpture religieuse du début de la période Heian a été baptisée «Kōnin» et «Jōgan» d'après le nom des ères correspondantes (810–824 et 859–876). Aujourd'hui, on utilise généralement dans la littérature le terme «Jōgan» (*Jōgan-chōkoku*) pour désigner le style puissant et singulier des œuvres sur bois créées entre le VIIIe et le Xe siècle[15].

La dissolution, en 780, des ateliers de sculpture étatiques tenus par des moines des grands temples de Nara mit fin aux vastes programmes dans lesquels la répartition des tâches était décidée a priori. Par raison d'économie, les sculpteurs renoncèrent aux matériaux coûteux de l'époque Nara – le bronze, le laque et l'argile – et passèrent au bois. Le peuplement forestier du Japon subtropical offrait d'ailleurs d'abondantes possibilités. Parmi les variétés de bois les plus utilisées, citons le cyprès, le noyer *torrea*, le cerisier et le zelkowa.

Eloignés des centres, les temples à caractère privé avaient leurs propres sculpteurs. Avant même que les sectes secrètes Tendai et Shingon aient introduit au Japon une nouvelle iconographie ésotérique et des sources d'inspiration venues de Chine, l'utilisation du bois avait entraîné une interprétation nouvelle des anciennes figures de culte et en particulier du Bouddha de la médecine, Yakushi. On ignore les noms des artistes, mais on suppose que beaucoup d'entre eux venaient des ateliers de Nara. Le Tōshōdai-ji possédait un atelier de

23
Yakushi Nyorai. Bois avec traces de peinture sur la tête. H. 170 cm. Vers 802. Temple Jingo-ji, Kyōto.
La sculpture monoxyle du Bouddha de la médecine exprime les nouvelles tendances du bouddhisme ésotérique. Les formes replètes du corps et du visage donnent une impression de puissance potentielle. Les plis décoratifs et parallèles du vêtement mince et près du corps sont traités dans le style en «vagues ondulantes».

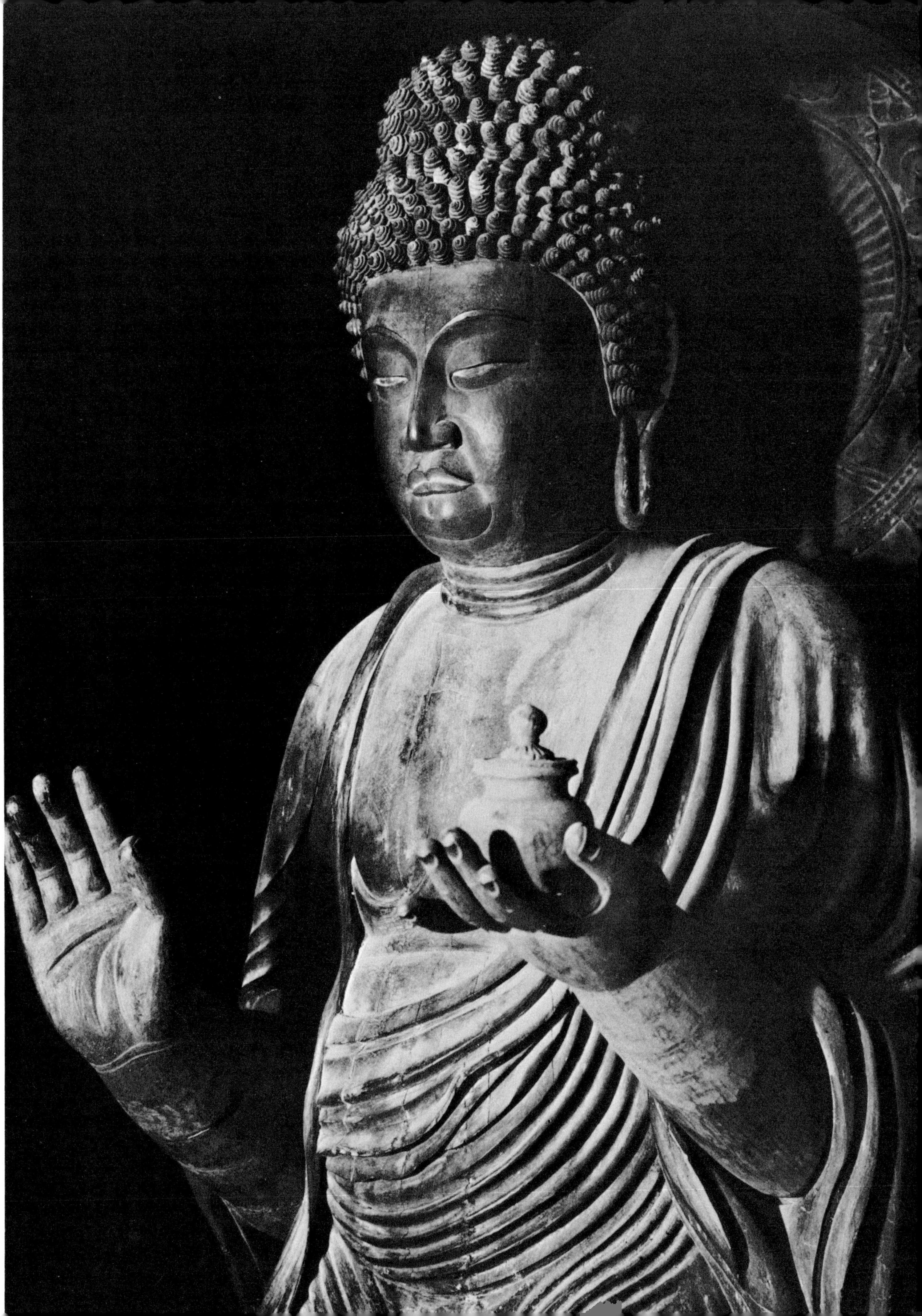

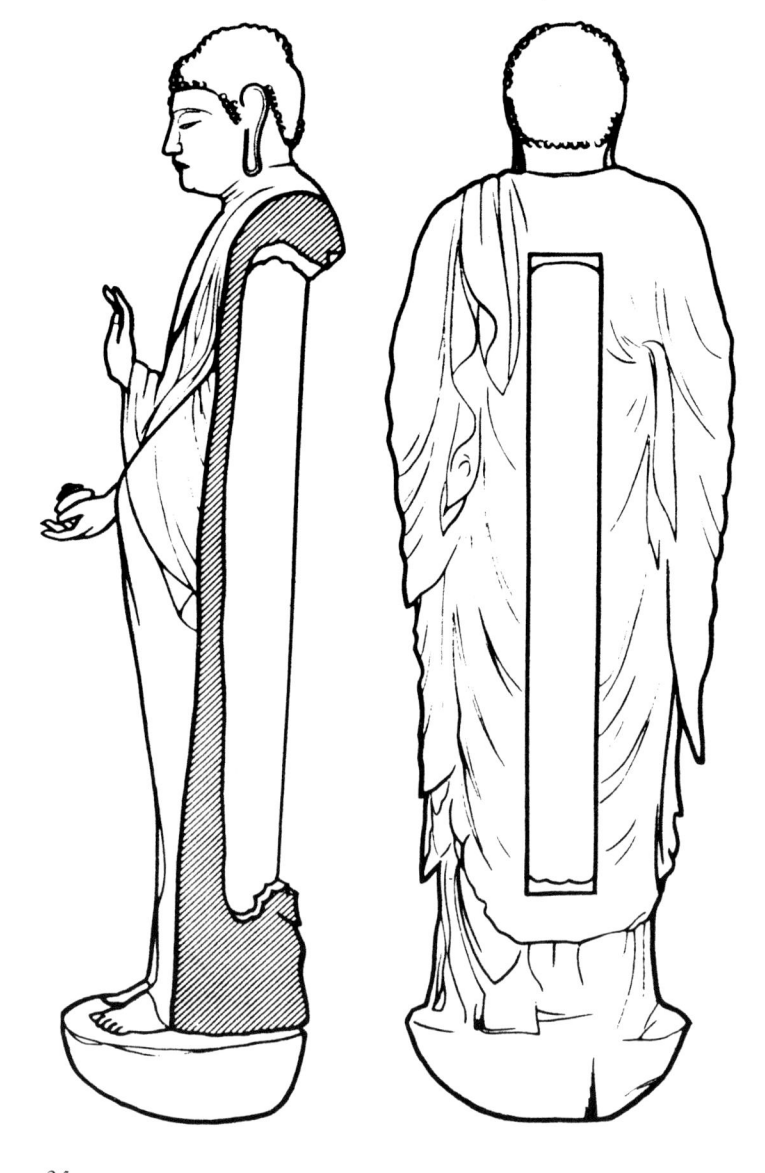

24
Yakushi Nyorai. Bois. H. 165,5 cm. IXe siècle. Temple Gangō-ji, Nara.
La figure debout du Yakushi est taillée dans un seul tronc; seules la tête et les mains sont rapportées. Les proportions et l'exécution des détails sont typiques de la sculpture Jōgan. Cependant, si on compare ce Yakushi à celui du temple Jingo-ji de Kyōto (ill. 23), on peut y déceler des caractéristiques propres à la sculpture de la région de Nara.

25
Schéma d'exécution du Yakushi Nyorai du temple Gangō-ji, Nara.
L'évidement vertical du dos était destiné à éviter l'éclatement du bois. Il servait aussi de réceptacle à des objets sacrés.

sculpture sur bois dans lequel des moines chinois appartenant à la suite de Ganjin avaient œuvré. Ils travaillaient surtout les pièces en bois destinées à servir d'âme aux œuvres laquées. Dans le Kondō, la figure de culte principale, le Bouddha Birushana assis, est entièrement modelée dans le laque (dakkan kanshitsu). Les figures secondaires sont en revanche fabriquées à partir d'une âme en bois qu'on laque ensuite (mokushin kanshitsu). Nombre d'âmes en bois, corps et torses, ont été conservés dans le Kōdō du temple. Les membres sont opulents et galbés. Les vêtements tombent en plis parallèles, linéaires, dans un style ornemental. La sculpture en pierre de l'époque Tang tardive semble avoir influencé cette production.

25 Caractéristique importante des œuvres Jōgan: elles sont monoxyles *(ichiboku-zukuri)*. Les figures sont sculptées dans un seul tronc d'arbre. Pour éviter l'éclatement, on évidait souvent le dos dans le sens vertical. Toutefois, les parties saillantes – les avant-bras ou les extrémités latérales pour les statues debout, les genoux et les vêtements pour les statues assises – étaient sculptées dans des blocs rapportés.

La figure debout se prête très bien à cette technique. Les artistes japonais, très sensibles à la structure du bois, créèrent des effets ornementaux auparavant irréalisables, parce que les matériaux utilisés – laque, argile ou bronze – ne s'y prêtaient guère. Le style du drapé est

19, 26 qualifié de «style en vagues» *(hompa-shiki),* car la coupe des plis présente une alternance rythmique d'arêtes linéaires vives et de rubans plats. Le contraste entre les chairs lourdes, les visages massifs et mous d'une part et l'élégance du vêtement d'autre part, accuse le caractère

23 ornemental des sculptures Jōgan. Le Bouddha Yakushi debout du temple Jingo-ji est typique de la sculpture Jōgan. Les formes épaisses et affaissées du corps et de la tête, dont le sommet protubérant a la forme d'une coiffe *(ushnisha),* ont été reprises dans les sculptures du

24, 19 Gangō-ji et du Murō-ji. On désigne sous le vocable de «sculptures naturelles» *(sochi-zō)* les sculptures dont le bois est laissé au naturel en dehors des yeux, des lèvres et des poils du visage qui sont peints en couleur. A ce groupe appartient également la figure centrale du temple Shin-Yakushi-ji à Nara, le Bouddha assis Yakushi.

Les conceptions cosmiques des sectes ésotériques entraînèrent un élargissement du panthéon bouddhique. Il fallait trouver un mode de figuration pour des êtres imaginaires et des divinités protectrices aux pouvoirs

26
Bosatsu. Bois. H. 124,5 cm. Première moitié du IXe siècle. Hōbodai-in, Kyōto.
Bodhisattva assis dans une pose de délassement, jambe droite pendante. Le visage est plein, les pupilles incrustées et le front orné d'une boule d'ambre (œil de la sagesse). Les cheveux sont ramenés en couronne sur la tête. Les plis du vêtement tombent en cascades ornementales dans le style en «vagues ondulantes». La pièce, sculptée dans un seul tronc et proche des sculptures chinoises de l'époque Tang tardive, est un des chefs-d'œuvre du style Jōgan arrivé à maturité.

magiques qu'on se devait de vénérer. Kūkai avait vu en Chine des représentations dont les plus anciennes avaient des traits indiens. Des divinités hindouistes telles que Brahmā, Indra et les «rois de la sagesse» ap-
14, 15 paraissent parmi les sculptures du temple Tōji. H. Minamoto établit par exemple un lien entre le Bon-ten (Brahmā) à trois têtes du Tōji et le Shiva Mahādeva d'Elephanta qui date du VIIe siècle[16].

Les groupes des bodhisattva assis du Tōji et des «cinq Godai Kokūzō» du temple Jingo-ji expriment remarquablement la douceur qui émane de leur être. Ils se rapprochent de leurs homologues peints dans les *mandara*. Leur parenté avec les peintures est également soulignée par les laques qui couvrent partiellement les vêtements, la peau gardant son aspect brut. Le chef-
26 d'œuvre du temple Hōbōdai-in à Kyōto est un bodhi-

27–28
Kannon à onze têtes (ensemble et détail). Bois avec traces de peinture sur la tête. H. 100 cm. IXe siècle. Temple Hokke-ji, Nara.
Cette élégante statue est taillée dans un seul tronc comme les sculptures chinoises en bois de santal. L'attitude, l'expression et le maniérisme du vêtement sont typiques du style Jōgan.

29
Tête de Tobatsu Bishamon-ten. Chine. Bois recouvert d'étoffe laquée et peinte. H. 194 cm. Vers 800. Temple Kyōōgokoku-ji, Kyōto.
Tobatsu Bishamon-ten, une divinité originaire d'une région englobant le Tibet et le Turkestan, était considéré comme protecteur de la capitale. La sculpture décorait d'abord la porte Rashō-mon. La technique d'exécution – assemblage de pièces de bois et incrustation d'yeux en obsidienne – prouve son origine chinoise.

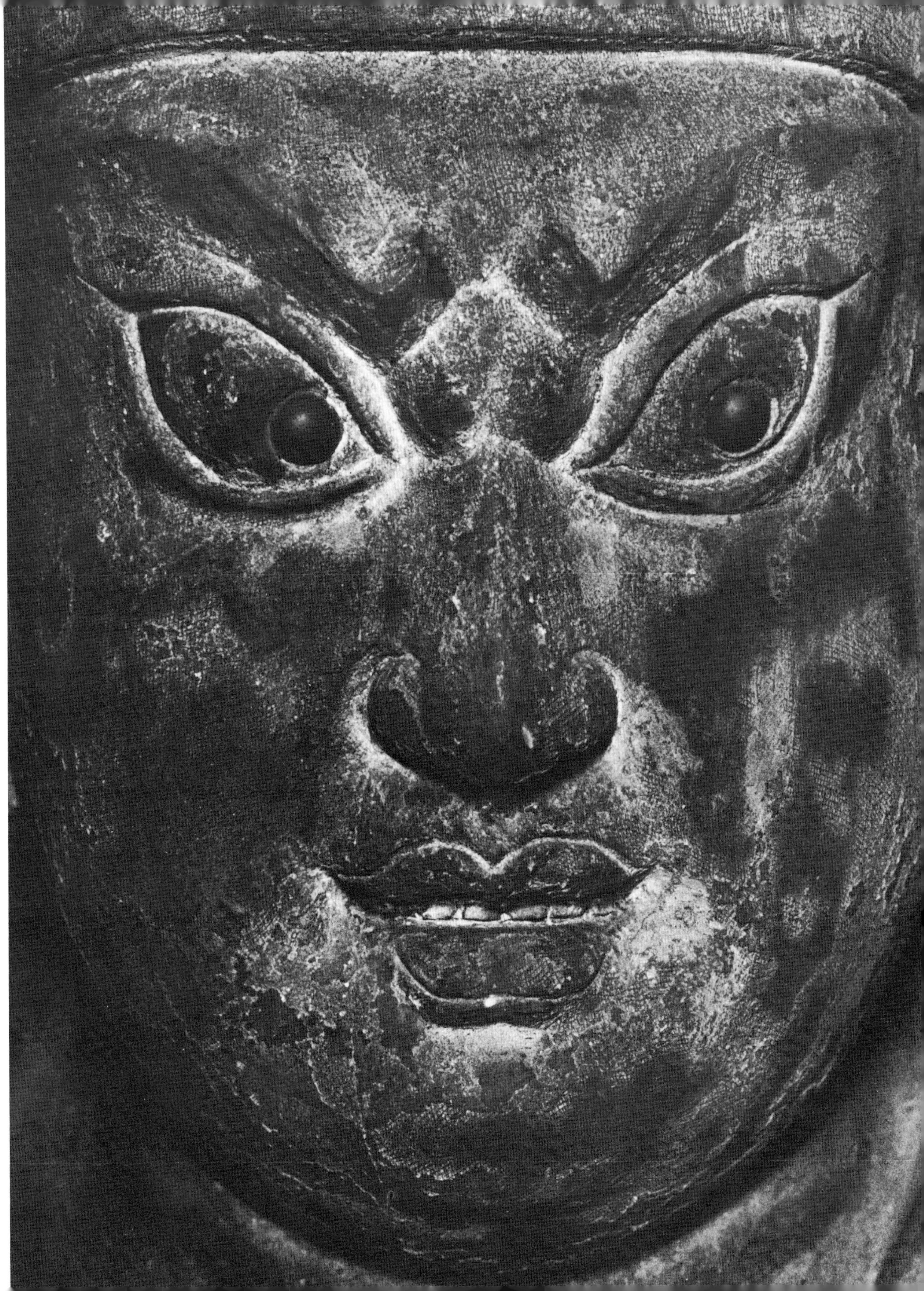

sattva: assis dans une pose semblable, d'allure très chinoise, il est travaillé selon les mêmes techniques.

Il faut inclure dans ce groupe de bodhisattva ésotériques la figure de culte centrale du temple Kanshin-ji près d'Ōsaka, un Nyoirin Kannon assis. Il date de 830 environ. Nanti de six bras et inscrit dans un cercle, c'est une des sculptures les plus importantes de l'époque Jōgan. Sa valeur artistique la situe au même rang que le Bouddha Shaka du Murō-ji et que le Kannon à onze têtes du temple Hokke-ji.

L'influence exercée par les statuettes en bois de santal rapportées de Chine depuis l'époque Nara est loin d'être négligeable. Ces œuvres Tang représentent généralement le bodhisattva Kannon couvert de bijoux ajourés. En revanche, le petit autel de voyage avec sa triade Shaka dans le style de Gandhāra, qui appartenait personnellement à Kūkai, est apparemment resté sans écho.

Les Kannon à onze têtes de la sculpture Jōgan semblent avoir emprunté davantage à l'iconographie qu'au style des figurines en bois de santal. Le Kannon à onze têtes du temple Hokke-ji est une interprétation très japonaise des modèles chinois. On y retrouve de façon exemplaire toutes les caractéristiques de la sculpture Jōgan.

Le temple Tōji possède quelques sculptures monumentales en bois venues directement de Chine: la puissante silhouette de Tobatsu-Bishamon-ten, gardien du Nord et protecteur du pays, en constitue un exemple. La silhouette cuirassée et le visage aux traits tibétains ont un aspect farouche. Cette statue aurait occupé l'étage supérieur de la porte Rashō-mon. Portant une lance et une pagode, le gardien se tient debout sur trois démons dont l'un, la déesse de la Terre (Ji-ten), rappelle une dame de cour chinoise.

Dans le culte de la secte Shingon, les «cinq grands rois de la sagesse» (Godai-myōō) et en particulier Acalanātha (Fudō-myōō) jouaient un rôle de premier plan en tant que manifestation du Bouddha originel Dainichi. Les images de cet «immuable roi de la sagesse» prirent une place centrale dans le culte tantrique. Le «Bouddha secret», un Fudō sculpté provenant de l'habitation (Miei-dō) de Kūkai au Tōji, est encore plus marqué par le style Jōgan que la première image du Fudō-myōō du Kondō du Tōji. Comme la doctrine Shingon avait inclus dans le panthéon bouddhique les divinités japonaises, des représentations sculptées des dieux Shintō apparurent bientôt, par groupes de deux ou trois, dans les sanctuaires Hachiman, sanctuaires shintoïstes à voca-

30
Le moine Enchin (Chishō Daishi), de Ryōsei. 1143. Temple Shōgo-in, Kyōto.
Trois portraits posthumes nous ont transmis l'image du grand représentant de la secte Tendai, Enchin (814–891). Son voyage en Chine et la fondation du temple Onjō-ji ont fait de lui une des personnalités les plus marquantes du bouddhisme ésotérique. Ce robuste personnage, nanti d'un crâne allongé et d'un large menton, est représenté en profonde méditation. L'influence Shintō n'est peut-être pas absente dans cette œuvre: Enshin portait aussi le nom Shintō de Sannō Daishi (roi de la montagne), nom qui est inscrit sur la sculpture.

31
L'impératrice Jingō-kōgō. Bois laqué avec enduit coloré. H. 35,5 cm. 889–897. Yasumigaoka–Hachiman–Jingū, Yakushi-ji, Nara.
L'impératrice fait partie d'une triade de divinités Shintō avec le dieu de la guerre Hachiman représenté en moine et la princesse Nakatsu-hime. La déesse porte la tenue de cour chinoise qui était à la mode au début de la période Heian: jupe par-dessus un *kimono* à longues manches et veste en brocart de la haute noblesse. Sa chevelure dénouée, surmontée d'un nœud, semble être une perruque. La statuette est travaillée dans un seul bloc de bois, laquée et colorée. Quelques traces de dorure subsistent.

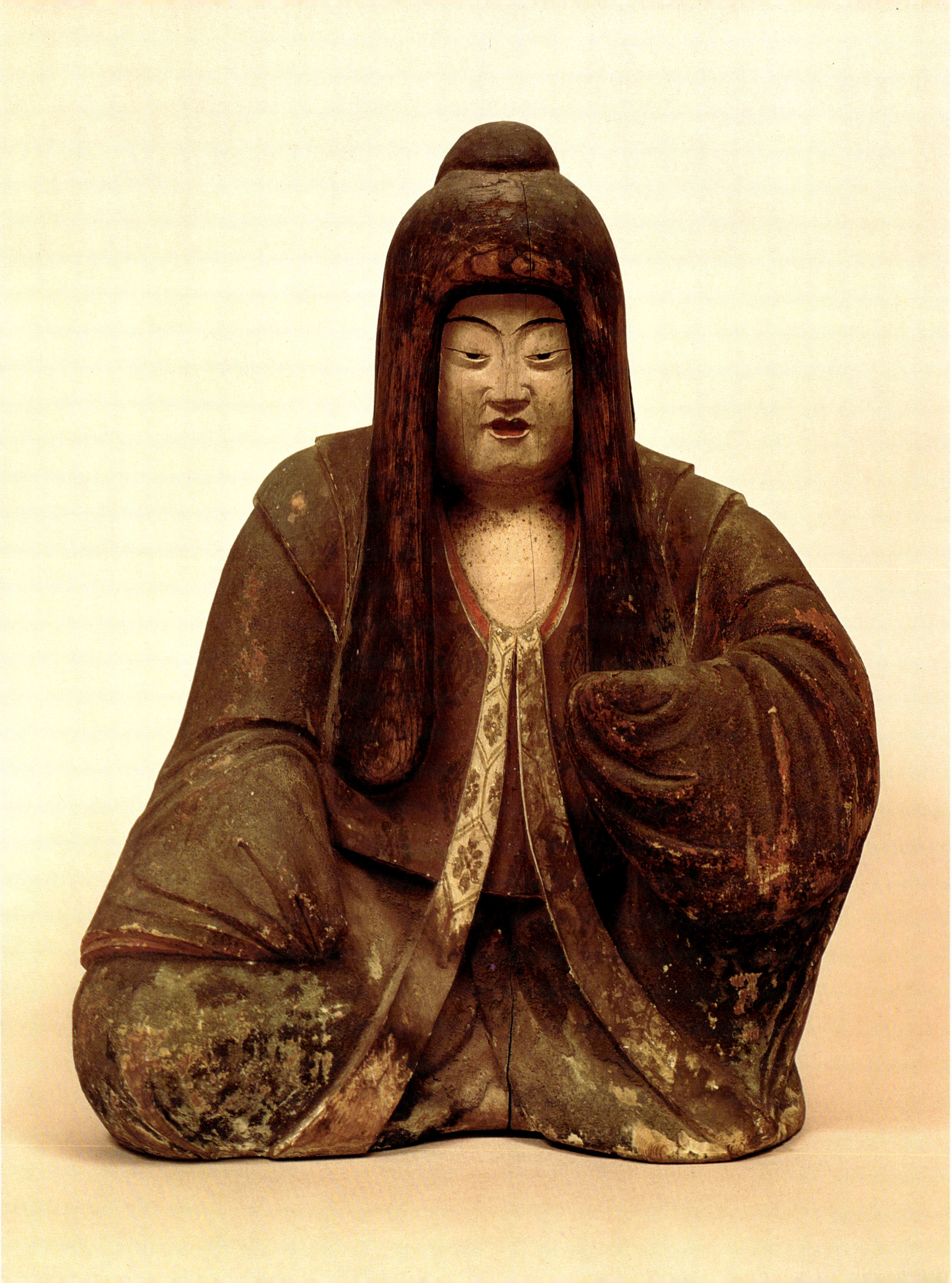

tion protectrice qui étaient associés aux temples bouddhiques. Hachiman, ancien dieu japonais de la guerre, fut aussi représenté comme moine (Sōgyō Hachiman). C'est le cas dans la triade du Yakushi-ji, qui date de 889-897. Ses accompagnatrices, l'impératrice Jingō-kōgō (ou Jingū-kōgō) et la princesse Nakatsu-hime, sont représentées en habits de cour chinois. Cette triade offre l'exemple le plus accompli de la maturité du style Jōgan. Un groupe plus maladroit mais antérieur appartient au Tōji; un autre quelque peu postérieur au sanctuaire Shintō Matsuo-jinja. On peut compléter cet ensemble par quelques rares portraits de moines. La fidélité dans le rendu des traits doit contribuer à l'efficacité de la représentation et revêt donc une importance primordiale. La statue assise du moine Enchin restitue remarquablement la personnalité de cet homme hors du commun.

La peinture bouddhique

La peinture religieuse évolua probablement comme la sculpture: elle se détacha vers la fin du VIIIe siècle des grands ateliers rattachés aux temples de Nara. La peinture asiatique, lorsqu'elle se présente sous forme de rouleaux verticaux ou horizontaux en soie, lin ou papier, est particulièrement fragile. Aussi ne possédons-nous que très peu d'exemplaires de l'époque Jōgan. Tous appartiennent à la peinture ésotérique.

Grâce aux efforts de Kūkai, le Japon possède quelques peintures chinoises de valeur. Il les avait reçues de son maître à Chang'an ou les avait fait exécuter par des artistes de renom. Dans l'esprit de la doctrine Shingon, les peintures sont de nature divine: elles sont chargées d'un pouvoir magique, lié à la chose représentée, qu'elles peuvent transmettre directement au fidèle.

Les «mandara des Deux Mondes» nous sont connus par une copie conservée dans le temple Kyōōgokoku-ji à Saiin (ou dans le pavillon Shingon-in). Les deux autres paires dont les contours sont soulignés d'or et d'argent s'appuient sur d'autres modèles, qui étaient peut-être des esquisses iconographiques aujourd'hui perdues. La paire du Jingo-ji, la plus ancienne, date d'environ 824, celle du Kojima-dera du XIe siècle. Ces mandara présentent déjà, en particulier dans l'usage de la couleur, les traits essentiels d'un art proprement japonais. La légèreté des contours au pinceau et l'hilarité inattendue de maints «êtres inférieurs» n'ont rien de chinois. L'approximation dans l'alignement des rangées de bouddha pourrait être due à un partage du travail entre plusieurs peintres.

La doctrine Shingon met également l'accent sur les portraits de patriarches. Kūkai a ramené cinq portraits idéaux de patriarches chinois. Ils sont de la main de Li Zheng, peintre totalement oublié en Chine. Kūkai fit compléter au Japon les représentations des patriarches indiens Nāgārjuna (Ryūmyō) et Nāgabōdhi (Ryūchi). Ces deux peintures ne portent aucune signature. Seul Kūkai les décora, peut-être pour des raisons rituelles, d'inscriptions, dans une graphie d'apparat ancienne (zettai-sho) et nota dans leur partie inférieure quelques explications et la date: 821.

Les moines-peintres formés à l'exécution de mandara en couleur furent également chargés de réaliser les diagrammes sacrés directement sur les murs des temples. La peinture située dans la chapelle du temple Daigo-ji est très proche du mandara du Saiin. Le Daigo-ji avait été terminé en 951 et inauguré en 952 par l'empereur Murakami. Ici les personnages des mandara ont été peints à même les planches de bois préalablement couvertes d'enduit; les plus importants d'entre eux sont placés sur les piliers principaux du bâtiment. Le «mandara de la Matrice» est dirigé vers l'ouest, le «mandara du Diamant» vers l'est. Les «huit patriarches» de la secte Shingon (Kūkai étant le huitième) occupent une place modeste au bas des panneaux latéraux. Ils sont très proches des modèles du Kyōōgokoku-ji. L'appauvrissement de la qualité de représentation à mesure qu'on descend dans la hiérarchie des personnages est manifeste. Y. Yashiro suppose que l'on utilisait des pochoirs pour les esquisses qu'on colorait ensuite[17]. Nous nous trouverions donc déjà ici en présence d'un mode de reproduction à exemplaires multiples, également utilisé dans la peinture profane, comme par exemple dans les éventails à sūtra du Shitennō-ji.

32
«Mandara de la Matrice» (détail). Peinture murale. Couleur sur bois. 951. Pagode du temple Daigo-ji, Kyōto.
Les planches qui tapissent le «noyau» de la pagode servent de support au «mandara des Deux Mondes». Dans la partie ouest apparaît Dainichi Nyorai, couvert de riches bijoux et flanqué dans sa partie supérieure de deux bodhisattva. Au-dessus de lui, le triangle, symbole de la sagesse absolue, repose lui aussi sur un socle en forme de lotus. Ce mandara est très proche de ceux du Kyōōgokoku-ji, bien qu'on y décèle un début de japonisation.

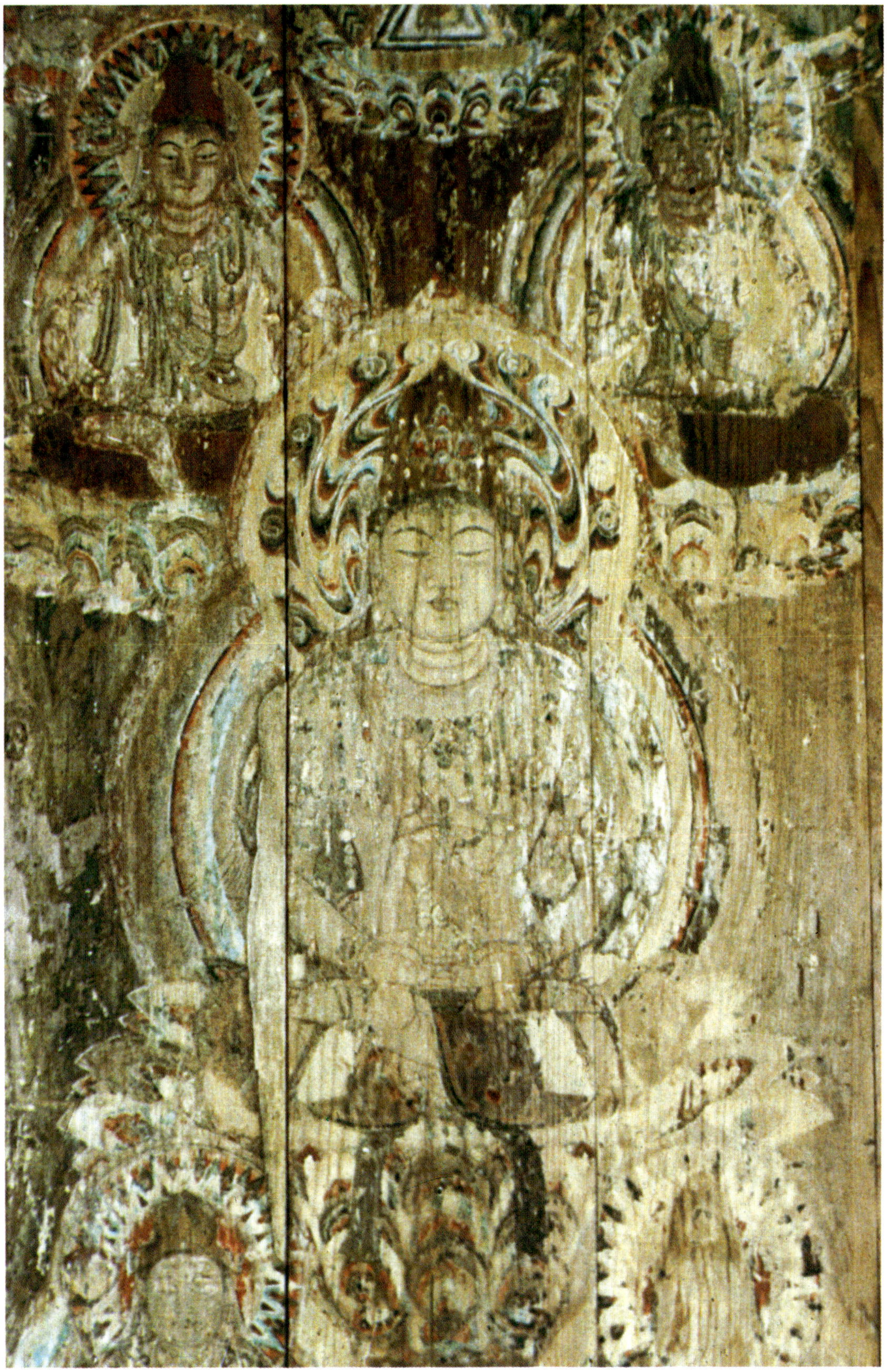

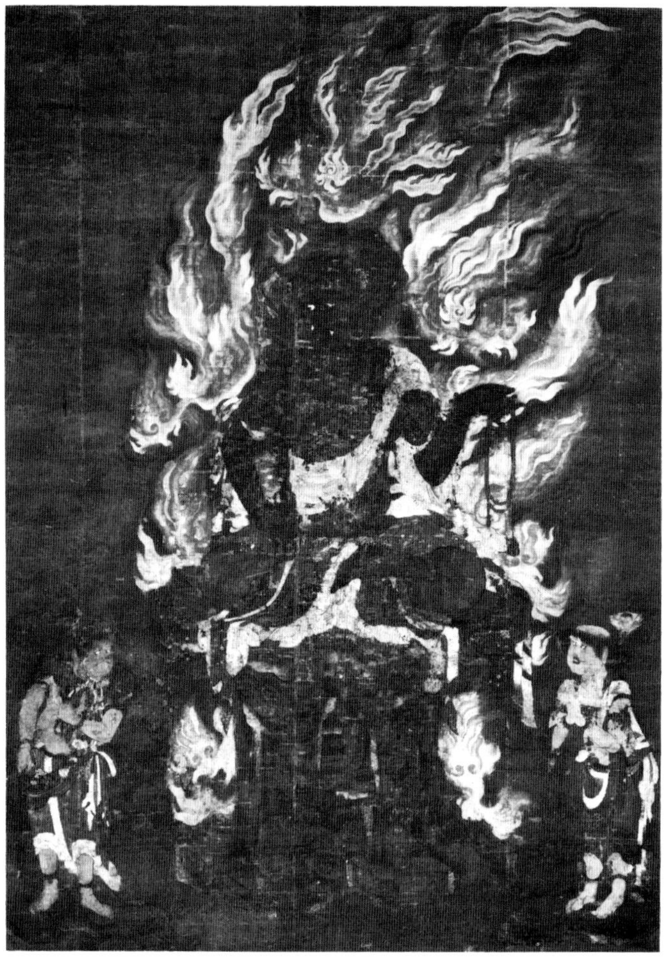

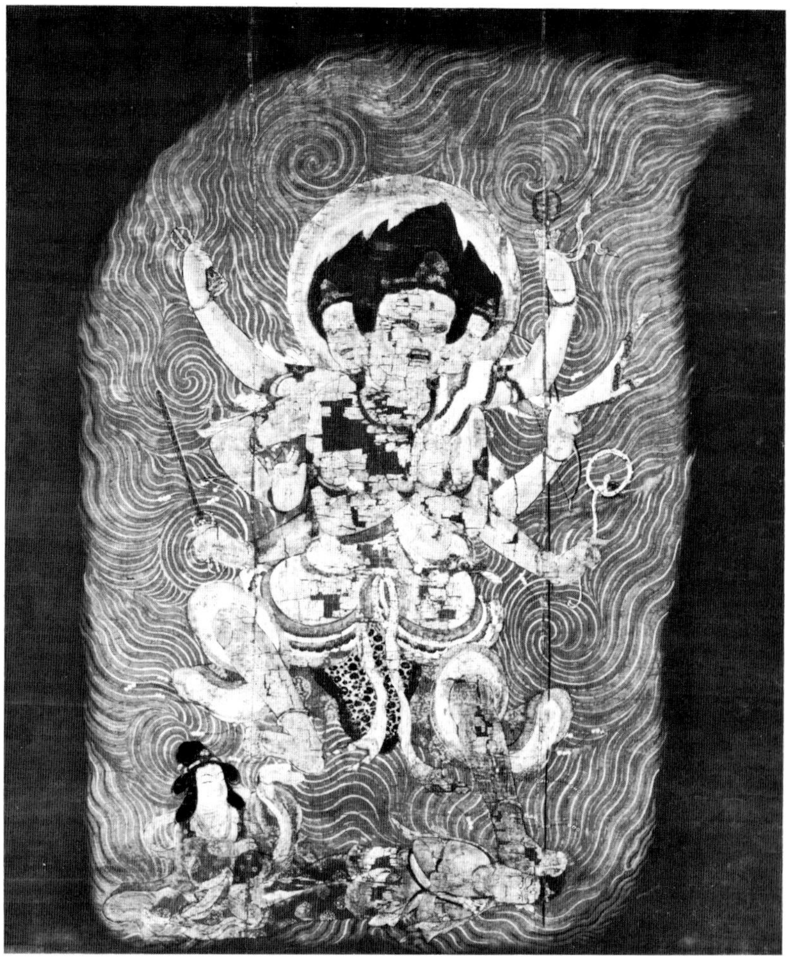

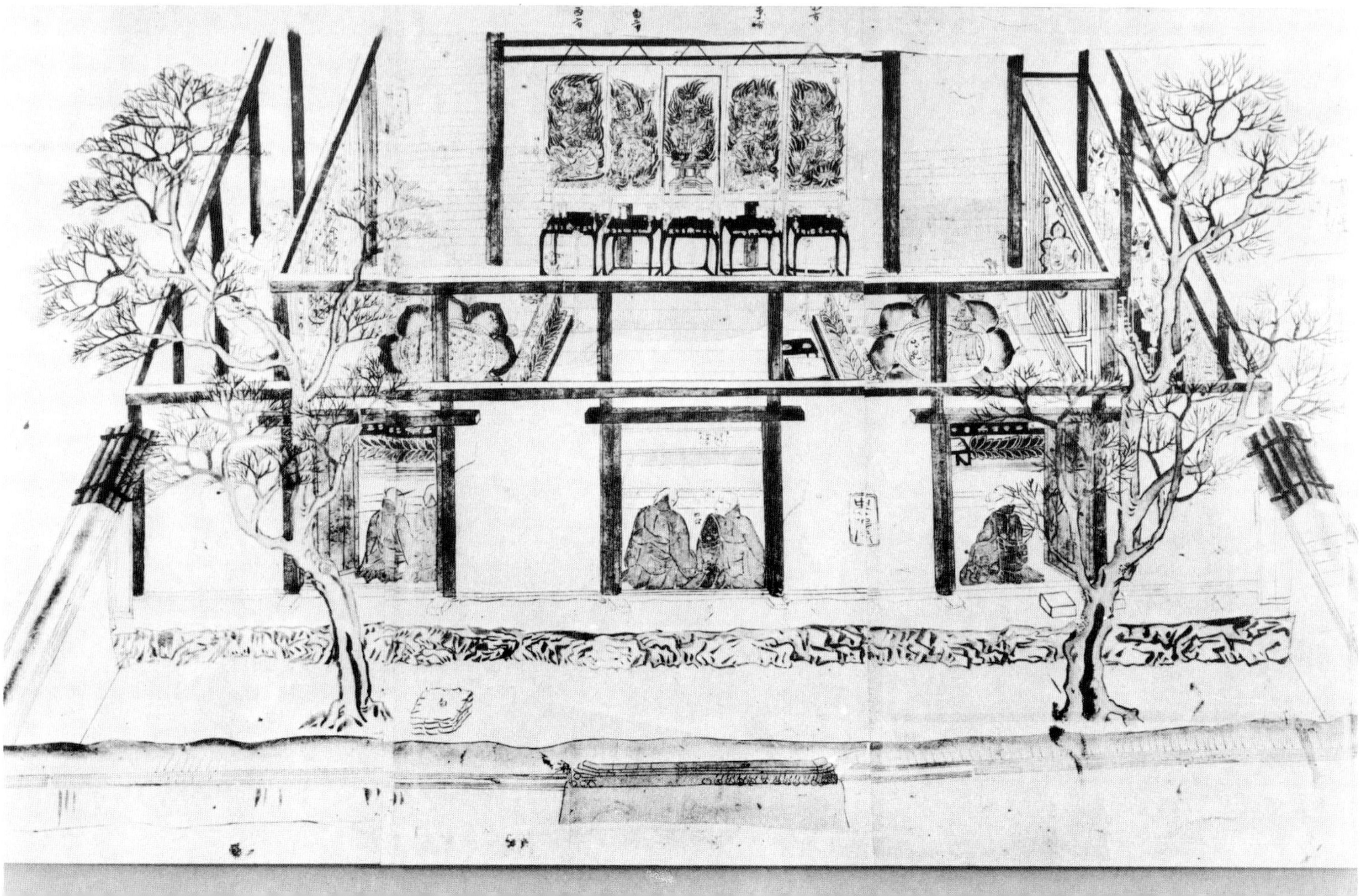

33
Fudō-myōō et deux assistants. Couleurs sur soie. 205 × 150 cm. XIᵉ siècle. Temple Shōren-in, Kyōto.
Le Fudō, assis sur un socle en pierre, est entouré d'un nimbe de flammes. Comme la sculpture du «Fudō bleu» du temple Kyōōgokoku-ji, il tient une épée et un fouet. Il est flanqué de ses jeunes assistants Seitaka-Dōji et Kongara-Dōji. Selon certains documents conservés au temple Daigo-ji, cette peinture serait due à l'inspiration de Genchō, un moine peintre du temple Gangō-ji de Nara.

34
Gozanze-myōō. Couleurs sur soie rehaussée de feuilles d'or. 153 × 128 cm. 1127. Temple Kyōōgokoku-ji, Kyōto.
La silhouette effrayante à trois têtes et huit bras du Gozanze appartient à une série d'images de culte des Godai-myōō, les «cinq grands rois de le sagesse». Il danse, en prenant appui sur un démon en prière, au-dessus de la déesse de la terre Jiten. La figure, animée de mouvements dramatiques, est encadrée d'une auréole de flammes à caractère ornemental. La série d'images des Godai-myōō est vénérée dans la chapelle du palais Shingon-in lors des cérémonies destinées à assurer la protection du pays.

35
Chapelle palatiale Shingon-in. *Nenju-gyōji-emaki*, sixième rouleau, quatrième scène (copie d'après un original d'environ 1160). Encre et couleurs sur papier. H. 45,2 cm. Collection privée.
Des moines sont assis à l'entrée de la chapelle Shingon-in. Des rouleaux verticaux représentant les Godai-myōō sont suspendus dans les niches qui leur font face. Les «*mandara* des Deux mondes» sont accrochés aux murs de droite et de gauche, devant lesquels des autels bas sont ornés de fleurs de lotus; la fleur de droite contient un reliquaire. L'image, fait extrêmement rare dans les rouleaux enluminés, est construite en perspective centrale et non en perspective parallèle.

Cent ans environ avant que ne fût peinte la pagode du Daigo-ji, un *mandara* Taishaku, caché derrière un Bouddha Yakushi sculpté, fut exécuté sur d'étroits panneaux dans le pavillon principal du temple Murō-ji. Taishaku-ten, le dieu hindouiste Indra, y apparaît en bodhisattva assis entre deux accompagnateurs debout. L'espace vide autour des personnages principaux est occupé par d'innombrables petites figures presque ponctuelles. On perçoit ici une démarche tendant à l'unification de l'œuvre, unification qui sera réalisée à l'époque Fujiwara.

La fonction des «images de méditation» se rapprochait sensiblement de celle des *mandara*. Elles représentaient, en général sous leur aspect démoniaque, des personnages isolés ou des triades appartenant au panthéon bouddhique. La figure d'Acalanātha (Fudō-myōō) est une des plus importantes. Il en existe probablement déjà trois versions dans la peinture Jōgan:

– Le «Fudō jaune» (Ki-Fudō) appartient à la catégorie des «bouddha secrets» du temple Onjō-ji, situé au bord du lac Biwa et fondé par Enchin. Rigide et représenté de face, il semble taillé dans le bois. Le riche bijou indien et le coloris ombré de la jupe à plis parallèles rappellent le style caractéristique de la sculpture Jōgan. L'intensité du regard dans cette œuvre en souligne le caractère magique.

– Le «Fudō bleu» (Ao-Fudō) du temple Shōren-in est composé presque comme un *mandara*. Le Fudō, auréolé de flammes, est assis en lotus sur un socle rocheux tenant en mains épée et fouet pour combattre le mal. Deux jeunes garçons, Seitaka-Dōji et Kongara-Dōji, sont debout à ses côtés dans une attitude de respect. Cette œuvre raffinée et remarquablement composée date du XIᵉ siècle. On est conquis par la virtuosité de la technique picturale caractéristique d'un art arrivé à maturité: celui de la fin de la période Heian.

– La troisième version, le «Fudō rouge» (Aka-Fudō), est conservée dans le temple Myōō-in du Kōya-san. Cette peinture très réputée malgré certains aspects archaïsants, par exemple la «ligne fil de fer» *(tessen-byō)*, présente certaines particularités qui permettent de situer sa création à l'époque Kamakura.

Le temple Saidai-ji à Nara possède des peintures de méditation dans le style du début de la période Heian (IXᵉ siècle): douze rouleaux verticaux représentant les douze rois Dewa (Jūni-ten) qui sont censés protéger contre le malheur et la maladie. Les lourdes figures montant des animaux et flanquées de deux adorants semblent faire éclater l'espace pictural.

Les bodhisattva appartenant au groupe des «cinq puissants bodhisattva» (Godairiki Bosatsu) sont représentés sous leur aspect effrayant. Trois représentations de ce groupe sont conservées dans le temple Junji-Hachiman-kō sur le mont Kōya. Leur frontalité agressive, qui fait éclater l'espace, est caractéristique de la peinture ésotérique à ses débuts. Le contour stylisé des flammes qui les entourent contraste avec la liberté et le naturel du nimbe de flammes du «Fudō bleu». Comme en témoignent ces peintures, certains traits archaïques ont été sauvegardés jusqu'à l'époque Fujiwara y compris, et fort probablement pour des raisons d'ordre magique.

Littérature et calligraphie chinoises

Lorsqu'en 759 les poèmes en langue japonaise avaient été rassemblés et transcrits dans le *Manyō-shū*, les auteurs avaient tenté d'utiliser les idéogrammes chinois pour leur valeur phonétique *(manyō-gana* ou *mana)*. Malgré ces essais, il n'existait encore au début de la période Heian aucune écriture spécifique adaptée à la nature agglutinante de la langue japonaise.

De plus, la formation chinoise et la connaissance du chinois étaient considérées comme indispensables tant au lettré qu'à l'homme de cour et au moine. Les deux intellectuels notoires du début de la période Heian, les moines Saichō et Kūkai, avaient appris à écrire et à penser en s'appuyant sur les rouleaux importés à l'époque Nara. Même si dans certains cas s'amorce une graphie plus libre et plus fluide, les textes des classiques, philosophes et poètes, de même que les *sūtra* bouddhiques que l'on copiait pour accroître ses mérites, étaient transcrits en caractères chinois *(reisho)*.

La mission de 804, envoyée en Chine, favorisa l'évolution d'une écriture jusque-là sévèrement charpentée vers un art du pinceau plus pictural. Cette mission était composée de religieux, mais un noble de la cour les accompagnait, Tachibana no Hayanari, que les Chinois avaient qualifié d'«homme d'un remarquable talent». C'est cependant Kūkai qui parvint le premier à maîtriser souverainement les calligraphies classique et moderne. Il travailla à Chang'an avec le calligraphe Han Fangming et étudia en particulier le style exemplaire du grand Wang Xizhi (307-365). Il s'exerça à l'écriture semi-cursive *(gyōsho)*, à la cursive herbiforme *(sōsho)* et à certaines formes d'écriture ornementale telles que le «blanc volant». Quelques lignes du *Shupu*, mémorable traité d'écriture de Sun Guoting[18], peut-être copiées par Kūkai, nous sont parvenues. Mais ses propres écrits philosophiques, ses critiques littéraires, son épitaphe et ses poésies remplissent plusieurs volumes. Kūkai échangea aussi avec Saichō une correspondance qui est partiellement conservée. L'ouvrage fondamental de la doctrine Shingon, les *Dix étapes du développement de l'esprit (Jūjūshiron)* et son traité de poésie chinoise, *Trésor caché du miroir de la littérature (Bunkyō hifuron)*, demeurent des classiques.

Kūkai fonda en 828 près du Tōji une école des arts et des sciences pour étudiants sans ressources. Il enseigna aussi la calligraphie à la cour. Son élève le plus éminent fut l'empereur Saga. Tachibana no Hayanari, auteur d'inscriptions pour portes de temples et d'actes de fondation, l'empereur Saga, plus dilettante, et Kūkai sont les «Trois Pinceaux» (Sampitsu) de cette époque.

Les empereurs du début de l'époque Heian tenaient pour méritoire d'éditer des œuvres en chinois. Sous l'impulsion de l'empereur Kammu, l'office de Compilation des Histoires de l'Empire composa en 797, sous la direction de Fujiwara no Tsuginawa, le *Shoku Nihongi*, deuxième des *Six Annales officielles de l'Empire*. Il fut suivi en 844, sous l'empereur Nimmyō, du *Nihon-kōki*. Au début du IXe siècle, la parution de trois anthologies de poésies chinoises composées au Japon fut encouragée par l'empereur Saga: le *Ryōun-shū* de 814 contient 91

36
Manyō-shū (fragment de Katsura, détail). Anonyme. Encre sur huit espèces de papier coloré. 29 × 805 cm. XIe siècle. Maison impériale.
309 poèmes tirés du quatrième volume du *Manyō-shū* sont retranscrits dans ce rouleau dans une écriture réfléchie et pleine de retenue. La calligraphie doit son rythme à l'alternance de *kana* et de caractères chinois connus sous le nom de «*manyō-gana*» et aussi, en grande partie, à la peinture sous-jacente, faite d'or et d'argent.

37
Inscription sur un portrait de patriarche, par Kūkai (Kōbō Daishi). Encre sur soie. Vers 821. Temple Kyōōgokoku-ji, Kyōto.
Kūkai écrivit sur le portrait du patriarche indien Ryūmyō (Nāgārjuna) le nom de ce dernier en caractères chinois. Cette graphie ornementale est dénommée «blanc volant» à cause du caractère dynamique de la ligne.

38
Fūshin-jō (détail), par Kūkai (Kōbō Daishi). Encre sur papier. 28,5 × 154,6 cm. Vers 812. Temple Kyōōgokoku-ji, Kyōto.
Le rouleau contenant les notes écrites de Kūkai à Saichō (Dengyō Daishi) tire son nom des premiers mots du texte: «Fūshin-jō». Il est daté des 5e, 11e et 13e jours du neuvième mois. Les caractères chinois parfois classiques et parfois stylisés reflètent la forte personnalité de l'auteur. (D'après *Shodō Zenshū*, vol. 11, Nihon 2, Heian I, Tōkyō, 1955, ill. 26.)

39
Poème de Li Zhiao (détail), attribué à l'empereur Saga (809-823). Encre sur papier. 26 × 235 cm. Maison impériale.
Vingt des 120 poèmes composés par le poète chinois Li Zhiao (époque Tang) ont été copiés par l'empereur Saga. Sa calligraphie dénote l'influence du maître chinois Ouyang Xiu dont le style était très en vogue au Japon au début de la période Heian. Le caractère stylisé et soigné de l'écriture de l'empereur apparaît dans ce poème dont le thème est «la rosée». (D'après *Shodō Zenshū*, vol. 11, Nihon 2, Heian I, Tōkyō, 1955, ill. 66.)

36

本年綿家常思見者
吾庖庄之草上日久置霧乃壽母
取情保家不相者
大綿宮祢家稻報脂藤原朝久須麻呂歌言
春之雨者弥布落流櫻花天咲久保
求著義可聞
如夢而会鴨愛小師天之使乃麻祢
久通者
はろはろにおもほゆるかもしらくもの
ちへにへたてるつくしのくには
浦若見花咲難寸梅乎殖而人之事
重三舎者兵者顏
ゆめにみえつるひとのくちびるあまのえつ
さきくとひとにつけまひて
又家稻婚藤原朝臣久須麻呂歌
情八十一所会不関春霞棚引時二
事乃遣者

37
（草書）

38

風信雲書自天翔臨
披之閱之如揭雲霧慧
惠止観妙門頂戴供持
不知攸措已冷伏惟

39

隔闊鄧之薮蓬往竹叢玉
垂丹棘下珠飯綠苻中夜
驚千年誦相瞻八月風晌懸
仙掌月華奉來共之

薄暮漸明

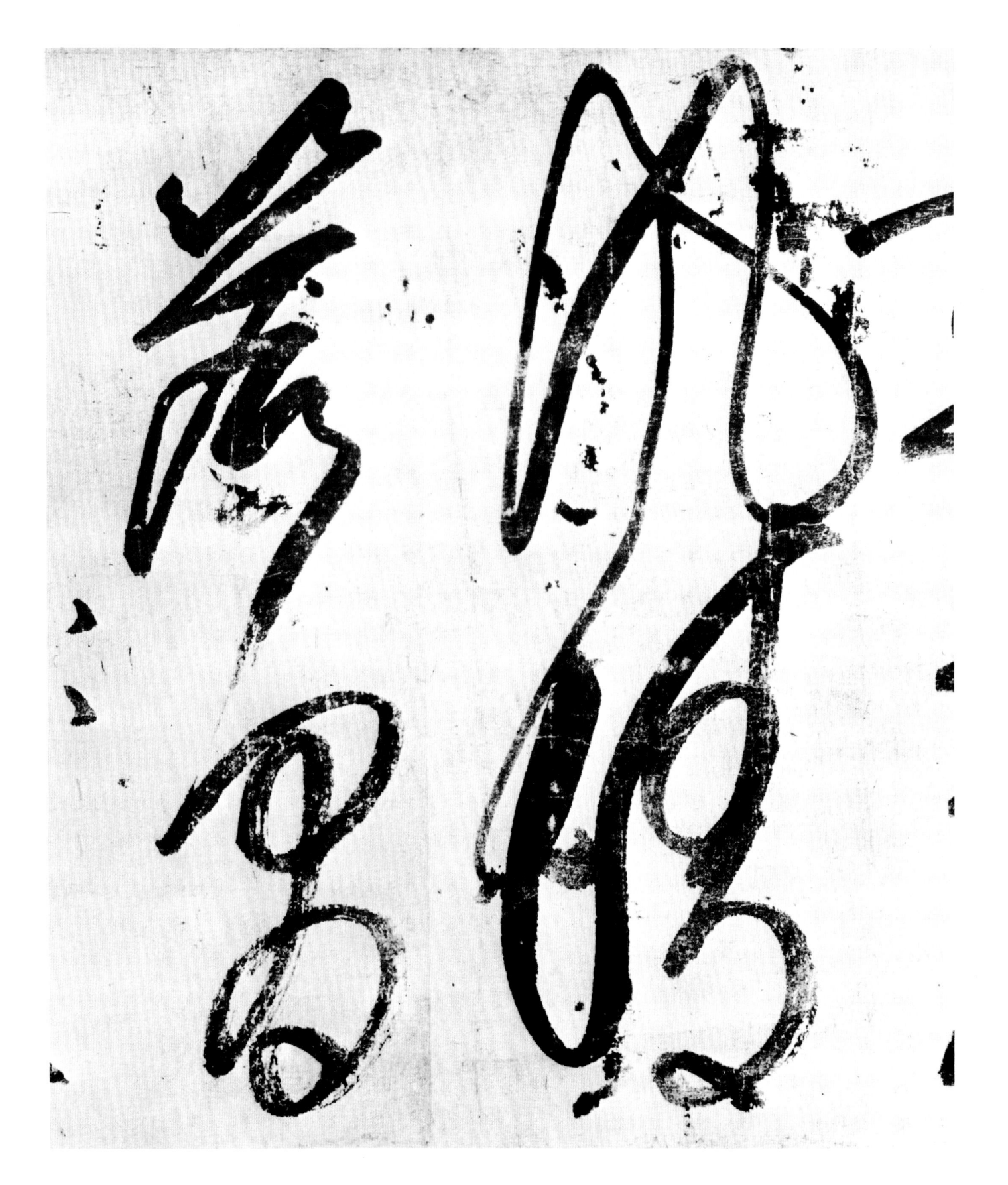

◁ 40
Poème de Bo Jūyi (détail), par l'empereur Daigo (897–930). Encre sur papier. H. 32 cm. Maison impériale.
L'unique calligraphie de l'empereur Daigo, grand admirateur de la Chine, est un «poème de cinq mots» de Bo Juyi: *Le petit Pavillon d'herbes*. L'écriture cursive, aux grands caractères, est libre et pleine d'élan. Huit caractères seulement, sur les 24 que comportait le poème, ont été conservés.

poèmes; le *Bunka Shūrei-shū* de 818, 143 poèmes; enfin le *Keikoku-shū* de 827, 900 poèmes, des morceaux en prose et des essais. Ces ouvrages contiennent aussi des textes de Kūkai. Il est difficile de savoir si les poètes japonais créaient en chinois des œuvres originales ou s'ils s'inspiraient systématiquement d'œuvres Tang et pré-Tang dont on sait qu'elles étaient copiées avec zèle. Ainsi nous possédons, de la main de l'empereur Saga, 39 une transcription de poèmes de Li Zhiao, un poète chinois du VIII siècle oublié depuis longtemps dans son propre pays.

Les œuvres du célèbre poète Bo Juyi (Haku Rakuten; 772–846) parvinrent au Japon de son vivant et y acquirent un grand renom. Le *Poème du Chagrin éternel* touchait profondément les cœurs. Il était courant d'utiliser des vers tirés de ses poèmes comme source de composition de *tanka* ou comme modèles de calligraphie: les 40 élans impétueux des calligraphies de l'empereur Daigo en sont un exemple.

L'enseignement des caractères et de l'art d'écrire chinois était officiellement dispensé par les maîtres dans les universités. Il existait des docteurs en littérature *(monjo-hakase)* et des docteurs en calligraphie *(sho-hakase)*. Ces fonctions héréditaires étaient généralement occupées par les membres de quelques familles dont l'intérêt se portait vers la Chine, tels les Tachibana, Ōe, Ki et Sugawara.

Les membres de la secte Tendai qui avaient fait le pèlerinage en Chine s'affirmèrent au IX siècle comme artistes calligraphes indépendants. Assez peu soucieux de doctrine, ils cherchaient plutôt à connaître les pratiques du Shingon et à s'en assurer les textes. L'original du célèbre journal d'Ennin est probablement perdu, mais les calligraphies de son cadet Enchin, plus parfaites, sont conservées dans le temple qu'il avait lui-même fondé: le 41 Onjō-ji. Nous possédons aussi une lettre de Enchin datant de 890 dont l'écriture tremblée, celle d'un homme âgé et malade, contraste impitoyablement avec la maîtrise de ses œuvres antérieures.

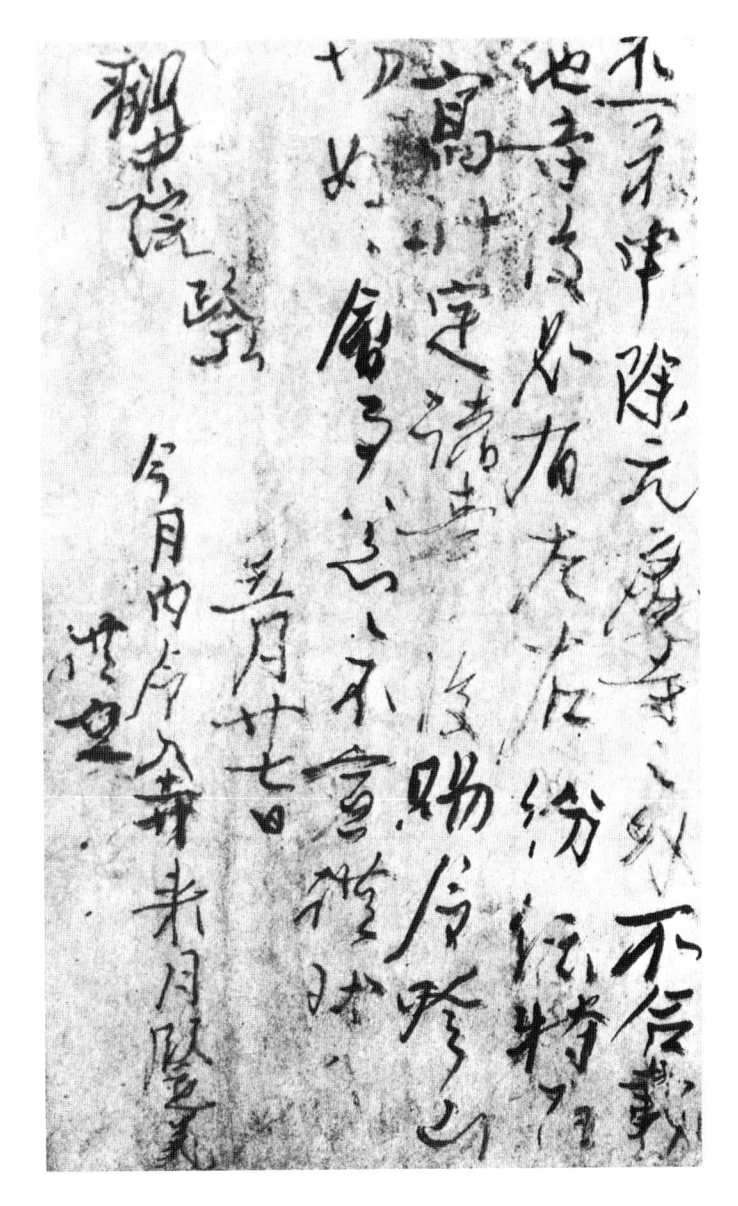

41
Lettre, d'Enchin (Chishō Daishi). Encre sur papier. 29,5 × 53,2 cm. 888–890. Tōkyō National Museum, Tōkyō.
Les écrits laissés par le moine Enchin comportent des notes, des copies, des souvenirs et des lettres. Il écrivait en général avec la brillante maîtrise d'un calligraphe rompu à diverses techniques. L'écriture de cette lettre, cependant, est celle, difficilement lisible, d'un vieillard, peut-être handicapé. (D'après *Shodō Zenshū,* vol. 11, *Nihon* 2, *Heian* I, Tōkyō, 1955, ill. 91.)

Après la cessation officielle, en 894, des missions en Chine, la cour japonaise sembla se désintéresser des contacts directs avec le continent. Aucun apport matériel ni spirituel ne semblait pouvoir venir encore de l'empire Tang déclinant et en proie aux troubles. Cependant, le prestige des sciences chinoises resta intact auprès de la cour.

Littérature et calligraphie japonaises

En littérature et en calligraphie, un style japonais se développa progressivement à côté du style chinois. Loin de porter ombrage à la suprématie continentale, il était considéré comme un complément féminin à l'apport chinois, lui-même masculin, et cette dualité était conforme au concept Yin-Yang de la cosmologie chinoise. La graphie *hira-gana*, très fluide, est une des deux écritures syllabiques *(kana)* qui furent développées à la fin du IXe siècle. Elle était considérée comme une écriture de femme *(onna-de)* par opposition aux caractères chinois, masculins *(onoko-de)*.

Ecriture et littérature chinoises dominèrent la première moitié du IXe siècle. Cependant, à côté des

42–43
Kokin-shū (fragment de Honami, détails), attribué à Ono no Tōfu (Michikaze) (894–896). Encre sur papier imprimé. H. 16,6 cm. XIe siècle. Maison impériale.
Le calligraphe a écrit les poèmes du *Kokin-shū* sur des rouleaux horizontaux constitués par des feuilles de papier micacé, aux couleurs tendres, collés bout à bout. La calligraphie doit son rythme à l'alternance de caractères chinois et de *kana* souples et ondulants et aux irrégularités à peine perceptibles dans la disposition des colonnes. Ce petit rouleau a appartenu au célèbre artiste et calligraphe Honami Kōetsu (1558–1637).

pompeux poèmes chinois de cinq ou sept vers *(kanshi)*, les courts poèmes japonais en cinq vers et 31 syllabes *(tanka)*, dont la tradition remonte au *Manyō-shū*, restaient en honneur. La qualité mélodique des *tanka* flatte l'oreille, mais leur sens est obscurci et alourdi par l'utilisation abusive de «mots pivots» *(kake-kotoba)*, de «mots-coussins» *(makura-kotoba)* et d'associations *(en-gō)*. Malgré les règles restrictives qui pesaient sur les thèmes et la forme des *tanka*, le tempérament des poètes s'y exprime avec une grande richesse de nuances. Les «six poètes géniaux» (Rokkasen) publièrent au cours du IXe siècle. En 905, Ki no Tsurayuki inséra dans le *Kokin-shū* quelques-uns de leurs poèmes, mais il ne leur décerna aucun éloge dans sa célèbre préface. Cinq d'entre eux sont des hommes, gens de cour tels Ariwara no Narihira (825–888), Bunya no Yasuhide, Ōtomo no Kuronushi ou moines: Henjō (816–890) et Kisen. Le sixième membre du groupe est une femme, Ono no Komachi (environ 850). En dehors de sa vieillesse assombrie par la solitude, sa vie fut brillante et la légende s'en est emparée.

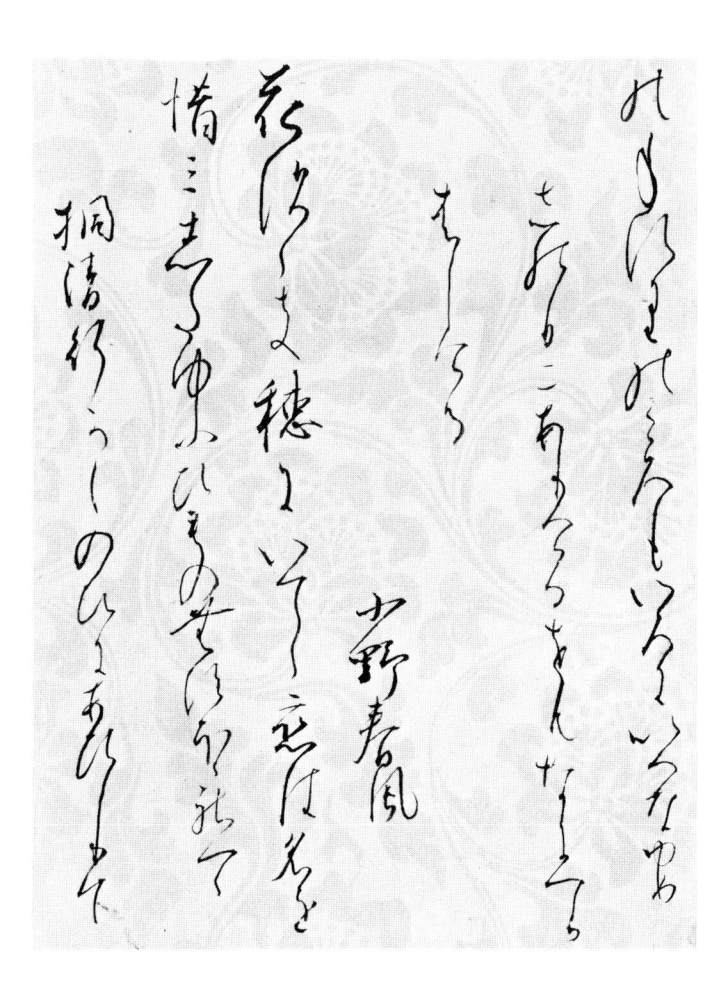

L'*Anthologie de poèmes japonais anciens et nouveaux (Kokin-[waka-]shū),* datant de 905, est le premier des recueils de poèmes constitués sur ordre impérial. Il fut suivi de sept autres, le dernier étant le *Shin-Kokin-waka-shū* de 1205. L'empereur Uda fut apparemment à l'origine du *Kokin-shū*, mais il ne fut achevé que sous son fils Daigo. On en connaît deux préfaces dont le contenu est très voisin: l'une, en chinois, de Ki no Tomonori, l'autre en japonais de Ki no Tsurayuki (872–945). Voici un court extrait de cette dernière: «Les racines de la poésie du Yamato sont le cœur de l'homme, ses feuilles sont des milliers de mots. […] En ce monde où chacun a des préoccupations si diverses, le but de la poésie est d'exprimer des états d'âme par la description de ce qu'il voit et qu'il entend.» Il définit un peu plus loin l'objet de la poésie: «S'éprendre des fleurs, envier les oiseaux, être touché par les brumes printanières et attristé par la rosée.»[19]

Alors que le *Manyō-shū* rassemblait une grande variété de poésies et de chants composés aussi bien par des empereurs que par des paysans ou des soldats, le *Kokin-shū* est beaucoup plus homogène. Les 127 auteurs sélectionnés appartiennent presque exclusivement à la petite noblesse. Les 20 poèmes composés par l'office impérial de Poésie n'occupent qu'une partie du vingtième chapitre, presque à la fin de l'ouvrage, et un seul des poèmes est l'œuvre d'un empereur. Un tiers des *tanka* a été composé par des poètes inconnus. Deux thèmes sont traités longuement: les «poèmes des quatre saisons» (chapitres 1 à 6) et les «chants d'amour» (chapitres 11 à 15). Les autres occupent chacun un chapitre: «vœux de bonheur», «séparation», «voyage», «noms de choses», «tristesse», «divers», «formes divergentes», «poèmes de l'office de Poésie». La forme exigeante et sévère du *tanka* domine avec 1102 poèmes; il n'y a que cinq «longs poèmes» *(chōka)* et quatre «poèmes à refrain» *(sedōka).*

Au cours du IXe siècle, les caractères syllabiques *mana* évoluent et prennent la forme encore usitée aujourd'hui des 48 *kana*. Ces signes simplifiés apparaissent comme par hasard dans une requête de Fujiwara no Aritoshi. C'était l'époque des débuts de la japonisation que Sh. Kato qualifie de «premier tournant» de la littérature[20]. Au moment du retour du dernier pèlerin venant de Chine, le moine Shunei de la secte Tendai, en 865, et de l'effritement définitif des relations avec le continent et de la nomination de Fujiwara no Yoshifusa en 866 au poste de régent *(sesshō),* se produisit un bouleversement dans tous les domaines: social, politique et économique. Il entraîna une modification des valeurs esthétiques, et certains aspects de la pensée et de la sensibilité japonaises qui se cristallisèrent à cette époque sont demeurés intacts jusqu'aujourd'hui.

L'époque de Sugawara no Michizane (845–903) correspond à un autre sommet de la littérature et de la poésie orientées vers la Chine. Homme d'Etat génial, il pensait et écrivait couramment en chinois et composa deux recueils de poèmes, le *Kanke-bunsō* en 900 et le *Kanke-koshū* en 903, dont le ton est très personnel. Son

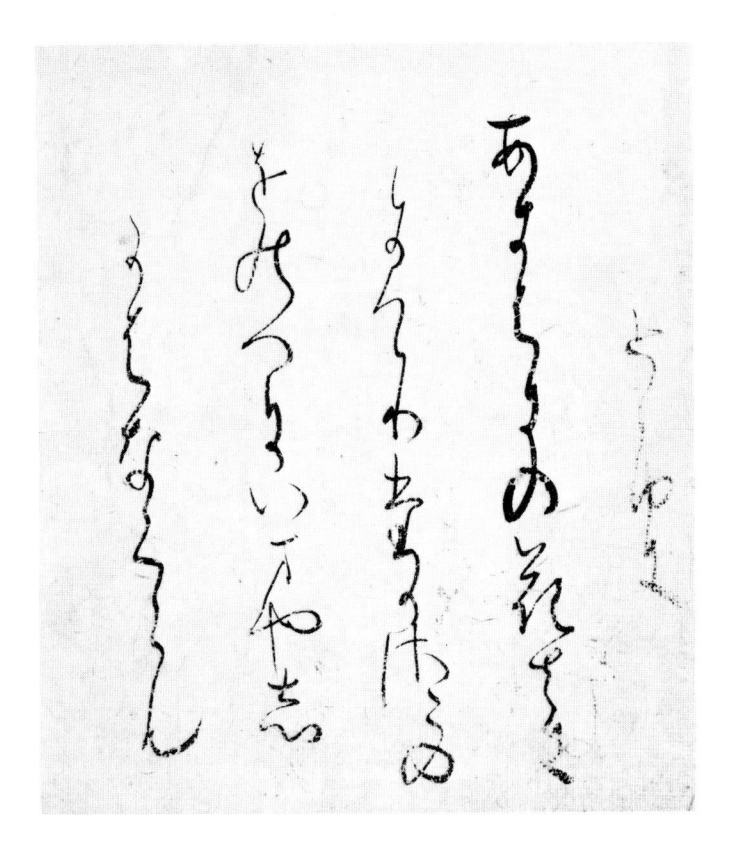

44
Feuillet de poésie, attribué à Ki no Tsurayuki (872–945). Encre sur papier bleu clair avec impressions micacées. 12,9 × 12,3 cm. XIᵉ siècle. Gotō Art Museum, Tōkyō.
Le feuillet de poésie *(shikishi)* est aujourd'hui monté en rouleau vertical. Le précieux papier chinois, orné d'impressions micacées figurant des rinceaux de courges, faisait partie d'un album réputé qui appartenait à l'origine au temple Shunsōan du Daitoku-ji à Kyōto (d'où le nom «Shunsōan-shikishi»). La puissante écriture en *kana* est traditionnellement attribuée à Ki no Tsurayuki, auteur du poème, mais à tort, car le feuillet n'est pas antérieur au XIᵉ siècle.

élève, Ki no Haseo (845-912), fut un brillant calligraphe en écriture chinoise. Son fils, Ki no Yoshimochi, écrivit la préface, à l'origine conçue en chinois, de l'anthologie japonaise *Kokin-shū*. Leur opposition aux puissants Fujiwara empêcha les familles sinisées de se maintenir à de hauts postes. Michizane, victime d'intrigues, devint aux yeux de la postérité le symbole même d'un noble échec.

Le poète et compilateur Ki no Tsurayuki fit admettre l'écriture syllabique *kana* à la cour. Un manuscrit du *Kokin-shū*, le *Koya-gire*, dont il était l'un des compilateurs, contient quelques passages qu'on attribue à sa main. Le style de ses *kana* est soigné et précis, aussi l'appelle-t-on le «style véritable» *(shin-tai)*. Dans le même manuscrit, certains passages sont écrits en *kana* fondus *(gyō-tai)*, d'autres, véritables morceaux de bravoure, dans les *kana* fluides de l'écriture herbiforme *(sō-tai)*; ces styles sont cependant quelque peu postérieurs. Les *kana* s'adaptèrent et s'épanouirent jusqu'à devenir une calligraphie qui n'avait rien à envier à celle des Chinois. Tsurayuki a laissé douze calligraphies petites mais réputées, les «papiers de couleur» *(shikishi)*: appelées «Shunsōan-shikishi» du nom du lieu où elles étaient conservées, elles se présentent sous forme de *kana* enchaînés, couchés sur des «papiers de Chine» *(kara-kami)* colorés, sélectionnés, généreusement saupoudrés de poudre micacée. Chaque feuillet ne porte qu'un seul poème. Les *shikishi* inaugurent une nouvelle forme d'art qui, dans les siècles qui vont suivre, permettra aux Japonais de donner libre cours à ce goût de la variation subtile, si caractéristique de leur sensibilité. Tsurayuki peut être considéré comme l'initiateur d'une calligraphie purement japonaise dont la pratique s'est poursuivie jusqu'aujourd'hui.

Bien que les *kana*, à cause de leur simplicité et leur élégance, fussent appelés «écriture de femme», Tsurayuki et d'autres poètes n'hésitèrent pas à les adopter. Tsurayuki écrivit son *Journal de Tosa (Tosa-nikki)* sous une forme telle qu'on pouvait l'attribuer à une femme. Il le composa en 935 dans l'allégresse du voyage vers Heian-kyō, revenant de la province de Tosa dont il avait été gouverneur. Il écrit: «Les journaux sont, à ce qu'il semble, écrits par des hommes, mais je veux essayer de ma propre main et voir ce que peut accomplir une femme.»

Le *Tosa-nikki* occupe une position exceptionnelle dans la littérature japonaise, parce que c'est le premier journal écrit sur un ton personnel qui dévoile les sentiments. Certes, avant lui, le moine Ennin avait tenu un journal, lors de son séjour en Chine, mais il était écrit en chinois et relatait objectivement les étapes et les événements de son voyage; il ne laissait filtrer aucune impression personnelle. Il y avait aussi eu des écrits japonais en prose avant le *Tosa-nikki*, mais le récit *(monogatari)* ne prit sa forme définitive qu'à la fin du IXᵉ siècle. Le *Conte du Coupeur de Bambous (Taketori-monogatari)* est à peu près contemporain du *Kokin-shū*. Il est écrit en un mélange de chinois et de *kana*; fond et forme trahissent des influences chinoises et coréennes. Si le *Taketori-monogatari* est dans une certaine mesure d'inspiration populaire, les célèbres *Contes d'Ise (Ise-monogatari)* doivent avoir été composés dans l'entourage de l'empereur. Ils sont écrits en vers *(uta-monogatari)* et racontent en 125 épisodes les aventures amoureuses d'un Don Juan japonais, Ariwara no Narihira (825–880), un des Rokkasen. Chaque épisode commence par: «Il y avait une fois un homme …» L'action ne se déroule pas en continu. Chaque petit récit encadre un ou deux poèmes d'amour. Un tiers des poèmes est dû à Narihira lui-même. L'*Ise-monogatari*, postérieur à la mort de Narihira, inaugure une série de récits pleins de charme, précurseurs de la grande œuvre épique de l'époque Heian, le *Genji-monogatari*, écrit par une dame de la cour, Murasaki Shikibu.

III L'apogée de l'époque Heian

Le clan des Fujiwara

Le pouvoir impérial était, depuis l'époque Nara, défini par des lois conçues selon le modèle chinois et consignées dans les codes Taihō de 702 et Yōrō de 718. Ces codes établissaient les sanctions et les règlements administratifs de l'Etat central. Fujiwara no Fubito (659–720), fils de Nakatomi no Kamatari, avait pris une part importante à leur rédaction. Kamatari, qui avait acquis de la notoriété par sa victoire sur le clan des Soga et son rôle de promoteur de la réforme Taika (645), avait reçu le nom de «Fujiwara» à titre de distinction. Les codes précisaient les interdits et les devoirs du jeune Etat japonais. D'après la législation, le sol appartenait à l'empereur qui le distribuait à ses sujets. L'usufruit et l'impôt étaient calculés en fonction du nombre de ménages et de têtes. La répartition était en principe revue tous les six ans et la terre retournait à l'Etat en cas de décès. Les registres de la population *(koseki)* étaient établis et vérifiés par des fonctionnaires. Les terres étaient classées en diverses catégories: champs familiaux, terres liés au rang *(iden)* pour les princes et la haute noblesse, champs de service *(shikibunden)* pour fonctionnaires, terres de mérite et d'honneur *(kōden)*. Les champs des relais de poste *(ekiden)* livraient leurs récoltes à l'Etat et les champs de la couronne *(kanden)* livraient les leur à la maison impériale. Dans la pratique, ce système de répartition s'avéra un échec. Le défrichement de nouvelles terres permit la constitution de latifundia privés *(shōen)* qui échappaient à toute fiscalité. En outre, le clergé et la noblesse trouvèrent de plus en plus souvent des artifices qui leur permettaient de contourner les règlements, si bien que les rentrées de l'Etat s'amenuisaient régulièrement. La noblesse terrienne vit croître son pouvoir politique grâce à l'accroissement de ses revenus. Les charges pesant sur les paysans augmentèrent: les prélèvements sur les récoltes variaient entre 40 et 60%. Aussi ne leur restait-il souvent que deux issues: le servage sur les domaines récemment constitués et la migration vers la ville où ils étaient engagés comme domestiques par les nobles.

Les structures claniques anciennes qui avaient été intégrées dans le système bureaucratique de la Constitution reprirent, dès la fin de l'époque Nara, une importance primordiale. Les clans s'organisèrent en structures parallèles à la maison impériale. Leurs chefs possédaient, tout comme l'empereur, un pouvoir absolu sur tous les membres. Ceux-ci étaient échelonnés dans un appareil administratif selon leur fonction et leur rang. Dans le domaine religieux, l'autorité des chefs de clan s'étendait aux sanctuaires Shintō et aux temples situés sur leurs territoires. Ils présidaient les universités privées et pouvaient obtenir à la cour de l'avancement pour les membres de leur clan. Les insignes de leur fonction – cinq tables et des ustensiles tous en laque rouge, ainsi que le sceau du clan, symbole de leur autorité absolue – leur étaient attribués au cours d'un banquet cérémoniel. La hiérarchie administrative du clan ressemblait à celle de la maison impériale: l'intendant *(bettō)* avait autorité sur un adjoint, des inspecteurs, des précepteurs et des scribes qui rédigeaient les documents. Le chef de clan commandait une armée de vassaux *(kenin)* et de chevaliers *(samurai)* ainsi qu'une garde personnelle *(toneri)*. Il dirigeait enfin, par personne interposée, des groupes d'artisans et de techniciens dont les gages étaient prélevés sur les revenus du clan. Ce réseau social complexe était cimenté par la loyauté, vertu essentielle au Japon.

Au cours du IXe siècle, la branche septentrionale des Fujiwara (Hokke) prit le pas sur les sept autres clans régnants, en grande partie grâce à une politique matrimoniale particulièrement adroite: le mariage systématique des filles Fujiwara avec des membres de la famille impériale. «En règle générale, les Fujiwara atteignirent leurs buts non par violence mais par des pressions politiques opiniâtres. Ils les exerçaient grâce à leur parenté avec le trône par la lignée féminine et grâce à leur grande richesse: ils avaient agrandi leurs domaines dans les provinces et leur pouvoir politique s'en était accru d'autant.»[21]

Dans les âpres luttes pour le pouvoir où l'on ne reculait ni devant l'intrigue ni devant le meurtre, les Fujiwara jouèrent un rôle obscur. La soif de pouvoir personnel ou familial fut-elle leur seul moteur? Leur attitude était-elle dictée dans une certaine mesure par leur loyauté vis-à-vis de la maison impériale? La question n'est pas tranchée.

L'empereur Kammu, le fondateur de Heian-kyō, régna jusqu'à sa mort (808) sans chancelier ni régent. Bien qu'il eût 42 descendants du sexe masculin, ce fut un prince débile, le prince Ate, qui lui succéda sous le nom de Heijō; ce dernier fut contraint à l'abdication, mais il continua cependant de régner en tant que grand-empereur *(dajō-tennō)*. La division du pouvoir impérial devint fréquente pendant la période Heian et mena progressivement l'Etat au bord de la faillite. Au cours de la génération suivante, il y eut même trois cours impériales: en effet, Saga avait abdiqué en 823 au profit de son frère Junna et il avait été nommé grand-empereursenior *(saki no dajō-tennō)* lorsque ce dernier, ayant abdiqué à son tour, était devenu grand-empereur. Ce fut le rusé Fujiwara no Yoshifusa (804–872) qui trouva la manière de se maintenir au pouvoir: il occupa pendant la minorité de l'empereur Seiwa le poste de régent qui était jusqu'alors réservé à des parents de l'empereur. Son fils Fujiwara no Mototsune (836–891) s'institua régent *(sesshō)* puis dictateur civil *(kampaku)* aux côtés de Kōkō Tennō, empereur de 55 ans qu'il avait lui-même mis en place en 884. A partir de cette date, les rênes du pouvoir demeurèrent pratiquement aux mains des Fujiwara jusqu'en 1068 et le poste de dictateur-régent *(sekkan)* devint héréditaire. Exception notable: Uda Tennō (867–931), sans lien de parenté avec la famille des régents, exerça seul le pouvoir. Après avoir abdiqué en faveur de son fils Daigo, il régna à partir de 897 en tant que grand-empereur dans le palais Suzaku et plus tard dans le temple Ninna-ji avec ses propres vassaux. S'appuyant sur les adversaires des Fujiwara, dont faisaient partie Sugawara no Michizane, Ki no Haseo et Minamoto no Takaakira, il contrôla la politique de ses successeurs Daigo et Suzaku, encore qu'il prétendît s'adonner à ses seuls penchants artistiques. Après le retrait de Suzaku qui résidait avec sa mère Fujiwara Onshi dans le Suzaku-in, l'empereur Murakami (926–967) s'abstint lui aussi de nommer un régent. Ce fut seulement sous l'empereur Reizei qu'un Fujiwara réussit à réintégrer le poste de régent-dictateur. L'administration privée des grands-empereurs, organisée selon le même principe et avec le même faste que celles de la maison impériale et des autres clans, ne put réellement s'opposer aux Fujiwara à l'époque de leur apogée entre 967 et 1068.

La puissance et l'orgueil des Fujiwara culminèrent sous Michinaga (966–1027). Il gouverna, en s'appuyant sur ses immenses richesses foncières et ses relations de parenté avec trois empereurs, à partir du palais Tsuchimikado que possédaient ses beaux-parents. Après la destruction par le feu de ce bâtiment, il le fit rebâtir avec

45
Murasaki-Shikibu-nikki-ekotoba: onzième scène. Encre et couleurs sur papier. H. 20,6 cm. Milieu du XIIIe siècle. Gotō Art Museum, Tōkyō.
Par un soir de pleine lune, après la visite de l'empereur, les nobles Narinobu et Mitsunari se tiennent sur la véranda du palais de Fujiwara no Michinaga. Vêtus de légers brocarts, ils regardent au travers d'un lattis en bois derrière lequel on peut apercevoir Murasaki Shikibu. L'angle droit de la véranda s'enfonce dans le jardin baigné de la lueur argentée de la lune d'automne.

un luxe démesuré. Ses autres possessions en ville, sa maison au bord du lac Biwa et son palais Higashi Sanjō surpassaient en richesse et en élégance le palais impérial et les propriétés des nobles. La personnalité de cet homme hors du commun revit dans son journal *Midō Tsuchimikado-nikki* et dans des chroniques non officielles, le *Eiga-monogatari* et le *Ōkagami*. Mais c'est surtout grâce aux sobres observations contenues dans le journal de Murasaki Shikibu que nous le connaissons. Elle le dépeint plein de gentillesse lors de l'accouchement de sa fille Akiko, femme de l'empereur Ichijō. Pour des raisons rituelles, cet événement avait eu lieu en dehors du palais impérial, dans le palais Tsuchimikado. Michinaga y apparaît en grand-père rempli de fierté et en maître de maison accompli qui plaisante avec les dames et houspille les jardiniers.

Bouddhiste fervent, il se laissa gagner par la crainte, courante à l'époque, d'une fin du monde imminente et commandita la construction de temples dépassant ses moyens. A partir de 1005, il fit ériger le temple Jōmyō-ji selon les préceptes de la secte Tendai. Il choisit comme emplacement le lieu de sépulture des Fujiwara à Kobata près de Uji. Il organisa la cérémonie de consécration du tertre à *sūtra* au Kimpusen au cours de laquelle une copie autographe du *Ōhō Yō-shū (Textes importants relatifs à la réincarnation)* fut également enterrée pour l'ère à venir. Lorsqu'en 1019 il se retira du monde et se fit moine, il se fit construire un temple privé, le Hōjō-ji, à côté de son palais. Les plans d'aménagement étaient si somptueux que son propre fils refusa de financer l'entreprise. Il parvint cependant à ses fins en utilisant des fonds prélevés en province. Le Muryōjū-in est un pavillon d'Amida construit en 1019 dans l'esprit de la secte Jōdo. Il abritait neuf sculptures monumentales d'Amitābha, œuvres des plus grands sculpteurs de l'époque, Kōshō et Jōchō. L'inauguration du pavillon d'Or, le dixième jour du septième mois 1022, est dépeinte avec précision et vivacité dans le *Eiga-monogatari*[22]. Cet édifice grandiose, dont la construction s'était poursuivie après la mort de Michinaga, fut complètement détruit par un incendie en 1058.

Yorimichi (992–1074), fils de Michinaga, succéda à son père au poste de *sesshō* en 1017, au poste de *kampaku* en 1020. Il maria deux de ses filles à des prétendants au trône. Il exerça un pouvoir absolu sous les empereurs Gosuzaku et Goreizei. Yorimichi hérita de son père le culte d'un style de vie raffiné, le goût des plaisirs élégants et des fêtes à caractère à la fois religieux et laïque. Il s'était attiré l'inimitié du prince Takahito, deuxième fils de Gosuzaku Tennō. Ce prince, dont la mère n'était pas issue du clan Fujiwara, s'était vu refuser pour cette raison l'insigne de prince héritier, l'épée *tsubori-no-tsurugi*. Pendant 24 ans, Takahito se consacra à l'étude des écrits confucéens, de la calligraphie et de la poésie. Lorsqu'en 1068 il monta sur le trône sous le nom de Gosanjō, Yorimichi en tira les conséquences. Il se rendit dans son domaine de Uji et se fit moine en 1072. Il mourut en 1074 à l'âge de 82 ans. Avec lui prenait fin l'hégémonie des Fujiwara.

Yorimichi, à l'instar de ses ancêtres et de son père, s'était fait construire un temple privé, le Byōdō-in, réplique plus fidèle encore que Hōjō-ji d'un paradis de l'Ouest sur terre. Les pavillons s'ordonnaient autour d'un étang couvert de lotus, formant un ensemble d'une incomparable beauté. Le pavillon du Phénix, le Hōō-dō (1053), sa monumentale statue du Bouddha Amida, ses silhouettes de bodhisattva flottant dans les charpentes, ses peintures murales représentant les différentes étapes de la Descente d'Amida, sont autant de précieux témoignages qui nous sont restés de l'art de l'époque Heian.

65, 66

69
70
60

Le gouvernement de monastère *(insei)*

L'empereur Gosanjō (1034–1073) régna sans adjoint. Trois nobles de rang peu élevé faisaient office de secrétaires. Les Minamoto évincèrent les Fujiwara dans la haute noblesse. Gosanjō promulgua en 1069 deux lois qui pénalisaient la distribution inégale des terres et permirent à l'Etat de récupérer les terres des Fujiwara. Un office de Vérification des Documents cadastraux fut commis jusqu'en 1071 à la nouvelle répartition, ce qui permit à la maison impériale de récupérer de vastes latifundia. Gosanjō introduisit une unité de mesure des prélèvements de riz sur les récoltes et imposa un contrôle des prix. Après trois ans passés à la tête du pays, cet empereur, une des personnalités les plus éminentes qui ait occupé le trône, abdiqua au profit de son fils. Cet événement ouvrit l'ère des «gouvernements de monastère» *(insei)*.

Le prince Sadahito (1053–1129) régna en tant qu'empereur sous le nom de Shirakawa pendant plus d'un demi-siècle. Il suivit l'exemple paternel et abdiqua en 1086 en faveur de son deuxième fils, écartant avec doigté ses frères prétendants au trône. Shirakawa avait aménagé dans le Sud de la ville, grâce à une participation financière massive des gouverneurs de province, une luxueuse résidence: le Toba-dono. Mais il n'y séjourna que rarement en tant que grand-empereur; il préférait le palais Ōi-dono situé en ville où il vivait les événements de très près. Son office de gouvernement occupait 20 directeurs, 4 secrétaires, 5 scribes, 5 assistants et 80 soldats[23]. Shirakawa, moins porté à l'action que son père, devait faire face à de nouveaux problèmes, entre autres à la menace que faisaient peser sur la capitale les moines-guerriers (sōhei). Les temples Enryaku-ji sur le Hiei-zan, le temple Kōfuku-ji à Nara et le temple Onjō-ji au bord du lac Biwa avaient levé des milices de moines pour faire pression sur l'empereur et le grand-empereur et leur arracher des terres. Ces armées se répandaient dans les villes et se postaient, menaçantes, devant les portes des palais.

Shirakawa accorda le poste de sekkan à Morozane, issu du clan Fujiwara. Ce dernier, cependant, ne put rendre au clan Fujiwara la puissance qu'il avait possédée un siècle plus tôt. Si les trois ex-souverains – Shirakawa, Toba et son épouse Shōshi – appréciaient la restauration du pouvoir impérial, celui-ci manquait de stabilité. Toba Tennō (1103–1156), jaloux de son puissant et pétulant grand-père Shirakawa, s'opposait à son propre fils, l'empereur Sutoku (1119–1164), rejeton probable de Shirakawa.

Le clan Fujiwara était lui aussi rongé par les querelles intestines. Cet état de choses aurait été en 1156 à l'origine de la révolte Hōgen, à l'explosion de laquelle les intrigues du chancelier Fujiwara no Shinzei n'auraient pas été étrangères. Fujiwara no Tadamichi réussit par l'intermédiaire de sa sœur Bifukumon-in à placer sur le trône, en 1155, le cinquième fils de Toba sous le nom de Goshirakawa. Mais après la mort de l'ex-empereur Toba, les querelles pour le pouvoir s'enflammèrent de nouveau. Les familles Taira et Minamoto, appartenant à la noblesse d'épée, y jouèrent un rôle capital. Taira no Kiyomori (1118–1181) gagna force et puissance en s'engageant aux côtés de Goshirakawa. L'empereur Sutoku fut détrôné et banni à Sanuki. Minamoto no Yoshitomo (1123–1160), partisan de l'empereur, vit exécuter son père et les partisans de ce dernier. Goshirakawa ne resta sur le trône que jusqu'en 1158. A la suggestion du chancelier Shinzei, il entreprit des réformes portant avant tout sur une nouvelle répartition des terres. La construction d'un nouveau palais impérial, à laquelle les provinces étaient tenues de participer (travaux imposés et contribution financière), ne fut guère appréciée. On tenta, dans ce nouveau palais, de remettre à l'honneur d'anciennes traditions. Goshirakawa, poète passionné, réintroduisit à la cour la compétition poétique du premier mois, pratique qui s'était perdue depuis 1038. Il gouverna, en tant que grand-empereur, installé dans son palais Takamatsu-dono, situé dans la capitale même. Son fils, Nijō Tennō, mourut en 1165 à 23 ans.

Goshirakawa confia à Taira no Kiyomori des postes de plus en plus élevés, mais il prit bientôt ombrage de la puissance de son protégé et fomenta en vain une conjuration pour l'écarter du pouvoir. Kiyomori réussit à placer son petit-fils, le malheureux empereur-enfant Antoku (1178–1185), sur le trône. La lutte sans merci qui opposait les Taira et les Minamoto prit cependant fin: en 1185, les Taira subirent à Dannoura une défaite écrasante; l'épouse de Kiyomori, Nio-no-ama, se jeta dans la mer avec son enfant, l'empereur. A Kyōto cependant, la lignée impériale ne fut pas interrompue, car les Minamoto, vainqueurs, placèrent sur le trône le demi-frère de Antoku, Gotoba Tennō. Goshirakawa, grand-empereur et moine (dajō-hōō), s'insurgea contre le pouvoir shogunal des Minamoto instauré en 1185 à Kamakura. Il refusa obstinément de conférer par un édit le titre de shōgun à Minamoto no Yoritomo (1147–1199), fils de Yoshitomo.

Pendant la dernière phase de la période Heian, caractérisée par le gouvernement des grands-empereurs, un système s'était constitué, qui octroyait aux palais des ex-empereurs et des ex-impératrices des revenus fonciers confortables. Shirakawa se fit construire, à l'instar des régents Fujiwara, un temple personnel pour y couler ses vieux jours. Ces temples, comme les palais, tiraient leurs revenus des terres qui leur avaient été allouées. Les «six temples shō» (rikushō-ji), proches l'un de l'autre, furent bâtis en l'espace d'un siècle à l'est du fleuve Kamo. Le premier d'entre eux, le Hosshō-ji, fut fondé en 1077 par Shirakawa. Ce magnifique ensemble comprend, outre une très grande pagode, les pavillons d'enseignement d'Amida et du Lotus. Trente ans plus tard (1102), l'empereur Horikawa fonda le Sonshō-ji dans les mêmes parages et en 1119 Toba fit ériger le Saishō-ji. En 1128, son épouse, Taikemon-in, inaugura son propre temple. Les deux derniers temples de cet ensemble, le Seishō-ji et le Enshō-ji, furent érigés respectivement en 1139 et en 1149 par l'empereur Konoe. Mais ce n'étaient pas là les seules constructions des empereurs; il faut y ajouter des palais et des annexes de temples qui donnèrent à la capitale, pendant un siècle ou deux, jusqu'à ce que la guerre civile les réduisît en cendres, un éclat incomparable.

Le palais *shinden*

«*sono dono wa
mube mo tomikeri
sakigusa no
mitsuba yotsuba
tonozukeri seri.*»

(Cette maison,
Vraiment, elle est somptueuse
En bois de cyprès, oui en bois de cyprès
Avec trois, avec quatre ailes
C'est ainsi qu'elle est construite cette maison.)

Saibara[24]

Le palais impérial de Kyōto brûla pour la première fois en 960. L'empereur et sa suite furent contraints de déménager dans un palais secondaire, le Reizei-in, situé dans le Sud-Est de la ville et contigu à l'enceinte de l'ancien palais. L'empereur possédait quelques demeures de ce type dans la ville et à l'extérieur de celle-ci. C'est là – et aussi dans les palais de leurs familles – que se rendaient les femmes des empereurs pour mettre leurs enfants au monde, parce l'accouchement souillait l'endroit où il avait lieu. La reconstruction dura deux ans. Mais les incendies, dont certains probablement d'origine criminelle, se multipliaient: le palais brûla douze fois entre 960 et 1048. L'insécurité et les improvisations qu'entraînait cet état de choses profitaient aux Fujiwara et renforçait leur position.

Au milieu du Xe siècle s'était constitué le schéma typique des palais qui fournit aux aristocrates de la fin de l'époque Heian un cadre élégant et adapté à leur style de vie. A la fin du XIXe siècle, l'historien N. Sawada qualifia ce type de construction de «style chambre à coucher» (*shinden-zukuri*). Tous les palais de la période Heian, sans exception, ont été détruits. Il est cependant possible de se les représenter grâce aux textes et surtout grâce aux minutieuses représentations des rouleaux peints, les *emaki*.

La propriété d'un membre de la haute noblesse occupait une surface d'environ un hectare, ce qui équivalait à un pâté de maison (*chō*). Le milieu était occupé par le bâtiment principal, orienté vers le sud, qui comprenait la salle de séjour et la chambre à coucher (*shinden*) du seigneur. La pièce centrale (*moya*) était longue de 18 m et large de 6 m. Une galerie (*en*) couverte prolongeait le pavillon sur ses quatre côtés. Les piliers ronds en bois, les parquets, les toits de bardeaux, en croupe ou en bâtière, le caractère dépouillé de l'ensemble imitaient, en plus petit, le palais impérial (Dairi). Des doubles corridors reliaient le *shinden* aux pavillons secondaires (*tainoya*) qui s'étendaient à l'est et à l'ouest ainsi qu'au nord. Les *tainoya* septentrionaux étaient réservés aux femmes et aux domestiques, ceux de l'est et de l'ouest abritaient les chambres d'hôtes et un bureau. Des galeries ouvertes en forme de fer à cheval entouraient la cour située au sud du *shinden* et menaient à deux pavillons situés au bord du lac: le pavillon des sources (*izumi-dono*) et le pavillon de pêche (*tsuri-dono*). L'habitation s'ouvrait vers le sud. A partir du *shinden*, on avait donc vue sur la cour et sur le lac artificiel. Un pont reliait la rive à une île aménagée avec tout le raffinement qui caractérise l'architecture de jardin. Théâtre des divertissements aristocratiques, l'avant-cour et le lac offraient un cadre naturel intime, différent selon les saisons et empreint de la personnalité des propriétaires. L'étang était alimenté par un ruisseau dont les méandres décoratifs couraient sous le palais. Sur ses rives, on s'adonnait à des jeux poétiques. Deux bateaux de fête flottaient sur le lac: l'un à tête de dragon et l'autre à tête de coq. Lors des représentations de danse sur l'île, les invités se grisaient de musique, de poésie et de saké en contemplant le paysage et la lune. Les festivités à caractère plus intime telles que concours de poésie ou préparation de parfums se déroulaient dans les pavillons.

L'espace réservé au maître de maison se subdivisait en une salle de séjour et une chambre à coucher. En guise de siège, on utilisait en général des nattes et des coussins; parfois, il y avait une estrade avec dais et rideau, où le maître travaillait, mangeait et dormait. Les dames s'asseyaient la plupart du temps derrière des écrans d'étoffes (*kichō*) dont les bandes, ornées de motifs délicats, décourageaient les regards indiscrets tout en permettant d'avoir une vue sur l'extérieur. Des paravents amovibles à six ou huit panneaux permettaient de cloisonner l'espace de manière souple. On les enlevait lorsqu'on souhaitait disposer de la totalité de l'espace. Des escaliers étroits menaient des pavillons à l'avant-

46
Kitano-Tenjin-engi: premier rouleau, seconde scène. Encre et couleurs sur papier. H. 52,1 cm. Vers 1219. Temple Kitano-jinja, Kyōto.
Le lettré Sugawara no Koreyoshi est assis dans le pavillon du palais *shinden* de la famille Sugawara. Le jardin, planté de pruniers en fleurs blancs et roses, s'étend devant lui. Un enfant lui apparaît et se présente, selon la légende, comme son fils à venir Michizane.

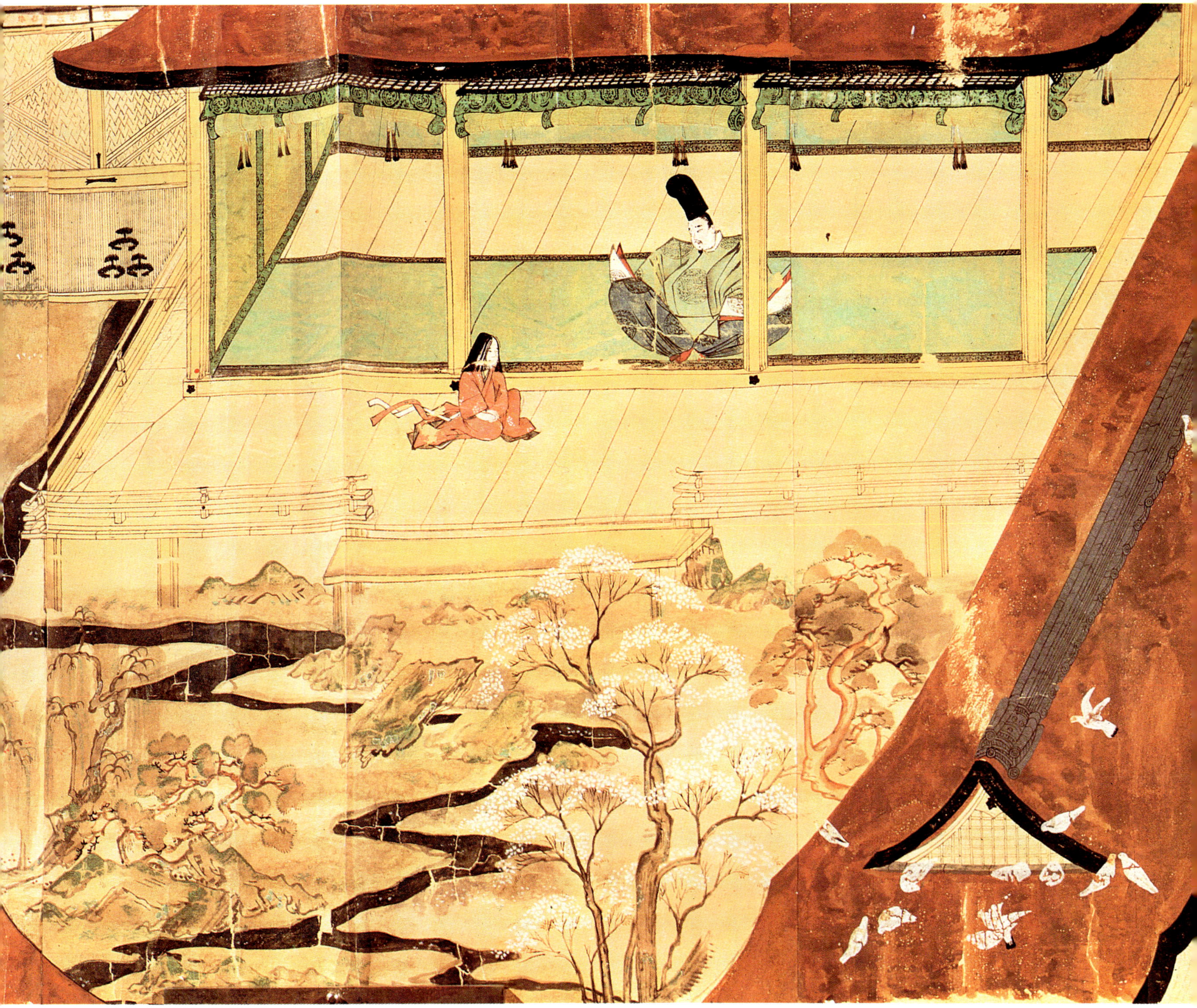

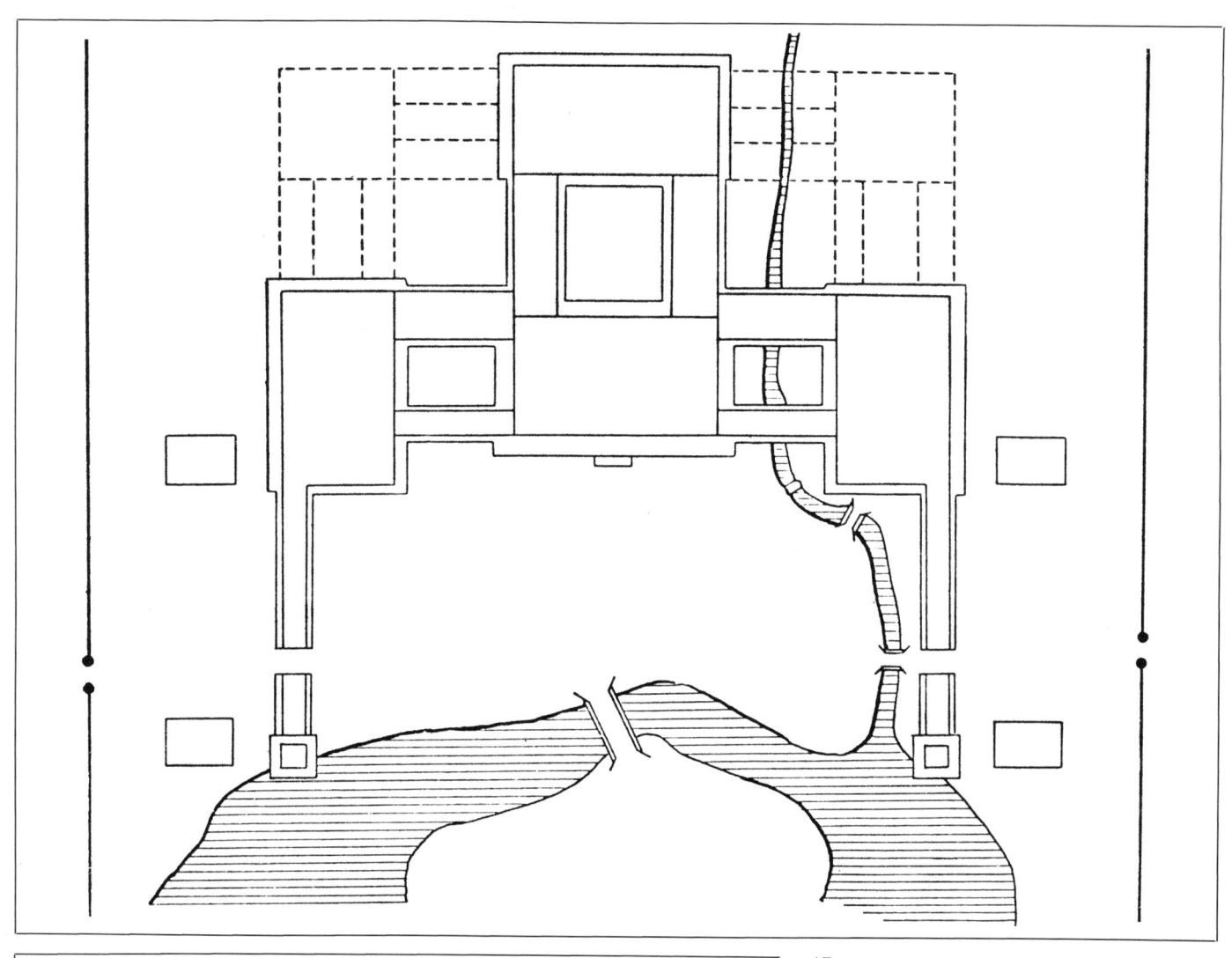

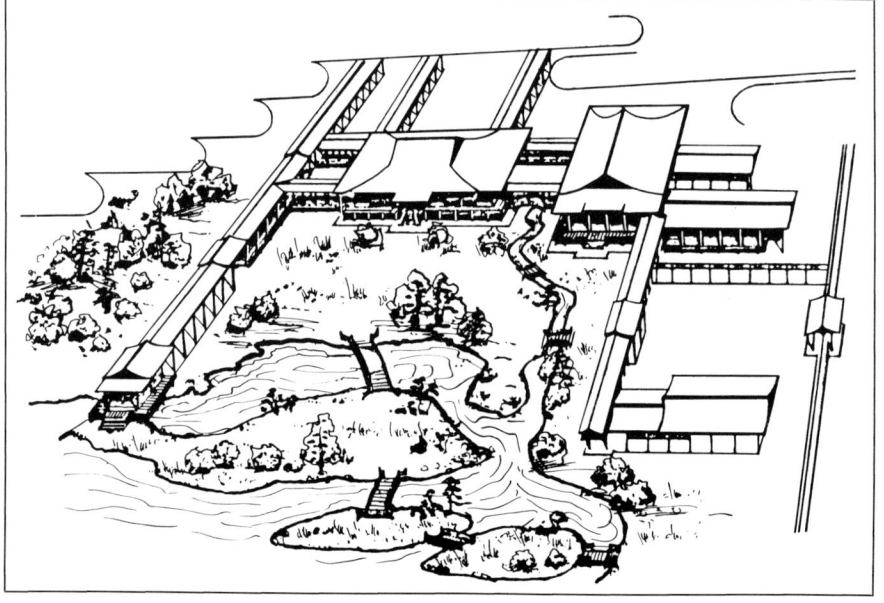

47
Plan d'une construction en style *shinden-zukuri*.

48
Reconstitution d'un ensemble en style *shinden-zukuri* avec un jardin-paysage.

49
Genji-monogatari-emaki: 38ᵉ chapitre, Suzumushi II. Encre et couleurs sur papier. 21,8 × 48,2 cm. Premier quart du XIIᵉ siècle. Gotō Art Museum, Tōkyō.
L'absence de toit permet de plonger à l'intérieur du palais Reizei-in. L'empereur Reizei y converse avec son père, le prince Genji appuyé à une colonne en face de lui. Sur la véranda ont pris place des nobles dont la traîne pend par-dessus la balustrade; l'un d'eux joue de la flûte.

50
Genji-monogatari-emaki: 44ᵉ chapitre, Takegawa I. Encre et couleurs sur papier. 22 × 46,9 cm. Premier quart du XIIᵉ siècle. Tokugawa Reimeikai Foundation, Tōkyō.
Par une soirée de printemps, Kaoru est assis sur l'escalier qui mène au palais des Tamakazura. L'adolescent, épié au travers des jalousies en bambous par des dames, regarde un rossignol perché dans les pruniers en fleurs du jardin.

cour. L'espace intérieur était protégé, au cours de la journée, par de minces jalousies en bambou *(sudare)* auxquelles on adjoignait pour la nuit des grilles pliantes en bois *(shitomi)*. De robustes portes à vantaux *(tsumado)* séparaient la salle des corridors.

La porte principale était généralement située à l'ouest du domaine qu'entourait une muraille blanche. C'est là qu'aboutissaient les chars à bœufs des visiteurs; puis on amenait les chars, après avoir dételé les bêtes, jusqu'aux galeries. Lors des cérémonies officielles, seul le maître de maison, installé dans une chaise à porteurs, pouvait emprunter la porte sud.

Le régent Fujiwara no Michinaga (966–1027) habitait le plus riche palais de ce style, le célèbre Tsuchimikado. Situé près de la porte Kōto-mon dans le bloc Kyōgoku, il s'étendait sur plusieurs *chō*. Il fut totalement détruit

45

51
Shigi-san-engi-emaki: troisième rouleau, quatrième scène. Encre et couleurs sur papier. H. 31,5 cm. Vers 1160–1170. Temple Chōgonsonshi-ji, Nara.
La nonne, sœur du moine Myōren, a entrepris de rechercher son frère. Tenant dans les mains son bâton de pèlerin et un chapelet, elle est assise sur le seuil d'une hutte de village au toit de planches. Assistée de son guide, elle interroge une jeune femme. A gauche, une femme et ses enfants observent la scène par des fenêtres à mi-hauteur tandis qu'un homme tente de calmer deux chiens.

52–53
Ujikami-jinja, Uji près de Kyōto. Bâtiment en bois avec toit de roseaux. Xe siècle.
Trois petits sanctuaires construits sur pilotis sont alignés et forment cet ensemble, le Honden. Une avancée du toit, en surplomb, crée devant l'escalier qui mène aux sanctuaires un espace où le fidèle peut se recueillir. C'est la construction Shintō la plus ancienne; elle constitue en outre un exemple de cette architecture à l'époque Heian. Aussi lui attribue-t-on autant d'importance qu'au Hōō-dō du temple Byōdō-in situé sur la rive opposée du fleuve.

par le feu en 1058. D'autres propriétés appartenant au clan Fujiwara étaient situées dans la rue Higashi Sanjō: le palais de Moromichi (1062–1099), celui de Tadazane (1078–1162), celui de son fils aîné Tadamichi (1097–1164) et celui de son petit-fils Yorinaga (1120–1156).

Comparées aux luxueux palais *shinden* de la haute noblesse, les demeures de la petite noblesse étaient moins confortables. Le célèbre poète Fujiwara no Teika (1162–1241), compilateur du *Shin-Kokin-waka-shū*, possédait une propriété dans l'élégant quartier Ichijō, mais il n'y avait construit qu'un seul pavillon *shinden*. Il ne pouvait se permettre des pavillons secondaires. Un pavillon dédié à Bouddha, une maison annexe et un pavillon pour les serviteurs complétaient la propriété.

47, 48

Les maisons du petit peuple *(itaya, koya)* s'entassaient en bordure des rues. La façade des maisons mesurait 9 m environ. On y pénétrait par un petit porche en montant une marche. Des piliers de bois supportaient le toit alourdi par des pierres. Les murs étaient fait d'argile ou de nattes; certains d'entre eux comprenaient dans leur partie supérieure d'étroites fenêtres qui permettaient de voir la rue. Ces maisons et leurs habitants négligés et exubérants sont dépeints avec grand soin dans des *emaki* de la fin du XIIe siècle, le *Shigi-san-engi-emaki* et le *Ban-Dainagon-ekotoba*.

51

L'architecture Shintō

Pendant l'ère Engi (901–923), 573 sanctuaires shintoïstes dépendaient officiellement, par édit impérial, du gouvernement central de Heian-kyō; les 2288 autres lieux de culte du Shintō étaient protégés par leurs administrations provinciales respectives. Le culte de la nature et des ancêtres, si profondément lié à la tradition

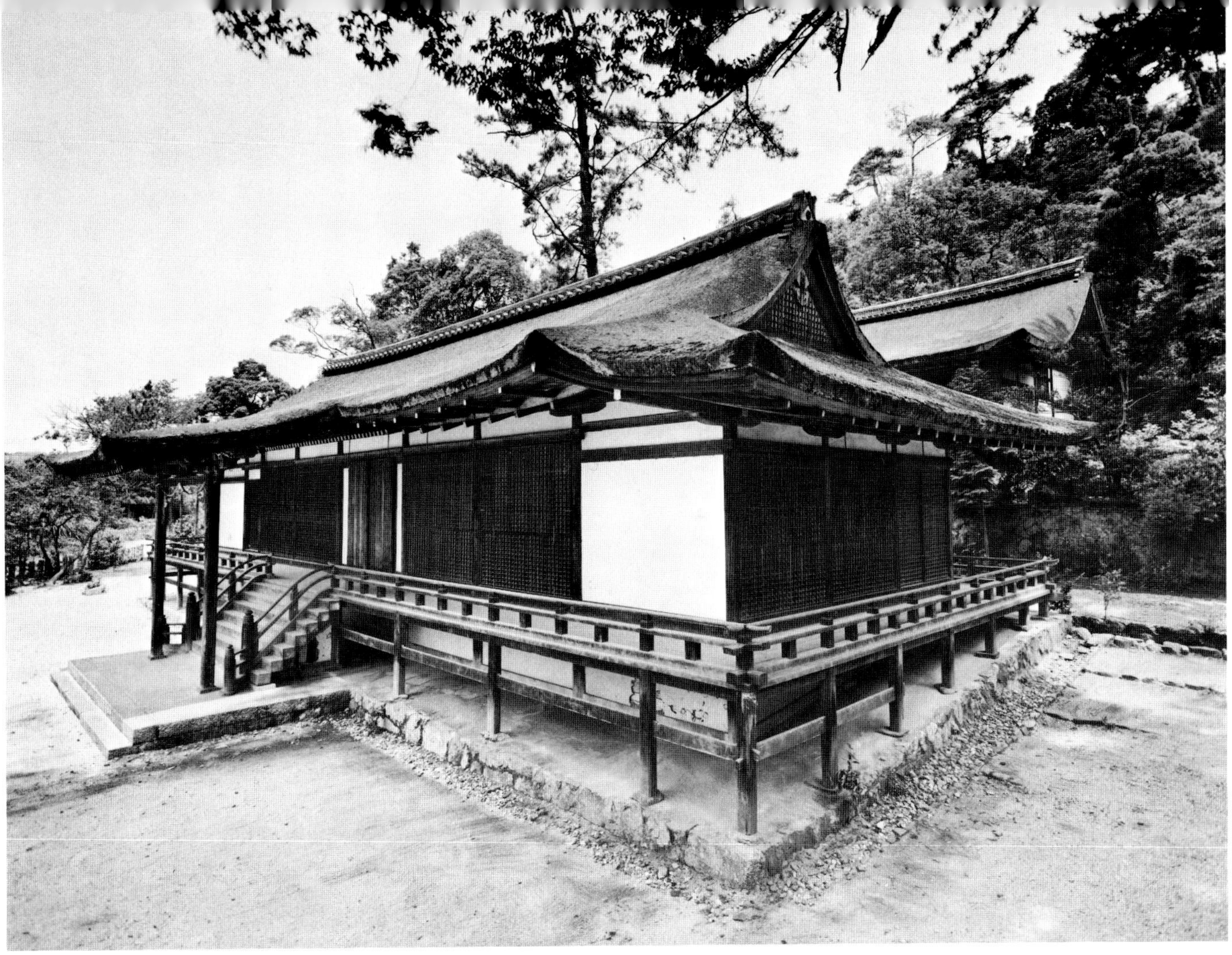

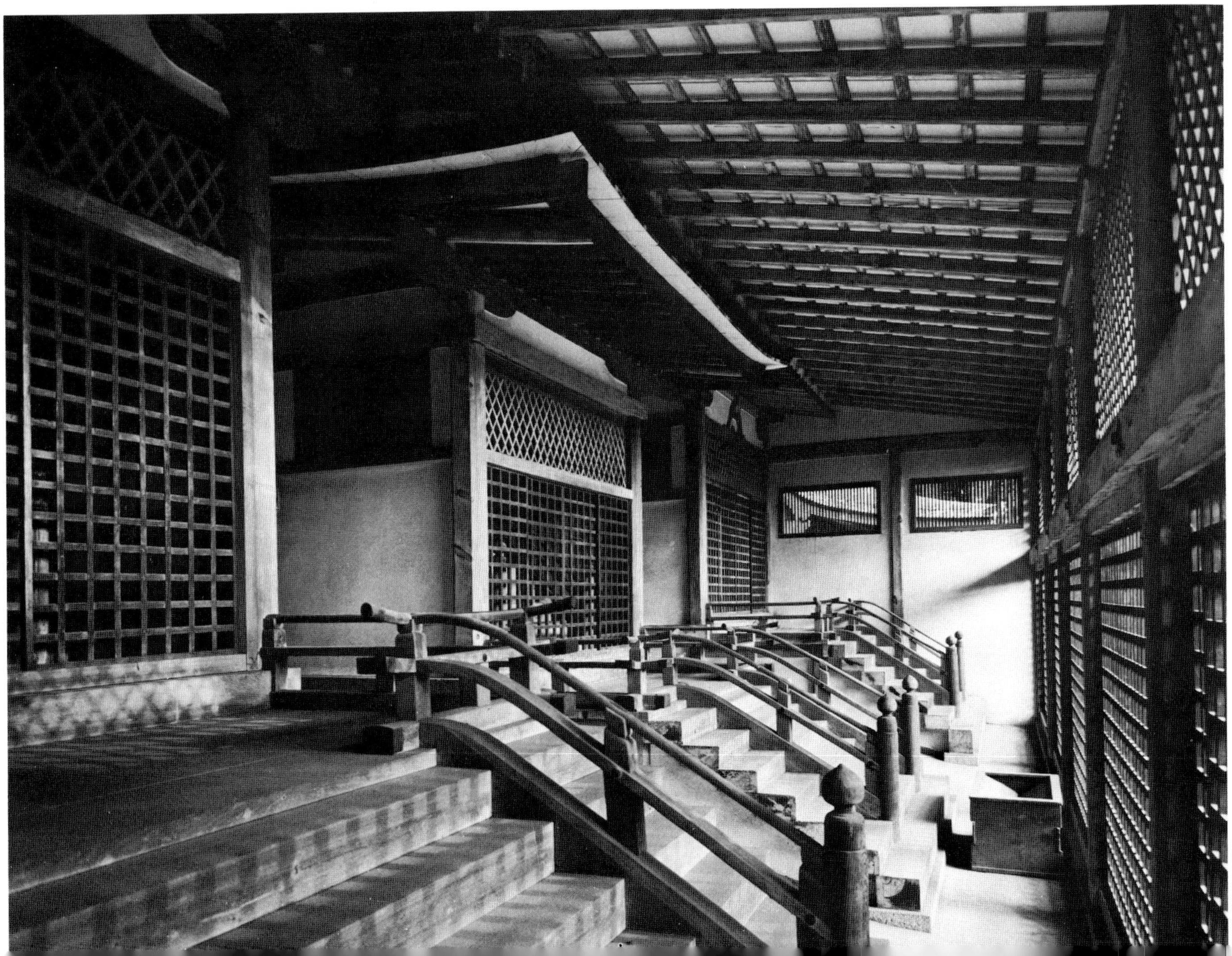

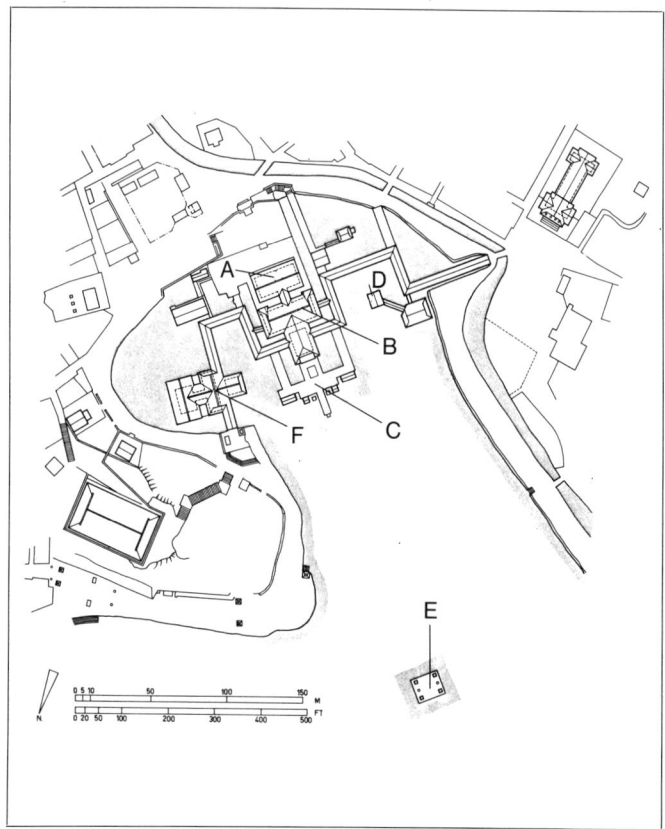

54
Itsukushima-jinja, Miyajima, Hiroshima. Bâtiment en bois avec toit de tuiles.
Ce lieu saint du Shintō bâti sur la mer date du VIe siècle. C'est à Taira no Kiyomori, qui y résida en tant que seigneur de Angei, que l'on doit l'élégante répartition des volumes (1149-1169). La construction, consacrée aux déesses marines, est orientée vers la mer, ce que souligne le grand *torii* qui baigne dans l'eau. Le bâtiment actuel date de 1556 et réalise une heureuse synthèse des traditions architecturales shintoïste et bouddhique.

55
Plan de l'Itsukushima-jinja, Miyajima, Hiroshima.
A Honden
B Haiden
C Plate-forme pour danses sacrées
D Scène de Nō
E *torii*
F Marōdo-jinja (Shaden)

56
Pavillon Shaden de l'Itsukushima-jinja, Miyajima, Hiroshima. Bâtiment en bois sur pilotis avec toit de bardeaux. 1164-1165.
Le sanctuaire adjacent, Marōdo-jinja, est relié au sanctuaire central par des galeries. Les piliers et les poutres rouges des pavillons et des couloirs construits sur l'eau s'y reflètent. Le visiteur est aujourd'hui encore touché par l'élégance de ce bâtiment construit à l'époque Heian.

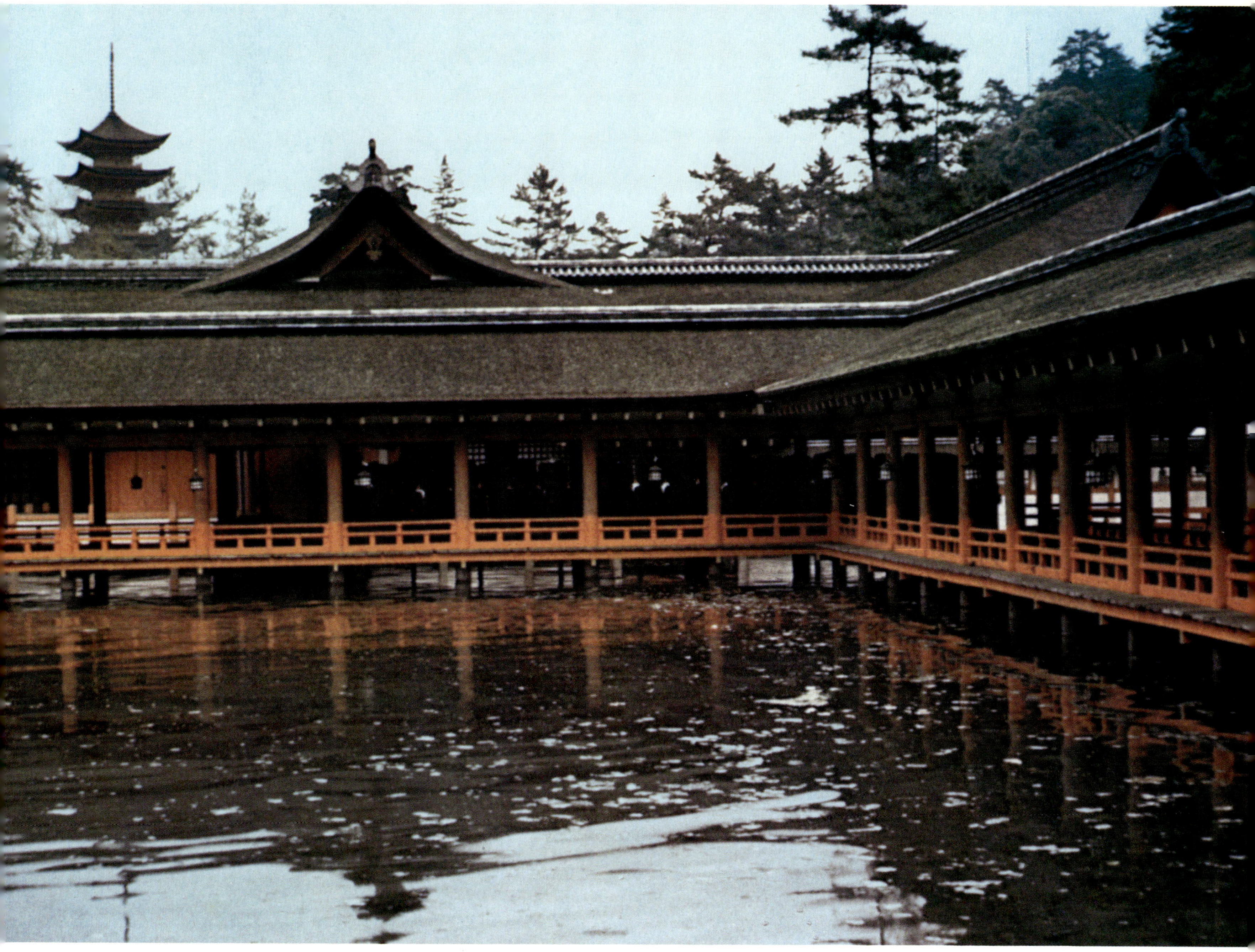

Shintō, se maintint intact grâce à son attitude tolérante et à l'intégration adroite de la vision du monde japonaise originelle dans le panthéon bouddhique.

L'architecture Shintō emprunta certaines formes à celle des temples bouddhiques. Toutefois, les sanctuaires les plus sacrés, comme la forme primitive du *jinja* à Izumo et les sanctuaires de la déesse du soleil Amaterasu à Ise, furent pour l'essentiel maintenus à l'abri des innovations.

Trois nouveaux styles s'affirmèrent au cours de la période Heian. Le style Kasuga s'est développé à partir du Kasuga-jinja, le sanctuaire privé de la famille Fujiwara à Nara. Deux traits le caractérisent: d'une part une nouveauté, l'alignement de quatre chapelles identiques qui chacune abrite une divinité; d'autre part un ensemble de modifications qui les rapproche des temples bouddhiques. Ainsi en 1179 le *torii* est remplacé par une magnifique porte à deux étages (*rōmon*) et les anciennes palissades sont transformées en corridors. C'est au Yasaka-jinja à Kyōto que ce nouveau style s'est affirmé en premier lieu. On retrouve le style chinois dans les piliers et les poutres peints en rouge et dans les murs crépis en blanc.

Une autre innovation est née au sanctuaire Kamo, au nord de Kyōto: hall de prière formé par un prolongement de l'avant-toit supporté par de hauts piliers qui couvrait des pelouses et des escaliers en spirale. A ce style, le *nagare-zukuri,* appartient également le Ujikami-jinja, situé sur la rive opposée au Byōdō-in. Il fut sans doute commencé en même temps et terminé un peu plus tard. Le pavillon principal du sanctuaire héberge trois petites chapelles, chacune d'elles consacrée à une divinité différente. On peut probablement voir une parenté avec le Byōdō-in dans certains détails de la construction comme les fenêtres à lattis et peut-être même dans le plan d'ensemble.

Le troisième style se développa à partir du sanctuaire Usa dans la province de Ōita (Kyūshū), un des centres principaux du culte de Hachiman, le dieu de la guerre. A. C. Soper voit dans ces pavillons jumeaux des influences coréennes[25]. Le Kitano-temman-gū à Kyōto, où est vénéré Sugawara no Michizane, et le sanctuaire Hiei de Sakamoto suivirent le modèle de Usa. Dans ces bâtiments, un pavillon intermédiaire inséré entre les pavillons jumeaux préfigure le style *gongen*.

Véritable palais de rêve, le sanctuaire de famille des Taira, Itsukushima-jinja, érigé par Kiyomori après sa nomination au poste de gouverneur de la province de Aki, est situé en face de l'île Miyajima. Même si le bâtiment original datant du milieu du XIIe siècle – partageant le sort des autres sanctuaires Shintō – a été plusieurs fois détruit et reconstruit, il émane encore de cette élégante et riche construction une atmosphère très caractéristique de l'époque Heian.

L'amidisme

L'imploration du nom d'Amida Nyorai (Bouddha Amitābha) appartient à l'éventail des pratiques religieuses des sectes ésotériques et surtout de la doctrine Tendai[26]. En tant que maître du paradis de l'Ouest – la Terre pure (*jōdo*) –, il aidait le croyant qui invoquait son nom «*namu Amida Butsu*» à renaître dans son paradis et à rompre le cercle des réincarnations. L'invocation du nom, connue sous le vocable abrégé «*nembutsu*», devint la base du culte. Réciter avec foi et confiance le nom d'Amida assurait, à défaut de l'accès au non-être du Nirvāna, au moins la renaissance dans le paradis de l'Ouest et l'accession à la pure félicité.

Cette conception n'avait jamais été étrangère à la doctrine du Mahāyāna, même à ses débuts. Il fallut cependant attendre le Xe siècle pour qu'elle se répande au Japon. Elle gagna rapidement de larges couches de classes pauvres grâce à ses exigences réduites: ni connaissances approfondies, ni pratiques ascétiques, ni riches offrandes, ni hauts faits.

Depuis 390 après J.-C., en Chine, sur le mont Luo-shan, la secte de la Fleur de Lotus blanc avait enseigné l'invocation du nom du Bouddha Amitābha. Le prêtre Tanhuan fonda en 508 dans la capitale Luoyang la secte de la Terre pure d'où est issue la secte japonaise du même nom, «Jōdo-shū», fondée en 1175 par le prêtre Hōnen.

L'amidisme s'appuyait sur trois *sūtra* indiens: le *Sukhāvatīvyūha-sūtra (Amida-kyō)*, le grand *Amitāyus-sūtra (Muryōju-kyō)* et l'*Amitāyurdhyāna-sūtra (Kammuryōju-kyō)*. Ces *sūtra* décrivent le paradis de l'Ouest où règne

57
Mains de l'Amida Nyorai, par Jōchō. Bois laqué et doré à la feuille. 1053. Hōō-dō du temple Byōdō-in, Uji.
Les mains d'Amida Nyorai sont posées en un geste de méditation qui symbolise son vœu de délivrer tous les êtres, quel que soit, parmi les neuf niveaux d'existence, celui auquel ils appartiennent.

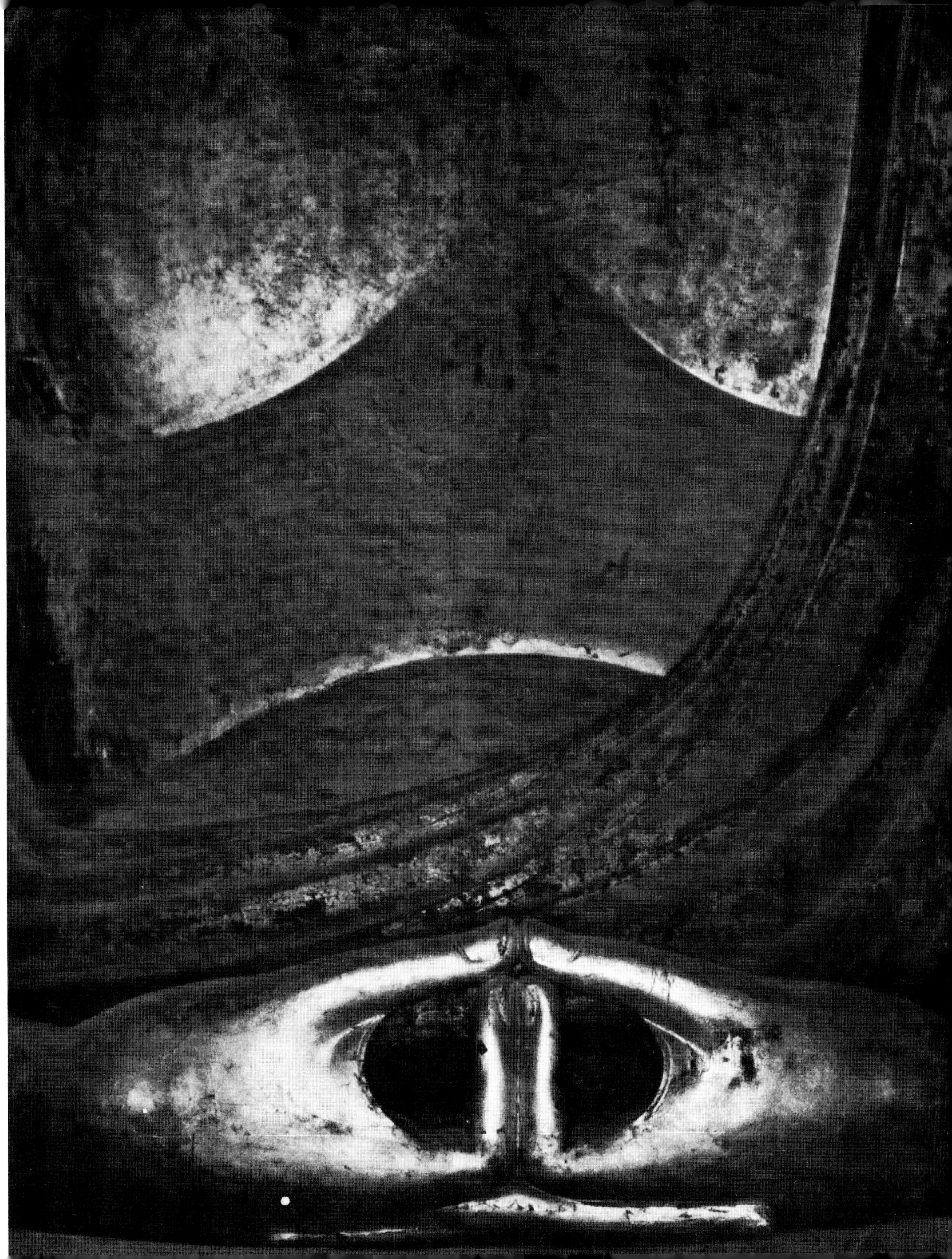

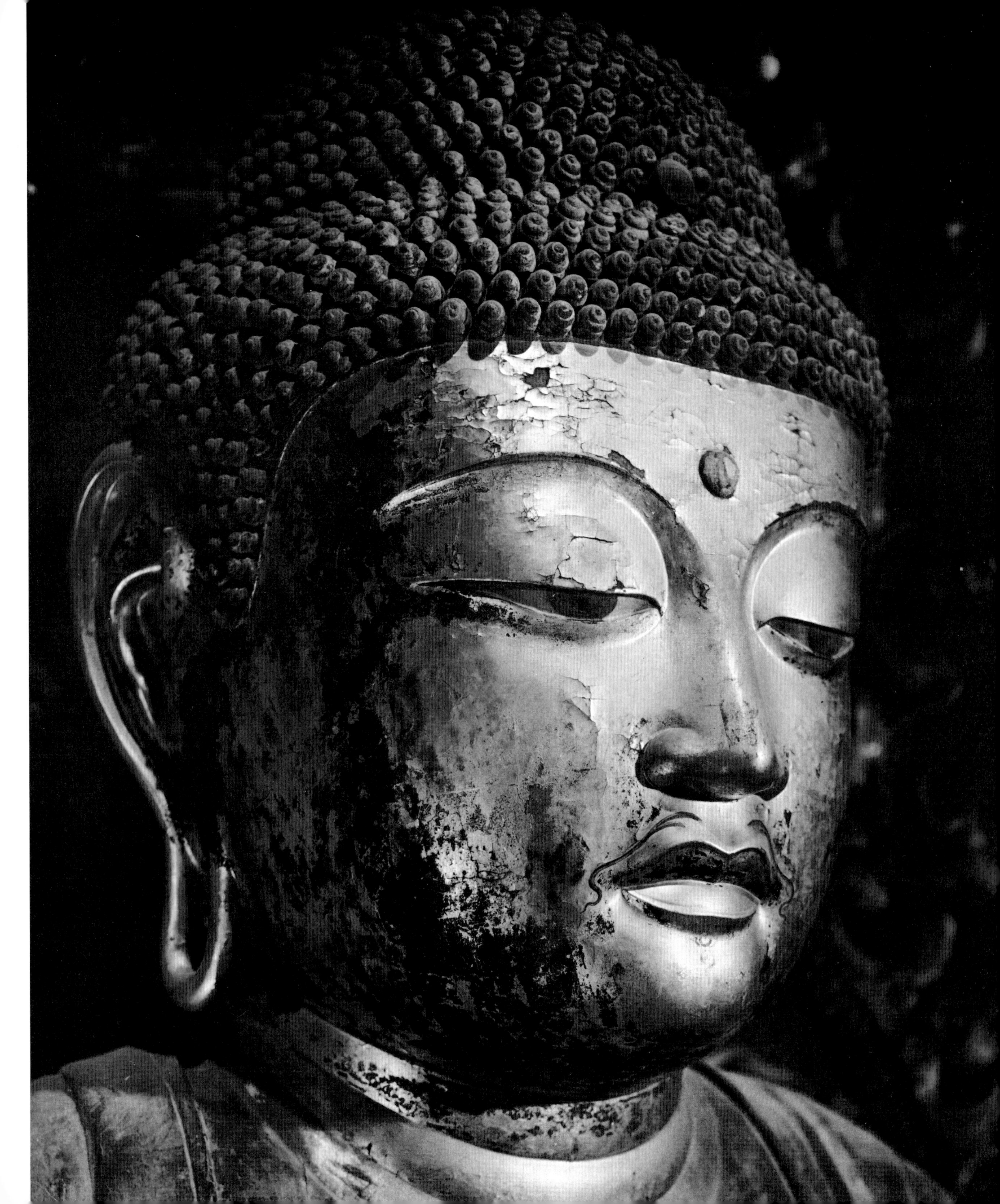

◁ 58
Tête de l'Amida Nyorai, par Jōchō. Bois laqué et doré à la feuille. H. tot. 280 cm. 1053. Hōō-dō du temple Byōdō-in, Uji.
Le rayonnement du Bouddha, «Seigneur de la Terre pure», se manifeste dans la tête monumentale de l'Amida Nyorai de Jōchō avec une intensité qui ne sera plus jamais atteinte par la suite. Son regard, détaché et cependant plein de douceur, dirigé vers le croyant, promet la renaissance dans son paradis (cf. ill. 57 et 69).

ce grand Bouddha miséricordieux. Le deuxième *sūtra* énumère en outre les 48 vœux d'Amida, dont le dix-huitième par lequel il renonce à la bouddhéité aussi longtemps que tous les êtres humains ne sont pas délivrés.

Avant que la doctrine du *nembutsu* ne prenne une forme précise, Gyōgi (670–749), moine éminent de la secte Hossō du temple Tōdai-ji, avait déjà présenté l'invocation d'Amida comme une voie possible de salut. Par la suite, c'est dans l'enseignement de la secte Tendai que le *nembutsu* s'enracina le plus profondément. Des prédicateurs indépendants et des missionnaires du monastère Hiei-zan proclamèrent les bienfaits de l'invocation. C'est dans la partie occidentale du Enryaku-ji qu'un disciple de Ennin érigea le premier pavillon double consacré à Amida et Zuijii, où l'on pratique la méditation et le *nembutsu*.

59 Le moine *(shōnin)* Kūya (903–972), saint homme très populaire, parcourait le pays dansant et récitant en extase l'invocation à Amida. Il eut une grande audience dans les villes et les campagnes. Un hymne à Amida composé par le prêtre Senkan (mort en 944) de la secte Tendai connut également une grande vogue. A l'heure de sa mort, le supérieur du Enryaku-ji, pour rendre visible sa foi en une renaissance dans le pays de la Terre pure, fit attacher par des fils ses mains à celles d'une sculpture d'Amida. Ce rite mortuaire se répandit. Sur un autel pliant très célèbre du temple Konkaikōmyō-ji à Kyōto et datant de la fin du XIIIe siècle apparaît un «Amida par-dessus les montagnes» (Yamagoshi-Amida) aux doigts duquel on peut encore voir des fils blanc.

En 985 parut un traité du moine Genshin (Eshin Sōzu): *Textes importants relatifs à la réincarnation (Ōjō Yō-shū)*. Dans un style populaire, il dépeint le cosmos bouddhique et ses «six univers» *(rokudō):* les enfers, les purgatoires, les démons, les animaux, les hommes et les dieux. Cela rappelle la description des châtiments de l'enfer par Dante. Ce traité, qui mettait les *sūtra* à portée

59
Kūya, par Kōshō. Bois peint. H. 117 cm. Première moitié du XIIIe siècle. Temple Rokuharamitsu-ji, Kyōto.
Le moine itinérant Kūya (903–972) parcourut le Japon en prêchant l'invocation du nom d'Amida *(nembutsu)*. Le sculpteur Kōshō, quatrième fils de Unkei, le représenta sur un mode très réaliste: six petites silhouettes d'Amida s'échappent de sa bouche.

de tous, devint le texte religieux du jour. Chacun pouvait se représenter quelles conséquences entraînaient les actions, bonnes ou mauvaises, et quelles grâces apportait l'invocation du Bouddha. La description commence par des scènes d'horreur où sont détaillés les huit

60
Raigō d'Amida (détail). Couleurs sur bois. 1053. Hōō-dō du temple Byōdō-in, Uji.
Sur les portes à vantaux du pavillon central du Hōō-dō sont peintes des scènes du *raigō* d'Amida. Le paysage idéalisé offre une image du paradis de l'Ouest, de ses pavillons, de ses bodhisattva radieux, de ses êtres célestes. Il constitue l'arrière-plan d'une scène de *raigō:* le Bouddha et sa suite reviennent dans son paradis.

enfers principaux et les seize enfers satellites où, pendant des myriades d'années, mais non pas éternellement, les pécheurs souffrent mille tourments et tortures. Puis, sur un mode macabre, Genshin évoque les deux mondes des esprits affamés *(gaki)* et le monde des démons *(ashura).* Le monde des hommes, instable, impur et plein de souffrances, est également un monde de détresse. L'énumération des 404 maladies provoque le dégoût et la répulsion. Même les dieux du ciel ne peuvent échapper au déclin et connaissent la souffrance. Seul le monde du paradis de l'Ouest signifie bonheur et accomplissement. L'arrivée d'Amida accompagné de ses 25 bodhisattva et d'un cortège de 100 000 moines au milieu de nuages pourpres, de rayons dorés, d'une pluie de fleurs, de parfums et de musique est dépeinte avec un grand luxe de détails. Le bodhisattva Kannon (Avalokiteshvara) tient un siège en forme de lotus destiné à recevoir l'âme qui vient de renaître. Dans ce monde paradisiaque, des myriades de bouddha entourent des palais en or, des pavillons incrustés de bijoux, des bosquets verdoyants et des étangs contenant des trésors où nagent des oies et des canards.

L'éducation dans la voie du bien par une description des affres des enfers et la possibilité d'échapper à la fin du monde, annoncée par le bouddhisme, convenaient à l'esprit du temps. Cette «fin du monde» devait, selon les prévisions des *sūtra* bouddhiques, commencer en 1052; à ce moment, après l'époque de «la loi parfaite» et celle de «la loi copiée» devait commencer l'époque des désordres et des troubles.

Le sentiment d'imminence de la fin du monde imprégna non seulement les écrits religieux mais aussi la littérature profane. Dans le *Genji-monogatari* affleure constamment la mélancolie provoquée par la perspective de la fin du monde; elle pèse sur les pensées et les actes des personnages.

L'amidisme ouvrit à l'art un nouvel univers de représentations à la fois sacré et somptueux. La vision des

61
Raigō d'Amida. Couleurs et petits fragments de feuille d'or sur soie. Trois rouleaux verticaux: milieu 210,8 × 210,6 cm; gauche 210 × 105,7 cm; droite 211 × 105,7 cm. Fin du XIIe siècle. Temple Yūshi-Hachimankō-Jūhakka-in, Kōya-san, Wakayama.

A l'origine, cette Descente d'Amida sur un nuage accompagné de 32 membres de sa suite avait été conçue comme une seule peinture monumentale. C'est un des chefs-d'œuvre de la peinture bouddhique de la fin de l'époque Heian. Amida apparaît comme un soleil doré sur fond de paysage automnal japonais, entouré de figures animées et colorées: des bodhisattva musiciens, des moines et une lointaine triade d'Amida. La disposition spatiale des groupes sur les nuages, rendus en clair-obscur, accroît le caractère visionnaire de cette image de culte.

quatre paradis, chacun d'eux correspondant à une direction du ciel, apparaît déjà dans les plus anciennes œuvres peintes ou sculptées du Japon. Chaque paradis est matérialisé par un groupe de trois ou cinq figures: un bouddha, deux bodhisattva et parfois deux aspirants-moines. Les fresques du Kondō du Hōryū-ji à Nara (créées vers 700, détruites par le feu en 1949) représentaient ces paradis. Il semble bien que les dames de la cour aient souscrit avec une ferveur particulière à la croyance en la réincarnation: le paradis de l'Ouest est représenté en ronde bosse et en bas relief dans les bronzes du sanctuaire de Dame Tachibana. Par ailleurs, le *mandara* de la Terre pure *(Jōdo-mandara)* nous est parvenu en trois versions. Dans le Taema-mandara, datant du VIIIe siècle, la triade centrale (Amida, Kannon et Seishi) apparaît dans un paysage architectural à la chinoise: des pavillons sont agencés selon une perspective centrale et situés derrière le lac aux trésors où les âmes ressuscitées reposent sur des fleurs de lotus. Sur les côtés sont rangés d'autres bouddha et bodhisattva tandis qu'à l'avant-plan des êtres célestes dansent sur une estrade. Une frise d'images situées en bordure apporte des informations complémentaires. A droite, à côté du paysage paradisiaque, de petites images montrent 13 des 16 contemplations canoniques; à gauche sont évoqués des événements appartenant à la vie antérieure du Bouddha; dans la bande inférieure sont représentés les neuf degrés de la renaissance dans le paradis de l'Ouest qui détaillent l'accueil que réserve Amida au fidèle lors de sa mort.

Les images de dévotion représentant Amida ou la Terre pure dans le *Jōdo-mandara* sont très fidèles aux modèles chinois du VIIe siècle que l'on trouve dans les grottes de Dunhuang par exemple: mêmes configurations de bouddha, mêmes paysages architecturaux. Ces deux images de culte sont probablement inspirées d'œuvres dues aux grands peintres des principales villes de Chine et détruites lors de la vague de persécutions contre les bouddhistes de 842 à 845.

Au Japon, on attribua au moine Genshin, auteur d'écrits émouvants, la conception de nouvelles images d'Amida, à l'exécution desquelles il n'a certainement pas pris part. La représentation purement japonaise de la «Descente d'Amida» *(raigō)* devint le thème le plus important et sortit le Bouddha de sa rigide hiérarchie. Dans le *raigō,* le Bouddha et sa suite abandonnent la transcendance pour aborder le monde des hommes. Ainsi, le mode de représentation peut devenir plus détendu, plus libre, plus individuel, et la présence de la nature terrestre à l'arrière-plan devient possible.

Le temple, œuvre d'art globale

Jusqu'à la fin du Xe siècle, la maison impériale favorisa surtout la fondation de temples Shingon. Peut-être la très grande audience de Kūkai était-elle due au fait qu'il avait mis sur pied d'égalité les divinités Shintō et bouddhiques, donnant ainsi à sa doctrine un caractère national. La secte Shingon disposait de son propre lieu de culte situé dans la partie ouest du grand palais (Daidairi): le pavillon Shingon-in.

L'empereur Kōkō fonda en 886 le temple Ninna-ji que son successeur Uda utilisa comme cloître et comme résidence *(in)* après son abdication. Depuis cette époque, la fonction d'abbé de ce temple fut réservée à un prince de sang impérial. L'aménagement rituel de l'an-

62
«Bouddha imprimés» *(suributoke;* détail). Impression noire sur papier. Env. 44 × 30 cm. 1047 ou 1107. Autrefois temple Jōruri-ji, Nara; actuellement Museum für Kunst und Gewerbe, Hambourg (inv. n° 1979.229).
Les neuf statues d'Amida Nyorai du temple Jōruri-ji contenaient des objets sacrés. Parmi ceux-ci, on découvrit des feuillets votifs sur lesquels figuraient dix rangs de dix petits Amida. Les feuilles avaient été imprimées avec une planche en bois et probablement tirées à plusieurs centaines d'exemplaires.

63
Pagode du temple Daigo-ji, Kyōto. Bâtiment en bois avec toit de tuiles et flèche de bronze. H. 38,16 m; base: 6,63 × 6,63 m. 951–952.
La construction de cette pagode fut décidée en 931 par la veuve et le fils de l'empereur Daigo, Suzaku Tennō. Terminé en 951, le bâtiment fut consacré l'année suivante. Les lourds toits de tuile prennent appui sur un noyau étroit. La flèche, remarquable pièce de bronze, prend un tiers de la hauteur.

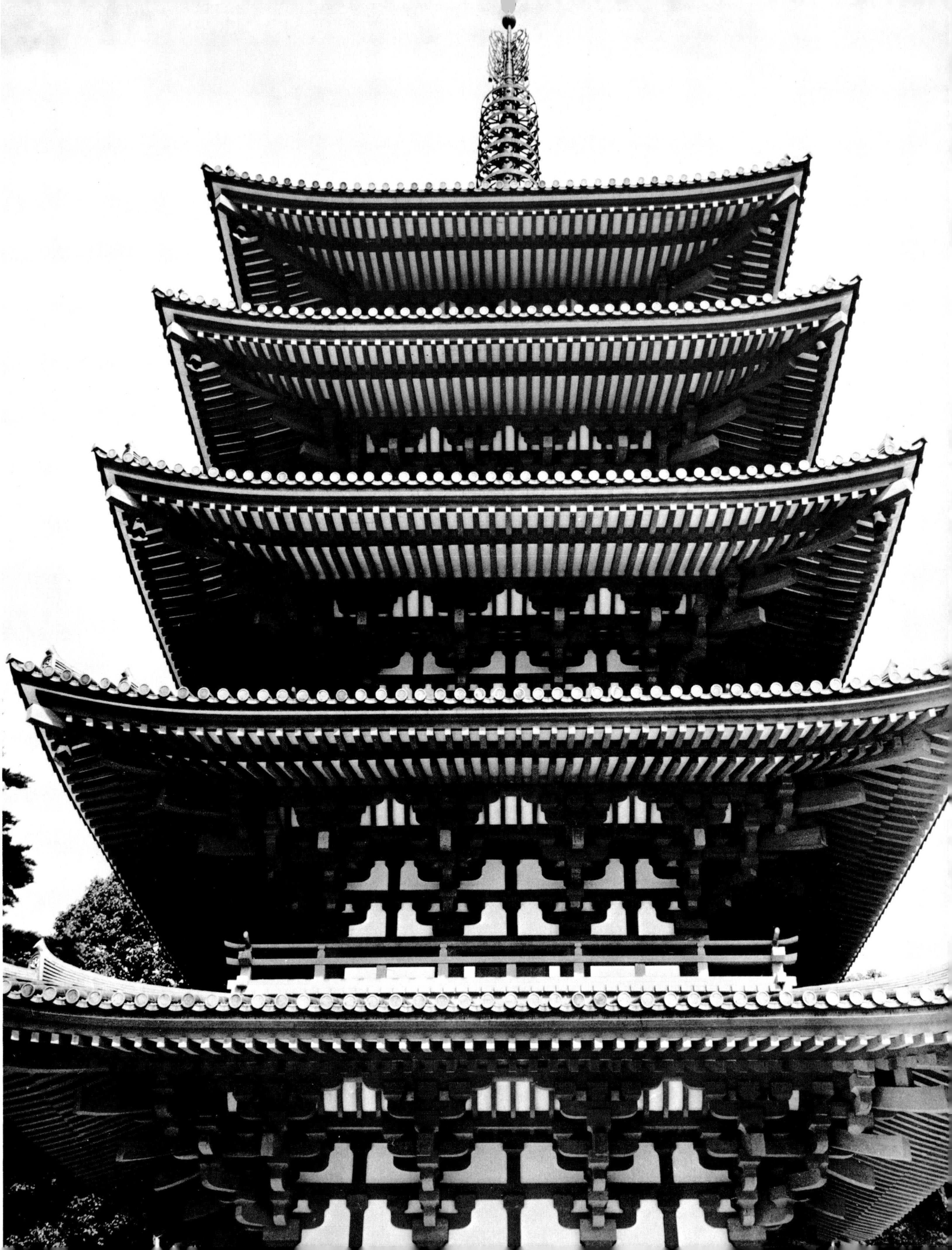

64
Yakushi Nyorai, par Eri. Bois laqué et doré à la feuille. H. 154,5 cm. Début de l'époque Heian (907–913). Pavillon Yakushi-dō du temple Daigo-ji, Kyōto.
La figure plus grande que nature du Bouddha de la médecine, Yakushi, occupe le centre d'une triade qui est attribuée au sculpteur Eri, élève du fondateur du temple, le prince Shōbō. Le style des plis caractéristique de la sculpture Jōgan est peu perceptible dans cette œuvre, car les enduits les recouvrent et en émoussent les arêtes.

tions et le style maniéré des plis, caractéristiques de la sculpture Jōgan, y sont encore très sensibles, mais l'utilisation de la dorure donne aux statues une douceur et un éclat nouveaux. Le petit pavillon Yakushi, large de 15 m environ, fut construit dans les années 1121 à 1124 sur l'emplacement du bâtiment primitif. Cependant, la pagode du Daigo-ji, qui date de 951/952 et fut construite à la suite d'un vœu de l'empereur Sutoku, nous est parvenue intacte. L'étroit noyau de l'édifice est surmonté de cinq toits, larges, lourds et étayés par des consoles triples. Le *sōrin,* flèche annelée en bronze surmontant le toit supérieur, mesure à lui seul un tiers de la hauteur totale de l'édifice. L'intérieur offre une représentation du cosmos Shingon symbolisé par les «*mandara* des Deux Mondes». Le pilier porteur central, axe du monde, est entouré de quatre murs de planches sur lesquels s'alignent les «émanations» de Dainichi, Bouddha universel. Sur le côté sont représentés les «huit patriarches de la secte Shingon». Les quatre piliers intérieurs portent les images du Shi-tennō et offrent un cadre protecteur au programme iconographique. Des lotus et des fleurs paradisiaques décorent les poutres. L'idée d'une œuvre d'art totale est ici suggérée par la seule peinture.

Les temples du milieu et de la fin de la période Heian reflètent le syncrétisme de la cour en matière de doctrine bouddhique. Les enseignements secrets du Shingon et du Tendai, l'«enseignement ouvert» du bouddhisme primitif de Nara et les conceptions rédemptrices de l'amidisme voisinent sans heurts. Dans les temples, chaque conception doctrinale possédait son propre pavillon et ses propres images de dévotion tirées des *sūtra.*

Les pavillons de méditation, dont le premier fut érigé pour Ennin et sa secte Tendai dans le Enryaku-ji sur le mont Hiei, gagnèrent en importance. Les pavillons réservés à la méditation assise ou déambulatoire étaient

cien édifice nous est inconnu, les bâtiments actuels datant des XVIᵉ et XVIIᵉ siècles.

Le temple Daigo-ji, situé au sud-est de la ville, entretenait lui aussi des relations très étroites avec la maison impériale. Le moine Shōbō avait défriché le terrain au pied du mont Daigo, où l'empereur Daigo fonda le temple. Le pavillon supérieur, celui de Yakushi, abritait une triade de Yakushi. Ces figures de culte avaient été offertes par l'empereur en 907. La lourdeur des propor-

65
Hōō-dō (pavillon du Phénix) du temple Byōdō-in, Uji. Bâtiment en bois avec toit de tuiles. 1053.
Le pavillon du Phénix tire son nom de la forme de son plan et des oiseaux en bronze perchés sur son faîte. L'avant de la construction s'ouvre, vers l'est, sur un étang où fleurissent des lotus, analogue en cela aux bâtiments du paradis de l'Ouest d'Amida Nyorai. Des toits étagés, des galeries aérées et des pavillons d'angle donnent au petit pavillon central un aspect léger et gracieux. Seul bâtiment datant de la période Heian qui nous soit parvenu, le Hōō-dō nous introduit dans l'architecture de cour de la période Heian.

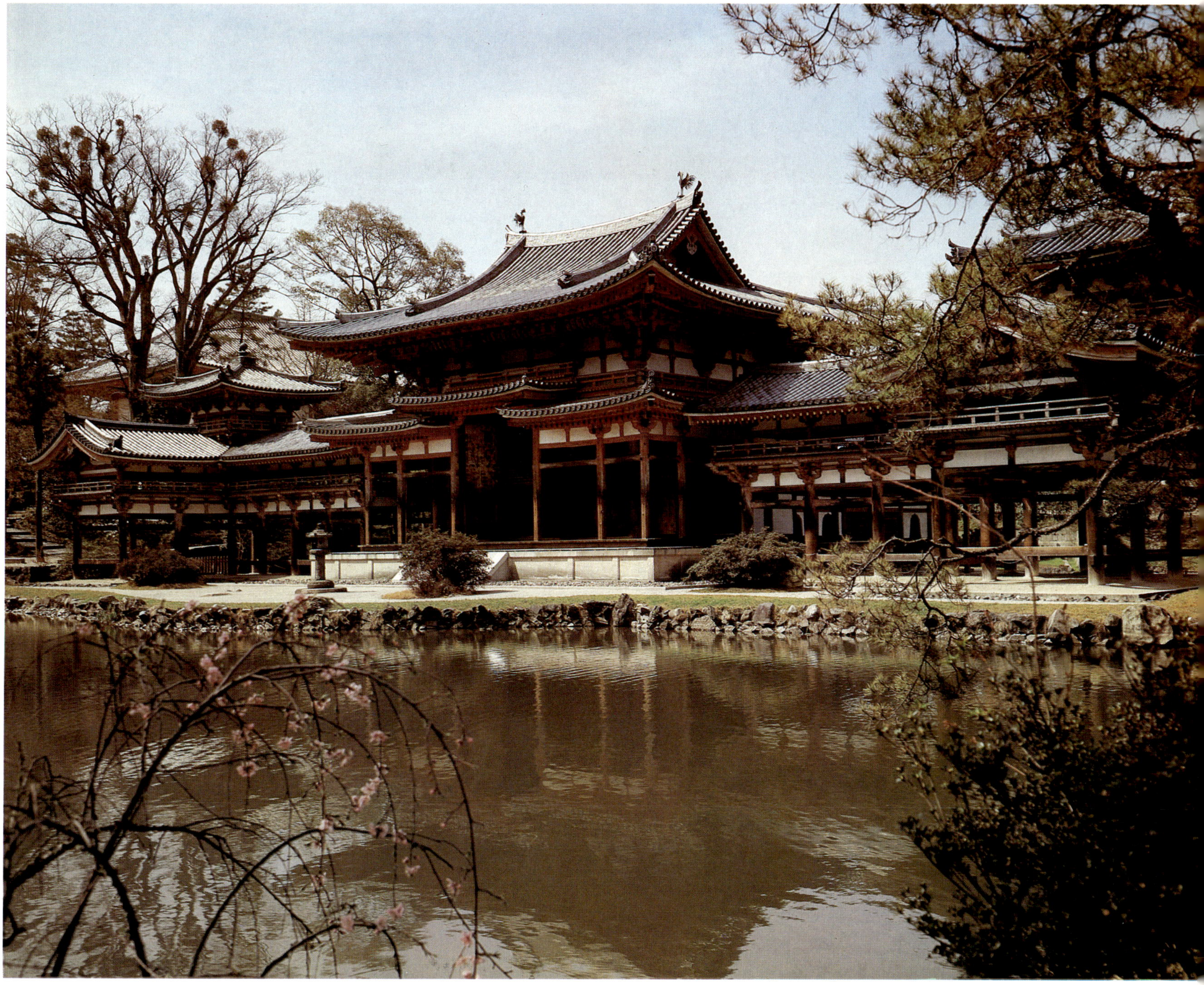

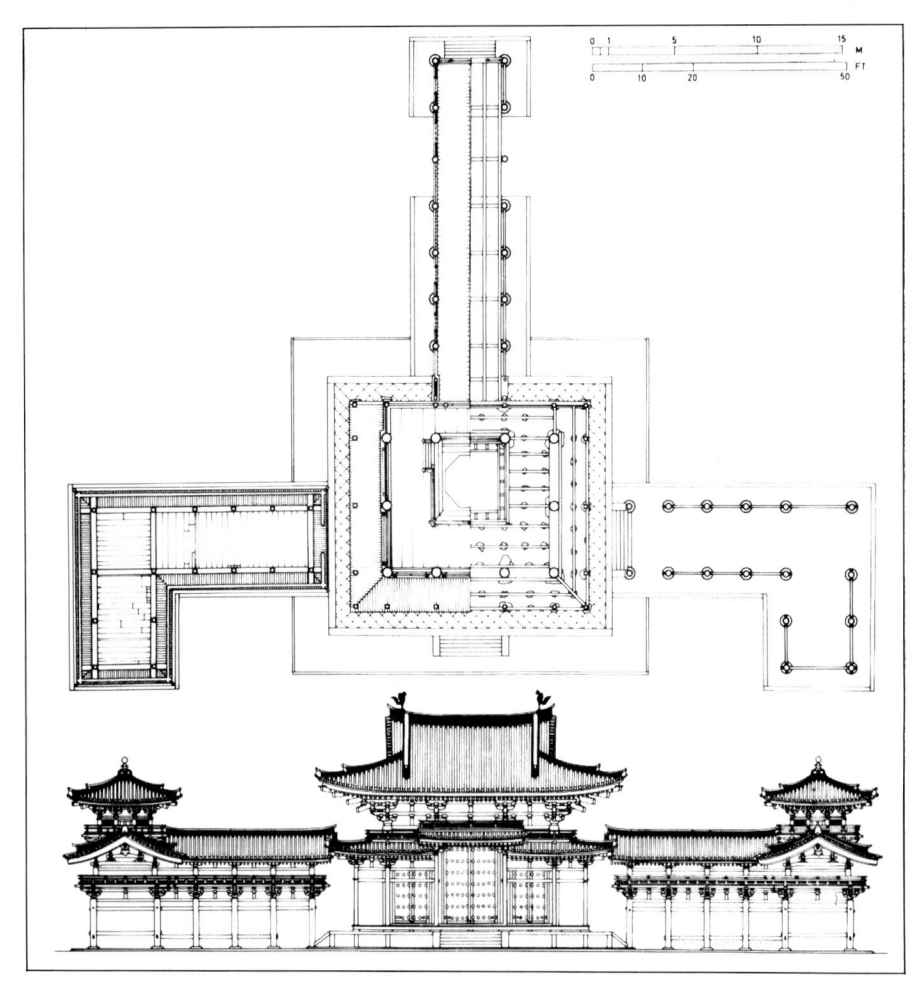

66
Hōō-dō (pavillon du Phénix) du temple Byōdō-in, Uji: plan et élévation. 1053. La partie droite du plan représente le niveau du sol (construction sur pilotis), la partie gauche, le niveau du plancher de bois.

67 ▷
Phénix. Bronze coulé et doré. H. 100 cm. 1053. Hōō-dō du temple Byōdō-in, Uji. Le bâtiment central du pavillon du Phénix est couronné de deux oiseaux en bronze représentés dans des attitudes très vivantes. C'est à eux (et au plan du bâtiment) que le pavillon doit son nom. On dit que le sculpteur Jōchō en conçut le projet et les fit exécuter. En tout cas, la tradition rapporte qu'il a réalisé une «tête de dragon» et une «tête de coq» en guise de figures de proue pour le bateau de plaisance de l'empereur.

carrés et avaient 9,15 ou 21 m de côté. Ils étaient coiffés d'un toit pyramidal recouvert de bardeaux. Leur plan devint celui des pavillons d'Amida. Dès la seconde moitié du IXᵉ siècle, les régents Fujiwara s'autorisèrent – grâce à leur position dominante – de fonder des temples privés. L'initiative en revient à Fujiwara no Mototsune qui fit construire son temple paradis, le Gokuraku-ji. Le *sesshō* Tadahira suivit son exemple avec le Hōshō-ji. Une image de culte appartenant à ce temple nous est parvenue: le Kannon aux mille bras datant de 924. Quant aux temples privés de Fujiwara no Tamemitsu, de Fujiwara no Yukinari et du puissant Kaneie, ils furent entièrement détruits.

Le pompeux ensemble du temple Hōjō-ji de Fujiwara no Michinaga subit le même sort. Lors de son entrée dans les ordres en 1019, il entreprit la construction d'un pavillon d'Amida appelé «Muryōju-in» d'après le nom d'un *sūtra*. Neuf figures assises du Bouddha Amida y étaient rangées les unes à côté des autres (on peut encore voir aujourd'hui un ensemble équivalent dans le temple Jōruri-ji). Ces œuvres en bois doré étaient probablement accompagnées de figures debout représentant Kannon et Seishi ainsi que de quatre Shi-tennō polychromes. Toutes regardaient vers l'est. Elles furent créées par le sculpteur Kōshō, maître de bouddha *(busshi)* qui, en 1005, avait créé la première figure de Fugen pour le temple Jōmyō-ji de Fujiwara no Michinaga. Il fut aidé dans cette tâche par son élève Jōchō. Les énormes commandes de l'aristocratie aux ateliers de sculpteurs ne pouvaient d'ailleurs être honorées que grâce à une nouvelle technique très élaborée de répartition du travail *(yosegi-zukuri)*.

On rapporte que ce pavillon d'Amida figurait jusque dans ses moindres détails la «Descente d'Amida sous neuf apparences» *(kubon raigō)* pour accueillir l'âme du mourant et la guider vers le paradis au travers des neuf étapes de la renaissance. Les portes du temple représentaient également la Descente d'Amida en neuf images

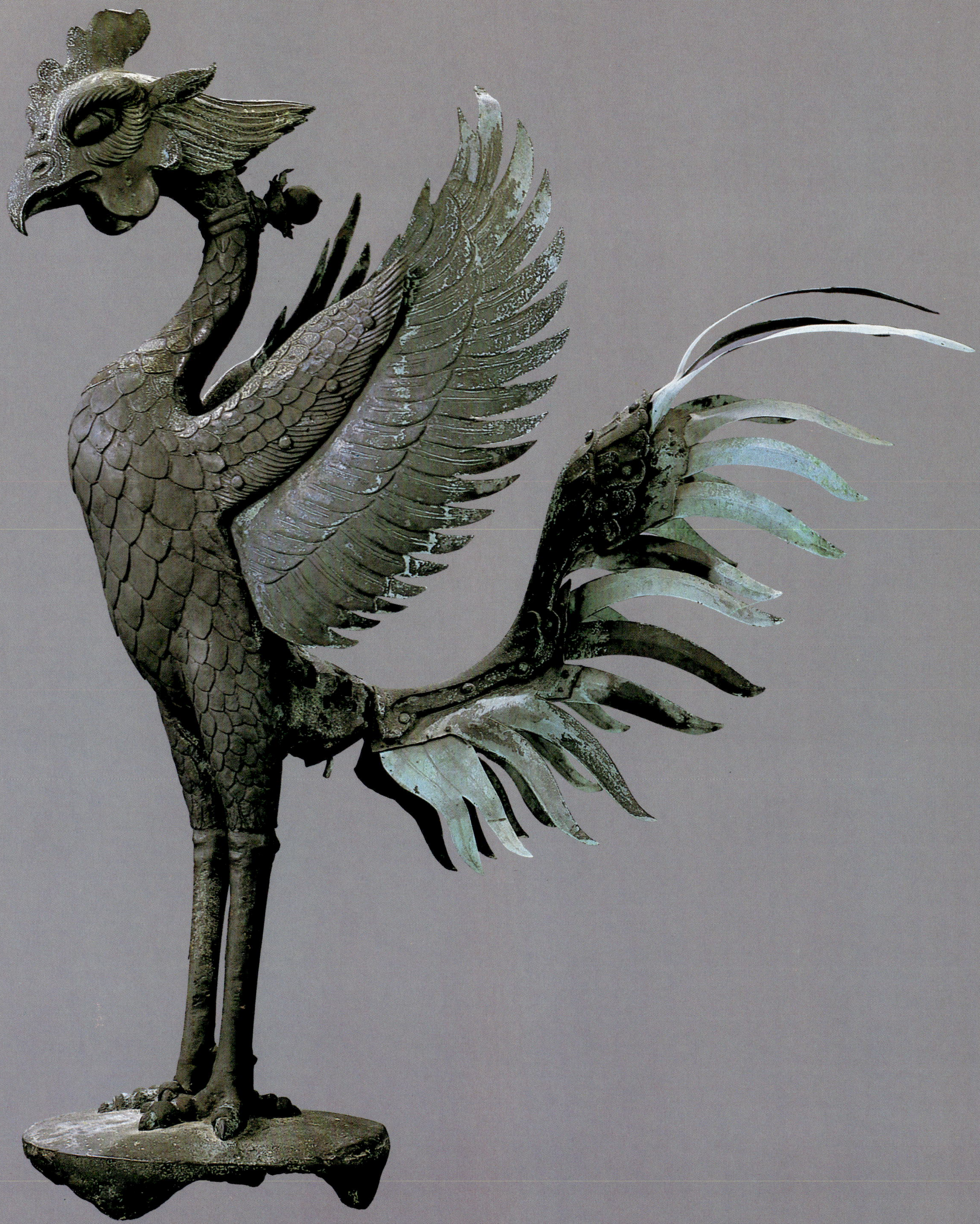

accompagnées de textes de *sūtra* correspondants. Les poutres dorées étaient incrustées de nacre et de pierres précieuses. Un filet d'or était tendu au-dessus des figures de culte. La travée centrale de la galerie contenait une niche d'autel réservée à Michinaga. A l'heure de sa mort, Michinaga, assuré de renaître directement dans le paradis de l'Ouest, saisit les cinq cordes colorées qui partaient des mains de la figure centrale.

Le quatorzième jour du septième mois 1022, Michinaga inaugura le pavillon d'Or et celui des cinq Myōō (Godai-dō). Le sculpteur de bouddha Jōchō et son atelier avaient sculpté à cette occasion douze figures monumentales. La figure de culte principale, un Bouddha Dainichi assis, haut de 10 m, entouré de six sculptures secondaires, occupait le centre du Kondō. Le Godai-dō abritait les cinq Myōō dont le principal était le Fudō.

Les trois pavillons du Hōjō-ji et leurs galeries entouraient un lac artificiel imposant. Trois ponts menaient à une île sur laquelle une scène de danse et deux estrades d'orchestre pouvaient être montées. L'aménagement de l'ensemble avait été conçu d'après la vision du paradis de l'Ouest que représentait le *Jōdo-mandara* dont Ennin avait rapporté de Chine un exemple brodé. Dans les pavillons, les sculptures n'étaient pas isolées, elles s'intégraient dans un ensemble rituel, associées à des peintures murales qui illustraient des textes de *sūtra* importants. Architecture, sculpture, peinture et artisanat contribuaient à l'élaboration d'une œuvre totale *(sōgo-bijutsu)* dont l'équilibre et la qualité du détail reflétaient non seulement la richesse et la puissance du donateur, mais aussi ses aspirations à la perfection artistique et esthétique. Le raffinement et la sensibilité poétique de la cour donnaient le ton tant dans ce domaine que dans la vie quotidienne.

65 Le pavillon du Phénix du Byōdō-in à Uji donne une idée de la qualité de cet art. Aussi enclin à l'ostentation que son père Michinaga, Fujiwara no Yorimichi eut aussi son temple privé. En l'an 1052, qui selon les bouddhistes inaugurait la fin des temps, il transforma en temple un palais d'été de Uji. Il orienta le pavillon principal vers l'est face au fleuve Uji. Son image de culte principale était, comme celle du Hōjō-ji, un Bouddha Dainichi avec Yakushi et Shaka et deux Ni-ō (Vajradhara, les deux rois), comme figures secondaires. Le pavillon d'Amida ne vint qu'en second lieu. Il fut baptisé «pavillon du Phénix», Hōō-dō, d'après la forme de 67 son plan de base et les oiseaux de bronze qui le couronnaient. Pris dans son ensemble, l'édifice est une transposition architecturale du paradis de l'Ouest.

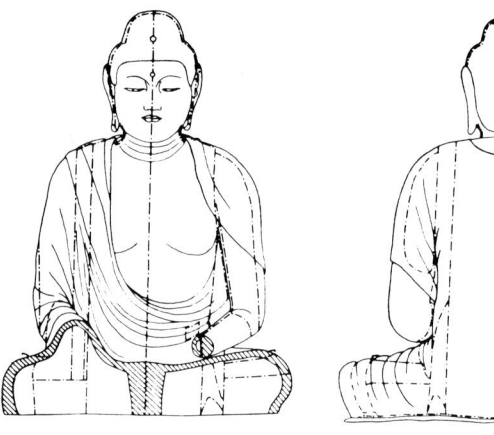

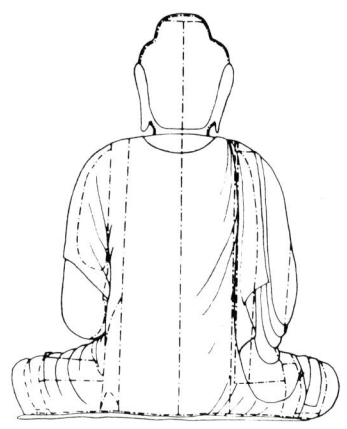

68
Amida Nyorai, par Jōchō: schéma du mode d'exécution. 1053. Hōō-dō du temple Byōdō-in, Uji.

69
Amida Nyorai, par Jōchō. Bois laqué et doré à la feuille. H. 280 cm. 1053. Hōō-dō du temple Byōdō-in, Uji.
Dès qu'il fut mis en place et consacré (1053), l'Amida du maître de bouddha Jōchō fut considéré comme un chef-d'œuvre et comme une image à caractère particulièrement sacré. Il a jusqu'aujourd'hui focalisé l'attention et reste la pièce la plus grandiose de la sculpture Fujiwara (cf. ill. 57, 58). Figure centrale de son paradis, Amida croise les mains dans le geste de la méditation, assis sur un socle richement sculpté. Il est entouré d'un nimbe taillé avec grande finesse et d'un baldaquin (avec ajouts postérieurs).

La construction comprend un pavillon d'Amida 66 carré, des ailes latérales et des corridors dirigés vers l'arrière. Entourée d'eau, elle semble placée sur une île. Le chevauchement calculé et gracieux des toits de tuiles

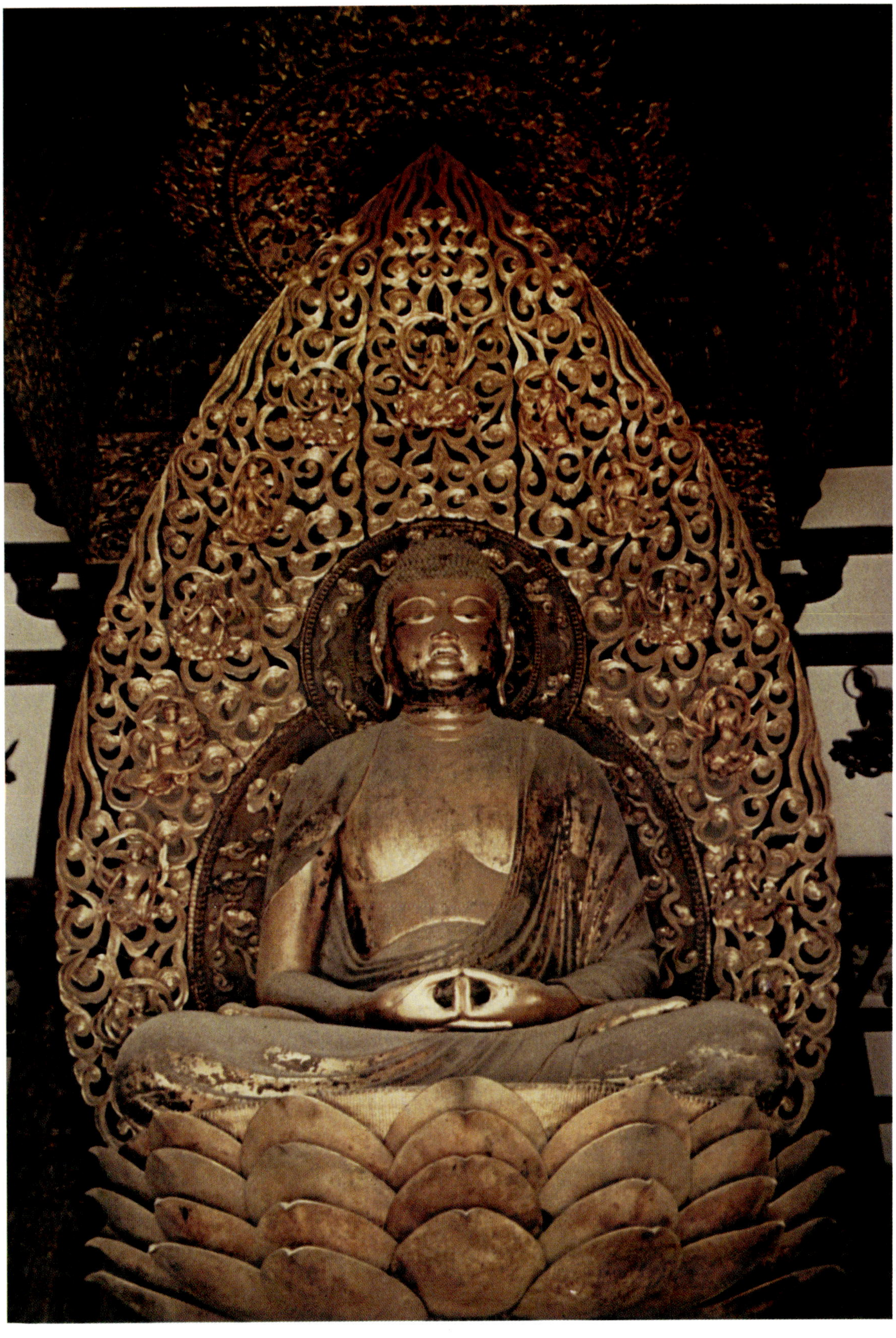

70
Bosatsu avec instrument à bouche, par Jōchō. Bois doré avec traces de peinture. H. 55 cm. 1053. Hōō-dō du temple Byōdō-in, Uji.
52 petits bodhisattva musiciens sont accrochés au mur du Hōō-dō au-dessus des portes peintes. Leur cortège entoure l'Amida de Jōchō. Le Bosatsu représenté ici appartient au groupe sud. Comme tous les autres, il est assis sur une écharpe de nuages dans une pose détendue et tient son instrument des deux mains. La partie supérieure du corps est en ronde bosse. La partie inférieure est plate à l'arrière et faite d'un assemblage de pièces distinctes. Son nom, Kongo-kō, est inscrit sur son dos.

71
Poignée de porte. Fer avec incrustations de cuivre. Diam. 9 cm. 1053. Hōō-dō du temple Byōdō-in, Uji.
Les poignées des portes à vantaux du pavillon du Phénix sont d'une facture élégante et vigoureuse. La ferrure à quatre feuilles est ornée d'une large fleur de chrysanthème, sur laquelle est fixé un pommeau parallélipipédique qui sert d'ancrage à l'anneau. Les incrustations de cuivre soulignent la forme de la fleur.

72
Amida Nyorai, par Kenen. Bois laqué et doré à la feuille. H. 87,3 cm. 1135–1140. Temple Anrakuju-in, Kyōto.
L'œuvre se trouvait à l'origine dans le pavillon du temple Toba Shinmie-dō érigé par l'ex-empereur Toba dans son palais secondaire à Toba. Le maître de bouddha Kenen, petit-fils de Chōsei et sculpteur de grand renom, travailla au palais et fut nommé *hōin* pour ses œuvres. Le nimbe et le socle sont des ajouts postérieurs. Il émane de la statue une noblesse irréelle et une sérénité qui caractérisent les œuvres de l'époque des *insei*.

entre le pavillon central et les ailes latérales donne l'impression d'une construction à deux étages. Rien n'égale l'élégance gracile de ce bâtiment. C'est, en dépit d'éléments isolés incontestablement chinois, une création japonaise unique et du plus haut niveau artistique. Elle marque l'apogée du style *wa-yō* dans tous les domaines. Le monumental Amida assis de Jōchō occupe le centre du pavillon. Voici ce qu'en dit D. Seckel: «Cette immense statue, malgré (ou à cause de?) sa posture de méditation, large, stable et profondément enracinée, a quelque chose d'aérien et de léger qui semble étranger à ce monde des apparences proche et envahissant; sa silhouette est à la fois présence intense et détachement absolu. Malgré sa sévérité formelle et sa concentration spirituelle, elle semble sereine. Une pareille unité des contraires, une pareille «non-dualité» est un trait fondamental de la pensée bouddhique. L'art réussit à traduire l'idée en un langage formel et à devenir ainsi contemplation immédiate.»[27]

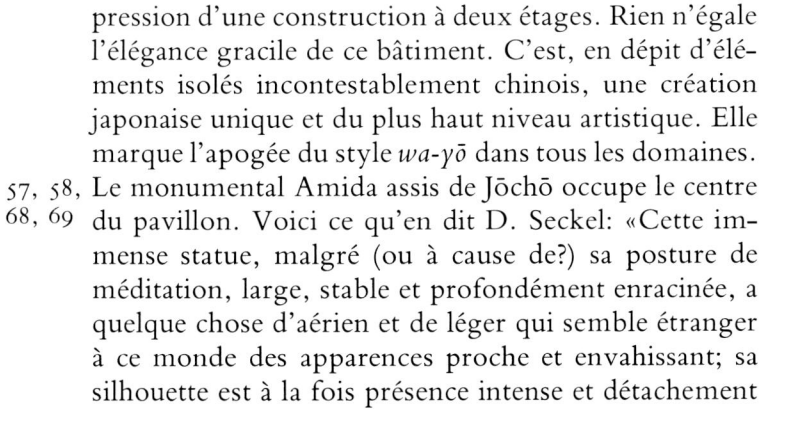

Les 52 petites figures de bodhisattva qui, planant autour d'Amida, sont appliquées au mur, viennent également de l'atelier de Jōchō. Les «neuf étapes de la Descente d'Amida» sont peintes sur les panneaux des portes et les murs en bois, comme dans le Hōjō-ji où une pareille composition avait été réalisée pour la première fois. Ces œuvres occupent une position clef dans la

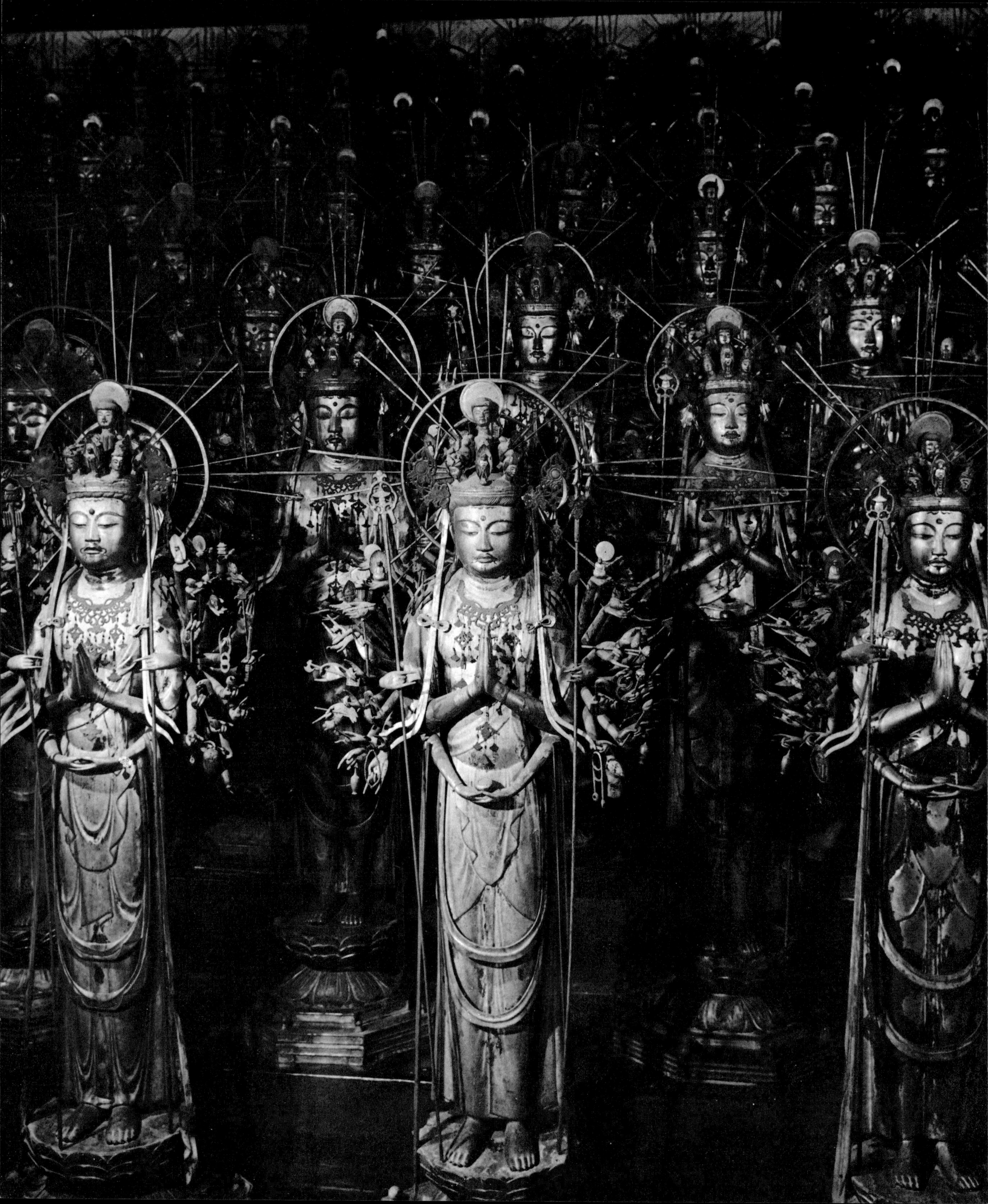

peinture purement japonaise arrivée à maturité (Yamato-e), non seulement en tant qu'expression religieuse mais aussi en tant que représentation d'un environnement naturel japonais. La qualité du travail ajouré des accessoires de l'autel, de l'auréole et du baldaquin – d'ailleurs partiellement restaurés – ne le cède en rien à celle des sculptures. Chaque détail de la décoration des estrades, du plafond ou des colonnes témoigne d'une maîtrise absolue dans le travail du laque ou des incrustations de nacre. Le souci de beauté formelle sans mièvrerie s'étend jusqu'aux poignées de porte en fer incrusté de cuivre.

71

Le plan général du Hōō-dō et surtout la statue d'Amida de Jōchō ont exercé une forte influence sur l'art bouddhique jusqu'au XIIe siècle y compris. A partir de l'instauration du régime *insei*, les ex-empereurs et les dames de la cour reprirent aux Fujiwara le patronage des nouveaux temples.

Le premier des six temples impériaux à Shirakawa, le somptueux Hōsshō-ji, fut fondé par Shirakawa Tennō en 1077. Il fut construit sur la route Nijō-ōji au nord du ruisseau Shirakawa. Le pavillon d'Amida, où étaient alignées neuf statues de bouddha assis, faisait face à un lac sur l'île duquel se dressait une pagode octogonale à neuf étages. Les sculptures étaient l'œuvre du *busshi* Kenkei, petit-fils et élève de Jōchō. Après son abdication en 1086, l'ex-empereur Shirakawa commença à construire son palais de Toba dans le Sud-Est de la ville. C'est là aussi que fut érigé en 1101 le temple Shōkoku-in avec un pavillon d'Amida dont la sculpture monumentale avait été créée par un autre sculpteur célèbre, Ensei.

Sur le terrain de la villa orientale du palais de Toba, dans le temple Anrakuju-in, Toba Tennō inaugura en 1147 un pavillon d'Amida. Son image de culte principale, une figure assise d'Amida, tout en restant fidèle au grand modèle de Jōchō, laisse cependant percer une certaine facilité routinière.

72

Le pavillon Sanjūsangen-dō du temple Myōhō-in donne une idée des dimensions des temples construits par les ex-empereurs à Kyōto. Il fut fondé par Goshirakawa en 1164 au sud-est de son palais Hōjū-ji. Long de 99 m, il abrite 1001 Kannon aux mille bras. Cette constellation de divinités revêtait dans la doctrine Shingon un sens particulier. Une figure assise, monumentale, est flanquée de 1000 autres debout, grandeur nature, qui avaient été sculptées par les célèbres maîtres de bouddha Kōjō et Kōchō de l'atelier Shichijō. Ce pavillon et la plus grande partie des statues furent détruits par un incendie qui ravagea Kyōto en 1249. Cent vingt à cent cinquante d'entre elles furent sauvées. Les statues détruites ne furent remplacées qu'en 1266 par des œuvres dues à Tankei, Kōen et Kōsei. Elles furent placées à cette date dans un pavillon nouvellement érigé.

73

Peu de temples complets ou même de pavillons isolés concrétisant une idée unique, globale, comme celle du paradis Jōdo ou de la Descente d'Amida, ont survécu aux destructions du Moyen Age japonais.

De la trentaine de grands pavillons d'Amida abritant le groupe des neuf sculptures d'Amida, un seul nous est parvenu: celui du temple Jōruri-ji. Il fut construit en 1107 et rebâti en 1157 sur la rive occidentale d'un lac artificiel. Les sculptures d'Amida sont rangées à gauche et à droite de la monumentale figure centrale. Cette dernière rappelle d'ailleurs l'Amida de Jōchō dans le Hōō-dō. Les huit figures secondaires donnent une impression d'uniformité; elles ne sont cependant pas identiques. Le nimbe de la figure principale est décoré, sur un mode archaïque, d'innombrables petits bouddha imaginaires; sept d'entre eux, plus grands, et quatre bodhisattva flottants se détachent du groupe. Les auréoles des figures secondaires sont sculptées en relief plat. On ne sait rien de certain sur les artistes qui les ont créées ou sur les ateliers dont ils sont issus. Les quatre Shi-tennō postés aux quatre angles de l'estrade ont une grande valeur artistique. L'esprit du temps se fait jour dans la souple élégance des formes, dans les enduits colorés (bien conservés), dans l'ornementation polychrome rehaussée de dorure à la feuille *(kirikane)*. A l'est du domaine du temple se dresse une petite pagode à trois étages. Ce gracieux édifice, dont le périmètre carré ne dépasse pas 9 m, appartenait à l'origine au palais Ichijō à Kyōto et fut transféré au Jōruri-ji en 1178. Sa chapelle est décorée de peintures murales et abrite un Yakushi sculpté fortement restauré qui est la plus ancienne image de culte du temple.

74

75
76

93

77, 78

Hi no Sukenari, membre du clan Fujiwara, inaugura à Fushimi, au sud de Kyōto, au cours de la seconde moitié du XIe siècle, un temple privé, le Hōkai-ji. Il fit en-

73
Groupe des 1001 Senjū Kannon. Bois laqué et doré à la feuille. H. env. 170 cm. 1164 et 1254–1266. Sanjūsangen-dō du temple Myōhō-in, Kyōto.
L'image de culte principale du Senjū Kannon assis, plus grand que nature et due à Tankei (1254), est flanquée à gauche et à droite de rangées de dix Senjū Kannon debout, grandeur nature. Ce gigantesque ensemble fut exécuté en 1266 par l'atelier Shichi-jō pour remplacer celui que contenait le pavillon original de 1164, presque totalement détruit par le feu.

74
Hondō du temple Jōruri-ji, Kyōto. Bâtiment en bois avec toit de tuiles. L. 25,9 m; larg. 9,1 m. 1107.
Le pavillon Yakushi construit en 1047 fut remplacé en 1107 par un Hondō qui fut transféré en 1157 sur la rive ouest du lac. En tant que «pavillon de paradis» destiné à abriter les neuf sculptures d'Amida, il y occupait une place symbolique. Les bardeaux du toit original furent remplacés au cours de la période Edo par des tuiles et on construisit un avant-toit. Les fenêtres à lattis de la façade donnent à cette petite construction l'aspect d'une maison particulière plutôt que celui d'un édifice religieux.

75
Neuf Amida. Bois laqué doré à la feuille. Figure principale: H. 224,2 cm; figures secondaires: H. 139–145 cm. 1107. Temple Jōruri-ji, Kyōto.
Les neuf sculptures d'Amida Nyorai assis symbolisent le serment de délivrance du Bouddha. La figure principale, fidèle au modèle le plus ancien situé dans le Hōjō-ji de Fujiwara no Michinaga, ressemble à l'Amida de Jōchō dans le Hōō-dō du Byōdō-in (cf. ill. 69): peut-être un élève de Jōchō a-t-il travaillé au Jōruri-ji. Les huit figures secondaires, dont les mains font le geste de la méditation, ont des traits individualisés malgré leur similitude formelle.

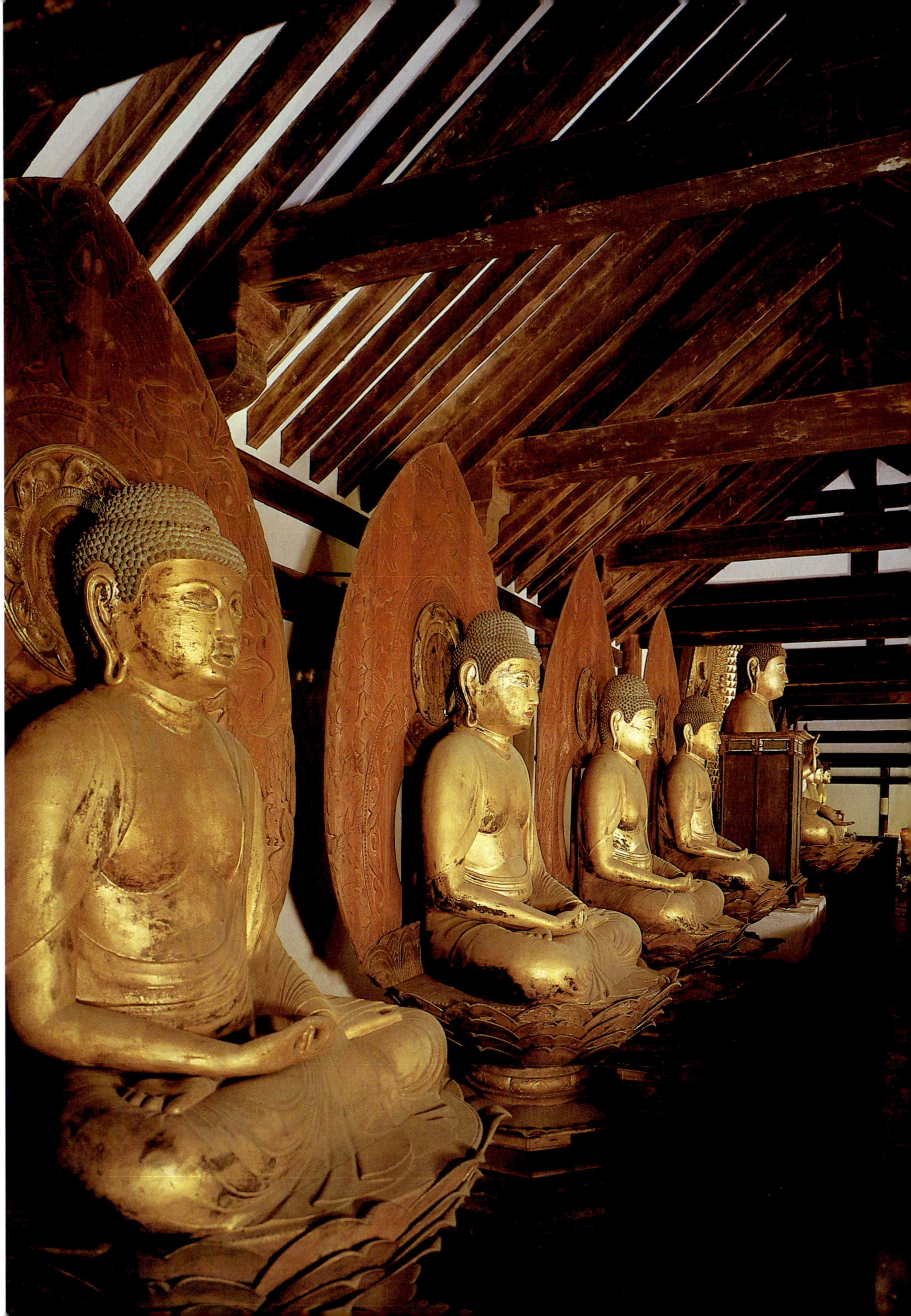

79
Pavillon Amida-dō du temple Hōkai-ji, Kyōto. Bâtiment en bois avec toit pyramidal recouvert de bardeaux. 18,51 × 18,51 m. 1098.
Un temple de la secte Tendai avec pavillon d'Amida fut construit sur la propriété de campagne de la famille Hino du clan Fujiwara. Il avait, à l'origine, 15 m de côté. La galerie et le toit intermédiaire qui la recouvre n'auraient été ajoutés qu'en 1226 lors de la rénovation du pavillon.

80
Hiten volant. Peinture murale sur enduit. H. 42 cm; larg. 92 cm. Fin XIIe–début XIIIe siècle. Amida-dō du temple Hōkai-ji, Kyōto.
Les bandes étroites situées au-dessus des piliers intérieurs sont ornées d'images de bouddha et d'Aspara (êtres célestes volants). Les hiten, chargés de fleurs, de corbeilles et d'encens, entourent Amida. Une représentation semblable fut peinte à la même époque sur les murs du pavillon Nanen-dō du temple Kōfuku-ji à Nara.

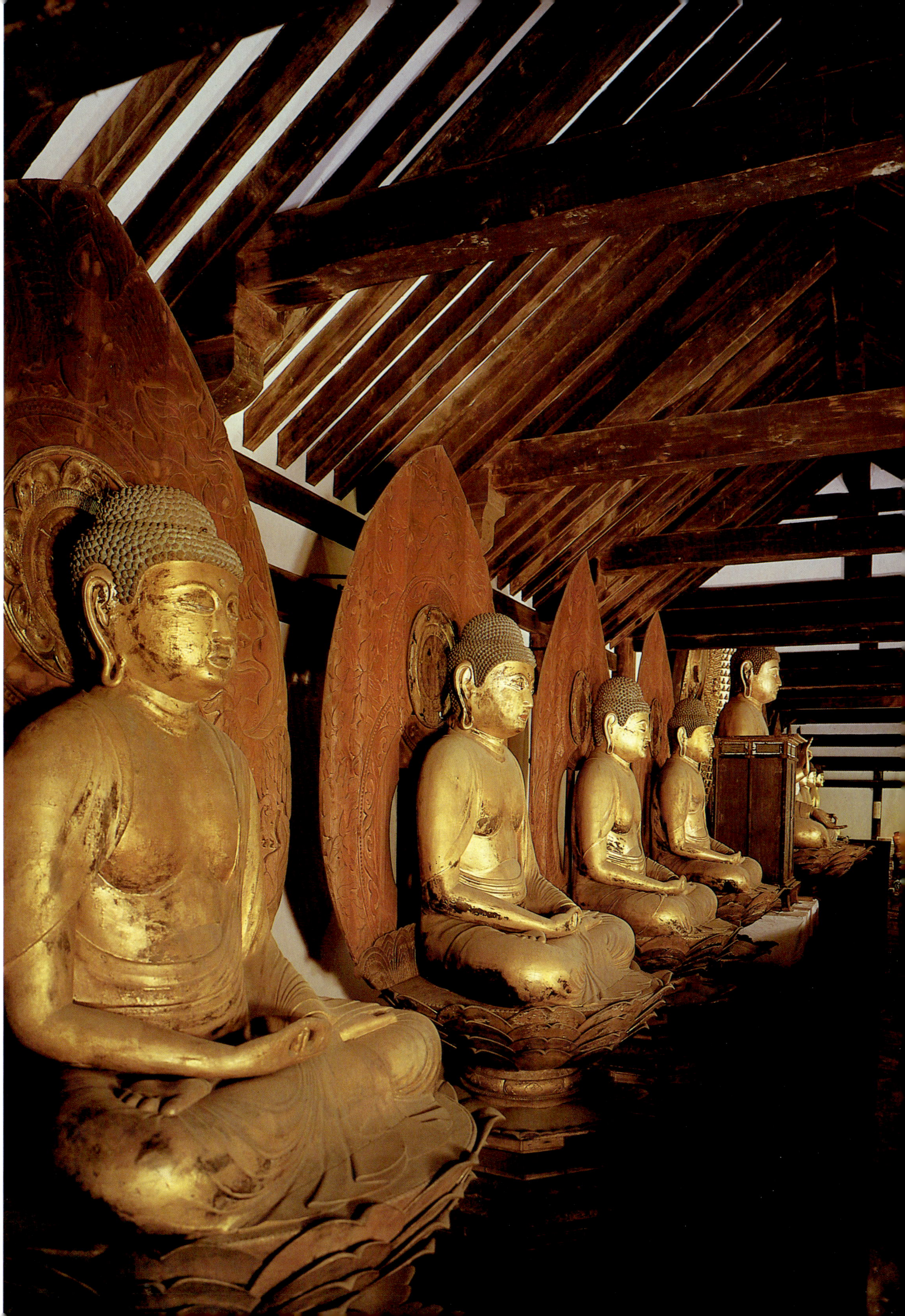

76
Amida Nyorai. Bois laqué doré à la feuille. H. 224,2 cm.
1047-1107. Hondō du temple Jōruri-ji, Kyōto.
Les mains de la sculpture principale du groupe des neuf Amida du temple Jōruri-ji sont disposées en attitude de *raigō*, contrairement à celles des sculptures secondaires; ce geste symbolise la délivrance. Les formes de la statue sont plus compactes que celles de l'Amida de Jōchō dans le Hōō-dō du Byōdō-in (cf. ill. 69). Le nimbe, symbole des mondes du Bouddha, est fait d'une multitude de petits bouddha, de sept bouddha plus grands et de quatre Bosatsu volants.

77-78
Pagode du temple Jōruri-ji, Kyōto. Bâtiment en bois avec toit de bardeaux. H. 16,1 m. 1171.
La délicate pagode à trois étages aurait été transférée en 1178 du palais Ichijō à Kyōto au Jōruri-ji. Les trois toits couverts de bardeaux sont supportés par un ensemble très complexe de consoles. L'élégante construction, érigée sur un rocher qui fait face au Hondō, se reflète dans l'étang. La chapelle située dans la partie inférieure et peinte en couleur abrite un Yakushi sculpté.

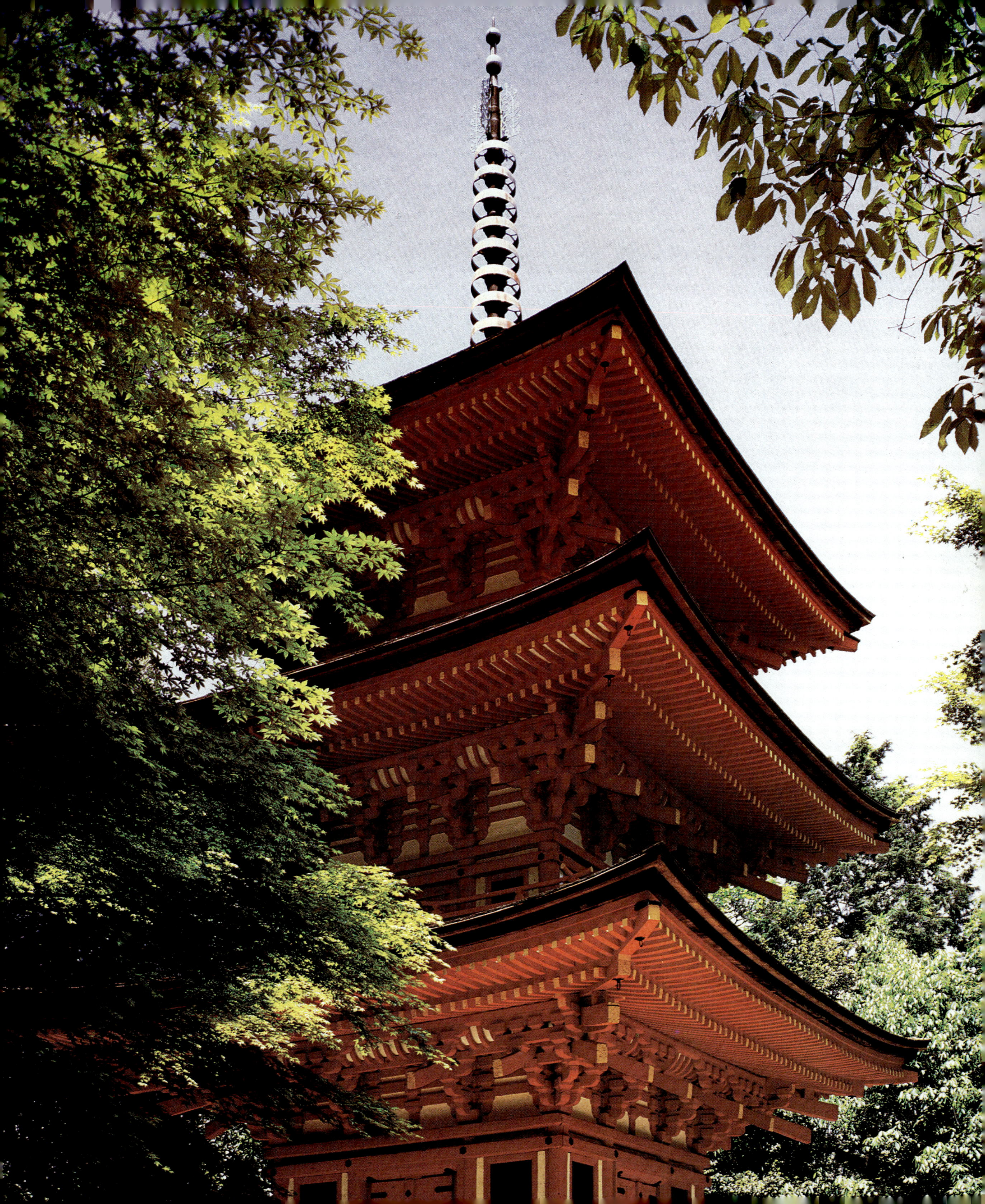

79
Pavillon Amida-dō du temple Hōkai-ji, Kyōto. Bâtiment en bois avec toit pyramidal recouvert de bardeaux. 18,51 × 18,51 m. 1098.
Un temple de la secte Tendai avec pavillon d'Amida fut construit sur la propriété de campagne de la famille Hino du clan Fujiwara. Il avait, à l'origine, 15 m de côté. La galerie et le toit intermédiaire qui la recouvre n'auraient été ajoutés qu'en 1226 lors de la rénovation du pavillon.

80
Hiten volant. Peinture murale sur enduit. H. 42 cm; larg. 92 cm. Fin XIIe–début XIIIe siècle. Amida-dō du temple Hōkai-ji, Kyōto.
Les bandes étroites situées au-dessus des piliers intérieurs sont ornées d'images de bouddha et d'Aspara (êtres célestes volants). Les hiten, chargés de fleurs, de corbeilles et d'encens, entourent Amida. Une représentation semblable fut peinte à la même époque sur les murs du pavillon Nanen-dō du temple Kōfuku-ji à Nara.

81
Tête d'Amida Nyorai. Bois laqué et doré à la feuille. H. 227 cm. 1098? Amida-dō du temple Hōkai-ji, Kyōto.
La figure assise d'Amida se situe dans la lignée de l'Amida de Jōchō du Byōdō-in (cf. ill. 69). La sculpture apparaît lourde et repliée sur elle-même, bien que sa facture soit plus raffinée que celle de la sculpture de Jōchō.

82
Hondō du temple Sanzen-in, Ōhara près de Kyōto. Bâtiment en bois avec toit de roseaux. 7,9×9,1 m. XIIe et XVIIe siècles.
Le petit pavillon aurait été fondé par le moine Ryōnin au XIe siècle. Il fut transformé au XIIe siècle en pavillon de paradis par le moine Shinnyobō. Le cœur du bâtiment, son toit et la triade d'Amida ont été conservés, mais l'extérieur a subi des modifications en 1668.

83
Triade d'Amida. Bois laqué et doré à la feuille. H. d'Amida: 233 cm. 1148. Hondō du temple Sanzen-in, Ōhara près de Kyōto.
Les trois membres de la triade, Amida Nyorai flanqué de Kannon Bosatsu et de Seishi Bosatsu, sont représentés dans la posture d'accueil aux morts. Cet Amida a peu de rapport avec le chef-d'œuvre de Jōchō au Byōdō-in (cf. ill. 69).

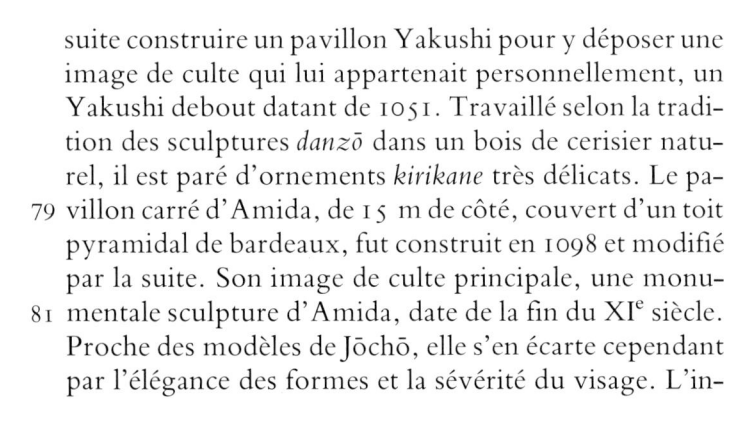

84
Seishi Bosatsu. Bois laqué et doré à la feuille. H. 132 cm. 1148. Hondō du temple Sanzen-in, Ōhara près de Kyōto.
Seishi Bosatsu est agenouillé mains jointes sur un socle en lotus à la gauche d'Amida. Penché vers les fidèles, il émane de lui, comme du Kannon assis à droite, la douceur de la délivrance. La sculpture est anonyme, mais elle porte à l'intérieur la date 1148.

suite construire un pavillon Yakushi pour y déposer une image de culte qui lui appartenait personnellement, un Yakushi debout datant de 1051. Travaillé selon la tradition des sculptures *danzō* dans un bois de cerisier naturel, il est paré d'ornements *kirikane* très délicats. Le pavillon carré d'Amida, de 15 m de côté, couvert d'un toit pyramidal de bardeaux, fut construit en 1098 et modifié par la suite. Son image de culte principale, une monumentale sculpture d'Amida, date de la fin du XIᵉ siècle. Proche des modèles de Jōchō, elle s'en écarte cependant par l'élégance des formes et la sévérité du visage. L'in-

85
Tête de Ichiji-Kinrin. Bois peint. H. tot. 78 cm. Fin du XIIᵉ siècle. Temple Chūson-ji, Hiraizumi.
La figure est entourée d'un nimbe solaire et représente le Bouddha Dainichi sous l'apparence humaine, manifestation des plus hauts mérites de la vertu. Taillée dans du bois de *katsura* selon la technique *yosegi,* elle est placée devant le nimbe comme un haut-relief. Comme elle était conservée dans un sanctuaire, elle a gardé son enduit coloré, son bijou en métal et sa couronne.

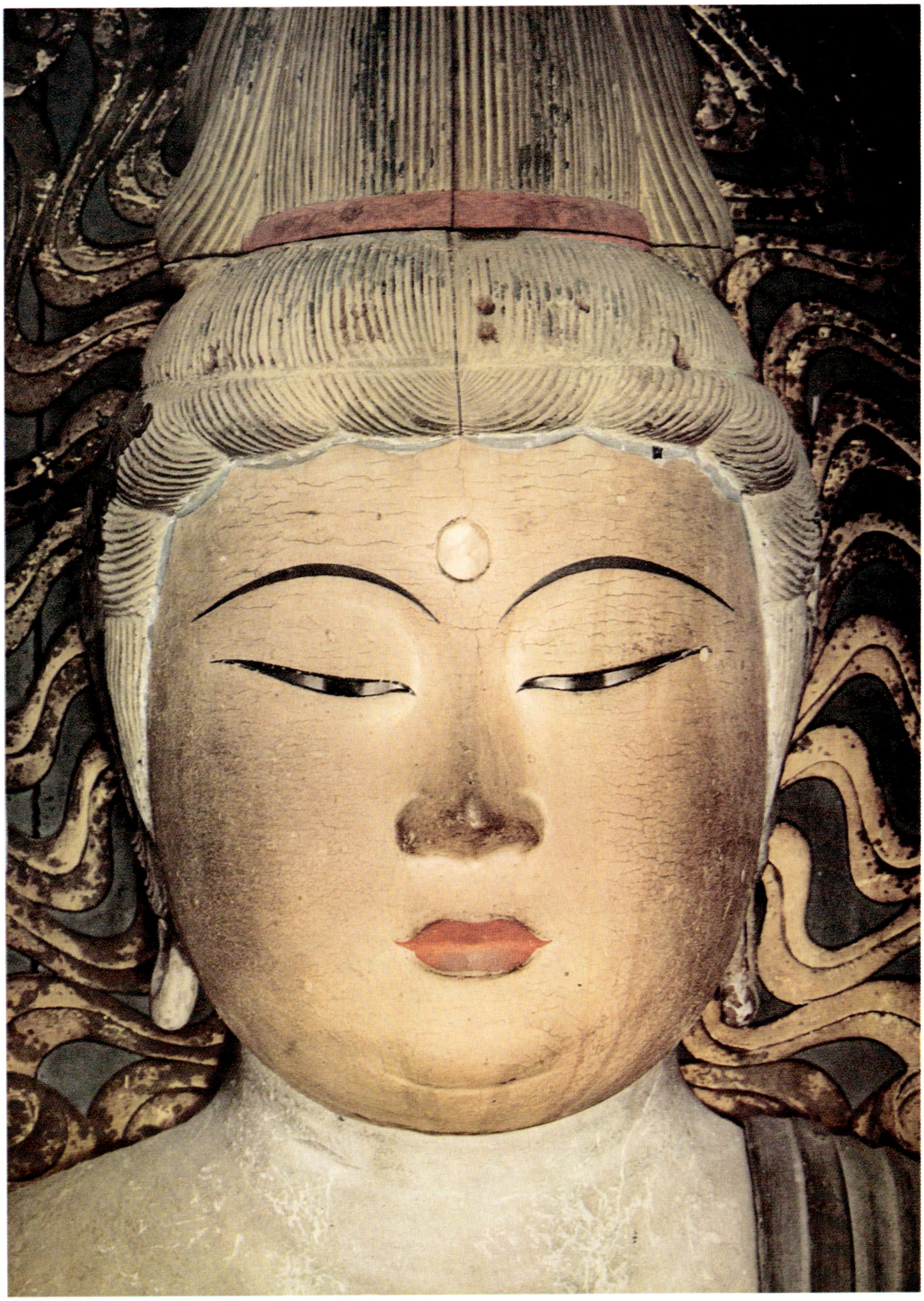

86
Pavillon Konjiki-dō du temple Chūson-ji, Hiraizumi: intérieur. Larg. de l'autel central: env. 180 cm. 1124–1126.
L'intérieur du pavillon d'Or est magnifiquement paré d'ornements en laque, en nacre et en bronze. L'autel central, qui repose sur la tombe de Fujiwara no Kiyohira, comporte en son centre la figure de culte principale, Amida Nyorai. Elle est entourée de Seishi Bosatsu, de Kannon Bosatsu et de six représentations du sauveur des âmes, Jizō Bosatsu. Deux Ni-ten sont postés en gardiens à chaque angle du groupe. Les colonnes de l'autel rehaussent la richesse de l'ensemble. Elles sont recouvertes de silhouettes en laque poli représentant le Bouddha originel Dainichi.

87
Panneau de socle d'autel décoré d'êtres volants. Bois avec incrustations de laque et de nacre et bronze repoussé. H. 32,5 cm. XIIe et XIVe siècles. Pavillon à *sūtra* du temple Chūson-ji, Hiraizumi.
Le socle octogonal où sont représentés Monju Bosatsu et sa suite est décoré de la même façon que les autels du Konjiki-dō. Le fond où subsistent quelques motifs végétaux et l'encadrement sont ornés de nacre incrustée dans du laque saupoudré d'or. Sur l'encadrement, on aperçoit des *vajra* et des fleurs. Des *kalivinka,* êtres célestes ailés, élégamment travaillés en creux et en relief, occupent le fond de loges creuses tapissées de bronze.

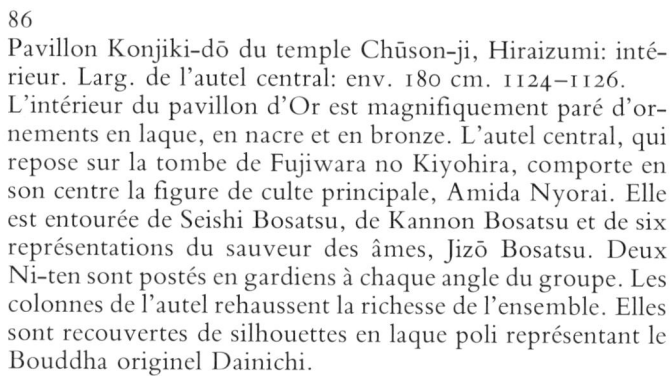

sertion des divers éléments dans une vision globale du paradis de l'Ouest était réalisée grâce aux peintures murales. Des Hiten en vol occupent une étroite bande de mur qui court sous le plafond de la pièce centrale. Le plafond est orné de rinceaux et de fleurs. D'innombrables petits bouddha s'alignent le long des murs de la galerie. Des figures issues du «*mandara* du Diamant», rangées selon un ordre strict, ornent les deux piliers situés devant l'estrade de l'autel.

Le moine Ryōnin (1072–1132) aurait lui aussi fondé un pavillon-paradis. Le moine Shinnyobō transféra à Ōhara le pavillon Gokuraku-in, connu aujourd'hui sous le nom de Sanzen-in. De petites dimensions (7,9 × 9,1 m), il héberge une triade d'Amida. Le Bouddha Amida est accompagné de Kannon et de Seishi agenouillés dans la posture d'accueil et tournés vers les croyants. La statue majestueuse et rayonnante dans ses ors semble faire éclater le petit pavillon. Elle porte une date: 1148. Le centre du pavillon pourrait avoir été construit au cours de cette même année, car les 25 bodhisattva peints sur le plafond en forme d'accolade complètent le concept de *raigō*. Certaines conceptions Shingon se sont glissées dans le programme iconographique: on y trouve par exemple des figures appartenant aux «*mandara* des Deux Mondes».

La pieuse croyance en la délivrance suscita une vague de constructions non seulement dans la capitale mais aussi en province. Dans le Japon oriental, Fujiwara no

88
Pavillon Shiramizu, Amida-dō ou Ganjō-ji, Fukushima. Bâtiment en bois avec toit pyramidal recouvert de bardeaux. 9,39×9,39 m. 1166.
Le plan du pavillon d'Amida de Shiramizu appartient au type classique de ces pavillons qui s'est constitué à la fin de l'époque Heian.

89
Pavillon Ōdō du temple Fuki-dera, presqu'île de Kunisaki, Kyūshū. Bâtiment en bois avec toit pyramidal de tuiles. 7,7×9,3 cm. Avant 1164.
Le toit de tuiles du pavillon est couronné d'un ornement votif. Le Fuki-dera est le seul, parmi les nombreux temples fondés sur la presqu'île de Kunisaki dans le Nord de Kyūshū, qui ait été conservé. Saichō, fondateur de la secte Tendai, aurait prêché dans l'île de Kyūshū avant son voyage en Chine. Plus tard, l'amidisme parvint également dans cette région, ce dont témoigne le pavillon d'Amida du Fuki-dera.

90
Pavillon Ōdō du temple Fuki-dera, presqu'île de Kunisaki, Kyūshū: intérieur. Avant 1164.
Le plafond à caissons du pavillon Ōdō forme, au-dessus de l'autel, une voûte très haute en forme d'accolade. Des fragments de peinture qui rappellent vaguement les motifs du Konjiki-dō sont visibles sur les poutres et les colonnes de l'autel. La représentation du paradis de l'Ouest derrière la statue d'Amida est contemporaine de la fondation du temple, mais la statue elle-même lui est postérieure.

Kiyohira (mort en 1128) sortit vainqueur des confrontations des seigneurs rivaux. Il fonda à Hiraizumi une nouvelle capitale des provinces Mutsu et Dewa qui devait égaler Kyōto en éclat et en cosmopolitisme. Le temple Chūson-ji comprenait environ 40 pavillons. On construisit le premier pavillon en 1105 et deux ans plus tard un pavillon d'Amida contenant neuf statues d'Amida dont la plus grande était haute de 10 m. Seul le Hōjō-ji possède aujourd'hui encore un exemple de ce type. Il reste actuellement, à côté du pavillon des *sūtra*, plus tardif, le pavillon d'Or, Konjiki-dō. Construit en 1124 et inauguré en 1126, il obtint par décret la protection de l'empereur. Ce pavillon devait servir de sépulture à trois générations de Fujiwara, gouverneurs à Hiraizumi, et aider les victimes de la guerre civile à renaître dans la Terre pure d'Amida. Petit (9 m de large) et coiffé d'un toit pyramidal, il est aménagé avec somptuosité. Les boiseries, laquées, sont décorées tantôt de nacre tantôt d'appliques en bronze délicatement ajourées. Les piliers intérieurs portent des médaillons représentant des Bouddha Dainichi assis et exécutés d'exquise façon dans des laques dorés et argentés. Trois autels surmontent respectivement les tombes de Fujiwara no Kiyohira (mort en 1128), Fujiwara no Motohira (mort en 1154) et Fujiwara no Hidehira (mort en 1187). Les parois des estrades, aussi richement décorées que les colonnes, sont ornées d'appliques en bronze doré représentant des faons, des pivoines et des papillons. Sur chaque autel, la figure assise d'Amida domine Kannon, Seishi, six Jizō et deux Ni-ten. Les statues sont indubitablement inspirées des œuvres de Jōchō, mais on perçoit une évolution vers les formes toujours plus graciles et plus lisses de la fin de l'âge Heian.

cf. ill. 87

Nombreux sont probablement les nobles de province qui ont construit des temples sur leurs terres. Leur ambition était d'égaler les pavillons d'Amida de la capitale et ceux du Chūson-ji à Hiraizumi. A Iwaki, au sud d'Hiraizumi, Iwaki no Norimitsu fonda en 1166 un pavillon d'Amida, apparemment pour sa femme qui était entrée dans les ordres. Le pavillon est connu aujourd'hui sous le nom de Ganjō-ji ou encore Shiramizu-Amida-dō. Joliment proportionné, il s'élève au milieu d'un lac entouré de forêts. Ses dimensions sont doubles environ de celles du Konjiki-dō et malgré l'équilibre de son architecture de type *wayō-degumi*, il frappe par sa discrétion et sa sobriété. Le toit pyramidal incurvé est couvert de bardeaux. L'intérieur ne peut, lui non plus, se comparer à celui du Konjiki-dō. Sur un autel trône une figure assise d'Amida flanquée de Kannon, de Seishi et de deux Ni-ten. La pompeuse décoration de nacre et de laque a fait place ici à de modestes décorations peintes.

88

Tout comme dans l'extrême Nord du Japon, il reste dans le Sud, sur l'île de Kyūshū, au nord de Beppu, un pavillon d'Amida datant de la fin du XIIe siècle: le grand pavillon Ōdō du temple Fuki-dera, qui mesure 7,7 × 9,3 m. Les sculptures d'origine sont apparemment perdues. Aujourd'hui, un Amida assis se détache sur une paroi en bois représentant un *raigō* dont on distingue encore un paradis de l'Ouest. La décoration des poutres rappelle quelque peu les motifs plans du Heian tardif.

89
90

La sculpture Fujiwara

La sculpture sur bois japonaise accomplit vers la fin du Xe siècle un pas significatif qui va la mener vers un nouvel épanouissement. Il s'agit d'une nouvelle méthode (*yosegi-zukuri*) qui consiste à créer une œuvre par assemblage de différentes pièces préalablement sculptées. Les signes avant-coureurs de ce progrès technique sont rares. Il arrivait souvent dans la sculpture Jōgan qu'on évide dans le sens vertical le dos et la tête des statues monoxyles (*ichiboku-zukuri*), puis qu'on obture l'ouverture pratiquée par une planche. On ne peut affirmer avec certitude que cette nouvelle méthode de travail soit originaire de Chine. La figure bien connue de Tobatsu-Bishamon-ten du temple Kyōōgokoku-ji serait d'origine chinoise. Elle est faite de pièces de bois irrégulières. De même le sévère Shaka en bois de santal du Seiryō-ji, ramené de Chine par Chōnen, a été exécuté selon une technique étrangère au Japon, connue sous le nom de «*warihagi*» (fendre et assembler). Le corps était coupé verticalement, les deux moitiés évidées puis accolées. Cette technique présentait, grâce à l'amincissement des parois, l'avantage de diminuer le risque d'éclatement du bois. Elle ménageait aussi une cavité où l'on pouvait déposer des substances à caractère sacré.

29

On suppose que le maître de bouddha Kōshō (actif aux environs de 990–1021?) a contribué de façon décisive à la transformation de la technique *warihagi* en technique *yosegi*, purement japonaise. On peut en déceler le principe dans un Fudō-myōō de 16 pieds qu'il aurait sculpté en 1006/1007 pour le temple Jōmyō-ji de Fujiwara no Michinaga (aujourd'hui au Dōshu-in à Kyōto). Il assembla cinq blocs de bois, les uns verticaux, les autres horizontaux, comme dans un jeu de construction. L'assemblage était sculpté, puis les pièces étaient séparées pour être creusées jusqu'à ce qu'elles deviennent de minces coquilles, et elles étaient ensuite montées définitivement. La statue était enfin recouverte de tissu, laquée, peinte ou éventuellement dorée à la feuille selon les prescriptions iconographiques. Le Senju Kannon du temple Kōryū-ji, datant de 1012, est travaillé selon la même technique *yosegi*. L'expression et l'attitude y prennent une élégance pleine de douceur inconnue dans la sculpture Jōgan. Jōchō, fils de Kōshō, porta ces traits à leur plus haute perfection. Ces conceptions nouvelles étaient influencées par la peinture. Le moine Genshin (Eshin Sōzu), auteur du *Ōjō Yō-shū* et apôtre de l'amidisme, aurait été lui-même peintre et aurait inspiré les plus célèbres peintures *raigō* d'Amida. Kōshō était très proche de lui et avait sculpté des pièces pour trois de ses temples.

Qui étaient ces maîtres de bouddha connus depuis la fin du Xe siècle sous leur nom de moine et auxquels on conférait pour leurs œuvres des titres ecclésiastiques? Ils n'étaient pas subordonnés à l'administration d'un tem-

91
Raigō d'Amida. Bois laqué et feuilles d'or découpées. H. de la figure principale: 233 cm; H. des figures secondaires: env. 90 cm. 1098. Temple Sokujō-ji, Kyōto.
La conception selon laquelle Amida et son escorte mènent le croyant après sa mort dans le paradis de l'Ouest a déterminé les caractéristiques de cet ensemble. Amida, plus grand que nature, trône au milieu de sa suite, une série de bodhisattva grandeur nature. Le style et les formulations plastiques de Jōchō sont repris et réinterprétés. Seules dix sculptures de bodhisattva sont originales.

ple comme l'étaient les sculpteurs de l'époque Nara – qui d'ailleurs utilisaient presque toujours d'autres matériaux. Ils étaient groupés en guildes et possédaient leurs propres ateliers. Ils recevaient des commandes tant de la maison impériale, des régents Fujiwara et de la haute noblesse, que des moines et des temples appartenant aux sectes les plus diverses. Ils étaient donc engagés en tant qu'artistes sur la base de leur savoir-faire. Les matériaux leur étaient fournis par leurs «clients» et ils étaient payés selon l'usage de l'époque en rouleaux de brocart de soie. Nous savons que dans l'atelier du Hōjō-ji, chacun des vingt grands maîtres de bouddha dirigeait cinq petits maîtres de bouddha. Au total 105 artisans qualifiés travaillaient à des projets qui devaient souvent être exécutés en l'espace de quelques semaines, par exemple pour des cérémonies touchant à la naissance ou à la mort. Pour son temple Hōjō-ji, Fujiwara no Michinaga fit exécuter 199 sculptures: 15 par Kōshō, les autres sous la direction du grand maître Jōchō. L'image de culte principale du pavillon d'Or, un Dainichi haut de 10 m, doit avoir constitué un défi pour son créateur tant sur le

92
Jizō Bosatsu, par Jōchō. Bois avec enduit coloré. H. 152 cm. Début du XIᵉ siècle. Temple Rokuharamitsu-ji, Kyōto.
La figure debout de Jizō Bosatsu est considérée comme une œuvre de jeunesse du maître de bouddha Jōchō. Le sculpteur donne au moine, sauveur des âmes et surtout des enfants, une expression tendre et tournée vers l'intérieur. Sa mince tunique nantie de larges manches tombe avec une précision qui préfigure l'œuvre maîtresse du sculpteur: l'Amida du Byōdō-in (cf. ill. 69). Les attributs du Jizō, crécelle et bijou votif, ont été perdus; le socle et l'auréole sont plus tardifs.

plan de la conception que de l'exécution technique. Les dix sculptures monumentales de Jōchō, exécutées en 1022–1024, doivent avoir répondu si parfaitement aux conceptions philosophiques et esthétiques de l'aristocratie qu'elles lui valurent le titre ecclésiastique de *hokkyō*. C'était la première fois au Japon que pareil honneur était rendu à un artiste. Jōchō reçut en 1048 le titre de *hōgen* (échelon immédiatement supérieur à *hokkyō*) pour la restauration des sculptures du temple familial des Fujiwara à Nara, le Kōfuku-ji.

68, 69   L'Amida du Hōō-dō du Byōdō-in à Uji illustre aujourd'hui encore sa maîtrise technique. Cette sculpture se compose de 53 pièces détachables combinées à la façon d'un jeu de construction. Sur le corps et la tête, eux-mêmes clivés, s'appliquent ou s'insèrent de nombreuses pièces pour les bras, les mains et les vêtements. Une restauration effectuée en 1955 a permis de se rendre compte de la minceur de la paroi de la sculpture. La cavité intérieure, espace sacré, contenait un disque couvert de signes sanscrits évoquant Amida. Elle reposait sur un socle polychrome en forme de lotus très finement ciselé. Jōchō conçut et sculpta également un groupe de 52 bodhisattva sur les murs du temple. Les perfectionnements apportés à la technique de ciselure des bas-reliefs et du travail d'ajourage sont ici perceptibles, comme ils le sont, même s'ils ont été partiellement restaurés, dans le baldaquin et le nimbe de l'Amida.

Le schéma iconométrique adopté par Jōchō pour les bouddha assis devint la norme pour presque toutes les œuvres de l'époque Heian et même au-delà. Quelque 60 bouddha assis seraient dérivés de son modèle. Cependant, aucune de ces œuvres ne copiait servilement l'original. Les détails techniques restaient un secret d'atelier. Les sculptures plus tardives du Hōkai-ji, du Jōruri-ji, de l'Anrakuju-in, du Sokujō-ji et du Sanzen-in furent exécutées d'après des esquisses qui leur étaient propres. L'accroissement du nombre de pièces qui composaient l'assemblage et la façon d'insérer la tête permirent de représenter des figures en mouvement, seule possibilité pour respecter les règles iconographiques strictes concernant la représentation du Bouddha.   91

La fin de la période Heian vit le développement de nouveaux types stylistiques, non seulement dans le cas des majestueux bouddha, mais aussi dans celui des bodhisattva, plus proches du monde humain et en particulier du Kannon sous toutes ses formes. Jōchō dota le bodhisattva Jizō dans le temple Rokuharamitsu-ji de   92
doux traits féminins. Le parallèle s'impose avec les héros masculins du *Dit du Genji*: «... on souhaiterait malgré soi qu'il puisse être une femme.»²⁸

Même les Ni-ō et les Shi-tennō, dont la fonction protectrice implique puissance et agressivité, ont des attitudes apaisées ou proches d'un jeu théâtral. Les Shi-tennō du temple Jōruri-ji sont de grande qualité. Une   93
autre facette de la sculpture Fujiwara s'exprime dans ces œuvres caractérisées par la subtilité de leur sculpture et de leur polychromie rehaussée d'or; elles contrastent avec les neuf silhouettes dorées et statiques d'Amida.

Les élégantes figures de style *wa-yō*, marquées par la personnalité insurpassée de Jōchō, continuèrent d'influencer la sculpture au cours de la période d'intense activité qu'avait entraînée la fièvre de construction des

93
Tamon-ten (Bishamon-ten). Bois avec enduit coloré et feuilles d'or découpées. H. 169,5 cm. 1107. Hondō du temple Jōruri-ji, Kyōto.
Les «quatre rois du ciel», les Shi-tennō, montent la garde aux quatre coins de l'estrade sur laquelle sont alignées les neuf sculptures d'Amida. Ils sont sculptés selon la technique *yosegi,* peints et recouverts de feuilles d'or découpées. Le démon du socle et le nimbe ajouré témoignent de l'affinement et de l'élégance un peu mièvre de la fin de l'époque Heian, même dans le cas d'êtres féroces comme ceux-ci.

ex-empereurs. Les élèves de Jōchō fondèrent leurs propres ateliers qui prirent le nom de l'endroit où ils étaient implantés ou bien celui d'un artiste. Chōen (actif jusqu'en 1150), chef de file de la troisième génération de sculpteurs après Jōchō, fut honoré du titre de *hōin,* le plus élevé dans la hiérarchie des titres bouddhiques. Il travailla pour la noblesse et pour les temples. Après lui, seul Inson (1120–1198) obtint encore ce titre, peut-être en raison de sa participation aux travaux de restauration des temples de Nara.

A Kyōto, depuis l'empereur Shirakawa, les sculptures se comptaient par milliers. Même les généraux Taira, lorsqu'ils arrivèrent au pouvoir, encouragèrent leur création: Taira no Tadamori commanda en 1132 mille Shō-Kannon pour Toba Tennō. Goshirakawa fit placer dans le pavillon Sanjūsangen-dō ou Rengeō-in, 73 inauguré en 1164, 1001 Kannon aux mille bras. Les trois quarts d'entre eux et le bâtiment furent détruits dans un incendie en 1249. Tankei et son atelier reconstituèrent l'ensemble qui fut placé dans un édifice neuf construit

94
Shōtoku Taishi à l'âge de 45 ans avec quatre assistants (détails). Bois avec enduit peint et feuilles d'or découpées. H. de la figure principale: 84,3 cm; H. des assistants: 64 cm. 1121. Shōryō-in du temple Hōryu-ji, Nara.
Le portrait représentant Shōtoku Taishi en régent présente des similitudes avec les sculptures de divinités Shintō. Le prince porte la tenue de cour officielle avec coiffe *kammuri* et tient un sceptre *shaku* des deux mains. La coloration très soignée du visage souligne son expression concentrée et pleine de sagesse. Le vêtement porte, par-dessus les motifs colorés, des ornements découpés dans des feuilles d'or. A droite, un des assistants.

95
Kichijō-ten. Bois avec enduit coloré. H. 117 cm. 1078. Kondō du temple Hōryu-ji, Nara.
La déesse de la fertilité et du bonheur Kichijō-ten (Shrī Devi) était exposée en même temps que Bishamon-ten à l'occasion de la fête Saishō-e. Elle emprunte les traits d'une dame chinoise pleine de distinction. Elle est construite à partir de blocs de bois et parée de couleurs tendres étendues sur une base de lin et de coquillages broyés. Les ornements métalliques sont des ajouts postérieurs.

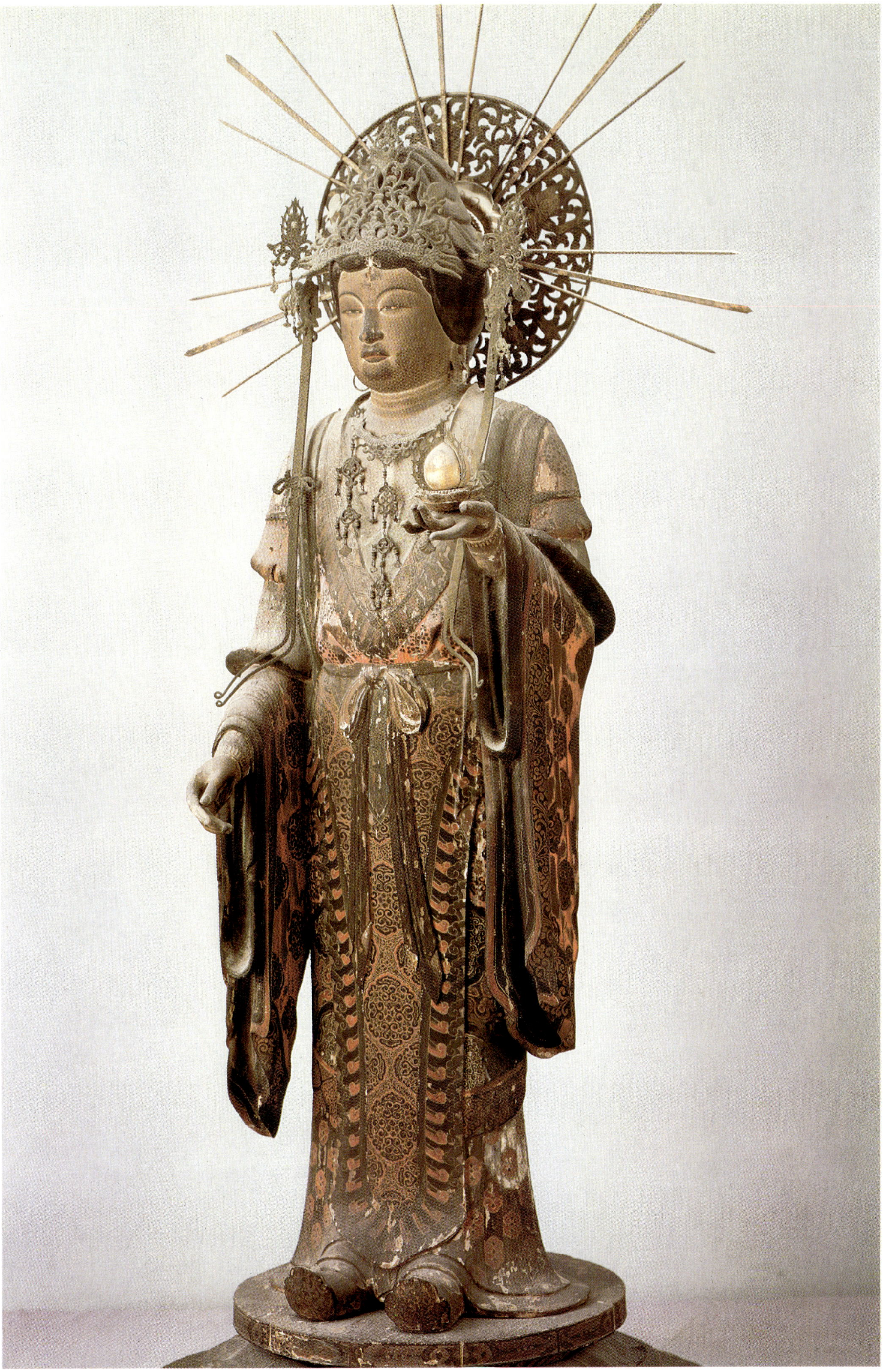

96
Le général protecteur Mekira Taishō. Bois avec enduit coloré. H. 88 cm. XIᵉ siècle. Temple Kōfuki-ji, Nara.
Les douze généraux protecteurs appartiennent à la triade de Yakushi Nyorai de 1013 dans le temple Kōfuku-ji. Sculptés en relief très plat sur des planches, ils constituent une singularité dans la sculpture Fujiwara. Les aspects baroques, excessifs et humoristiques de leur silhouette sont inhabituels au XIᵉ siècle. Ils appartiennent à ce groupe d'œuvres créées à Nara dans un climat d'indépendance et presque totalement soustraites à l'influence de la cour.

en 1266. Cette deuxième génération de sculptures se distingue de la première par la souple élégance des formes.

Dans l'ancienne ville de Nara, si riche en temples, les sculpteurs de bouddha se consacraient essentiellement à la restauration des œuvres anciennes. Cependant, dans le cas du Hōryū-ji, on exécuta, selon des techniques d'autrefois, des œuvres nouvelles d'un très grand raffinement. Le «Shōtoku Taishi à l'âge de 7 ans», œuvre conjointe du sculpteur Enkei (1069) et du peintre Hata no Munesada (Chitei), compte au nombre des chefs-d'œuvre de l'art Heian tardif. On peut en dire autant des figures de Bishamon-ten et de Kichijō-ten exécutées selon la technique *ichiboku* pour la cérémonie du Saishō-e en 1078. Le groupe «Shōtoku Taishi à l'âge de 45 ans et quatre assistants» fut consacré au XIIᵉ siècle. Son expression pleine d'humour constitue une innovation. Les douze généraux (Jūni Shinshō) du Bouddha Yakushi dans le Kōfuku-ji, sculptés sur faible épaisseur, participent de cette même tendance à l'humour grotesque.

La vogue des sculptures *danzō* se poursuivit pendant la période Heian tardive. Elles étaient probablement conçues comme images de dévotion privées. Dans le temple Hōkai-ji, le culte est centré sur une sculpture *danzō* du Bouddha Yakushi. Expression et silhouette ont cette douceur molle et irréelle du style Heian tardif. Par ailleurs, les dorures à la feuille, riches et variées, appliquées à même le bois de cerisier, confèrent à l'œuvre une somptuosité jusqu'alors inconnue. La même technique a été utilisée pour le petit Kannon aux mille bras du temple Bujō-ji au nord de Heian-kyō. Taira no Kiyomori en aurait apparemment fait don au moine Sainen en 1154. Elle est attribuée au sculpteur Kenen de la lignée San-jō. C'est un des joyaux de la sculpture ja-

95
94
96
97

97
Senjū Kannon. Bois et feuilles d'or découpées. H. 31,5 cm. 1154. Temple Būjō-ji, Kyōto.
La statuette du Kannon aux 1000 bras apparaît comme un joyau, assise sur son trône en lotus orné d'appliques en bronze doré qui lui-même repose sur un socle richement décoré. La statue frappe par son beau visage paisible et son jeu de mains plein de vie. Elle est couverte de bijoux. Vêtement et socle sont recouverts de feuilles d'or par-dessus le bois de santal laissé au naturel. Le nimbe en métal ajouré, travaillé en relief comme un filigrane, entoure la silhouette d'une aura dorée.

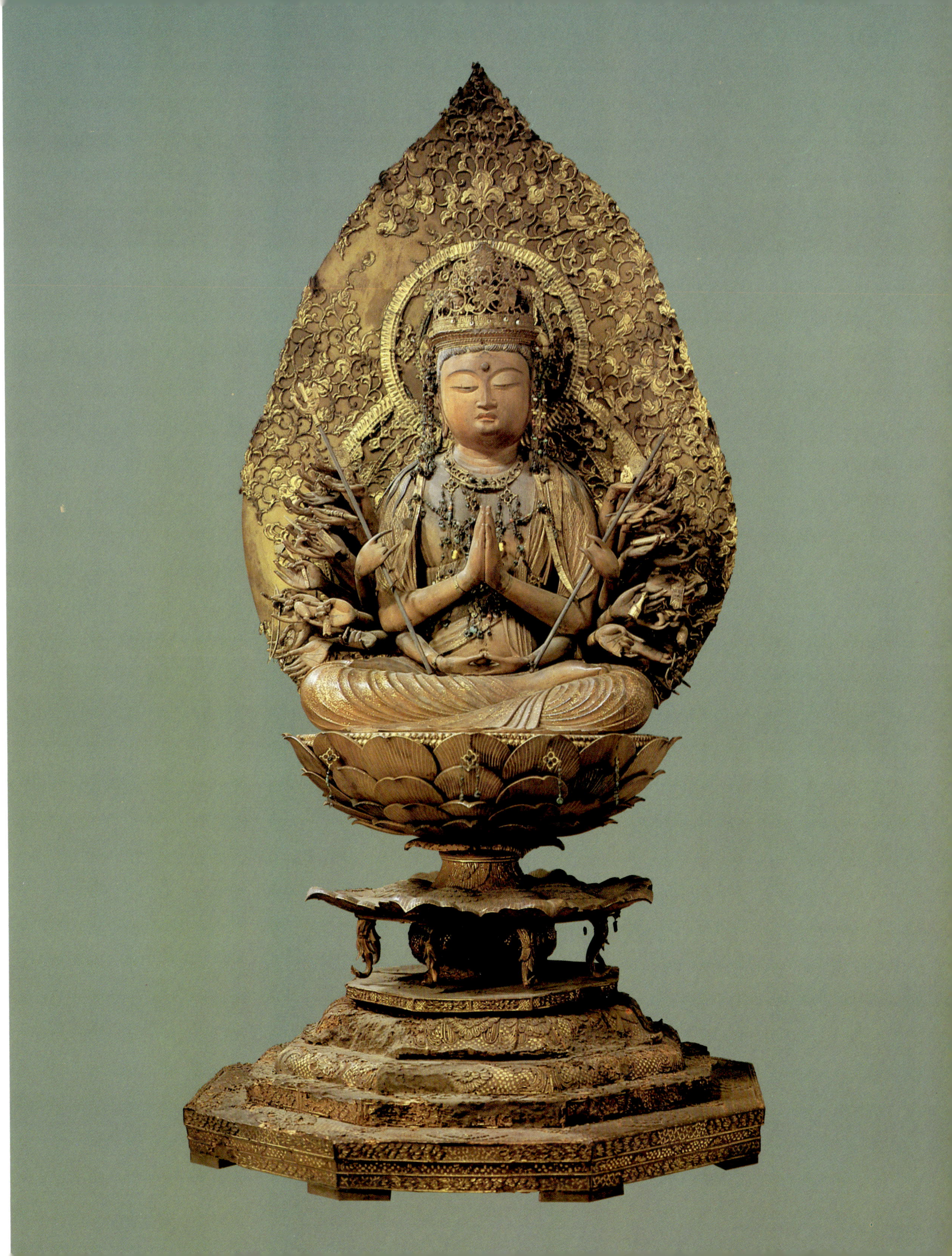

98
Le moine Rōben. Bois avec enduit coloré. H. 92,5 cm. XIᵉ siècle. Kaisan-dō du temple Tōdai-ji, Nara.
Le portrait idéalisé et posthume du premier abbé du temple Tōdai-ji mort en 773 exprime l'assurance et la dignité du personnage. La statue est encore tributaire de la sculpture Jōgan, mais ses formes ont déjà une douceur et une élégance caractéristiques de l'époque Fujiwara. Depuis 1019 la statue, conservée dans un abri secret, est exposée une fois par an à l'occasion d'une cérémonie commémorative. Rōben aurait utilisé le sceptre de son vivant.

99
Dainichi Nyorai, par Unkei. Bois laqué et doré à la feuille. H. 100,6 cm. 1176. Temple Enjō-ji, Nara.
La figure assise du Bouddha original Dainichi est une œuvre de jeunesse de Unkei, le grand sculpteur de l'époque Kamakura; les conceptions artistiques de l'époque Heian y sont encore perceptibles. Une inscription à la base du trône en lotus indique que la sculpture a été commencée par Kōkei et son fils Unkei le 24ᵉ jour du onzième mois 1175 et qu'elle a été terminée puis mise en place le 19ᵉ jour du dixième mois 1176.

100 ▷
Fugen Bosatsu. Bois avec traces d'enduit coloré et feuilles d'or découpées. H. du Fugen: 55,2 cm; H. de l'éléphant: 58,2 cm. Milieu du XIIᵉ siècle. Okura Shūkokan Museum, Tōkyō.
La noblesse de cour considérait le *Sūtra du Lotus* comme un des textes les plus sacrés. La secte Tendai promut l'enseignement des *sūtra* et le culte rendu au bodhisattva de la plus haute sagesse, Fugen, qui serait descendu du paradis de l'Ouest sur un éléphant nanti de six défenses. Des images de culte de ce type, somptueuses et pleines de charme, correspondaient aux conceptions de la société sentimentale et d'un raffinement un peu décadent qui vivait à la cour de Heian-kyō.

ponaise. Le bois du corps a gardé son ton naturel. Seuls, les lèvres, la racine des cheveux et les yeux sont légèrement colorés. Les vêtements et le socle sont recouverts de riches dorures. Les somptueux bijoux – colliers, boucles d'oreilles et diadème – tout comme le nimbe sont travaillés dans l'or et sertis de pierres précieuses.

Le désir d'accumuler les mérites en vue de la renaissance à venir, désir commun à toutes les couches de la

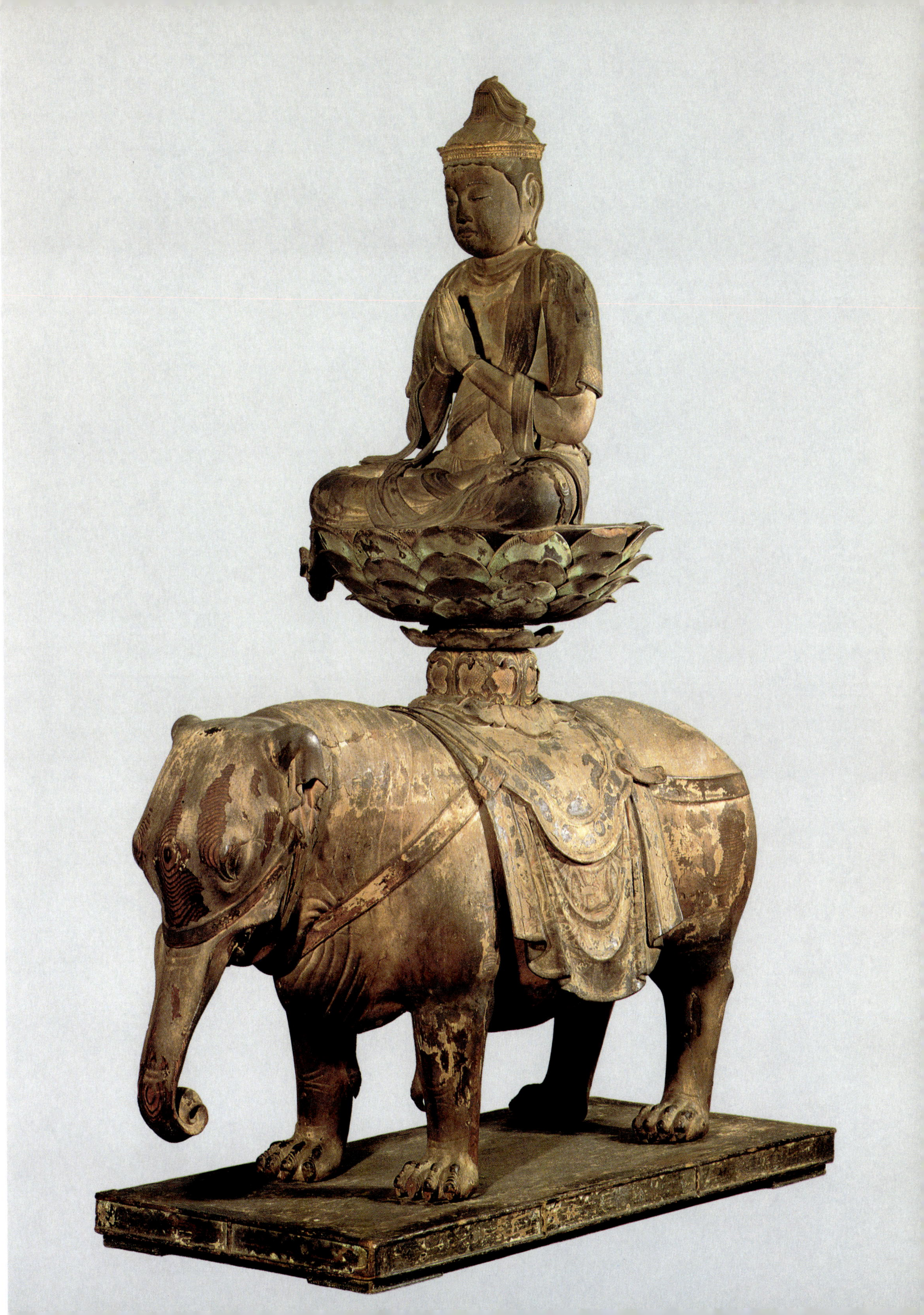

population à la fin de période Heian, entraîna aussi la production de sculptures beaucoup moins subtiles. Certains groupes de figures en bois brut, originaires du Japon oriental, se situent par leur naïveté délibérée aux antipodes de l'art de cour.

Au XIIe siècle apparurent également des groupes en pierre disposés en *mandara* dans le paysage, tel que le groupe Furuzono à Usuki dans la province d'Ōita. Les figures en pierre étaient à l'origine protégées par des édifices en bois et portent encore des traces de laque et d'enduits colorés.

L'évolution de la sculpture Heian tardive, statique et d'une excessive délicatesse, vers une exécution plus dramatique et plus soucieuse de l'anatomie débuta à Nara. Elle touchait en particulier les êtres inférieurs du panthéon, démons et protecteurs, ainsi que les portraits. Les objets de culte appartenant à l'époque Nara y avaient conservé leur rayonnement. L'insertion d'yeux en cristal est une innovation introduite pour la première fois dans le cas de la triade d'Amida du Chōgaku-ji. Les formes du corps d'Amida et des bodhisattva qui l'entourent sont aussi plus pleines. Les bodhisattva en posture détendue, une jambe pendante, traduisent probablement une influence continentale. C'était en effet une des attitudes favorites de la sculpture chinoise à l'époque Song. Ces apports nouveaux étaient enrichis par les innovations techniques en matière d'assemblage mises au point au Japon.

La peinture religieuse

Dans le culte bouddhique, les sculptures de bouddha, manifestations des êtres et des forces transcendants, occupent dans le temple une position centrale. L'image de culte principale *(honzon)*, debout sur un socle *(shumidan)* représentant le mont Sumeru, symbolisait le couronnement et la révélation du monde du Bouddha. Elle était parfois accompagnée de figures de moindre importance. La peinture n'avait qu'une fonction secondaire: elle réalisait une «sanctification par la magnificence» *(shogōn)*, selon l'expression de D. Seckel. Il lui incombait de décorer les bâtiments. Des modèles chinois de peinture murale parvinrent au Japon sous forme d'esquisses. Les murs du Kondō du Hōryū-ji, peints au début du VIIe siècle, sont couverts de représentations des quatre paradis dont la qualité ne sera plus jamais égalée. L'époque Heian préféra aux peintures à l'eau sur les murs préalablement enduits, les peintures sur bois, «planches-images» *(ita-e)*; panneaux de bois, portes, piliers et poutres étaient autant de supports à l'ornementation picturale.

Les luxueux *mandara* et représentations de patriarches dans la pagode du Daigo-ji sont également des images chargées de puissance magique. Mais dans l'œuvre d'art totale que constitue le paradis d'Amida du Hōō-dō du Byōdō-in à Uji (1053), les représentations peintes des neuf apparitions d'Amida ne jouent qu'un rôle secondaire par rapport à l'Amida sculpté de Jōchō. De même, les scènes de *raigō* sur les *mandara* du paradis de l'Ouest étaient reléguées sur les bordures.

La peinture religieuse s'émancipa probablement sous forme d'images de dévotion temporaires, créées à l'occasion de fêtes de commémoration. Des bannières semblables à celles que l'on a retrouvées dans les grottes de Dunhuang ont dû servir de modèles. Les rouleaux verticaux *(kakemono)* étaient peints sur soie, lin ou papier. Les figures saintes des anciennes sectes de Nara, telles que le Bouddha Yakushi et ses douze généraux protecteurs, avaient gardé toute leur importance malgré la présence des divinités des sectes ésotériques qui avaient dominé pendant les débuts de la période Heian. Parmi les divinités venues de l'Inde, Taishaku-ten et Kichijō-ten assuraient bonheur et protection et étaient particulièrement vénérées. Les 16 *rakan* (en sanscrit: *arhat*; en chinois: *luohan*) furent également représentés sous des traits humains. Les différentes formes d'apparition du bodhisattva Avalokiteshvara (bodhisattva à onze têtes, à mille bras, Nyoirin Kannon) étaient représentées isolément.

On attribuait aux images narratives didactiques autant d'importance qu'aux *mandara*. Des événements tirés de la vie du Bouddha Shaka, par exemple son entrée dans le Nirvāna ou sa sortie hors du cercueil d'or, furent représentés en grandes dimensions sans rien perdre de

102

Entrée du Bouddha dans le Nirvāna: détail de l'ill. 101. Un groupe de bodhisattva et de moines debout se tient derrière le Bouddha étendu sur un lit surélevé. Kannon et Fugen, les yeux baissés, ont la peau blanche; Monju et Shaka, en revanche, ont des corps colorés en jaune dont les contours sont soulignés de rouge. Les visages des moines, à droite, accablés de tristesse, se distinguent de ceux des bodhisattva emplis d'une sereine majesté. Ils appartiennent en effet, en tant qu'hommes, à un niveau d'existence inférieur.

101
Entrée du Bouddha dans le Nirvāna. Couleurs et feuilles d'or découpées sur soie. 266,2 × 270,9 cm. 1086. Temple Kongōbu-ji, Kōya-san, Wakayama.

Shaka, le Bouddha de notre ère, se rendit sur la rive du fleuve Hiranyavati et gagna le Nirvāna sous deux arbres *shāla* en fleurs. Vêtu d'un voile blanc à motifs découpés dans des feuilles d'or, il est étendu sur un lit surélevé au milieu de disciples appartenant à tous les règnes du vivant: boddhisattva, moines, démons, rois et animaux qui le pleurent tantôt en manifestant leur douleur, tantôt avec résignation. En haut à droite apparaît sa mère Māyā. Le peintre japonais a composé cette image didactique d'après des modèles chinois et une certaine insistance est perceptible bien que la présence des cartouches inscrits éclaire déjà le spectateur. La date, septième jour du quatrième mois 1086, se trouve sur le bord droit de l'image.

103
Hōrōkaku-mandara. Couleurs et or sur soie. 144,4 × 86,7 cm. XIIᵉ siècle. Freer Gallery of Art, Washington, D.C. (inv. 29-2).
L'image illustre la vision qu'a le moine du premier plan. Il voit un pavillon à deux étages dans lequel prêche Shaka, assis sur un trône et flanqué de deux bodhisattva à douze bras et quatre têtes. Les Shi-tennō debout et les bodhisattva agenouillés occupent l'avant-plan, devant le bâtiment représenté en perspective centrale; au centre du groupe, la roue de la Loi repose sur un socle. Cette image de culte peu usuelle du bouddhisme ésotérique illustre un passage du *Sūtra du Lotus*.

leur valeur artistique. Beaucoup de thèmes nouveaux étaient empruntés au *Sūtra du Lotus*. Dans le *Hōrōkaku-mandara*, l'apparition du Bouddha à l'intérieur d'une pagode est une transposition picturale d'une description extraite de ce *sūtra*. La prédication, sur le mont des Vautours, du Bouddha, entouré de bodhisattva et de croyants en adoration, est mise en images dans le *Hokke-kyō-mandara*.

103

L'amidisme s'attacha particulièrement à certains thèmes: la Descente d'Amida accompagné de ses bodhisattva est un des plus importants. La Terre pure, lieu de renaissance, et les épouvantables souffrances dans les «six univers» offraient des thèmes très prenants et parfois même bouleversants. L'adaptation des croyances indiennes à la vie et à l'environnement japonais permirent à la peinture japonaise de trouver un langage qui lui soit propre.

Au début de la période Heian cette peinture, parce qu'elle était liée au culte, resta très proche des schémas iconographiques transmis par l'intermédiaire de la Chine. Formes des corps, attitudes, physionomies et attributs restèrent fidèles à certains modèles originaux. Les procédés picturaux utilisés étaient ceux de la peinture chinoise: contour d'épaisseur constante en «fil de fer» rouge pour le Bouddha et les bodhisattva, noir pour les êtres inférieurs; couleurs étalées par bandes; ombrage léger et irréaliste des chairs. La technique de l'«ombrage inversé» complète cet ensemble: les parties que l'œil perçoit sombres (creux du corps et des plis, surfaces internes du socle en lotus) étaient peintes non en foncé mais en clair, ce qui donnait aux divinités représentées un caractère flottant, visionnaire, un rayonnement mystérieux. L'effet produit était encore accru par une technique artisanale raffinée: les vêtements étaient ornés de fils découpés dans des feuilles d'or puis collés. Ce procédé, si richement appliqué, est propre à la peinture bouddhique japonaise: il rappelle ceux qui étaient utilisés dans la préparation des papiers sur lesquels étaient copiés *sūtra* et poésies. La peinture utilisait l'encre, l'or, l'argent et une série de couleurs minérales liées à la colle – rouge, bleu, vert, jaune – ainsi que le blanc issu du calcaire des coquillages.

L'usage des couleurs était régi par un code symbolique et liturgique. «Les niveaux d'existence se distinguent les uns des autres par leur couleur. Plus un être s'élève dans l'échelle des existences, plus sa coloration est simple et abondante. L'aspect majestueux de beaucoup de bouddha est dû au contraste entre leur sobriété, qui les situe au-delà du monde des apparences, et la lu-

104
Portrait de Kuiji (Jion Daishi). Encre et couleurs sur soie. 161,2 × 129 cm. Vers 1061. Temple Yakushi-ji, Nara.
Le portrait très expressif du moine chinois Kuiji, de la secte Hossō, est conforme aux modèles chinois. Considéré au Japon comme une image de culte depuis 951, il est exposé au cours d'une cérémonie commémorative qui a lieu, depuis 1061, dans le temple Yakushi-ji. Le caractère fort et circonspect du patriarche est bien rendu. Il est assis en méditation sur un banc, à côté d'une précieuse table à écrire. Dans la partie supérieure apparaissent des textes de louanges calligraphiés.

xuriance des bodhisattva. [...] Les Vidyārāja offrent l'aspect démoniaque de la couleur, son éclat sombre et inquiétant, son fortissimo si opposé à la douceur des autres figures qui cependant procède de la couleur originaire, celle qui potentiellement renferme en elle tout le possible. Les êtres appartenant à la sphère humaine, en particulier les *arhat* et les patriarches, sont généralement traités dans d'autres couleurs plus «terrestres». [...] Le coloris contribue de façon décisive à rendre palpable la nature la plus intime des différents types de figures.»[29]

105
Portrait de Nāgārjuna. Couleurs sur soie. 126,5 × 72,5 cm. XIᵉ siècle. Temple Ichijō-ji, Hyōgo.
Cette représentation idéalisée du patriarche Tendai indien (Ryūmyō) appartient à une série de portraits de patriarches dans laquelle avait été inclu le prince héritier japonais Shōtoku Taishi. Des croquis ramenés de Chine par le moine Ennin permettent de penser qu'ils étaient peints en couleur. Ryūmyō est considéré comme une incarnation de Jizō Bosatsu. Vêtu d'une riche tunique, il est assis sur un socle en forme de lotus. De la main droite il tient un sceptre, de la gauche un encensoir.

106
Raigō d'Amida. Couleurs sur soie. Trois rouleaux verticaux: milieu 185,5 × 146,1 cm; gauche 186,4 × 173,6 cm; droite 183,3 × 55 cm. Première moitié du XIᵉ siècle. Temple Hokke-ji, Nara.
Le rouleau central représente Amida Nyorai, de face et assis sur un lotus qui lui-même flotte sur un coussin de nuages. Ses mains font le geste de la délivrance et ses yeux mi-clos se posent sur les fidèles. Sa tunique de moine, rouge avec doublure foncée, assortie aux pétales de lotus du trône, tombe en lignes sobres sur son corps blanc. Un nimbe double entoure sa silhouette paisible. Les rouleaux latéraux sont peut-être plus tardifs. Celui de droite représente un jeune porteur de bannière marchant; celui de gauche, deux bodhisattva assis sur des lotus: Kannon tient le siège en or en forme de lotus et Seishi porte un dais.

A partir de la fin du Xᵉ siècle, la peinture bouddhique subit elle aussi l'influence omniprésente du goût de la cour. Les moines-peintres *(e-busshi)* ont, peut-être, travaillé comme les sculpteurs *(ki-busshi)* dans des guildes et des ateliers, mais nous ne possédons aucun renseignement à ce sujet. Le bureau de Peinture de la cour *(e-dokoro)* et ses peintres inclus dans la hiérarchie des fonctionnaires jouaient un rôle prépondérant jusque dans la peinture religieuse. Fujiwara no Michinaga confia l'exécution des peintures de son temple Hōjō-ji et de rouleaux verticaux au moine-peintre Enen dont on sait que le frère, Yoshikane Ajari, était un Fujiwara vivant à la cour. Les peintures murales du Hōō-dō du Byōdō-in sont, elles aussi, attribuées – sans preuve toutefois – à un peintre de la cour. Cependant beaucoup d'esquisses iconographiques, qui servaient de patron pour les peintures, sont l'œuvre de moines-peintres. Le «Fudō bleu» et ses compagnons, du temple Shōren-in, s'appuient probablement sur une esquisse du peintre de bouddha Genchō du Daigo-ji (Xᵉ siècle). Le portrait idéalisé de Jion Daishi, dans le temple Yakushi-ji, reste lui aussi lié 104 à des modèles traditionnels. Le groupe des dix patriarches de la secte Tendai, possession du temple Ichijō-ji, comprend, outre les maîtres indiens et les maîtres chinois, le maître japonais Shōtoku Taishi, tantôt transposé en Nāgārjuna sur son socle en lotus, tantôt agissant 105 sous les traits de Shubhākarasimha (Zemmui), tantôt abîmé dans la prière ou encore prodiguant son enseignement à ses disciples.

L'Amida du temple Hokke-ji est interprété sur un mode nouveau et cependant apparenté sur le plan formel au style du début de la période Heian. Le panneau du milieu, plus ancien, semble n'avoir été rattaché qu'à 106

107
Bouddha sortant du cerceuil d'or (détail). Couleurs sur soie. 159,7 × 228,7 cm. Fin du XIᵉ siècle. Temple Chōhō-ji, Kyōto.
Après que Shaka fut entré dans le Nirvāna, il ouvrit, grâce à sa force divine, le couvercle de son cercueil et apparut dans un rayonnement doré à sa mère Māyā qu'on peut voir de profil, à droite, avec son bâton de pèlerin. Il est entouré de Bosatsu et d'êtres appartenant à tous les niveaux d'existence. En dehors de cette peinture, ce thème n'apparaît que dans les grottes de Dunhuang. L'influence de la peinture Song est sensible dans le dynamisme des lignes de la bourse et du vêtement posés à côté du Bouddha.

108
Shaka Nyorai. Couleurs et feuilles d'or découpées sur soie. 159,5 × 85,5 cm. XIIe siècle. Temple Jingō-ji, Kyōto.
Shaka occupe dans le *Sūtra du Lotus*, en tant que Bouddha de notre ère, une position clef dans l'enseignement de la secte Tendai. Il resta objet de vénération à la cour lors de la montée de l'amidisme. Le Bouddha, en train d'enseigner, est représenté comme s'il s'agissait d'une sculpture posée sur un socle. Le caractère visionnaire de l'image est souligné par le coloris et les motifs découpés dans des feuilles d'or. Le rouge carmin du vêtement et la carnation blanche sont typiques de la période Heian tardive.

109 ▷
Kokūzō Bosatsu. Couleurs et feuilles d'or découpées sur soie. 131,8 × 84,2 cm. Milieu du XIIe siècle. Tōkyō National Museum, Tōkyō.
Le bodhisattva de la sagesse universelle apparaît sur un rocher, dans la mer, devant un disque lunaire. Cette figure magique du bouddhisme ésotérique, due à un peintre inconnu et exécutée dans des tonalités étouffées, est entourée, comme une sculpture, d'un gracieux nimbe double. La finesse de la technique, l'ombrage inversé et les motifs découpés dans des feuilles d'or donnent à l'œuvre une transparence qui l'apparente à une vision.

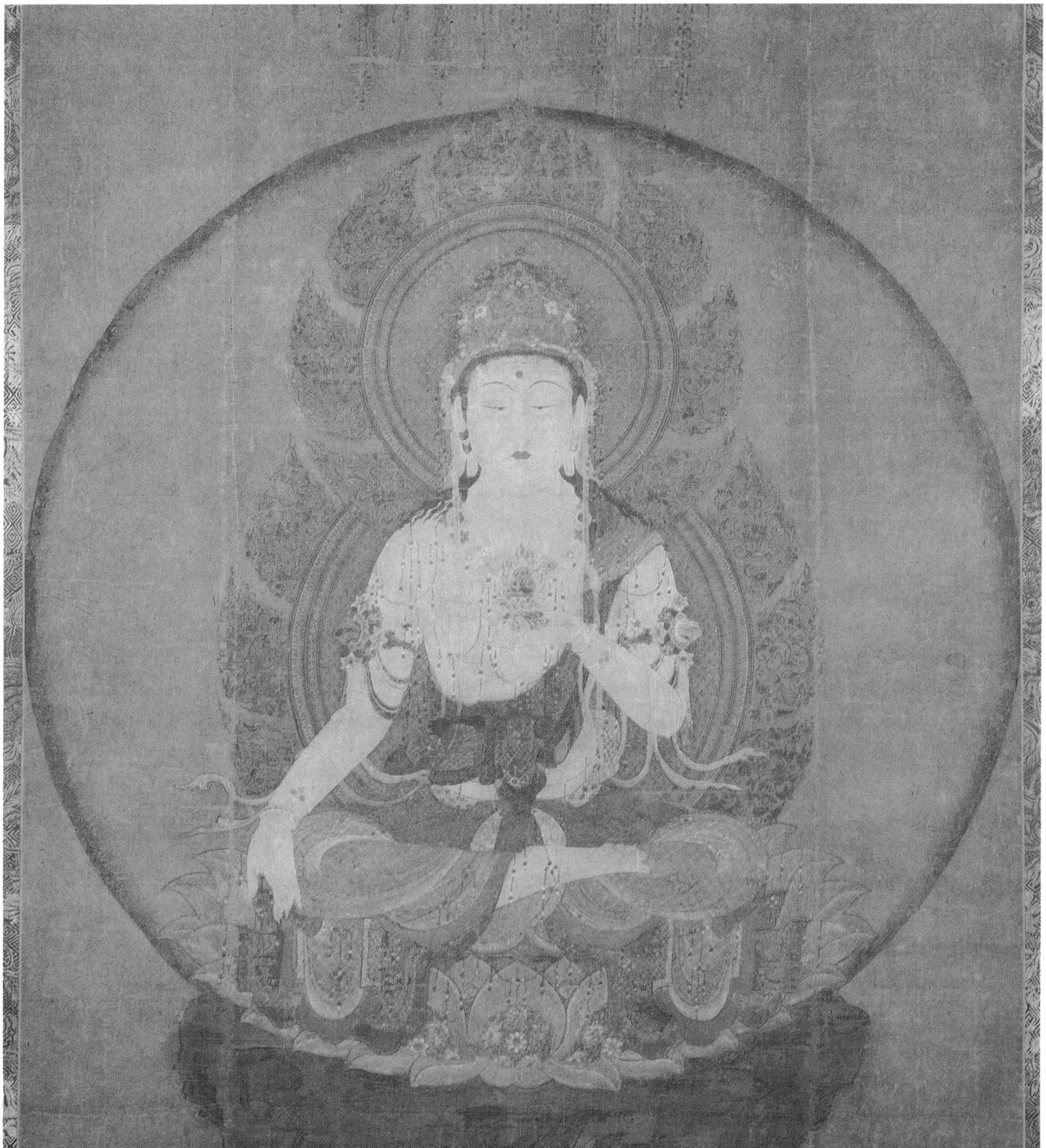

110
Le dieu Sui-ten. Couleurs et or sur soie. 144,2 × 126,6 cm. 1127. Temple Kyōōgokoku-ji, Kyōto.
La représentation de Sui-ten, le dieu de l'eau, appartient à une série de douze images des Jūni-ten. L'ensemble fut peint pour le pavillon Shingon du palais royal et était réservé, comme les peintures des Godai-myōō, aux cérémonies magiques du septième jour du premier mois. Les figures sont dérivées du «mandara de la Matrice» et il émane d'elles une majesté sereine, celle des êtres transcendants.

la fin du XIe siècle aux deux ailes latérales – à gauche Kannon et Seishi, à droite le petit porteur de bannières – pour en faire une Descente d'Amida.

Les grandes peintures narratives sur soie – grandes par leur format et leur qualité – datent de la deuxième moitié du XIe siècle. «L'Entrée du Bouddha dans le Nirvāna» (1086) du temple Kongōbu-ji est une des œuvres les plus marquantes de la période Heian. Le Bouddha, majestueux, est représenté couché sur une estrade, au milieu des arbres *shāla* en fleurs. Il est entouré de bodhisattva, de disciples, de dieux et de démons qui cachent leur douleur ou lui donnent libre cours. Māyā, la mère du Bouddha, flotte au-dessus d'un paysage rocheux. Chacun des nombreux personnages de cette peinture possède une individualité très tranchée. Les contours et les coloris sont d'une qualité et d'une richesse exceptionnelles. Les voiles des vêtements sont décorés d'ornements dorés à la feuille. Seule la présence des noms trahit la fonction didactique de l'image. La peinture du «Bouddha sortant du cercueil d'or» est très proche de celle qui vient d'être analysée. Toutefois le groupe des adorants ébahis se presse, plus dense, autour de la personne du Bouddha. Malgré la similitude des procédés picturaux, on peut noter que certains détails sont exécutés d'un coup de pinceau plus libre et plus accentué. On peut déceler ici l'influence des peintures chinoises Song qui affluent à cette époque.

Nous possédons un assez grand nombre d'images de dévotion représentant une seule figure et datant de la première moitié du XIIe siècle. Elles proviennent probablement de chapelles privées de dames et de seigneurs vivant à la cour. Sur ces *kakemono,* le Bouddha est souvent représenté comme une sculpture, assis sur un lotus posé sur un socle et généralement couronné d'un baldaquin. Le Shaka Nyorai qui se trouve dans le temple Jingo-ji appartient à ce type. Il est représenté prêchant, vêtu d'une tenue de moine somptueuse. L'exécution, d'une grande sensibilité, a la précision d'une miniature. Assis sur un socle finement sculpté, il est entouré d'une auréole en filigrane d'or. La sculpture *danzō* du Senjū Kannon du Būjō-ji présente des analogies avec le Shaka. Le bodhisattva Kokūzō, incarnation de la plus haute sagesse, se situe dans le même registre: le caractère transcendant de l'apparition est rendu visible. Assis sur un socle rocheux dans la mer, il se découpe sur une lune argentée de grande dimension. Le caractère sourd des couleurs souligne la magie de cette figure, austère en dépit de la richesse des bijoux et de la souplesse du vêtement.

Deux séries de personnages liés aux rites Shingon et datant du début du XIIe siècle sont conservées dans le temple Kyōōgokoku-ji. Elles se situent dans la tradition des œuvres du début du IXe siècle que Kūkai aurait rapportées de Chine. Il s'agit des «cinq grands rois de la sagesse» (Godai-myōō) et des «douze ten» (Jūni-ten). Les deux séries de peintures datent de 1127. Si les Jūni-ten sont peints avec grande délicatesse et cette subtilité dans le visionnaire qui sied à leur nature, les rois de la sagesse, sauvages et auréolés de flammes, paraissent au premier abord beaucoup plus grossiers. Le souci du contact avec le croyant semble absent de ces œuvres.

111

Fugen Bosatsu (détail). Couleurs et feuilles d'or découpées sur soie. 159 × 74,6 cm. Première moitié du XIIe siècle. Tōkyō National Museum, Tōkyō.
Sous un dais de fleurs, le bodhisattva trône sur un socle en forme de lotus porté par un éléphant blanc, au milieu d'une pluie de fleurs. Trois petites figures, émanations du bodhisattva, sont posées sur la tête de l'éléphant. Contours et couleurs de la figure sont pleins de douceur. Les lignes intérieures, les rayons et le nimbe sont ornés de feuilles d'or découpées. Les dames de la cour appréciaient les formes féminines du Fugen et manifestaient une vénération particulière à ce bodhittsava qui incluait les femmes dans ses promesses de salut.

Les conceptions exposées dans le *Sūtra du Lotus* et les *sūtra* d'Amida, promettant la cessation du cycle des renaissances, entraînent une modification du panthéon: le culte est centré sur de nouvelles divinités. Ainsi le bodhisattva Fugen (Samantabhadra) joue dans le culte Tendai un rôle primordial, parce que, d'après le *Sūtra du Lotus,* il avait fait vœu de se consacrer au salut, c'est-à-dire à la renaissance de tous, y compris des femmes. Il trône parfois sur un éléphant blanc nanti de six défenses; assis sur un lotus, il est représenté sous les traits d'un adolescent en prière qui regarde avec douceur les fidèles. On le représente souvent dans cette même attitude bienveillante sur les pages de titres des *sūtra*. Dans le culte d'Amida, les premiers *mandara* et représentations de la Terre pure furent suivis de nouvelles «mises en scène» dont la version définitive ne s'imposa, comme dans le *mandara* Chinkai du Nara National Museum, qu'aux XIe–XIIe siècles. Les compositions de paradis avec palais, arbres en pierres précieuses, groupes de bodhisattva musiciens et danseurs, fleurs de lotus sur l'étang aux trésors portant les âmes nouvellement nées prennent, depuis la prédominance des Fujiwara, un sens nouveau, parce qu'elles servent de modèles à l'élaboration de temples considérés comme des œuvres d'art totales.

Dans la deuxième moitié du XIIe siècle éclate une joie nouvelle dans l'interprétation, débordante d'imagination, de nouveaux thèmes iconographiques. La Descente d'Amida conservée aujourd'hui dans le temple Yūshi-Hachimankō-Jūhakka-in sur le Kōya-san et intitulée «Amida apparaît accompagné de ses bodhisattva» (Amida shōju raigō) constitue en son genre un chef-d'œuvre. Cette fresque puissante, large de 4,20 m, se compose de trois volets. La partie centrale, presque carrée, représente Amida dans son éclat doré, flottant sur des nuages d'un blanc mauve. Devant lui, les bodhisattva Kannon et Seishi chevauchent eux aussi des lambeaux de nuages. De nombreux personnages l'entourent: 23 joyeux bodhisattva donnant un concert, trois moines austères et statiques et, dans le lointain, à l'extrémité de l'écharpe de nuages située à gauche, un Bouddha vêtu de rouge et ses deux compagnons. L'artiste a mis en œuvre tous les procédés qui pouvaient contribuer à rehausser l'éclat surnaturel d'Amida: sa silhouette est, à l'arrière, tapissée de feuilles d'or, l'ornementation *kirikane* de son vêtement est exécutée avec une grande délicatesse, les figures secondaires, colorées, sont animées, expressives et pleines d'humour. Un paysage d'automne à peine coloré est suggéré avec maestria à l'arrière-plan. Le thème de la Descente d'Amida, interprété d'une façon sublime dans cette peinture d'un artiste inconnu, sera repris dans de nouvelles variantes à l'époque Kamakura.

La rédaction des *sūtra*

Aux Ve et VIe siècles, la cour et le clergé bouddhiques avaient reçu de Corée et de Chine, comme tribut, tout le matériel nécessaire à l'écriture: papier, encre et pinceaux. Les annales rapportent qu'en 610, pendant la période de grande influence du pieux prince Shōtoku Taishi, un moine coréen, Donchō, aurait enseigné sur l'île le mode de fabrication des meules, du papier et de l'encre. Les matériaux étaient demandés non seulement par les temples, mais aussi par l'appareil gouvernemental et la cour qui les utilisaient pour la correspondance avec les missions séjournant à l'étranger, pour la comptabilité, pour l'enregistrement des tributs et pour la rédaction d'actes relatifs à la population et aux impôts.

Les livres de la trésorerie étaient tenus par la guilde des scribes (*fumi-be*) dont les membres descendaient de nobles chinois qui, vers la fin du IVe siècle, avant l'introduction du bouddhisme, avaient émigré de Corée.

Les Japonais fabriquèrent bientôt, selon le modèle chinois, du papier rudimentaire à partir de fibres de chanvre et de paille de céréales. Il était en général jauni par addition d'un colorant tiré de l'écorce de chêne et lissé à la cire d'abeille. Pour écrire les idéogrammes chinois, fort complexes, on utilisait des pinceaux faits de poils de lièvre dont la souplesse permettait de rendre les variations de pression de la main. Les poils de blaireau, plus fermes, étaient réservés aux titres. Les soies de cerf étaient les plus appropriées au traçage des lignes. Depuis le VIe siècle, neuf provinces japonaises joignaient du papier à la soie qu'elles livraient à l'empereur en guise de taxes.

A l'époque Nara, la cour, la haute noblesse et les grands temples (Tōdai-ji, Yakushi-ji, Daian-ji, par exemple) possédaient des offices d'écritures (*shakyō-jō*) spécialisés dans la copie des *sūtra* (*shakyō*). Ces bureaux rassemblaient copistes, correcteurs, spécialistes du traçage de lignes, de la calligraphie des titres ou des caractères dorés, peintres, relieurs et artisans qui participaient soit à la copie des *sūtra*, soit à leur montage, soit à leur décoration ou à la fabrication des coffrets où on les rangeait. Le fait de copier les textes saints, de les faire copier ou de les réciter permettait d'accumuler les mérites pour l'existence à venir, d'éloigner le mal et la maladie et même de protéger le pays. Pour toutes ces raisons, les copies exécutées en groupe étaient soumises à des purifications rituelles.

En 651, l'empereur Kōtoku (645–654) fit copier l'ensemble du Canon du Mahāyāna (*issai-kyō*). Cette gigantesque entreprise mobilisa 2100 moines et nonnes qui copièrent plus de 2000 rouleaux. Le très pieux empereur Shōmu (724–749) fit copier un autre ensemble complet à l'époque Nara au cours de laquelle le bouddhisme connut un très grand épanouissement. Les plus anciens de ces *sūtra* portent la date Tempyō, 6e année (734) et des annotations faites par les fonctionnaires de l'office d'écriture. De ce travail écrit à l'encre de Chine sur simple papier, quatre rouleaux nous sont parvenus.

Pour être assurés des bienfaits qu'apportaient leurs textes, les copistes étaient scrupuleusement fidèles au modèle chinois. Ils les ordonnaient en colonnes de 17 caractères, habitude qu'avaient gardée les Chinois jusqu'en 400 après J.-C. environ. C'est de Chine aussi que vint l'idée de constituer des rouleaux en collant bout à bout des feuilles de papier de différentes couleurs, sur lesquels on écrivait sans tenir compte des raccords. Les papiers indigo (*konshi*) et pourpres (*shishi*), très utilisés, étaient recouverts de caractères d'or ou d'argent (*kingin-ji*). Ces tons suscitaient probablement chez les Japonais, très sensibles sur le plan esthétique, un écho particulièrement vif et, selon les conceptions bouddhiques, la valeur esthétique contribuait au caractère sacré. C'est ainsi que naquirent, dans les offices d'écriture impériaux, quelques centaines d'exemplaires du *Sūtra à l'Eclat d'or* (*Konkōmyō-saishōō-kyō*) pour les temples de province. Ils avaient été calligraphiés en 740, en caractères d'or sur papier pourpre ligné d'or. Ce travail de copie avait été effectué sur ordre de l'empereur Shōmu, parce que ce *sūtra* promettait, outre un surcroît de mérites personnels, la protection du pays et un affermissement de la foi bouddhique.

La frénésie de copie diminua après le transfert de la cour de Nara à Heian-kyō: cette dernière avait, pour des raisons politiques, retiré son appui aux anciens temples de Nara.

Les doctrines des sectes ésotériques Tendai et Shingon, ramenées de Chine par Saichō et Kūkai, s'appuyaient sur d'autres textes et introduisirent de nouvelles pratiques cultuelles. Dans le sillage de ces deux hommes apparurent de puissantes personnalités dont l'érudition et l'originalité encouragèrent l'expression individuelle dans la calligraphie.

La doctrine Tendai s'appuyait essentiellement sur le *Sūtra du Lotus de la Merveilleuse Loi* (*Myōhō-renge-kyō*). Il expose en prose et en vers les prédications du Bouddha Shaka. Ses proclamations et paraboles sont transcrites en une langue simple, mais émouvante et imagée. Traduit au IIIe siècle en chinois et revu plusieurs fois, il parvint rapidement au Japon, si bien que Shōtoku Taishi en rédigea dès 606 un commentaire. Le *Sūtra du Lotus* proclame l'immortelle bouddhéité que chaque être vivant peut atteindre par la foi dans le Bouddha et dans le *Sūtra du Lotus*. Il décrit les actions des bodhisattva, empreintes de pitié et dispensatrices de salut, qui permettent au croyant de transmigrer à travers les premières étapes du salut menant au Pur Pays de Bouddha et finalement au Nirvāna. Le salut est à la portée de tous, êtres inférieurs et femmes y compris. Les premiers *sūtra* bleus et ors, avec illustrations sur la page de garde, furent exécutés dans le temple Enryaku-ji sur le mont Hiei-zan. Le célèbre *Sūtra du Diamant* de Dunhuang, conservé au British Museum et imprimé en Chine en 868, est conçu selon le même principe. Le trésor du temple Enryaku-ji contenait des *sūtra* bleus et ors venant de Chine et de

112
Dai-Hannya Haramitta-kyō. Petits rouleaux calligraphiés ornés d'or et d'argent sur papier bleu foncé. 4,4 × 200 cm. XIIe siècle (?). Autrefois dans le temple Jingu-ji, Sumiyoshi, Ōsaka. Staatliche Sammlung Preussischer Kulturbesitz, Museum für Ostasiatische Kunst, Berlin (Inv.-Nr. 214).
Les frontispices des quelque 50 rouleaux miniatures sont illustrés de scènes représentant le Bouddha en train de prêcher; les feuilles de couverture sont ornées de rinceaux de fleurs. Cette série hors du commun est mentionnée dans un guide de voyage imprimé et illustré de 1796, le *Settsu Meisho zue* où elle est attribuée à tort à l'impératrice Kōken (VIIIe siècle).

Corée qui ont pu être copiés aux Xe et XIe siècles. Les artistes qui décoraient la page de garde avaient une formation de calligraphe et n'appartenaient pas à la corporation des peintres d'images de culte. Le mouvement du pinceau et la nature du trait restaient liés à la calligraphie. Ils représentaient généralement le Bouddha, prêchant sur la colline aux Vautours, accompagné de deux bodhisattva et entouré de disciples, de Deva, de moines attentifs et de roi terrestres (chinois). Les images ne sont pas toujours des illustrations du texte.

Les textes de base de la doctrine Shingon sont, en revanche, le *Sūtra de la Sagesse parfaite (Dai-Hannya Haramitta-kyō)* et le *Sūtra Mahāvairocana (Dainichi-kyō)* qui ne s'adresse pas à l'être humain. Les deux textes, destinés à acquérir la connaissance de l'absolu, font appel à l'intelligence et non – comme le *Hokke-kyō* – à la foi.

Le développement spontané d'une forme d'art particulière aux manuscrits de *sūtra* doit être replacé dans le contexte plus large d'une japonisation de toutes les formes d'art qui apparaît au milieu de la période Heian. La rupture totale des relations avec le continent, tant sur le plan politique que religieux, entraîna un effacement, d'abord très lent, des modèles chinois. L'exécution des *sūtra* s'imprégna aussi peu à peu du goût et de l'élégance de la couche sociale la plus influente: la cour et l'aristocratie qui gravitait autour d'elle. Ainsi naquirent des copies magnifiquement exécutées mais quelque peu artificielles et qui n'exprimaient plus qu'accidentellement la ferveur religieuse qui avait inspiré les originaux.

L'homme du Xe siècle fut marqué par la doctrine de salut tirée du *Sūtra du Lotus* et par la croyance toujours plus envahissante en une renaissance dans la Terre pure du Bouddha Amida. On pensait vivre la fin imminente de l'ère de Shākyamuni et on cherchait à assurer son salut dans l'ère future du Bouddha Maitreya.

La fiévreuse quête de salut de l'aristocratie se traduisait non seulement par la construction de temples et l'exécution d'œuvres sacrées, mais aussi par l'aménagement de paradis terrestres répondant à un canon iconographique. On construisait même des tertres à *sūtra (kyō-zuka)*. Le dirigeant le plus puissant de cette époque, le régent absolu Fujiwara no Michinaga, copia en 998 le *Sūtra du Lotus* de sa propre main. Quelques fragments de ce texte en caractères dorés sur papier indigo nous sont parvenus. On y découvre l'écriture appliquée et légèrement maladroite d'un homme d'Etat qui disposait d'un bureau de scribes et ne maniait le pinceau qu'occasionnellement. En 1007, il organisa, sous la direction de moines Tendai, une grande cérémonie au

113
Etui à *sūtra*. Bronze doré. H. 41,5 cm. Vers 1116. Prov. Fukuoka. Collection privée, Tōkyō.
L'élégant étui fut trouvé dans un tertre où étaient enterrés des textes du *Sūtra du Lotus* pour qu'ils passent sans dommage dans l'ère à venir. Le fourreau octogonal porte sur ses côtés les titres des chapitres du *sūtra*. Le couvercle en forme de fleurs est couronné d'un bijou serti dans des flammes de bronze. Le socle a, lui aussi, la forme d'un lotus. Des perles ornent les extrémités de chaque pétale.

114
Kanfugen-bosatsu-kyō. Or et argent sur papier bleu. 25,4 × 76,9 cm. Première moitié du XIIe siècle. Freer Gallery of Art, Washington, D.C. (inv. 68.60).
Le frontispice du *Kanfugen-bosatsu-kyō* illustre l'apparition de Fugen Bosatsu à un fidèle en prière. Monté sur son éléphant à six défenses, il vole dans un paysage de style chinois.

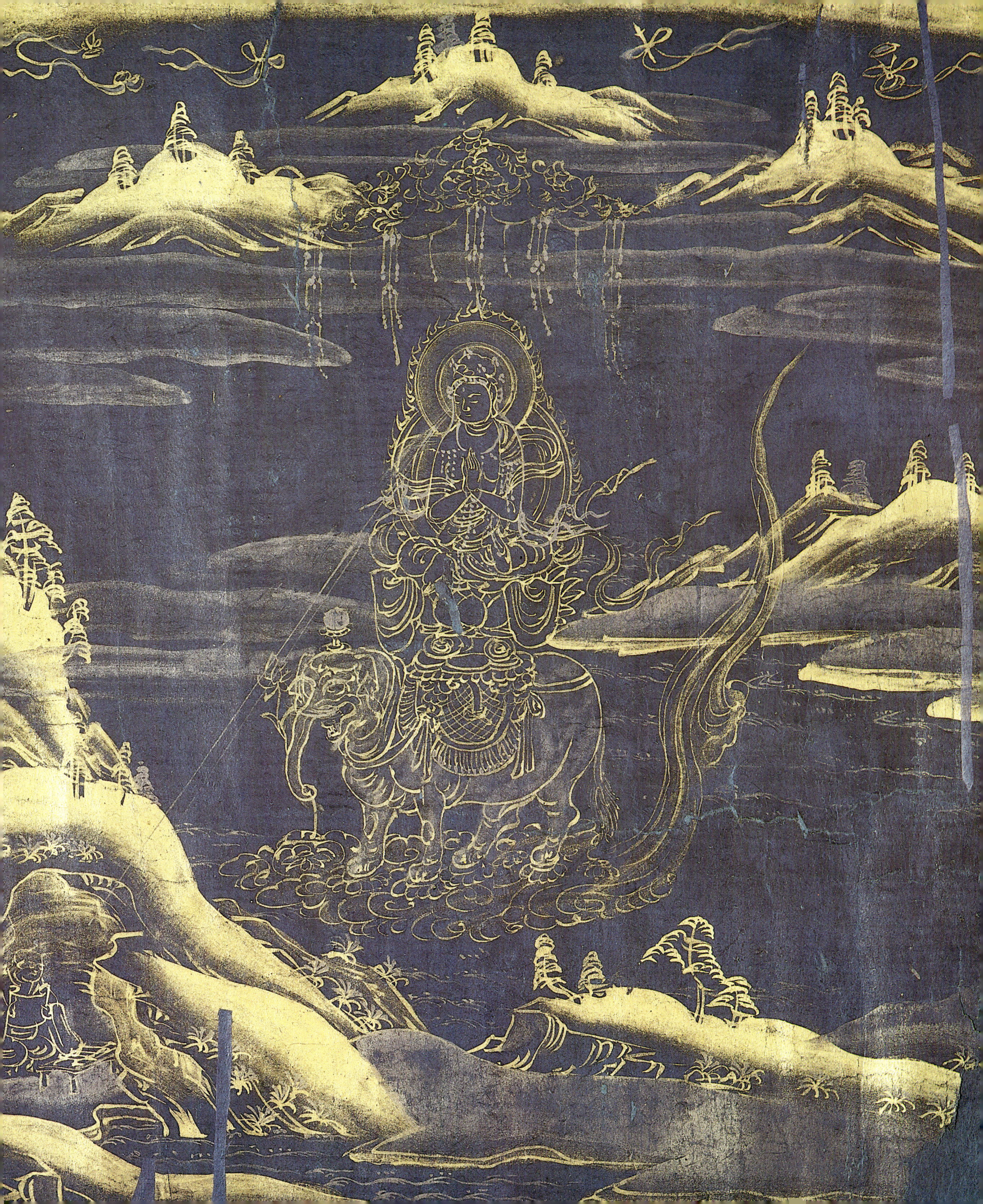

cours de laquelle il fit mettre les rouleaux dans des enveloppes de bambous, les fit insérer dans des cylindres de bronze et enterrer avec d'autres objets sacrés sur le mont Kimpusen dans le Yoshino près de Nara. Ces actes pieux devaient l'aider à renaître à l'aube de l'ère bouddhique à venir.

La copie de *sūtra* à la cour, les cérémonies de *sūtra* et la lecture de *sūtra* à l'occasion de naissances, maladies, morts et anniversaires des morts sont décrits dans les chroniques historiques, les journaux des nobles et la littérature vivante et riche des dames de la cour.

La calligraphie des textes laïques avait délibérément pris ses distances vis-à-vis des formes sévères du style religieux bouddhique. Le «style japonais» avait, en poésie, atteint un sommet avec Fujiwara no Yukinari (972–1027), un contemporain de Michinaga. La nature du trait changea moins dans les textes bouddhiques, sans doute en raison des liens entre texte et culte. Les modifications liées à la mode se manifestaient dans l'accessoire et non dans la forme du texte.

Les «*sūtra*-joyaux» *(sōshoku-kyō)* apparurent. Ils étaient commandés par les riches et puissantes familles proches de la cour et par la noblesse provinciale. On connaît la beauté de la gigantesque bibliothèque à *sūtra* construite par les Fujiwara du Nord à Hiraizumi pour leur temple, le Chūson-ji. Fujiwara no Kiyohira, prince de Mutsu et Dewa, avait pu, grâce à l'or trouvé sur ses terres, faire venir dans le Nord des centaines d'artisans de Kyōto et y construire des temples qui devaient égaler ceux de la capitale. Le pavillon d'Or et celui des *sūtra* témoignent encore aujourd'hui de cette munificence. Kiyohira avait fait copier 5000 rouleaux du Canon du Mahāyāna pour son temple-paradis. Chaque rouleau, de couleur indigo, débute par un frontispice comportant une illustration du contenu à laquelle correspond, sur la face extérieure du rouleau, une page de couverture décorée de fleurs sacrées. Les colonnes de caractères sont alternativement dorées et argentées. Seuls 15 rouleaux se trouvent encore conservés dans le temple Chūson-ji, la plupart des autres rouleaux étant parvenus au temple Kongōbu-ji sur le Kōya-san. Quant aux trois *sūtra* que le petit-fils de Kiyohira, le prince Hidehira, offrit au temple Chūson-ji en 1176, 2739 rouleaux y sont encore conservés, quelques autres étant aujourd'hui dans des musées occidentaux et dans des collections privées.

Les *sūtra* avec caractères dorés et argentés sur papier indigo restaient, dans leur conception, relativement proches du modèle chinois. Mais les artisans japonais et leurs clients imaginèrent bientôt de nouvelles formules de décoration. Par exemple, les lignes furent groupées en forme de pagodes *(Ichiji-hōtō-kyō)* ou encore chacun des idéogrammes fut placé sur un socle en forme de lotus pour souligner sa valeur sacrée, sa bouddhéité. Les *sūtra* ornementés de la sorte sont appelés «*sūtra*-à-un-socle-de-lotus-par-signe» *(Ichiji-rendai-kyō)*.

Le papier devint lui aussi de plus en plus raffiné. Des feuilles d'or et d'argent furent collées de telle façon qu'elles forment des mosaïques, des taches irrégulières, des petits tas de sable ou des mèches de cheveux. Comme dans les sculptures ou les peintures bouddhiques, certains motifs de détail étaient dorés à la feuille. Sur des papiers aux couleurs douces, des motifs animaux et végétaux étaient dessinés au pochoir et parfois recouverts de poudre métallique. Ce sont là des techniques de décoration qui, apparemment, sont le pur fruit de l'imagination japonaise. On ne les retrouve avec une pareille richesse que dans des laques beaucoup plus tardifs. La qualité du papier s'était améliorée depuis le milieu de l'époque Heian; le papier *torinoko*, très résistant, était fabriqué à base de fibres végétales et renforcé par l'addition de diverses matières qui lui donnaient un aspect lisse.

On inventa, pour compléter les textes luxueux, des pages de titre et des pages de couverture d'un type nouveau. L'image canonique des *sūtra* mettant en scène des bouddha hiératiques fut remplacée par des représentations purement japonaises. Dans le *Sūtra du Lotus (Ichiji-rendai-Hokke-kyō)*, le texte est précédé d'une illustration en style Yamato-e: le lecteur est introduit à l'intérieur d'un temple de montagne où des moines récitent le *Sūtra du Lotus*. La construction, dépourvue de toit, en perspective parallèle, et les personnages joufflus, très colorés, sont représentés sur un papier décoré de dorures

115
Ichiji-rendai-Hokke-kyō. Encre et couleurs sur papier décoré d'or et d'argent. H. 21,1 cm. XIIe siècle. Museum Yamato Bunkakan, Nara.
La copie de ce *Sūtra du Lotus* doit son nom au fait que chaque caractère *(ichiji)* repose sur un socle en forme de lotus *(rendai)*. Le frontispice représente l'intérieur d'un temple de montagne dans lequel quatre moines récitent le *Sūtra du Lotus*. Devant la véranda, un groupe de voyageurs les écoute. L'image appartient, sur le plan formel, au Yamato-e et présente une parenté stylistique avec le *Heike-nōkyō* et le *Kunō-ji-kyō*.

妙法蓮華經藥王菩薩本事品
第二十八
爾時宿王華菩薩白佛言世尊
威德名聞德大菩薩無量無邊
不可稱數從東方來欲經諸國

116

Heike-nōkyō. Encre et couleurs sur papier à motifs décoratifs. H. 26,6 cm. 1164. Itsukushima-jinja, Miyajima, Hiroshima. Le frontispice du premier rouleau du *Sūtra du Lotus,* dans la tradition du Yamato-e, découvre l'intérieur d'une maison au «toit arraché». On y aperçoit des gens de cour et un moine lisant le *Hokke-kyō* sur lesquels tombent des rayons de grâce. Dans le jardin, un ascète prie dans une hutte de branchages. Deux groupes de caractères formant une espèce de rébus dans une graphie herbiforme font allusion à des pratiques religieuses.

et préalablement ligné. La composition appartient au même type que les *monogatari-emaki* en style *tsukuri-e.*

Le *Sūtra du Lotus* du temple Kunō-ji, datant de 1141, appartenait au milieu de la cour. L'illustration introductive représente un courtisan mélancolique dans un paysage. Il se tient assis, sous une pluie de grâces argentée, un parapluie ouvert à la main. Le très célèbre *sūtra* du clan Taira, le *Heike-nōkyō,* fut exécuté à peu près à la même époque. C'est le chef-d'œuvre des «*sūtra*-joyaux». Il comprend 33 rouleaux réalisés en 1164 à la demande de Taira no Kiyomori (1118–1181) et sa famille: 28 sont consacrés au *Sūtra du Lotus,* les autres au *Muryōju-kyō* et au *Kanfugen-bosatsu-kyō,* puis à l'*Amida-kyō* et au *Hannya-Shingyō.* A ces textes copiés en partie par des scribes, en partie par Kiyomori et sa famille, il faut ajouter le texte de consécration *(gammon).* L'ensemble est conservé dans un coffret métallique à trois compartiments décoré de ciselures délicates et qui avait probablement été produit à Kyōto.

A en juger par le grand nombre d'écritures différentes, nombreux sont les scribes qui doivent avoir participé à l'exécution du *Heike-nōkyō.* Les papiers décorés ne sont pas non plus uniformes. Le papier de base est de couleur pourpre ou thé. La face écrite offre des décors extrêmement variés, plus fournis dans les bandes supérieure et inférieure du rouleau. La face opposée est doublée, avec art, de papiers ornementaux.

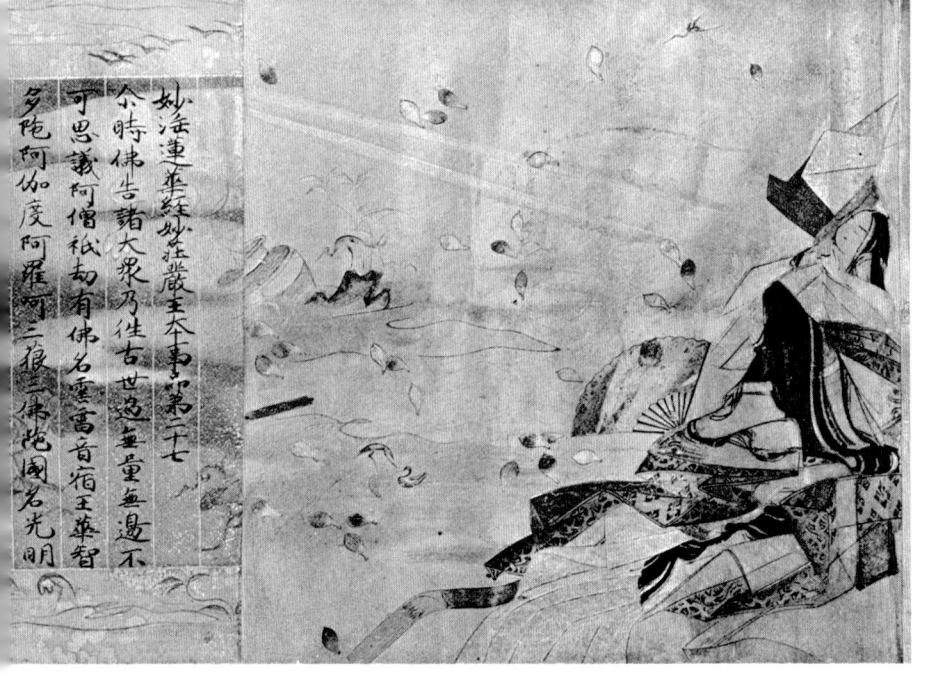

117

Heike-nōkyō. Encre et couleurs sur papier à motifs décoratifs. H. 26 cm. 1164. Itsukushima-jinja, Miyajima, Hiroshima. Sur le frontispice du 27ᵉ chapitre, deux dames de la cour, plongées dans leurs dévotions, sont représentées dans le style Yamato-e classique. Des rayons célestes et des feuilles de lotus tombent sur les eaux du paysage parsemées de motifs stylisés et de symboles.

118

Heike-nōkyō. Encre et couleurs sur papier à motifs décoratifs. H. 26,5 cm. 1164. Itsukushima-jinja, Miyajima, Hiroshima. Le frontispice du 21ᵉ chapitre illustre une scène qui comporte de nombreux éléments de style Kara-e. Un personnage récite le *Sūtra du Lotus* dans une hutte construite sur un plateau rocheux. Les rochers, les arbres et même l'étang où fleurissent des lotus sont fidèles à la tradition chinoise.

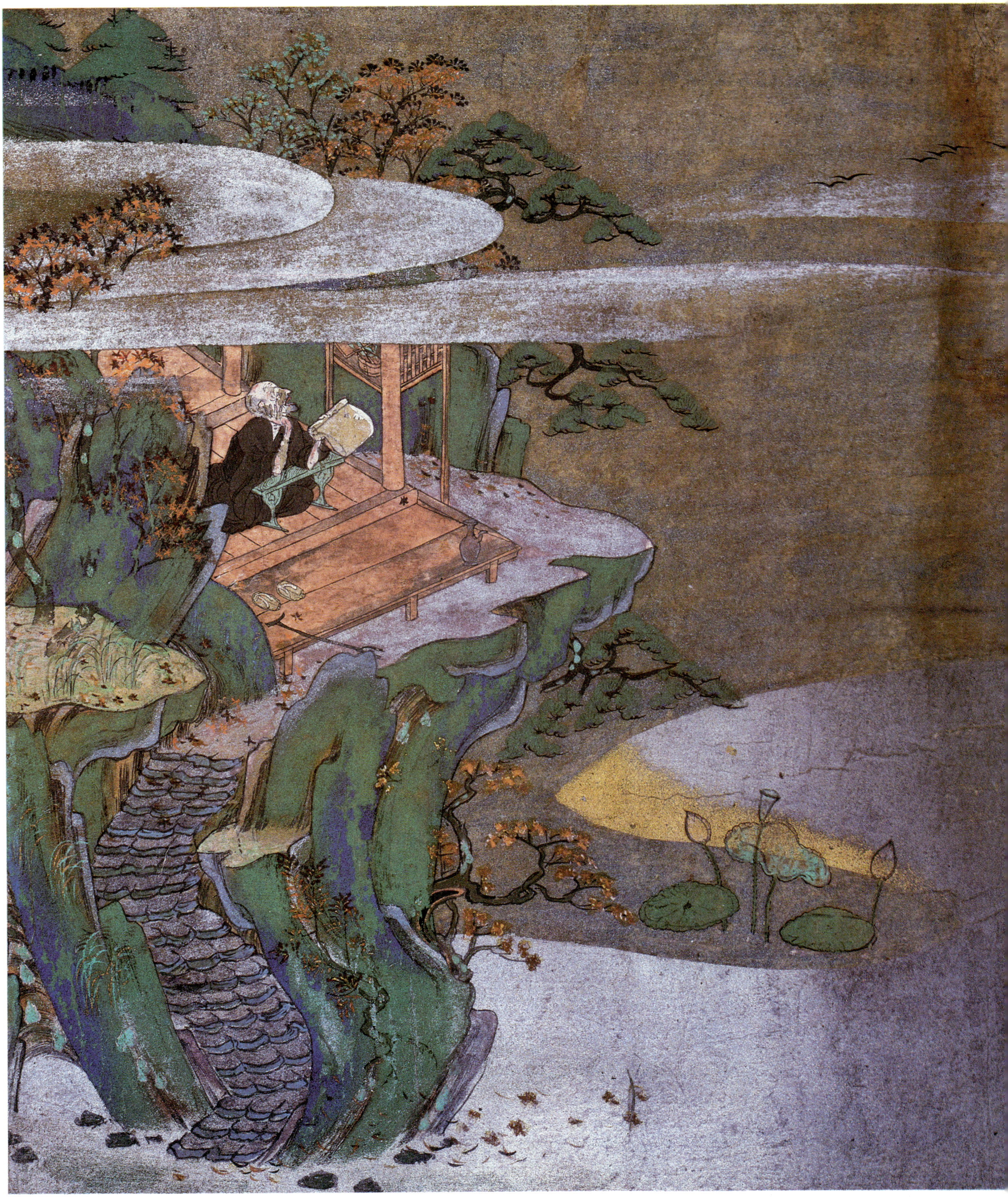

119
Rouleaux de *sūtra* du *Heike-nōkyō*. Rouleaux de papier sur bâtons en bois avec appliques métalliques et pommeaux en métal et en cristal. H. 28–30 cm. 1164–1167. Itsukushima-jinja, Miyajima, Hiroshima.

La série de 33 rouleaux, exécutés à la demande de Taira no Kiyomori (1118–1181) et sa famille pour le sanctuaire Shintō à Itsukushima, témoigne de l'habileté des artisans japonais qui travaillaient à la cour à la fin de l'époque Heian. La richesse et la diversité de l'art de l'orfèvrerie est perceptible dans chaque détail des ornements métalliques.

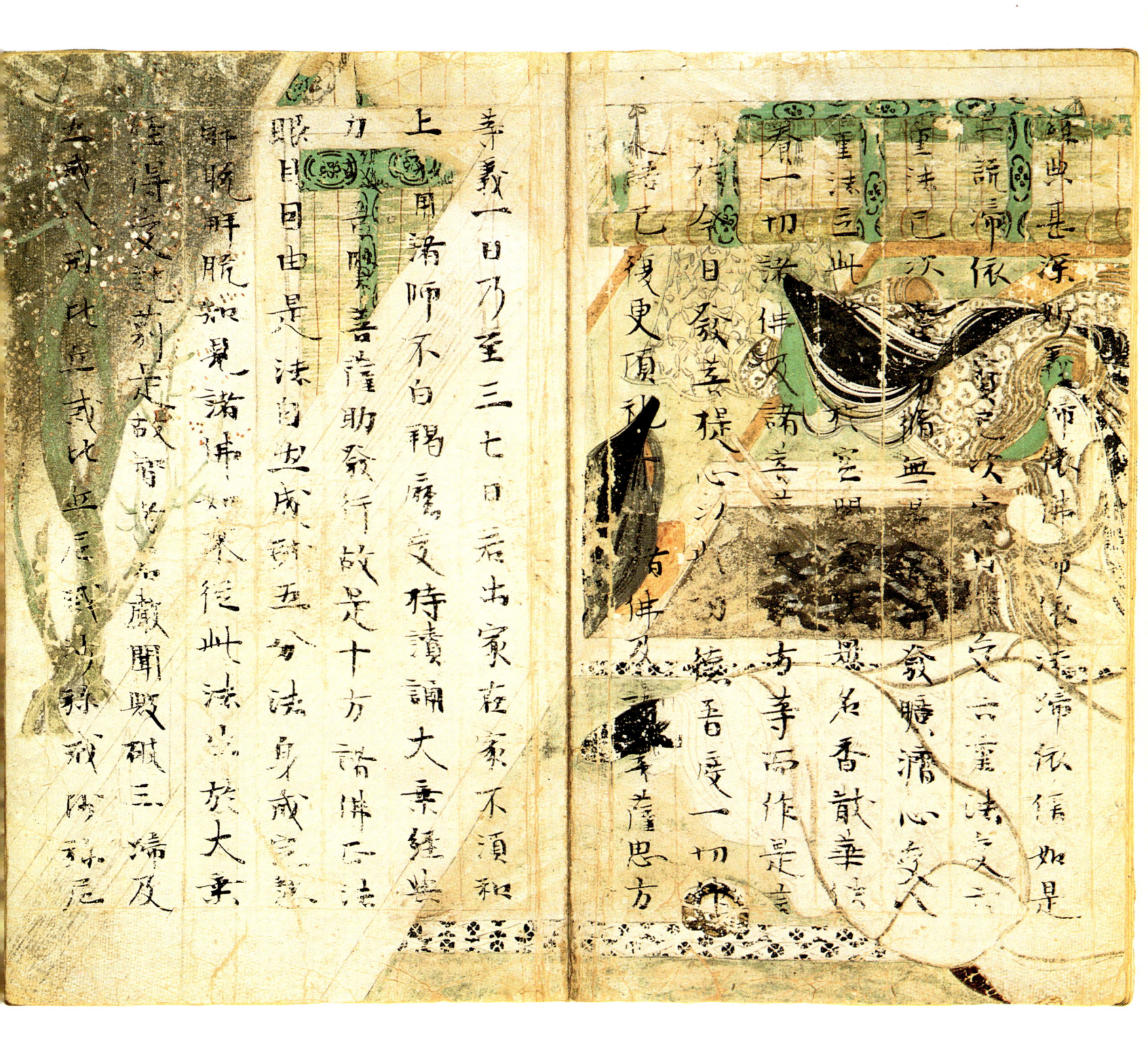

120
Cahier du *Hokke-kyō*. Encre et couleurs sur papier imprimé. 18,8 × 23 cm. Milieu du XIIᵉ siècle. Gotō Art Museum, Tōkyō.
Ce petit cahier sur papier de Chine où se juxtaposent une image profane et un texte religieux illustre la recherche d'une œuvre d'art globale qui caractérise la fin de la période Heian. L'image de base représente une scène domestique en style Yamato-e d'après un poème de Ki no Tsurayuki. Le texte calligraphié qui s'y superpose est tiré du *Kanfugen-bosatsu-kyō*.

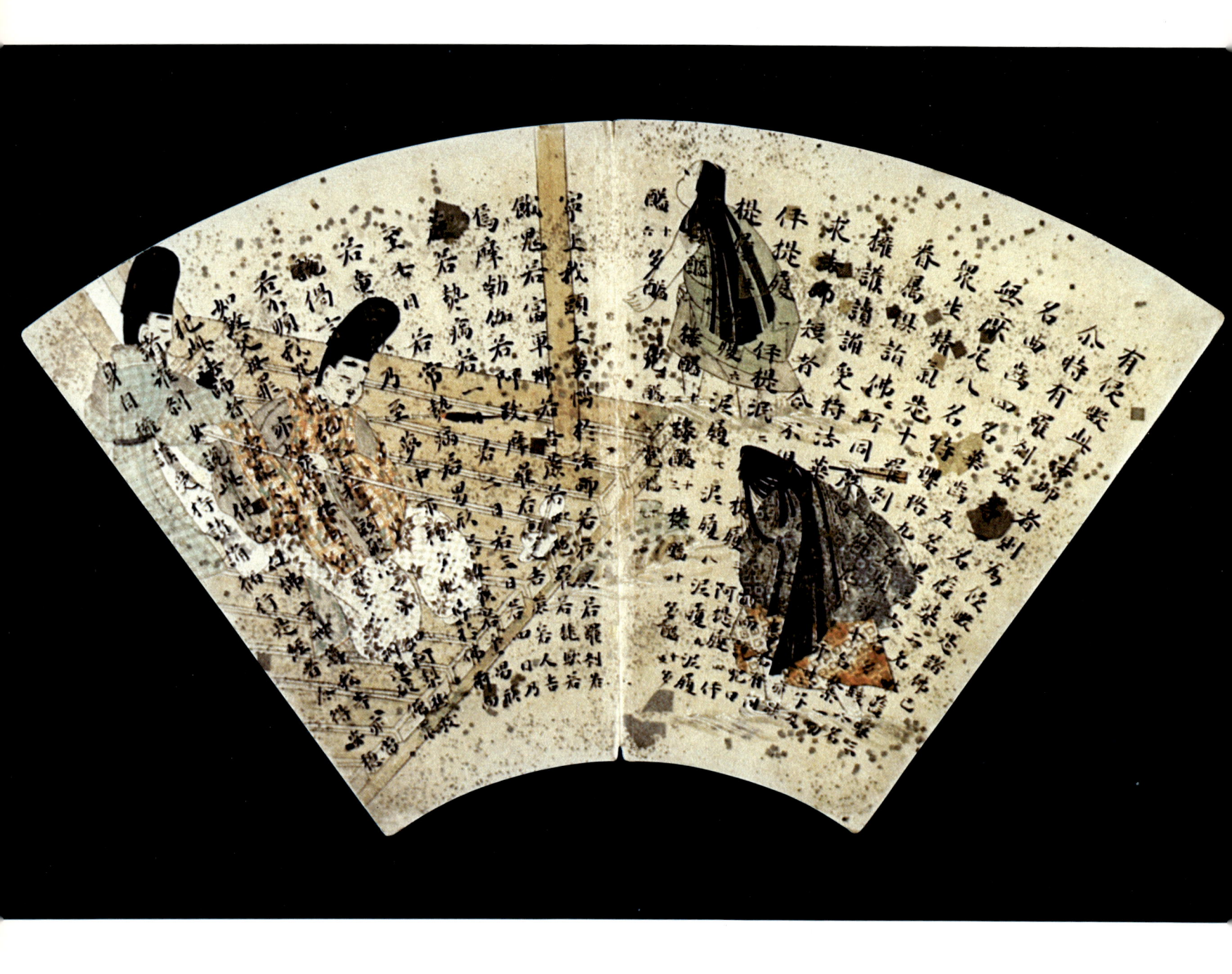

121
Eventail à *sūtra*. Encre et couleurs sur papier à motifs décoratifs. 25,6 × 49,4 cm. Seconde moitié du XIIe siècle, Tōkyō National Museum, Tōkyō.
La foi fébrile des croyants les poussait à écrire le *Sūtra du Lotus* même sur des éventails illustrés de scènes, parfois imprimées, de la vie du peuple. Le temple Shitennō-ji à Ōsaka possède cinq albums de *sūtra* sur éventails, le Tōkyō National Museum en possède un. Sur cet éventail, l'image de fond représente des serviteurs occupés à nettoyer la véranda. Par-dessus cette scène domestique, des extraits du *Sūtra du Lotus* sont écrits le long des rayons de l'éventail.

Dans cette œuvre, beaucoup d'illustrations appartiennent à la tradition bouddhique. Mais on y trouve également des idéogrammes isolés inclus dans le texte comme s'il s'agissait d'un rébus. La page de couverture et la page de titre sont faites d'un papier différent, peint tantôt avec parcimonie, tantôt à profusion. On trouve ici aussi des scènes qui illustrent la conception japonaise du salut par le Bouddha. Sept pages de titre représentent des hommes et des femmes appartenant à la cour qui vénèrent le *Sūtra du Lotus* et qui, pendant la récitation du

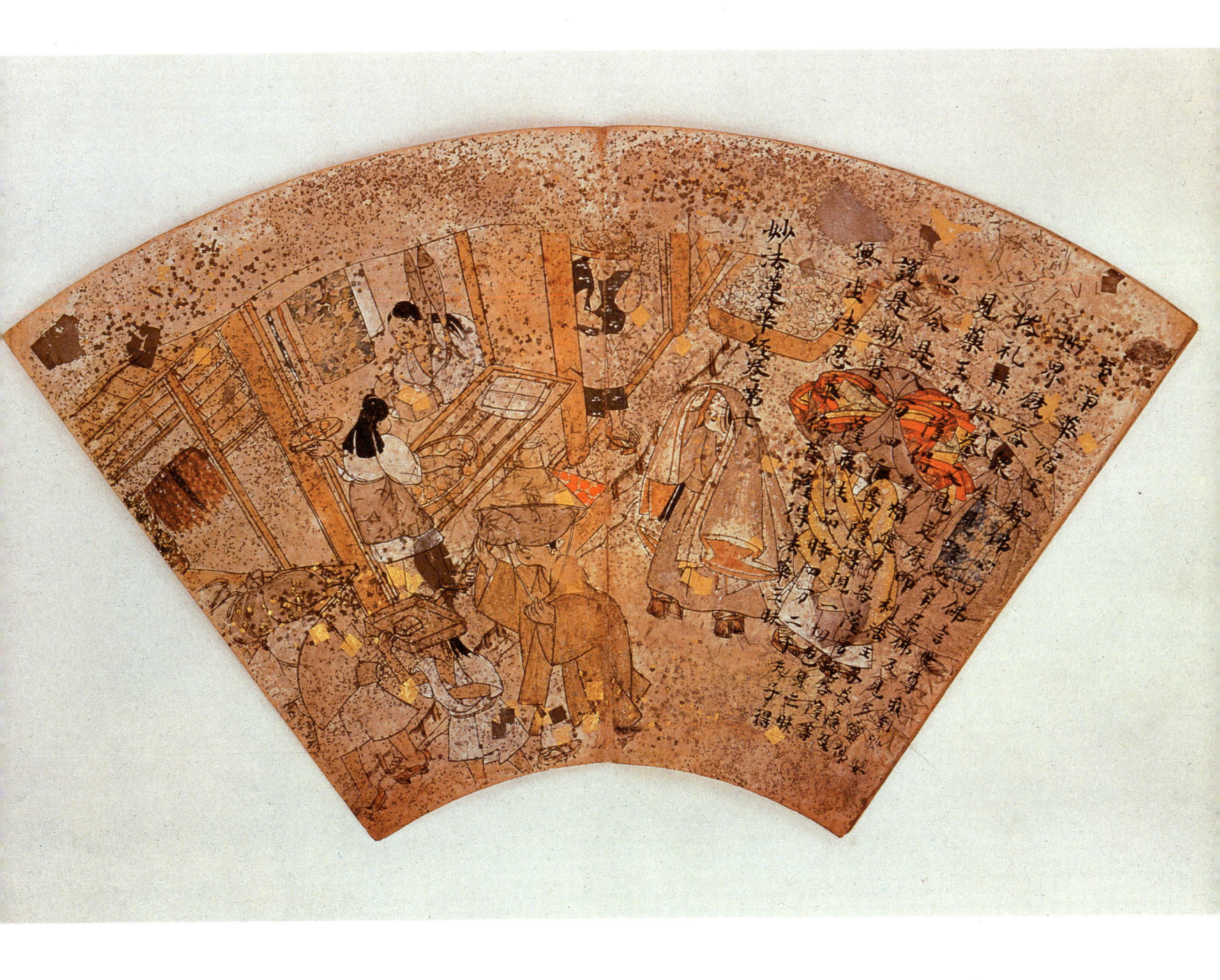

122
Eventail à *sūtra*. Encre et couleurs sur papier à motifs décoratifs. H. 25,2 cm. Seconde moitié du XIIe siècle. Temple Shitennō-ji, Ōsaka.
Le septième chapitre du *Sūtra du Lotus* est écrit sur cet éventail illustré d'une scène de marché de Heian-kyō. Le dessin, très naïf et en partie imprimé au pochoir, est pétillant de vie.

117 rosaire, sont touchés par les rayons d'or salvateurs du Bouddha. D'autres feuilles montrent des scènes chinoises. Paysages et silhouettes peints en bleu-vert appartiennent au style chinois (Kara-e) de la période Heian. Dans certains feuillets illustrés, plus simples, l'élément ornemental domine: fleurs de lotus, instruments de musique, lettres sanscrites ou simples motifs répétés.

Les précieux papiers étaient montés avec raffinement. Les bâtons terminaux, nantis de rubans, étaient 119 ornés d'argent ciselé avec grande minutie. Les poignées des rouleaux en laque, en métal et en pierres semi-précieuses présentaient des motifs bouddhiques extrêmement variés.

133

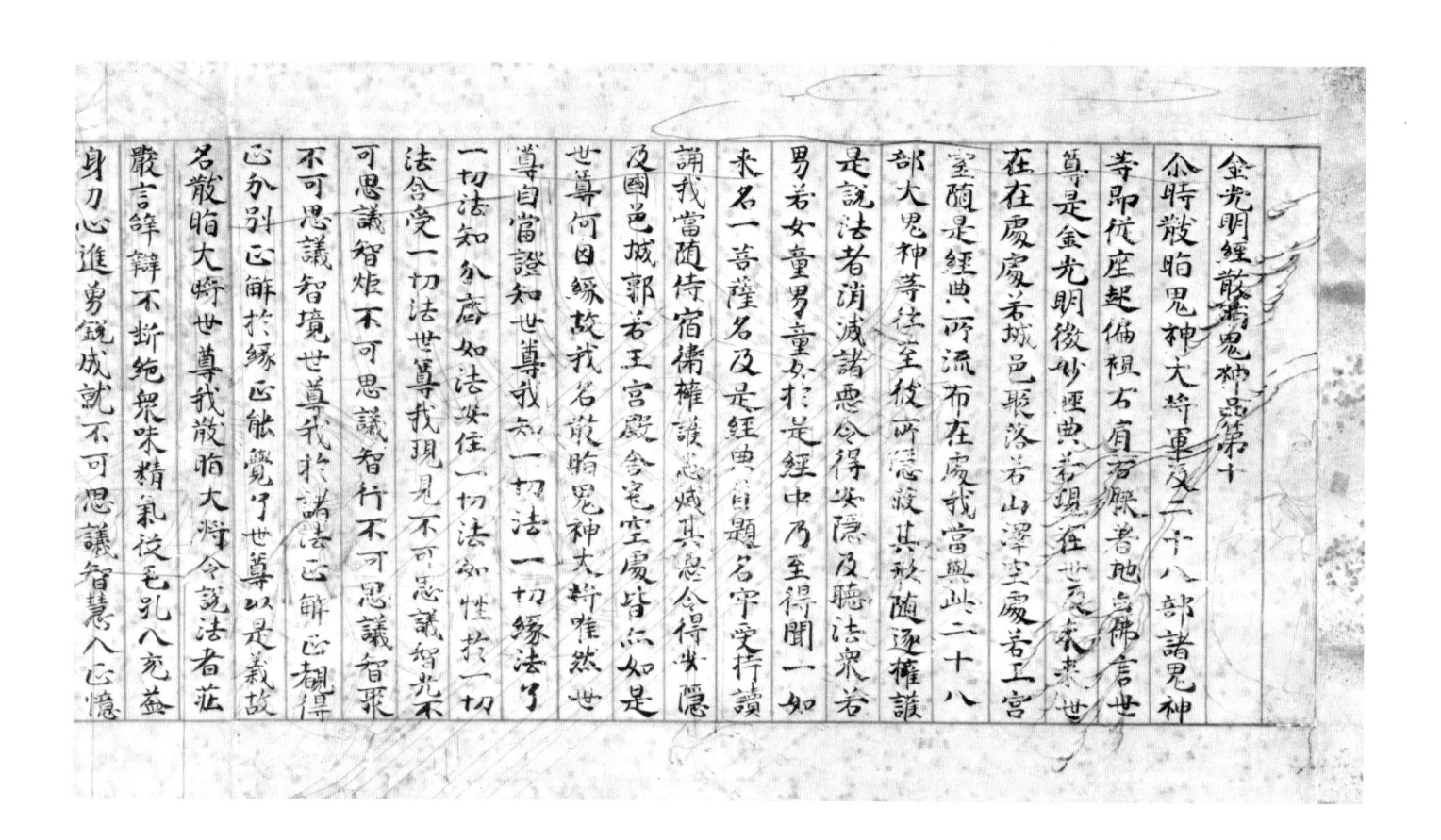

123
Sūtra «sans yeux»: dixième paragraphe du *Sūtra à l'Eclat d'or*. Encre sur papier. H. 26 cm. Avant 1192. Kyōto National Museum, Kyōto.
L'ex-empereur Goshirakawa avait chargé une nonne de peindre des *monogatari-e*. Mais à la mort de l'empereur, le travail n'était encore qu'à l'état d'esquisse (état d'inachèvement, dit «sans yeux»). On calligraphia sur ces ébauches des extraits du *Konkōmyō-saishōō-kyō* (*Sūtra à l'Eclat d'or*) en hommage à l'empereur décédé.

La crainte de la fin du monde suscitait la recherche de formes nouvelles destinées à accroître la diffusion de *sūtra* prometteurs de salut (le *Sūtra du Lotus* entre autres) et de formules magiques. C'est ainsi qu'on explique la présence de caractères classiques dans leur forme et leur ordonnance au-dessus d'illustrations représentant des scènes de genre, mais sans rapport avec les textes sacrés. L'illustration devient un simple substrat *(shita-e)*. A ce groupe appartiennent les *sūtra* en forme de cahier *(sōshi-kyō)*. Les papiers, très divers, étaient choisis avec un soin particulier. Dans le célèbre album du Gotō Art Museum, les papiers chinois, décorés d'ornements mi-cacés, alternent avec des papiers sur lesquels sont peintes de délicieuses scènes de cour purement japonaises, tant par le thème que par la conception.

Même les objets d'usage quotidien servaient de support à la calligraphie du *Sūtra du Lotus*. Les éventails à *sūtra* *(semmen-kyō)* étaient couverts de scènes de genre très vivantes. Les éventails pliants – invention japonaise – auraient été exportés en grand nombre vers la Chine au cours de la période Heian. Sans doute est-ce pour cette raison que les images sont parfois imprimées et que ce sont toujours les mêmes figures qui reviennent, encore que leur mode de groupement varie. Le temple Shitennō-ji à Ōsaka possédait 115 éventails sur lesquels l'ensemble du *Hokke-kyō* et des textes qui s'y rapportaient étaient écrits à la main. Les papiers sont ornés d'or et d'argent, et la technique utilisée est celle du *tsukuri-e*. Ces éventails présentent en outre beaucoup d'intérêt sur le plan sociologique à cause de la représentation de scènes de la vie du peuple.

Les *sūtra* peints en blanc *(hakubyō-e)* et les *sūtra* dits «sans yeux» *(menashi-kyō)* sont étroitement liés au groupe des *sūtra* inscrits sur des illustrations «laïques» *(shita-e)*. Les images-supports se réduisent ici à l'armature linéaire de l'espace et des figures. Une copie du *Sūtra à l'Éclat d'or* de 1192 est un excellent exemplaire de ce groupe, et aussi le plus ancien: pour les funérailles de l'empereur Goshirakawa, on aurait calligraphié le *sūtra* sur les illustrations ébauchées.

123

Cette forme d'art liée à la fois à la vie de cour et à la vie religieuse s'effaça par la suite: les générations de soldats qui accédèrent au pouvoir n'éprouvaient aucun intérêt pour les luxueuses calligraphies axées sur l'au-delà.

L'apogée de la littérature

*« Yamato-uta no michi asaki ni nite
fukaku yasuki ni nite katashi wakimaeru
hito mata ikubaku narazu. »*

(L'art du Yamato-uta paraît superficiel,
il est profond; il paraît léger mais il est difficile,
rares sont ceux qui le comprennent.)

Fujiwara no Teika[30]

En 951, l'empereur fonda un office de Poésie, car la passion des *waka* s'était emparée des milieux élégants de la cour. On étalait dans les poèmes ses états d'âme et ses connaissances, dans un rituel de questions et de réponses qu'imposait inexorablement le langage officiel et privé de l'amour. On organisait également des concours poétiques *(uta-awase)* au cours desquels on composait des poèmes selon un cérémonial précis.

Les compétitions sur un thème donné, soumises à des conventions précises, étaient originaires de Chine. Elles furent accueillies au Japon avec enthousiasme et connurent un grand développement, comme tous les jeux de ce type où l'on comparait les qualités des objets les plus variés: racines, images, coquillages ou encens; les deux parties en présence étaient départagées par un ou plusieurs arbitres. La partie de gauche commençait toujours. Les poèmes étaient présentés par des récitants, puis jugés sur la base des règles de la poétique et primés. Etre admis dans une des anthologies officielles de poésie était un prix particulièrement apprécié. La première de ces compétitions eut lieu dans la maison du poète Ariwara no Yukinari entre 884 et 887; une autre à l'ère Kampyō (889–898); ces deux tournois pâlissent devant la compétition organisée au palais Teiji-in de l'ex-empereur Uda en 913 et dont certains poèmes nous ont été conservés dans le *Kokin-shū*. Une centaine de concours poétiques prirent place entre 913 et le fameux concours de 960 organisé dans le palais impérial. Les plus anciens traités de poésie ne furent cependant composés, excepté celui de Fujiwara no Kintō (966–1041), qu'à la fin de la période Heian. Fujiwara no Shunzei (1114–1204) exprima un idéal qui était fait de «mystère et de profondeur»; son fils Fujiwara no Teika (1162–1241) défendit le style du «sentiment profond» et porta au pinacle la notion de «grâce enchanteresse».

Les portes coulissantes *(shōji)* et les paravents *(byōbu)* des palais incitaient à la composition de poèmes. On collait des poèmes calligraphiés sur les paravents, ou alors on composait des poèmes louant une peinture. On sait que les paravents pliants étaient ornés de feuilles de poèmes qu'on disposait avec un réel souci de recherche esthétique. Les paravents portant des poèmes chinois avaient environ 1,50 m de haut, ceux qui portaient des poèmes japonais 1,20 m. Ces poèmes sur paravents et portes coulissantes font souvent revivre pour nous des peintures laïques de cette époque, la plupart des originaux étant perdus.

La prose offre, dans la deuxième moitié du Xe siècle, une grande variété, tant dans les thèmes que dans la forme. Le roman chinois du VIIe siècle *Voyage dans les Cavernes des Immortels (You Xiangku)* semble avoir exercé sur elle une certaine influence. Une nouvelle tendance dans le récit, les histoires-chansons *(uta-monogatari)*, fait suite à l'*Ise-monogatari*. A cette catégorie appartiennent les *Histoires du Yamato (Yamato-monogatari)*. Composées de 173 épisodes isolés, elles mettent en scène plus de cent personnages dont certains grands de ce monde comme l'ex-empereur Uda et sa bien-aimée Ise, poétesse réputée. Chacun des courts récits est couronné par un poème d'amour.

Il faut aussi classer dans ce groupe les *Histoires de Heichū*. Mais Heichū, tragique héros d'une histoire d'amour, est déjà un sujet de moqueries dans le *Genji-monogatari*. Un autre conte poétique raconte la vie de Ono no Takamura. Mais il ne dépeint pas le destin de cet homme qui, au IXe siècle, refusa d'être envoyé en Chine et fut banni. Il n'y est question que de ses amours, d'abord avec sa demi-sœur puis, à la mort de celle-ci, avec son épouse très dévouée.

Quelques récits du Xe siècle touchent même à la vie religieuse. L'action du *Tōnomine Shōshō-monogatari* est centrée sur Fujiwara no Takamitsu, frère de Fujiwara no Kaneie. Ses adieux au monde, à sa famille et les étapes de sa vie de moine sur le mont Hiei-zan sont relatés comme s'il s'agissait d'un journal. Quant au *Journal de*

Ionishi, il décrit un pèlerinage aux sanctuaires de Kumano.

Dans le sillage du *You Xiangku* et des histoires-chansons, émergent deux romans de fiction dont les aspects historiques, moraux et romantiques préfigurent le plus grand roman japonais de la période Heian, le *Genji-monogatari*. Il s'agit du *Uchi-kubo-monogatari* et du *Utsubo-monogatari* dont les auteurs et la date de création sont inconnus. Les critiques y ont décelé l'amorce d'un récit réaliste, mais il y manque l'unité d'action et une trame logique.

En revanche, un ton très neuf apparaît dans un journal intitulé *«Journal de la Fin de l'Eté»* ou encore *«Journal d'un Ephémère»* (*Kagerō-nikki*). Il est l'œuvre d'une dame de la cour, connue sous le nom de «Mère de Michitsuna», une épouse secondaire du puissant Fujiwara no Kaneie. Citons à ce propos un commentaire de E. Seidensticker[31]: «C'est, dans la littérature japonaise et même dans la littérature en général, la première tentative de dépeindre en mots une situation sociale réelle, sans fuite ni idéalisation. L'auteur expose ses intentions et proclame son indépendance vis-à-vis de ses prédécesseurs dans les premières phrases du journal. Parlant d'elle-même à la troisième personne, elle dit: ‹... comme les jours s'écoulaient dans la monotonie, elle eut l'occasion de parcourir les anciens romans et trouva que la plupart étaient un amas de grossières inventions. Peut-être, se dit-elle, l'histoire de sa monotone existence, rédigée sous forme de journal, pourrait-elle susciter de l'intérêt. Peut-être pourrait-elle aussi répondre à la question: était-ce là une vie qui convenait à une dame bien née?›» L'auteur, une beauté à son époque, se consumait de jalousie à l'égard de son propre mari, le prince Fujiwara no Kaneie. Il l'avait prise comme épouse secondaire puis l'avait négligée, elle qui voulait «un homme pour tous les trente jours du mois». Les notes du journal commencent en 954 et se terminent brusquement la dernière nuit de 974. L'auteur dépeint ses journées monotones et ses réflexions sur un ton de plus en plus amer et grinçant, mais sa prose gagne aussi progressivement en maturité.

Ce journal inaugure, à la fin du Xe siècle, une floraison littéraire due à des dames de la cour, sans équivalent dans le monde. Généralement issues de petite noblesse provinciale, ces dames occupaient au palais impérial des fonctions de dames de compagnie. Ainsi que nous l'apprend Sei Shōnagon dans ses *Notes de chevet* (*Makura no sōshi*), leur premier devoir était de distraire les impératrices, d'organiser leurs amusements, de leur procurer des lectures. «Elles n'avaient pas le pouvoir de changer le monde, mais elles l'observaient et l'interprétaient.»[32] Mais la grande littérature féminine autour de l'an 1000 n'est compréhensible que si l'on considère l'autre composante de la littérature japonaise, celle des hommes, rédigée en chinois.

Les œuvres du poète Bo Juyi, de la dynastie Tang, demeurèrent une source inépuisable d'inspiration pour la poésie chinoise écrite au Japon. Une mission japonaise les avait ramenées de Chine en 838 et l'édition imprimée de 1012 parvint directement au Japon. La double culture des poètes japonais s'exprima sur un mode nouveau: la coordination des poèmes chinois et japonais. L'ouvrage classique correspondant à cette tendance est dû au compilateur Fujiwara no Kintō (966–1041), le *Wakan-rōei-shū* (*Recueil de poèmes japonais et chinois à réciter*; vers 1013). Il prend modèle sur la célèbre anthologie chinoise du VIe siècle, *Wen Xuan*. Des 588 poèmes chinois du *Wakan-rōei-shū*, 354 ont été composés par des auteurs japonais. Les 234 autres, empruntés à des poètes classiques chinois, ont été fortement abrégés. Dans l'ensemble, ont été inclus 218 *waka*, purement japonais. Ces alternances dans l'esprit et la forme constituaient un véritable défi pour les récitants et les calligraphes obligés de mettre en œuvre toute leur souplesse intellectuelle et manuelle.

Les ouvrages historiques officiels d'antan trouvèrent un prolongement dans les chroniques officieuses dont la composition se rapprochait un peu du style narratif japonais. Le *Eiga-monogatari* dépeint la période 887–1092, le *Ōkagami* la période 850–1025. Tous deux offrent une image embellie du pouvoir Fujiwara.

L'étiquette de cour imposait la langue chinoise pour la composition des journaux officiels des grands hommes d'Etat. Seul un poète comme Ki no Tsurayuki put s'arroger le droit, comme il le fit dans le *Tosa-nikki*, d'écrire en japonais. Certains Fujiwara ont laissé de leur temps une image respectable et cependant très intéressante sur le plan de l'histoire des civilisations: Michinaga dans le *Midō-Kampaku-ki*, Fujiwara no Sanesuke dans le *Shoyū-ki* et Fujiwara no Yukinari dans le *Gon-ki*.

Même si dame Sei Shōnagon n'utilise aucun mot chinois dans ses *Notes de chevet*, on perçoit beaucoup d'éléments chinois dans son bavardage plein de drôlerie et de perspicacité. Son père, Kiyohara no Motosuke (908–990), poète réputé qui appartenait au cercle des «cinq du verger des poiriers», était un des compilateurs de l'anthologie *Gosen-shū*. Son arrière-grand-père Fukayabu est représenté dans le *Kokin-shū*. Sei (Kiyohara)

124
Genji-monogatari-emaki: chapitre 36, Kashiwagi I (détail). Encre et couleurs sur papier. 21,8 × 48,3 cm. Premier quart du XIIᵉ siècle. Tokugawa Reimeikai Foundation, Tōkyō (d'après UYENO, 1963).
L'ex-empereur Suzaku, éploré, est assis au chevet de sa fille malade, Onna San no Miya, qui a décidé de devenir nonne. Cf. ill. 179.

125
Genji-monogatari-emaki: chapitre 40, Minoru (détail). Encre et couleurs sur papier. 21,8 × 48,3 cm. Premier quart du XIIᵉ siècle. Gotō Art Museum, Tōkyō.
Murasaki no Ue, épouse secondaire de Genji à laquelle il est très attaché, est couchée, mourante. Elle reçoit son mari dans ses appartements, appuyée sur un accoudoir près d'un support à rideaux. Elle porte, malgré sa maladie, la tenue de cour officielle composée de plusieurs *kimono* superposés. Angoissée, elle se voile le visage. Cf. ill. 183.

Shōnagon (conseiller d'Etat de deuxième classe), ainsi nommée à cause du titre de son père, était dame de compagnie de l'impératrice Sadako, épouse de l'empereur Ichijō et fille de Fujiwara no Michitaka. On ne sait rien de sa vie, sinon qu'elle entra en 990 au service de l'impératrice et qu'elle resta à la cour jusqu'à la mort de cette dernière vers l'an mil. Elle baptisa ses réflexions *«Les Notes de chevet»*. En 994, l'impératrice lui donna un grand nombre de cahiers d'écriture que lui avait offert le ministre Korechika. «‹Bourrons le papier dans un oreiller›, me dis-je. J'avais maintenant une riche provision de papier à ma disposition et je commençai à remplir les cahiers de toutes espèces d'histoires du passé et autres, y compris des choses les plus quelconques. Je me concentrai sur les objets et les gens que je trouvais intéressants; mes notes abondent aussi en poèmes et en observations sur les arbres, les plantes, les oiseaux et les insectes.»[33]

Ce livre, resté aujourd'hui extrêmement vivant, est décomposé par Mark Morris en trois genres[34]: d'abord, consignés comme dans un journal, des souvenirs de la vie de cour sous l'impératrice Sadako; ensuite des essais, des observations et des réflexions sur les gens, les choses, la nature et le monde; enfin les «listes», uniques dans la littérature japonaise et qui constituent la moitié des 300 chapitres. Dans ces «listes», Sei dénombre et commente les phénomènes naturels et géographiques, les bâtiments, les animaux et les plantes, les événements religieux, artistiques et mondains, les vêtements et les maladies. Ces énumérations et examens critiques étaient connus dans la littérature chinoise. Les plus anciennes œuvres de ce type sont le *Erya* et le *Shiming* qui

126
Genji-monogatari-emaki: chapitre 49, Yadorigi III (détail). Encre et couleurs sur papier. 21,5 × 48,9 cm. Premier quart du XIIᵉ siècle. Tokugawa Reimeikai Foundation, Tōkyō (d'après UYENO, 1963).
Dans le palais Rokujō-in, le prince Niou est assis à côté de son épouse secondaire Naka no Kimi; elle lui est devenue étrangère, mais il tente de se réconcilier avec elle en jouant du luth *biwa*. La composition des figures et du jardin automnal accuse l'impression de profonde mélancolie de la scène.

devaient faciliter l'accès à la littérature des classiques. Au Japon, Minamoto no Shitagō avait, en 934, composé une encyclopédie semblable en langue japonaise, le *Wamyō-ruijushō*. Sei le connaissait certainement, de même que les nombreux *Ecrits mélangés* de la littérature Tang populaire qui regroupaient avec humour les choses positives et les choses négatives et les répartissaient en groupes de cinq. Dans ses *Notes de chevet,* Sei frappe par la puissance de sa prose. On ne connaît d'elle que 15 poèmes: la poésie *waka* très à la mode ne l'attirait guère. Sei dépeignait le monde avec l'œil arrogant et sûr de lui d'une aristocrate qui méprise le petit peuple parce qu'elle en ignore tout.

Contemporaine de Sei Shōnagon, Murasaki Shikibu était dame de compagnie de l'impératrice Akiko, elle-même fille du très puissant Fujiwara no Michinaga et qui avait succédé à l'impératrice Sadako. Cette poétesse de génie se consacra pendant des années à la composition d'un énorme roman psychologique, *Le Dit du Genji*. «Peu de récits en prose peuvent se mesurer au *Genji-monogatari*: c'est une littérature de très haute qualité et extrêmement variée. Son succès, au Japon, depuis sa parution au XIᵉ siècle, ne s'est jamais démenti».[35] L'auteur était issue d'une branche secondaire du clan Hokke lié aux Fujiwara. Son nom «Shikibu» désigne un secrétaire à l'office des Cérémonies, fonction exercée par son père sous Fujiwara no Tametoki. Elle l'accompagna probablement dans le district d'Echizen lorsqu'il y fut nommé gouverneur. Après son retour en 998, elle épousa un parent beaucoup plus âgé qu'elle, dont elle eut une fille en 999. C'est seulement après la mort de son mari qu'elle devint dame de compagnie de l'impératrice Akiko. Elle s'étend sur cette période dans son journal, le *Murasaki-Shikibu-nikki,* sur un ton très vivant et cependant sobre. Elle semble être demeurée aux côtés de l'impératrice après le décès de l'empereur Ichijō en 1011. Elle mourut probablement en 1015.

Son œuvre maîtresse, *Le Dit du Genji*, comprend 54 chapitres. Ce récit couvre une période d'environ 75 ans et les héros appartiennent à plusieurs générations successives: le «rayonnant prince Genji», son fils Yūgiri, son fils présumé Kaoru et son petit-fils Niou no Miya. Ce très long roman a été remarquablement traduit en français par R. Sieffert[36]. On admet que dans la version actuelle l'ordre des chapitres a été modifié, que quelques-uns manquent et que l'un d'entre eux (Takegawa) a été rajouté un peu plus tard. Les derniers chapitres, qui se passent à Uji, sont eux aussi probablement postérieurs; on ignore quand ils ont été composés et on ne sait s'ils sont dus à Murasaki Shikibu. Les copies intégrales les plus anciennes datent de la fin de la période Heian. Toutefois, quelques fragments de texte sont inclus dans les rouleaux illustrés du *Genji-monogatari-emaki* qui date du début du XIIᵉ siècle.

Le roman dépeint la vie amoureuse du prince Genji qui, en conformité avec son époque et son entourage, passe d'une conquête à l'autre grâce à sa beauté, sa douceur et sa culture. Son penchant profond et interdit le portait cependant vers la femme de son père, l'impératrice Fujitsubo. Par la suite, il s'éprit de la nièce de cette dernière, Murasaki no Ue, encore mineure, qu'il prit comme épouse secondaire et qui lui resta profondément attachée jusqu'à sa mort. L'écrivain dépeint avec une très grande maîtrise l'atmosphère de la vie de cour, les fêtes et les rapports humains, mais elle s'attache surtout aux relations délicates et chaque fois différentes que Genji entretenait avec ses favorites. Le *Genji-monogatari* est à juste titre considéré comme le premier roman psychologique de la littérature mondiale.

La trame du roman est imprégnée des conceptions bouddhiques de l'existence: cause et effet, prédestination par des actions accomplies dans des existences antérieures, mélancolie profonde à l'approche de la fin des temps. C'est une peinture fascinante de ce cercle étroit qui, à l'époque Heian, a incarné une culture raffinée à son apogée. Pour nous cependant, le héros reste aussi schématique que son premier portrait dans le *Genji-monogatari-emaki*.

Une troisième poétesse dépeignit autour de l'an 1000 dans le *Izumi-Shikibu-nikki* des sentiments réels sur un ton passionné. Izumi, épouse du gouverneur de province Tachibana no Michisada, était dame de compagnie de l'impératrice Jōtomon-in. Elle dépeint ses liaisons avec les princes Tametaka et Atsumichi, frères de l'empereur Sanjō (1011–1016), avec une brûlante franchise. Cette littérature passionnée fit scandale. Izumi est surtout connue par ses poèmes. Mille quatre cents de ses *waka* ont été repris dans des anthologies.

En revanche, le *Sarashina-nikki,* ainsi que les œuvres poétiques plus tardives des dames de la cour sont d'un niveau très bas et paraissent parfois grotesques si on les compare aux grandioses chefs-d'œuvre de Sei Shōnagon, Murasaki Shikibu et Izumi Shikibu.

Le *Konjaku-monogatari (Histoires d'autrefois et d'aujourd'hui),* recueil d'histoires populaires, procède d'un milieu et d'une mentalité totalement différents. Ses 31 volumes semblent être l'œuvre d'un auteur unique. C'est un livre de tradition populaire, aux antipodes de la littérature de cour décrite ci-dessus, et peut-être destiné à édifier les membres du clergé. Certains récits relatent les miracles du Bouddha ou les conséquences des actions bonnes ou mauvaises selon la loi bouddhique; d'autres dépeignent des événements qui se sont passés en Chine; d'autres encore des épisodes de la vie quotidienne du peuple japonais. L'œuvre est si vivante, si pleine d'humour, de sagesse et de vérité que certains auteurs modernes et certains réalisateurs de films lui ont emprunté leurs thèmes. C'est notamment le cas de *Rashōmon*. Le *Konjaku-monogatari* porte en lui-même la preuve que la cour a perdu le monopole de la vie littéraire. Un courant nouveau qui devait aboutir à la disparition des structures politiques et sociales de l'époque Heian trouve ici sa transcription littéraire.

La calligraphie de l'époque Heian tardive

«Aujourd'hui», dit Genji à Murasaki, «tout devient mauvais et la seule chose qu'on connaisse encore est l'écriture *kana*. Autrefois la même graphie était imposée à tous. L'individu isolé ne jouissait d'aucune liberté dans l'agencement des traits. Toutes les écritures étaient pareilles [...]. Aujourd'hui chacun choisit l'écriture qu'il préfère, herbiforme ou poétique.»

Le Dit du Genji[37]

Trois grands calligraphes, les «Trois Pinceaux», avaient marqué de leur empreinte le début de la période Heian. Ils furent suivis au milieu du Xe siècle de trois autres grands qu'on appelle les «Trois Traces» (Sanseki), expression peut-être prise dans le sens de «Trois Pionniers». Grâce à eux, la spécificité japonaise atteint son plein épanouissement dans le style *wa-yō* parvenu à sa

127
Poésie de Ki no Tomonori, dont la calligraphie, attribuée à Ono no Tōfu (Michikaze, 894–966), est montée en rouleau vertical. Encre sur deux papiers colorés dans diverses nuances de brun. Chaque feuillet: 12 × 12,8 cm. Gotō Art Museum, Tōkyō.
La feuille appartenait à l'origine à un album pour lequel Ono no Tōfu transcrivit quelques poèmes du *Kokin-shū*. Pour chaque poème, deux papiers de couleurs différentes *(tsugi-shikishi)* servaient de support à la calligraphie: la première partie était transcrite sur la page de droite, la deuxième sur la page de gauche. Les *kana* étaient disposés selon des critères esthétiques en groupes tantôt lâches, tantôt serrés. Ce poème, de Ki no Tomonori, chante l'«appel du coucou» *(Kokin-shū,* 357).

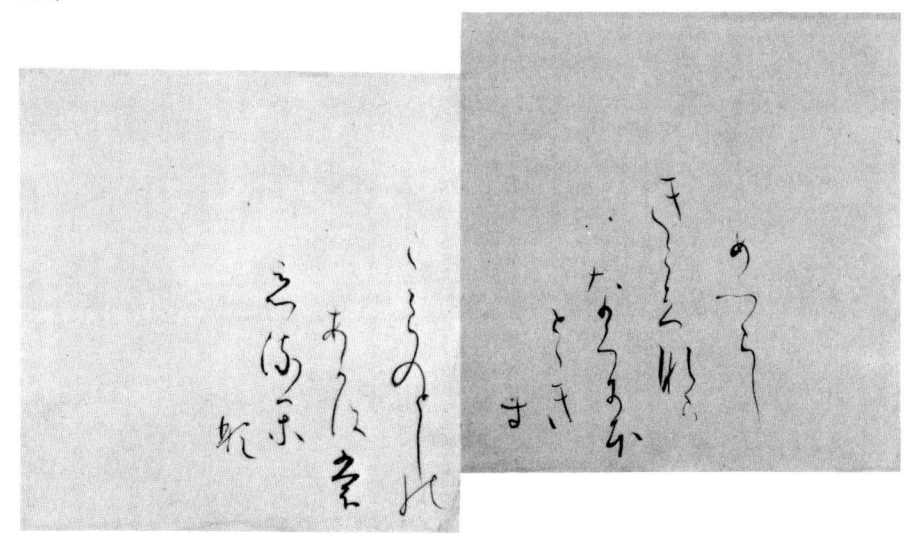

128
Poèmes de Bo Juyi, attribué à Ono no Tōfu (Michikaze, 894–966) (détail). Encre sur papier. H. 30 cm. Autrefois collection Konoike. (D'après *Shodō Zenshū*, vol. 12, *Nihon 3, Heian II*, Tōkyō, 1955, ill. 26.)
Ono no Tōfu calligraphia les poésies du poète chinois Tang le plus réputé au Japon, Bo Juyi. Il utilisa trois types d'écritures: classique, cursive et herbiforme. Son coup de pinceau très puissant rappelle celui de l'empereur Saga. Peut-être Ono no Tōfu a-t-il calligraphié ces poèmes à titre de modèles d'étude.

129
Wakan-rōei-shū, attribué à Fujiwara no Yukinari (972–1027). Encre sur papier coloré imprimé, cahier de feuilles collées. 20 × 12 cm. Milieu du XIe siècle. Maison impériale.
Fujiwara no Kintō avait compilé en 1013 le *Wakan-rōei-shū* (*Recueil de poèmes japonais et chinois à réciter*). Les poèmes de cette anthologie, œuvre bilingue des plus appréciées, ont été souvent récités et copiés. Dans ce dernier cas, il fallait calligraphier aussi bien les *kanji*, caractères chinois complexes, que les *kana* japonais plus simples. La version attribuée au poète Fujiwara no Yukinari a été réalisée sur un précieux papier chinois micacé.

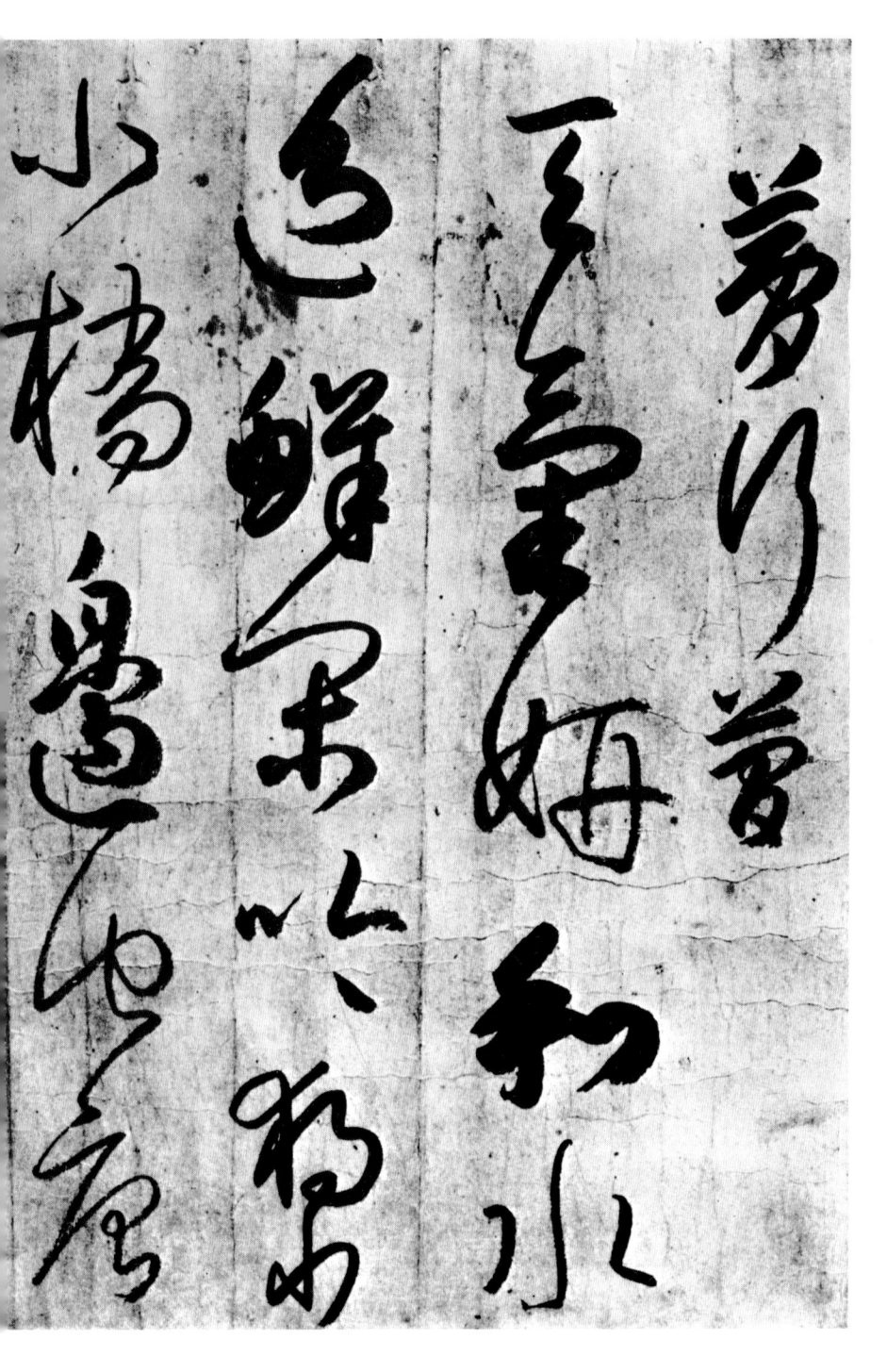

maturité. Ils appartenaient à trois générations successives. Le plus âgé, Ono no Tōfu (Michikaze), vécut de 894 à 966 et fut mandé à la cour en tant que maître calligraphe *(nōsho)* par l'empereur Daigo. Il obtint le poste de trésorier et gravit les échelons de la hiérarchie jusqu'à celui de directeur de quatrième rang de la deuxième classe. Ses tâches en tant que maître calligraphe étaient multiples: écrire les tablettes indiquant les noms des pavillons et des portes du palais, des sanctuaires et des temples impériaux, calligraphier les commentaires des *sūtra* en regard des peintures correspondantes sur les parois et les portes des temples. La Descente d'Amida dans le pavillon du Phénix du Byōdō-in offre des exemples de ces textes explicatifs qui cependant ne peuvent être attribués avec certitude à aucun calligraphe[38]. Il devait mettre au propre les édits et memoranda impériaux d'après les projets des docteurs de la littérature. Le maître calligraphe devait encore recopier avec élégance des poésies sur les paravents qu'on avait sélectionnés pour une fête Daishō-e ou pour une cérémonie de couronnement. Enfin, il était chargé de libeller les inscriptions solennelles apposées sur les *sūtra* qu'avaient calligraphiés des copistes professionnels.

Un recueil de poèmes chinois de la main de Ono no Tōfu fait partie des collections impériales; il était destiné à un paravent. Nous possédons en outre le texte d'un édit en faveur du moine Enchin et des copies de Bo Juyi dont les poèmes constituaient encore le morceau de choix des textes *kambun*. La puissance de la graphie de Tōfu éclate ici dans les variations d'épaisseur des traits *kai* et *so*, tant pour l'écriture régulière que l'écriture herbiforme. Des calligraphies en caractères syllabiques *kana*, désignées sous le nom d'«écriture de femme», lui sont attribuées. Elles ne sont cependant pas signées. Elles se présentent sous forme de «poésies doubles» sur deux feuillets de dimension moyenne, teintés en trois couleurs et qui portent chacun un demi-poème. Les lignes sont disposées en ordre «dispersé» et les caractères souplement liés entre eux forment des séquences rythmées qui traduisent une conception d'une grande exigence esthétique.

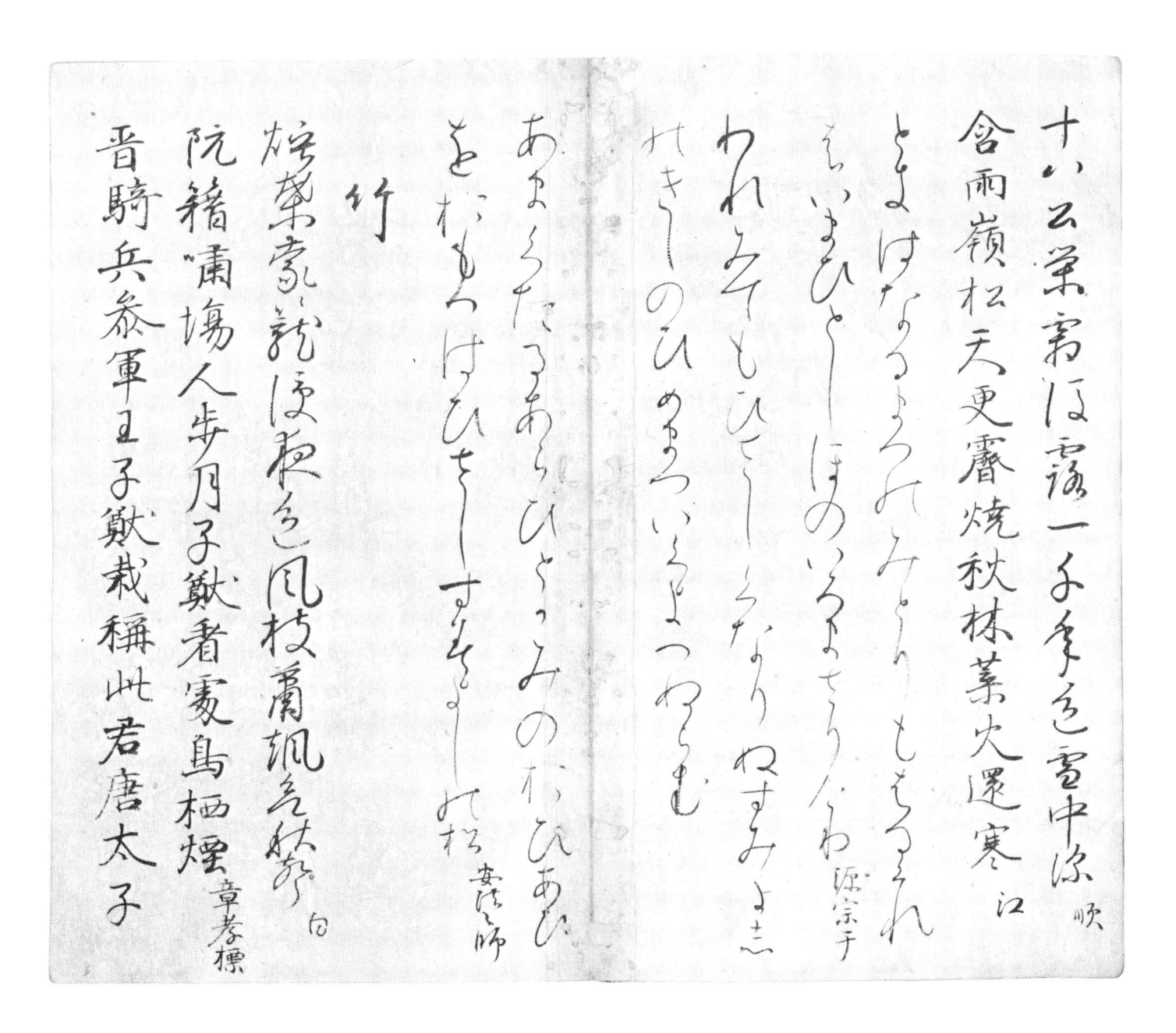

Les calligraphies en *kana* qu'on attribue aux coryphées postérieurs ne peuvent, elles non plus, être authentifiées avec certitude. Le génial calligraphe Fujiwara no Sari (944–998) occupa le poste de maître calligraphe sous les empereurs Enyū, Kazan et Ichijō. Son renom s'était répandu jusqu'en Chine, aussi accéda-t-il au troisième rang supérieur de la haute noblesse. Quelques lettres signées de son titre et datant de 981–982 fascinent par leur cinglant coup de pinceau.

Le grand génie des «Trois Traces» est le plus jeune d'entre eux, Fujiwara no Yukinari (972–1027). Il était pétri de dons. Ami de Fujiwara no Michinaga, nommé maître calligraphe officiel des empereurs Sanjō et Goichijō, il fut promu «vice-conseiller d'Etat» et accéda au deuxième rang supérieur. En tant que calligraphe, il se considérait comme élève de Ono no Tōfu, mais il per-

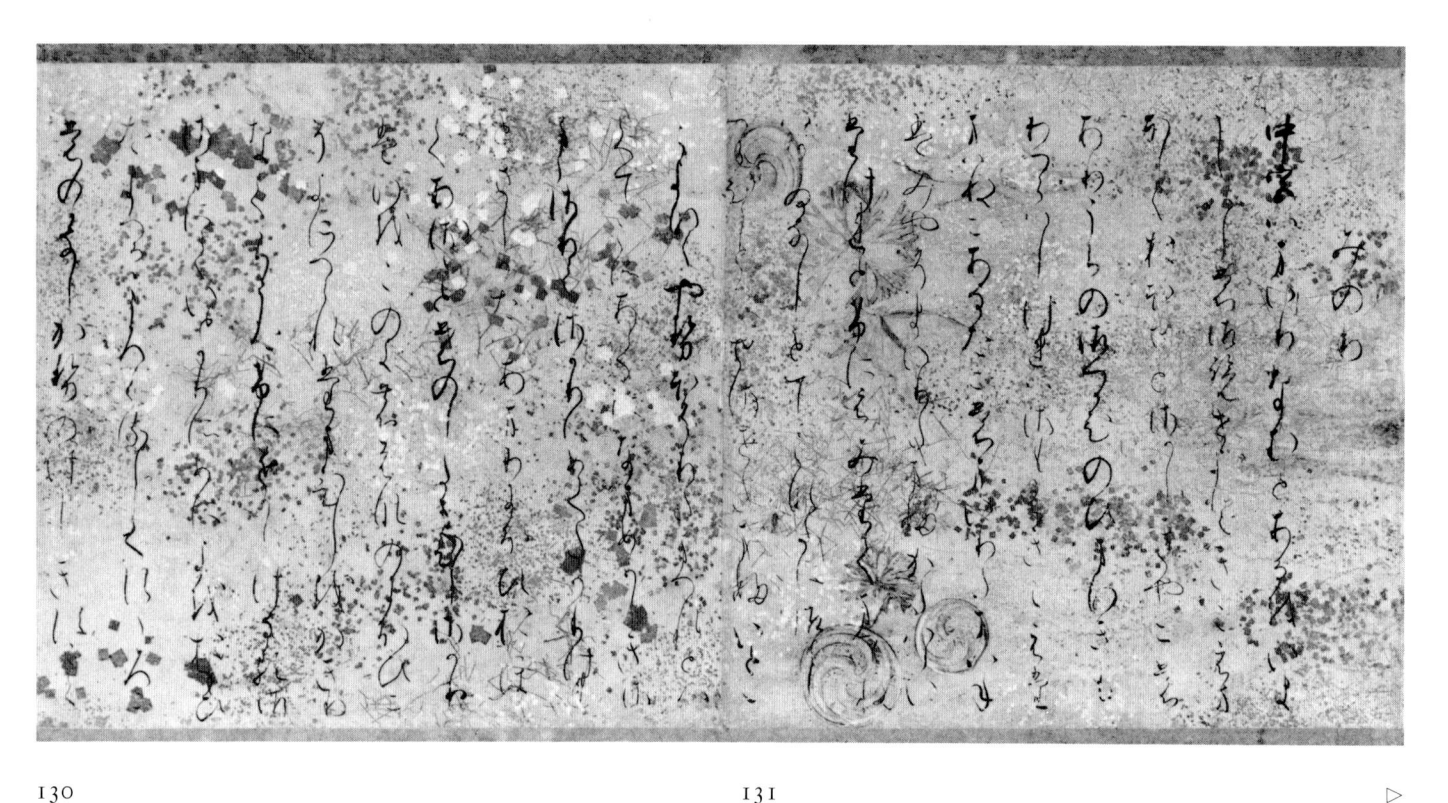

130
Genji-monogatari-emaki: chapitre 40, Minoru. Encre sur papier décoré. H. 21,8 cm. Premier quart du XIIe siècle. Gotō Art Museum, Tōkyō.
Il ne nous reste du chapitre Minoru qu'une image (ill. 125) et 69 lignes de texte sur cinq papiers. L'écriture est attribuée au premier des cinq calligraphes du *Genji-monogatari-emaki*. Le papier, aux couleurs tendres, est particulièrement somptueux: ornements d'or et d'argent et motifs peints en forme d'armoiries.

131
Sanjūroku-nin-shū, fragment d'Ishiyama: poèmes de la poétesse Ise. Encre sur papier décoré. 20,3 × 16 cm. Vers 1112. Freer Gallery of Art, Washington, D.C. (inv. 69.4).
Ce fragment *(gire)* appartenait auparavant au *Sanjūroku-nin-shū*, recueil de poèmes en 38 volumes conservé à Kyōto, dans le temple Nishihongan-ji. Les feuillets de deux volumes, l'un contenant des œuvres de la poétesse Ise, l'autre des poèmes de Ki no Tsurayuki, furent dispersés dans diverses collections. Le feuillet représenté ici donne un exemple du raffinement de la préparation du papier par des techniques de découpage, de collage, de teinture, d'impression et de peinture. La qualité du papier est mise en valeur par la calligraphie.

fectionna aussi son écriture en copiant des poèmes de Bo Juyi.

Bien que ce soient ses idéogrammes chinois qui attestent de la façon la plus évidente la noblesse et la clarté de sa graphie et de son caractère, Yukinari passe pour être l'homme qui a donné à l'écriture japonaise son visage définitif. Il adopta aussi une nouvelle version purement japonaise du mode de signature: son paraphe, dans une lettre de remerciements pour sa promotion rédigée en chinois et datée de 1020, est placé en avant du texte.

Toutes les variantes stylistiques en usage en cette période d'épanouissement de la culture japonaise se retrouvent dans les multiples fragments de manuscrits de Yukinari couverts des caractères coulés et doux de l'«écriture de femme». On attribue aussi à Yukinari quelques copies du *Wakan-rōei-shū* (1013), travail de compilation dû à Fujiwara no Kintō. Quelques fragments attribués à ce dernier nous sont certes parvenus, mais la calligraphie de Yukinari leur est supérieure par la qualité des accents, répartis en lourds et légers, suivant qu'il s'agit de poèmes chinois ou japonais. Le style de Yukinari resta un modèle pour l'école de calligraphie qu'il avait fondée, l'école Seson-ji, dont les maîtres se succédèrent à la cour pendant plusieurs générations.

Beaucoup d'œuvres de qualité de la période Heian tardive ont été conçues dans cette sphère d'influence. La sensibilité esthétique aiguë de l'aristocrate Heian le por-

きゝそへくあるらん

うけあかしはや

ろ
てしあ
はけ

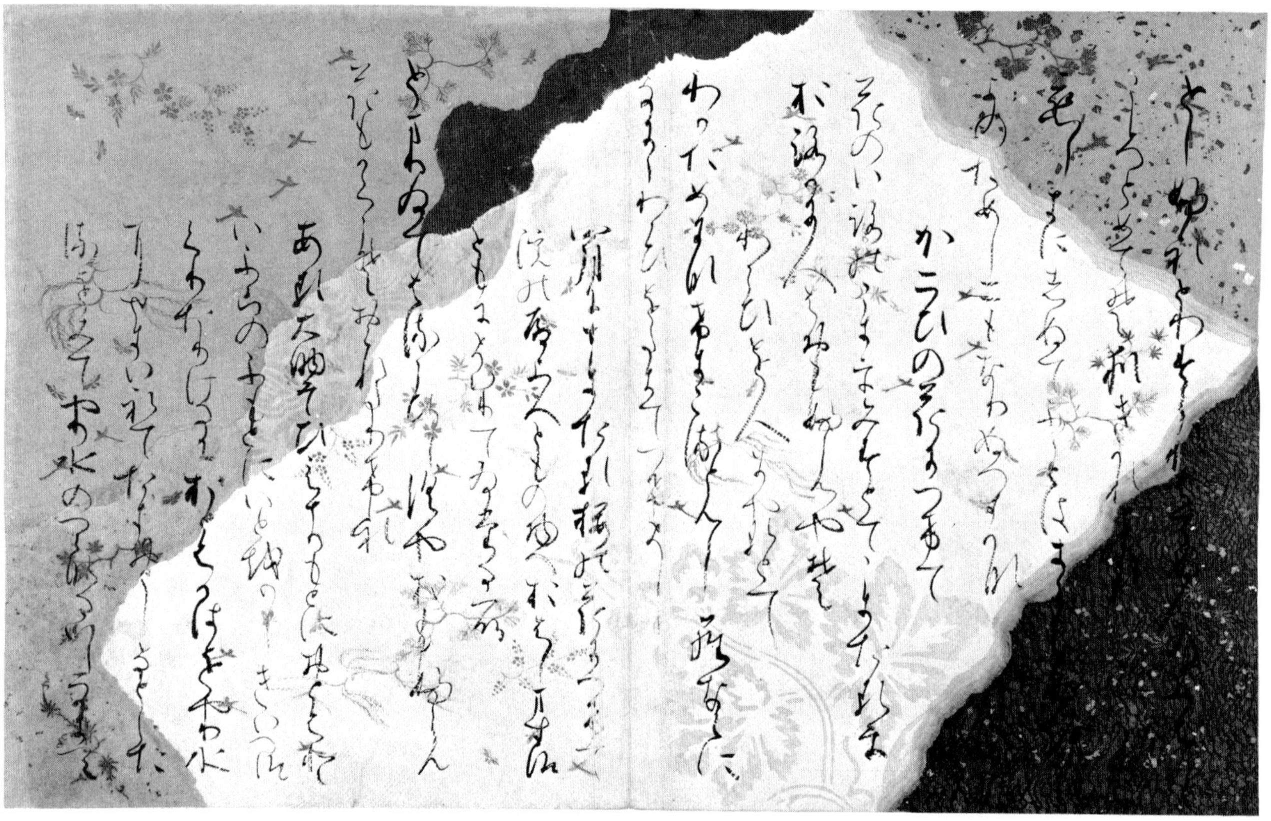

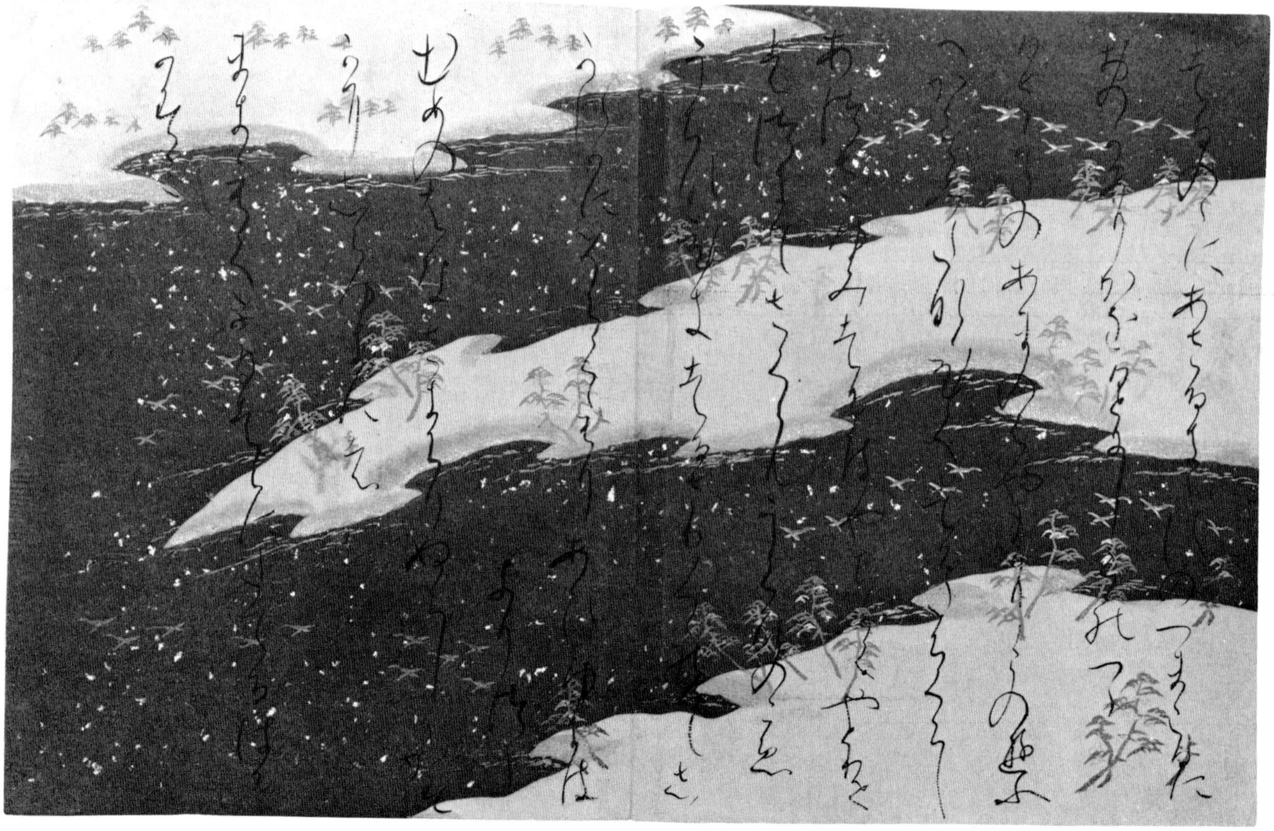

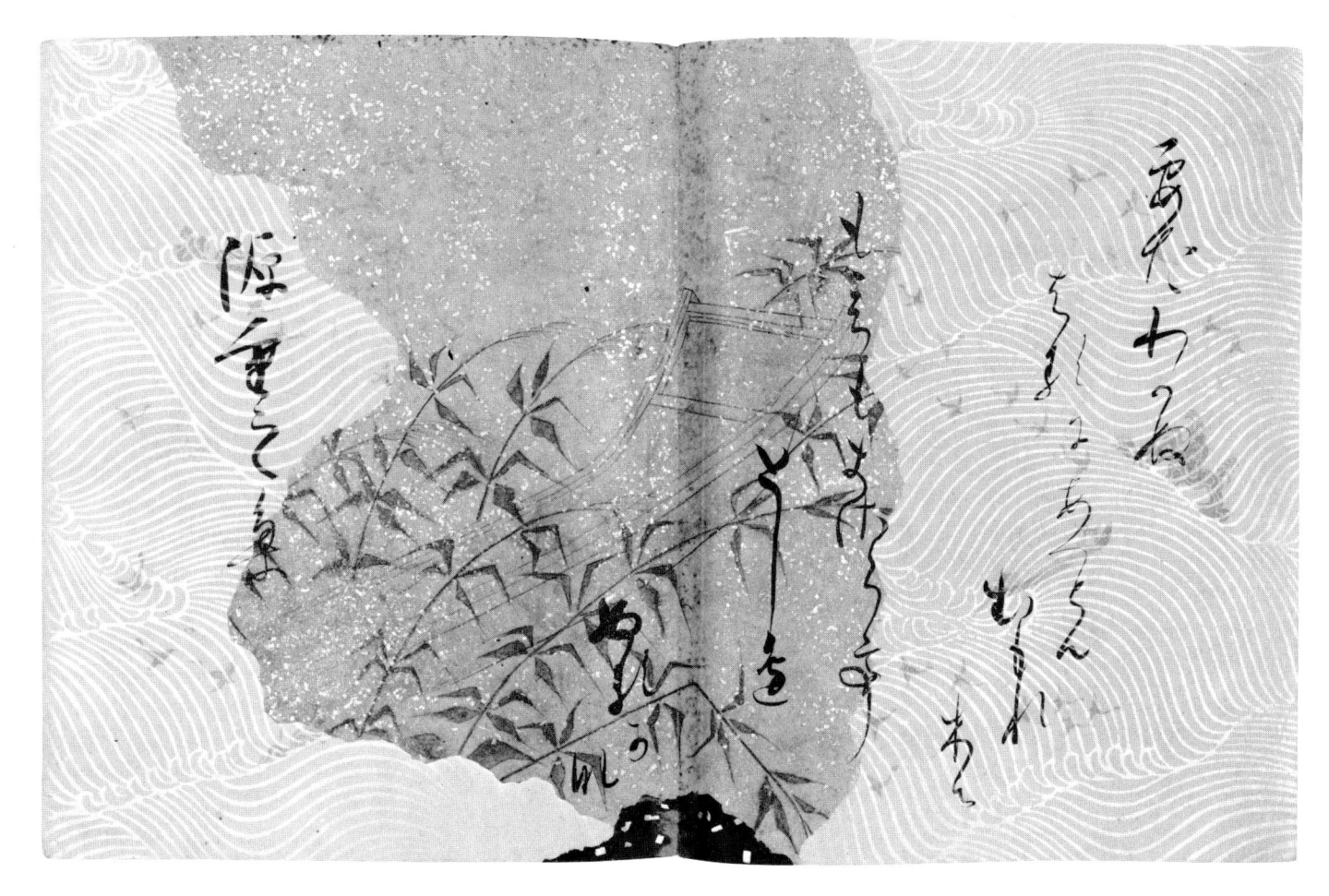

◁ 132
Sanjūroku-nin-shū, fragment d'Ishiyama: poèmes de la poétesse Ise. Encre sur papier décoré. 20,2 × 31,8 cm. Vers 1112. Collection Hikotaro Umezawa, Tōkyō.
Cette feuille, constituée de fragments de papiers multicolores, vient également de l'album contenant des œuvres de la poétesse Ise. La fluide écriture en *kana* s'harmonise avec les gracieux ornements imprimés et peints à la poudre de métal.

◁ 133
Sanjūroku-nin-shū: poèmes de Yamabe no Akahito. Encre sur papiers assemblés à la façon d'un collage avec peinture d'argent. 20,5 × 32 cm. Vers 1112. Temple Nishihongan-ji, Kyōto.
Six poèmes d'Akahito sont écrits, à partir du haut à droite, d'abord de façon très serrée, puis de plus en plus lâche. Le fond de paysage à vocation ornementale représente des côtes découpées. Dans l'eau d'un vert profond, parsemée de feuilles d'argent, s'enfonce une langue de terre, bordée, en haut et en bas, de deux rives. Les rives, les pins et les oies sauvages en vol sont peints aux pigments métalliques.

134
Sanjūroku-nin-shū: poème de Minamoto no Shigeyuki. Encre sur papiers assemblés à la façon d'un collage avec impression de mica et dessin. 20,1 × 31,8 cm. Vers 1112. Temple Nishihongan-ji, Kyōto.
Il s'agit ici d'un collage de trois feuillets de papier à motifs: du papier chinois avec impressions de vagues micacées encadre une rive de papier moucheté. Un bateau gracieux apparaît au milieu des roseaux. Le calligraphe a transcrit un poème de Shigeyuki en caractères harmonieusement dispersés.

tait à apprécier plus encore que le contenu d'un poème, la qualité de la calligraphie, miroir impitoyable de l'individu et de son éducation. Il arrive fréquemment dans les œuvres de Murasaki Shikibu et de Sei Shōnagon que des personnages soient jugés uniquement d'après leur écriture. De plus, les règles du bon goût dictaient quantité de détails: le choix du papier adéquat ou la façon dont il était plié et fixé à un rameau chargé de significations.

Les papiers les plus précieux venaient de Chine. Depuis que les relations commerciales avec la dynastie des Song du Nord avaient été rétablies, les rouleaux de papier pouvaient de nouveau être importés. Chōnen, un moine du Tōdai-ji, ramena de Chine, en 897, 50 rouleaux de papier de Chine *(karakami)*. C'était un papier fait de fibres de bambou, colorées, mélangées à des coquillages broyés. Les bords étaient décorés de motifs héraldiques ou imitant des textiles, obtenus par addition de mica, par pyrogravure ou par gauffrage dans des moules en bois. Ces papiers furent immédiatement reproduits au Japon et transposés selon le goût japonais:

135
Sarashina-nikki (détails), calligraphie de Fujiwara no Teika (1162–1241). Encre sur papier. Cahier avec couverture originale: 16,3 × 14,5 cm. Maison impériale.
Le journal *Sarashina-nikki* fut composé après 1058 par la fille d'un noble de province, Sugawara no Takesue. Il rapporte les événements de la période de 1021 à 1058 et décrit les péripéties d'une femme obsédée de romans mais peu appréciée à la cour qui perdit prématurément son mari. La copie la plus ancienne de ce journal est due au poète et critique Fujiwara no Teika. Son écriture, très peu conventionnelle, mêle les *kana* et les *kanji*.

les motifs éparpillés suggéraient plantes et animaux imaginés dans un monde poétique. Mais certains papiers fabriqués dans les moulins à papier japonais (et d'inspiration strictement japonaise) étaient également très appréciés. Les dames aimaient le papier *michinoku*, uniformément blanc, ou le papier à motifs de nuages aux couleurs tendres.

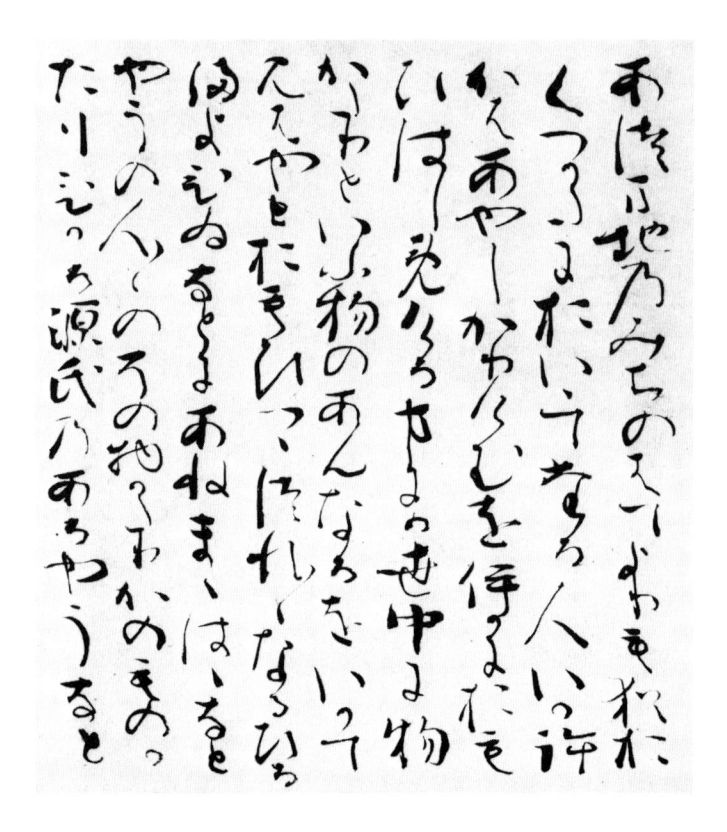

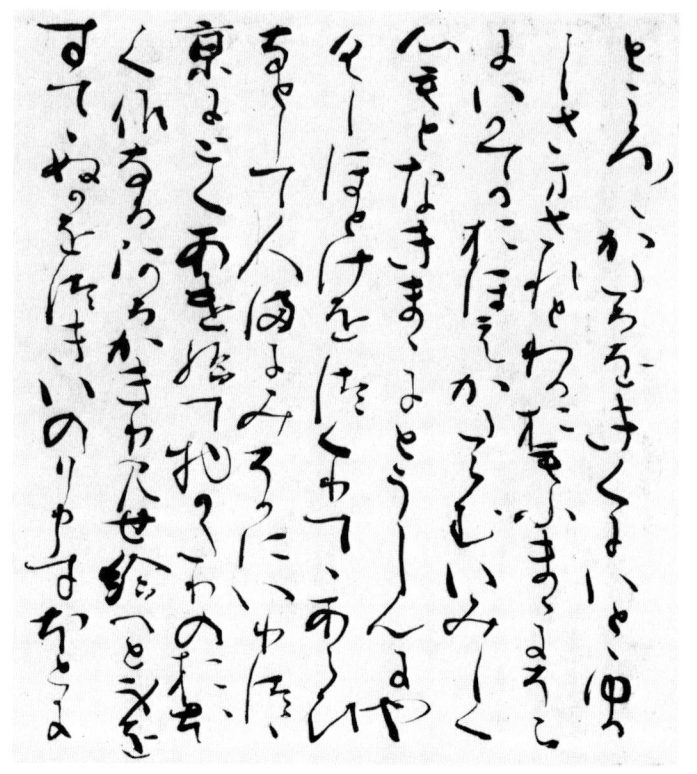

Dans les moulins à papier proches de la capitale, on colorait le papier par trempage dans des bains ou en le peignant au pinceau. Le papier à motif de nuages s'obtenait en mélangeant, lors du filtrage, des fibres préalablement colorées. Les papiers décorés de petits nuages étaient appelés «papiers à nuages volants» *(tobigumo-gami)*. D'autres procédés de fabrication permettaient d'obtenir un papier très fin où apparaissaient des motifs de vagues floues. Le motif dit «encre glissée» *(sumi-nagashi)*, obtenu en laissant l'encre se répandre en coulées contrôlées dans le papier humide, semble, lui aussi, être une invention purement japonaise, particulièrement bien adaptée à la texture du papier japonais *(washi)*. On obtenait des effets décoratifs encore plus raffinés en rehaussant les papiers d'ornements en or et en argent: fragments de feuilles métalliques découpés ou déchirés, grains, poudre ou bandes extrêmement fines. On y ajoutait parfois des motifs dessinés à l'encre ou à la peinture d'or ou d'argent. Souvent, on exploitait sur le plan formel les jeux d'alternances entre les idéogrammes des poésies et les décorations du papier.

Tous les papiers décrits ici se trouvent dans la luxueuse édition, unique en son genre, des *Recueils des trente-six poètes (Sanjūroku-nin-shū)*, anthologie composée par Fujiwara no Kintō (966–1041). L'œuvre aurait été dédiée à l'ex-empereur Shirikawa à l'occasion de son soixantième anniversaire en 1112. 687 sortes de papier ont été utilisée dans cet ouvrage. Sur certaines pages, les effets décoratifs sont poussés encore plus loin par des techniques de collage. On collait en les superposant des feuilles de papier différentes (jusqu'à cinq), de telle façon que les bords soient décalés. On obtenait ainsi des effets analogues à ceux des vêtements des dames de la cour dont les manches superposées et de longueur décroissante se terminaient par une juxtaposition de fines bandes de couleurs différentes. Sur les 140 feuilles de cette espèce, 136 nous sont parvenues. Certaines des techniques décoratives utilisées dans le *Sanjūroku-nin-shū* ont été appliquées également dans les *sūtra*-joyaux. Cependant, la beauté des papiers de cette anthologie est restée inégalée. L'anthologie, conservée d'abord dans le temple Nishihongan-ji, comprenait à l'origine 38 cahiers dont deux étaient dus à Ki no Tsurayuki et deux à Nakatomi no Yoshinobu. 32 cahiers originaux restèrent en la possession du temple Nishihongan-ji et ceux qui avaient été perdus furent reconstitués récemment. Certains cahiers et feuillets isolés qui avaient disparu ont été vendus pour la dernière fois en 1929, et actuellement plusieurs feuillets isolés se trouvent dans des collections américaines.

Vingt calligraphes auraient participé à la transcription des 6438 poèmes. On peut, avec quelque vraisemblance, attribuer certains cahiers comprenant des poèmes de Ki no Tsurayuki (cahier 2), de Minamoto no Shitagō (cahier 26), de la princesse Nakatsukasa (cahier 36) à un successeur de Yukinari, Fujiwara no Sadanobu (1088–1156). Les poèmes de Mitsune auraient été copiés par Michiko (Dōshi), femme de l'ex-empereur Shirikawa.

L'école du Seson-ji resta fidèle au style de Fujiwara no Yukinari dans ses copies d'œuvres littéraires japonaises destinées à la cour et la noblesse. L'école Hoshō-ji, fondée par Fujiwara no Tadamichi (1097–1164), prit bientôt de l'importance. Le temple Hōshō-ji, le premier des six temples impériaux, avait été édifié par l'empereur Shirakawa en 1077. Il fut à l'origine d'un mouvement de réaction en calligraphie: la puissante tradition chinoise était remise en honneur. Les grands poètes et critiques littéraires de l'époque Heian tardive, Fujiwara no Shunzei et Teika, se rallièrent à cette tendance. La noblesse provinciale, opposée à la vie de cour, fit sien un nouvel idéal chevaleresque qui trouva un mode d'expression approprié dans la calligraphie de l'école Gokyō-goku de Fujiwara no Yoshitsune (1169–1206). Le changement d'orientation spirituelle se marqua lui aussi dans la calligraphie. Toutefois, les élégants caractères *kana*, en grande faveur à l'époque Heian, restèrent jusqu'aujourd'hui, dans l'entourage de l'empereur, le modèle le plus approprié à la calligraphie *wa-yō*.

La peinture profane: Kara-e et Yamato-e

Aucune peinture profane ni du début ni du milieu de la période Heian ne nous est parvenue. On peut cependant s'en faire une idée à partir de la littérature et surtout à partir d'introductions à des poèmes du *Kokin-shū*. Les peintures des portes coulissantes et des paravents entraient pour une grande part dans l'élégance des salles d'habitation de la cour et de la haute noblesse. Elles donnaient de la couleur et de l'éclat aux pièces plongées dans la pénombre par des jalousies extérieures et des écrans d'apparat. La nature des thèmes créait l'atmosphère: sévère pour les peintures de style chinois (Kara-e), intime pour les œuvres de style japonais (Yamato-e). La maison impériale possédait, dès l'époque Nara, des paravents très divers à la fois par le matériau et le décor: 105 d'entre eux, provenant de la maison de l'empereur Shōmu (724–749), aboutirent en 756 dans le trésor du Shōsō-in à Nara; en 856, on en mentionnait encore 68; aujourd'hui, il nous en reste onze.

Lorsque fut terminé le palais impérial de Heian-kyō en 808, le bureau de Peinture et de Décoration intérieure fut réduit. Seuls deux peintres et dix aides demeurèrent en fonction. Néanmoins, l'intérêt porté à la décoration s'accrut: en 818, l'empereur Saga fit peindre sur les portes coulissantes du pavillon Shishin-den les portraits idéalisés, grandeur nature, de sages chinois tels qu'on pouvait les voir dans le palais impérial de Chang'an. Le pavillon impérial, le Seiryō-den, qui lui fait suite, fut décoré d'écrans reprenant des thèmes chinois telles «la vue du lac Gunming» ou les «vagues sauvages de l'océan» d'après le *Shanghaiqing*. On mentionne également des représentations de chevaux et des portraits de grands poètes chinois. Toutes ces peintures copient très fidèlement les originaux chinois appelés «Kara-e», c'est-à-dire «images de Chine». Nous connaissons un nom de peintre réputé: Kudara no Kawanari (783–853). Il doit avoir pris une part importante aux projets impériaux. En 840, il fut élevé à la dignité de *ason*.

A partir de la deuxième moitié du IXe siècle, la peinture amorce une évolution qui se situe dans le sillage de la mode littéraire: les peintres osent aborder des sujets japonais. Beaucoup de préfaces à des œuvres du *Kokin-shū* indiquent que ces poèmes sont destinés à un paravent. On en a compté 593 dans le *Kokin-shū*[39]. Sont mentionnés des paravents représentant la rivière Tatsuta près de Kyōto, paysage superbe en automne. Le moine Sōsei, par exemple, composa (vers 890) un poème à propos d'un paravent situé dans le pavillon oriental de l'impératrice Nijō no Kisaki, épouse de l'empereur Uda. Le paravent représentait la rivière Tatsuta sur laquelle flottaient des feuillages roux d'automne:

«momiji no ha
nagarete tomaru
minato niwa
beni fukaki namida ya
tatsuran».

(Lorsque les feuilles d'automne
cessant leur course s'amoncèlent
là, à l'embouchure du fleuve,
des vagues s'élèvent, rouge
sombre, pareilles à des larmes.)

Kokin-shū, 293

Un autre paravent sur lequel était représenté la rivière Tatsuta et qui se trouvait dans le palais de l'empereur Uda, le Teiji-in, a aussi été chanté par les poètes. Hommes et chevaux hésitaient à en franchir le cours, parce qu'ils se refusaient à piétiner les feuillages d'automne. Des thèmes de ce type, inspirés par la communion avec la nature, ne sont pas réservés au palais impérial. Ils apparaissent également dans les palais des nobles. Sans doute n'est-ce pas un hasard si les sujets japonais les plus anciens sont tirés de la nature au printemps et à l'automne: beauté des fleurs naissantes ou des feuilles qui tombent. La tonalité affective de l'époque Heian est bien rendue par l'expression mélancolique *«mono no aware»*, «l'émotion profonde devant les choses» (O. Benl). Elle se manifeste de façon particulièrement évidente dans deux domaines: en peinture et en poésie. T. Akiyama démontre de façon probante que la peinture spécifiquement japonaise, le Yamato-e, avait acquis dès la fin du IXe siècle ses traits essentiels: le choix des thèmes et le mode de représentation des paysages et des personnages étaient fixés. On les découvre déjà dans les «images des saisons», les «images de la suite des mois» et les «vues célèbres». Cette vision reflète la mentalité japonaise profonde, et d'ailleurs au XIXe siècle les grands maîtres de l'estampe, tels que Andō Hiroshige, iront puiser aux mêmes sources d'inspiration.

Au Xe siècle, l'éventail des thèmes japonais s'élargit: les romans illustrés (*monogatari-e*) prennent naissance. Les journaux et les romans nous apprennent que les rouleaux illustrés (*emaki*) et les images narratives (*sōshi-e*), petites peintures qu'on contemplait dans l'intimité, connurent une grande vogue. Les peintres de l'école Kose s'étaient spécialisés dans ces sujets. Ils faisaient partie de l'atelier de peinture créé en 886 à la cour. Quelques noms nous ont été transmis: Kose no Kanaoka, Kose no Ōmi, Kose no Kimmochi et Kose no Kintada, mais toutes leurs œuvres sont perdues.

Les *emaki* illustrant la vie de cour nous permettent d'étudier les paravents, les portes coulissantes et même les rideaux de soie représentant des paysages. La comparaison du *Genji-monogatari-emaki* et du *Nenju-gyōji-emaki* fait apparaître les similitudes du Yamato-e et du Kara-e. Dans le *Genji-monogatari-emaki* dominent les paysages avec des arbres en fleurs ou aux couleurs d'automne dans lesquels les figures, accessoires, se fondent

136
Eventail. Encre et couleurs sur bois de cyprès. 28,7 × 48,5 cm. Seconde moitié du XIIe siècle. Itsukushima-jinja, Miyajima, Hiroshima.
Sur un fond orné d'or et d'argent sont représentés un noble, sa femme et sa fille dans un style Yamato-e plein de puissance. Des caractères de calligraphie herbiforme sont accrochés au tronc et aux rameaux d'un pin. Au revers, le souci décoratif est encore plus manifeste: des fleurs de pruniers, d'autres motifs et des inscriptions sont disséminés sans ordre apparent.

137
Nenjū-gyōji-emaki: cinquième rouleau, quatrième image. Encre et couleurs sur papier. H. 45,2 cm. Copie d'après un original d'environ 1160. Collection privée.
Après le banquet Naien, six dames, vêtues à la chinoise, dansent sur une estrade dans le jardin est du pavillon Ryōki-den. L'orchestre, composé de femmes, joue dans une pièce adjacente. Autour de la scène délimitée par des rideaux et représentée en perspective centrale se pressent des membres de la cour et des porteurs de torches.

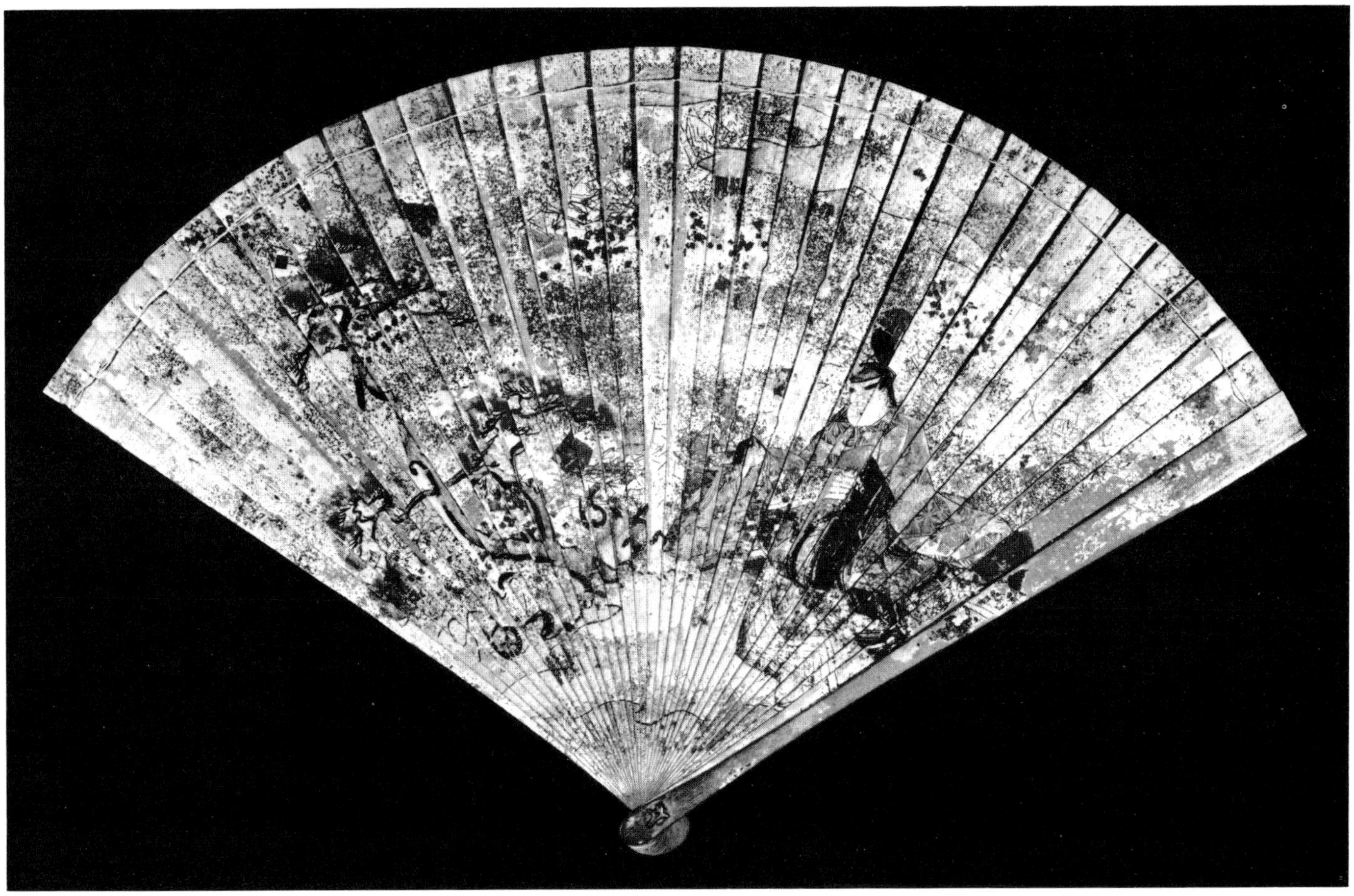

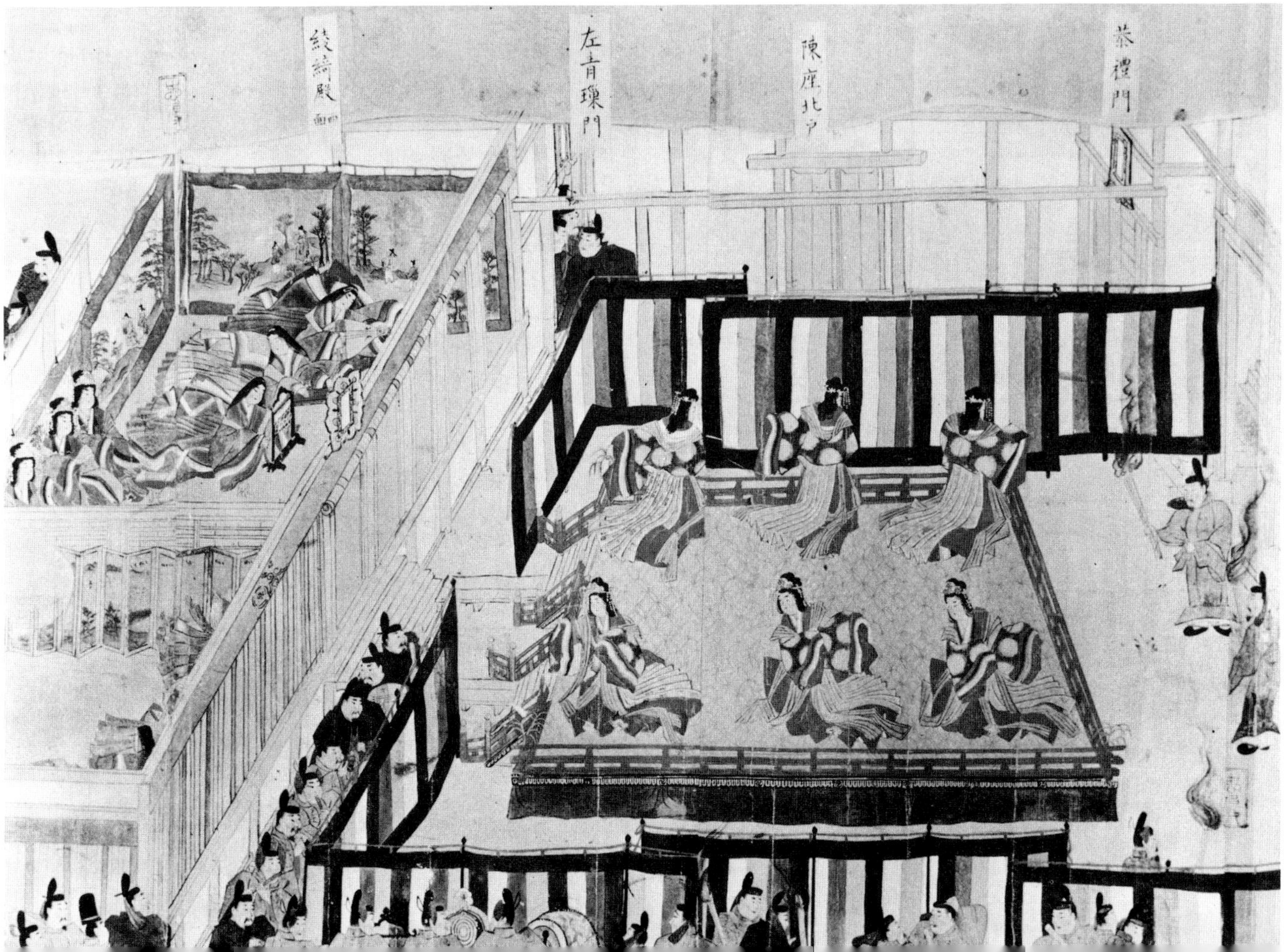
綾綺殿
左青瑣門
陣座北戸
恭禮門

150

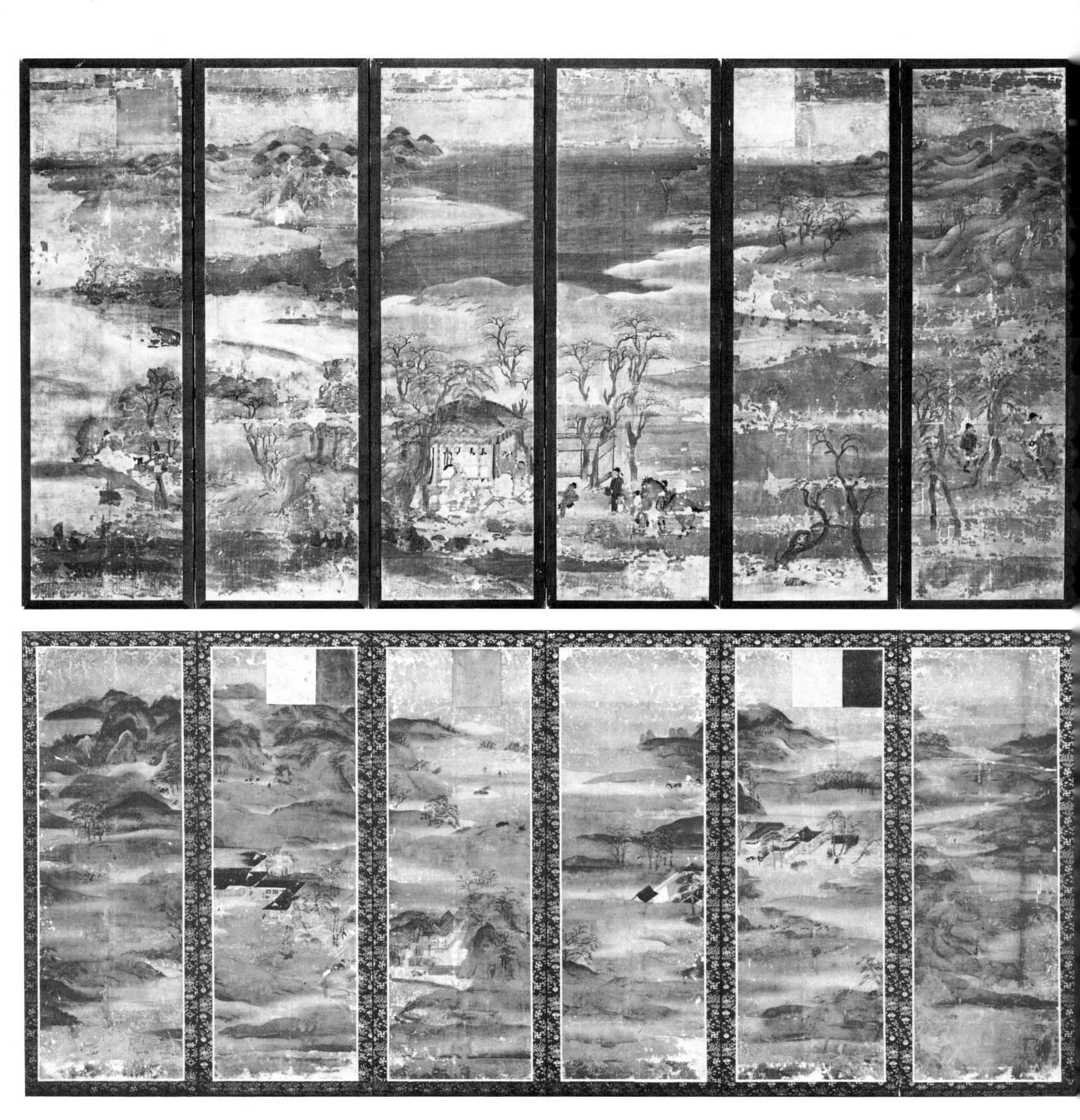

138
Paravent à paysage. Encre et couleurs sur soie. 146 × 258 cm. XIIᵉ siècle. Autrefois dans le temple Kyōōgokoku-ji. Kyōto National Museum, Kyōto.
La hutte de branchages d'un ermite occupe le centre du paysage. Peut-être s'agit-il du célèbre poète Bo Juyi. Assis sous une avancée du toit, il accueille un lettré qui vient de descendre de cheval. Les figures sont chinoises. Les éléments de paysage s'accumulent dans le sens vertical, mais certains aspects poétiques se rattachent à la tradition japonaise. Ce paravent offre un excellent exemple de peinture de style Kara-e. Il aurait été exposé lors de cérémonies d'initiation dans le temple Kyōōgokoku-ji.

139
Paravent à paysage. Couleurs sur soie. 110,8 × 245 cm. Début du XIIIᵉ siècle. Temple Jingo-ji, Kyōto.
Lors de la cérémonie d'initiation de la secte Shingon, le paravent à six panneaux était placé derrière le siège de l'abbé, malgré son caractère profane. Le paysage, tantôt montagneux, tantôt doucement vallonné, est totalement japonisé. Il est traité dans le style Yamato-e avec nuages et bancs de brouillard.

dans la composition. Il arrive souvent que des feuillets de poésie au coloris raffiné *(shikishi-gata)*, avec ou sans calligraphie, soient collés à la façon d'une mosaïque sur l'image, la poésie ajoutant une dimension nouvelle à l'œuvre.

Le *Nenju-gyōji-emaki* dépeint une représentation de
137 danse devant le pavillon Ryōki-den de l'impératrice. Les danseuses portent des vêtements chinois. Dans la première pièce à gauche, on aperçoit des paravents où figurent des paysages de type Yamato-e et des femmes en tenue japonaise. Les musiciennes situées dans la pièce arrière sont habillées à la façon chinoise et japonaise. Sur les grands rideaux qui délimitent les espaces de la pièce arrière on voit, clairement représentées, des silhouettes chinoises, probablement des poètes célèbres. Les personnages occupent ici une place prépondérante dans l'espace de l'image.

Ces rideaux sont proches de la plus célèbre des pein-
138 tures Kara-e: le paravent à six panneaux provenant du temple Kyōōgokoku-ji, qui représente un paysage *(senzui-byōbu)*. On y voit un poète, probablement Bo Juyi, surpris par des visiteurs devant sa hutte solitaire. Ce paravent était utilisé lors de cérémonies d'initiation de la secte Shingon.

139 Le temple Jingo-ji conserve également un *senzui-byōbu*. Très différent du précédent, il représente des palais et des scènes de la vie quotidienne de l'aristocratie dans un paysage purement japonais. Des bandes de brouillard assurent la transition entre les différents niveaux de l'image. On admet aujourd'hui que le paravent du Kyōōgokoku-ji date du XIIᵉ siècle et que celui du Jingo-ji est postérieur à 1200. Les paravents de l'époque Heian offrent d'excellents exemples des deux directions prises à ses débuts par la peinture de paysage. Comme dans le *Genji-monogatari-emaki*, on reconnaît ici également des feuillets collés de poésie *shikishi*.

L'artisanat d'art

Les premiers et précieux tributs qui au VIᵉ siècle et à l'époque Nara arrivèrent à la cour impériale avaient persuadé les Japonais de la supériorité de l'artisanat chinois. Au cours de l'époque Heian, la noblesse garda une prédilection pour les objets d'origine chinoise. Les missions officielles et les moines voyageant pour leur propre compte recherchaient naturellement des textes religieux et des objets de culte. Mais ils essayaient aussi d'acquérir contre paiement en or toutes sortes d'objets précieux tels que brocarts, papiers, céramiques et métaux travaillés. De plus, les Coréens et les Chinois, marins aguerris, s'adonnaient à un commerce florissant, encore qu'officieux, d'articles chinois. On rapporte que les articles importés étaient même vendus sur les marchés de Heian-kyō.

Le début du Xᵉ siècle vit l'émergence d'un style proprement japonais en matière d'artisanat. Ce n'était pas là un phénomène isolé: il se situait dans un courant général de japonisation du style de vie et du goût. Cet artisanat autonome prit naissance dans des domaines que préféreront également les époques postérieures: les objets en métal et en laque.

Dans le domaine de la céramique, en revanche, le Japon resta durant l'époque Heian très en deçà de la perfection de la porcelaine et des grès monochromes chinois ou coréens. Les pièces originales chinoises étaient très appréciées à la cour. Dans ses *Notes de chevet*, Sei Shōnagon décrit comment, dans le pavillon Seiryō-den, un vase en céladon orné de branches de cerisier en fleurs parvenait, par l'élégance de ses formes et de ses fleurs, à faire oublier les effrayantes peintures de type Kara-e qui représentaient des «vagues de l'océan et des monstres aux longues jambes».

La céramique utilisée par le peuple et de façon générale pour la cuisine – assiettes, plats, carafes à eau, réci-

140

141

142

143

140
Pot à quatre pieds. Grès à glaçure jaune. H. 16,3 cm. IXᵉ siècle. Temple Jishō-in, Kyōto.
Ce pot est un des rares exemplaires de récipient appartenant à la famille des céramiques *sue*. Les quatre pieds se prolongent par des arêtes qui aboutissent au goulot en croisant trois bourrelets horizontaux. La glaçure jaune et brillante est probablement due à la pose d'une couche de silicate et ne doit rien aux hasards de la cuisson. Les fouilles permettent une datation approximative: des récipients de ce type furent probablement produits pendant l'ère Kōnin (810–824).

141
Cloche *vajra*. Bronze coulé. Tōkyō National Museum, Tōkyō.
Les attributs magiques de la secte Shingon comprenaient des symboles de la foudre et une cloche dont la poignée était en forme de *vajra* à cinq branches (foudre-diamant d'Indra). Sur les parois de la cloche figurent, écrits en sanscrit, les noms des «cinq grands bouddha».

142
Pendentif *keman*. Bronze partiellement argenté. 28,5 × 32,8 cm. Première moitié du XIIᵉ siècle. Temple Shinshō-ji, Shiga.
Les gerbes de fleurs qui ornaient les autels et autres objets furent remplacés, à la fin de l'époque Heian, par des pendentifs *keman* en cuir ou en bronze. La pièce reproduite ici est ajourée, repoussée et gravée. Deux *kalavinka* (en japonais *karyōbinga*), êtres ailés bouddhiques, présentent des offrandes. Ils sont entourés d'élégants rinceaux et séparés par une cordelette nouée dont la boucle supérieure est maintenue par une plaque finement ciselée.

143
Miroir. Bronze coulé. Diam. 12,4 cm. XIᵉ–XIIᵉ siècle. Tōkyō National Museum, Tōkyō.
Le miroir a été découvert dans des fouilles. Il est orné, dans le style *wa-yō* caractéristique de l'époque Heian, de cigognes et de branches de pins au doux modelé.

144
Epée. Fourreau en bois laqué et incrusté de nacre. L. 96,3 cm. XIIᵉ siècle. Kasuga-jinja, Nara.
La poignée de cette épée particulièrement précieuse est en peau de raie dorée et ornée de rinceaux travaillés en ajour dans des feuilles d'or. Le fourreau est recouvert de laque saupoudrée d'or. Les incrustations en nacre représentent des oiseaux dans des bambous poursuivis par un chat. Du verre blanc et vert, du laque noir et de l'ivoire interviennent également dans le décor. La pièce est un bel exemple du raffinement des techniques artisanales à la fin de l'époque Heian.

pients à provisions – était en terre *(haji)* ou parfois en grès *(sue-mono),* décorée d'une glaçure à la cendre, dont les modèles étaient coréens. Au cours de la période Heian, les grès acquièrent leur spécificité: formes plus légères et décoration gravée. Des fouilles organisées à Sagayama près de Nagoya permirent de découvrir en 1955 un four datant de l'époque Heian ainsi que des récipients destinés au culte: vases à fleurs ou récipients rituels.

Peu de pièces en céramique de l'époque Heian ont survécu en dehors de celles qui furent enterrées, notamment dans des tertres à *sūtra*. Dans les fours de Bizen, Settsu, Sanuki, Mino et Owari, on fabriquait de la céramique *sue*. Les tuiles étaient probablement produites dans la région de Heian-kyō et de Nara: on utilisait encore des tuiles décorées et partiellement vernissées pour les toits des palais et des temples, même si les bardeaux en écorce de cyprès – dans le style japonais – connaissaient une faveur croissante.

Le bronze jouait encore un rôle important dans l'art sacré, bien que les sculptures bouddhiques de l'époque Heian fussent presque exclusivement travaillées dans le bois. En certaines occasions, l'empereur ou le régent commandait des statuettes aux ateliers de sculpture, mais elles étaient en argent et non en bronze.

Les lanternes et les grandes cloches des temples témoignent à suffisance de la vitalité de l'art du bronze pendant la première partie de la période Heian. Ces cloches sont généralement datées: celle du temple Saikō-ji 839, celle du Daiun-ji 858, la célèbre cloche du Jingo-ji 875 et 917 celle du Eizan-ji. Elles sont, à cause de leur valeur historique, cataloguées sous la rubrique *«kokuhō»* (Trésor national).

Dans le culte Shingon, l'officiant utilisait une série d'objets en bronze à caractère magique: des *vajra*, des cloches, une roue de la Loi, un sceptre *nioi*, des figures d'autel symboliques avec présentoir. Kūkai avait ramené de Chine un ensemble complet d'objets de culte. Pour préserver leur caractère magique, les répliques exécutées au Japon restaient fidèles à la forme traditionnelle.

Le bronze s'avéra être un matériau parfaitement adapté à la fabrication de reliquaires; l'approche de la fin du monde poussait certains croyants à enterrer dans des cylindres de bronze des textes sacrés (en particulier le *Sūtra du Lotus)* pour favoriser l'admission de leur âme dans l'ère nouvelle du Bouddha Miroku (Maitreya). Fujiwara no Michinaga aménagea en 1007 le premier tertre à *sūtra* sur le Kimpusen, dans le Yoshino, près de Nara. Des reliquaires ont également été trouvés dans des tertres à *sūtra* à Fukuoka, dans l'île de Kyūshū: l'un, en forme de pagode cylindrique, contenait deux petites figures de Bouddha datées de 1116 et l'autre, couronné d'un bijou en verre, était posé sur un socle de lotus.

Le type d'ornementation Tang qui s'était constitué sous l'influence du bouddhisme restait vivant dans les gongs en bronze, les pendentifs ajourés *(keman)* et les appliques en métal des autels. Quelques nuances, caractéristiques de la sensibilité esthétique japonaise, sont cependant perceptibles. La décoration du Konjiki-dō (1124) à Hiraizumi en offre l'exemple le plus parfait. De petites pièces en métal, véritable travail d'orfèvrerie, telles que les fourreaux ornementaux des rouleaux de *sūtra* et les coffrets métalliques où on les rangeait, gagnèrent en importance. Les garnitures en bronze, les boutons et appliques de l'imposant ensemble de rouleaux du *Heike-nōkyō* (1164), qui a appartenu au clan Taira, offrent un éventail remarquable des techniques de travail de métal avec incrustations de pierres précieuses. Les objets utilitaires de l'aristocratie, coffrets destinés au matériel d'écriture ou nécessaires de toilette, étaient également décorés d'ornements métalliques. Les pièces de mobilier en bois et en laque, peu nombreuses, présentaient elles aussi des garnitures dorées. La guilde des orfèvres fabriquait également des éléments de décoration pour les armures et en particulier pour ces joyaux que constituaient les poignées et les fourreaux d'épée.

Parmi les pièces en bronze de l'époque Heian, ce sont les miroirs qui ont été les plus marqués par l'empreinte de la sensibilité japonaise. Les motifs chargés et compacts au dos des miroirs Tang font place à des sujets inspirés de l'environnement japonais: fleurs et oiseaux, traités avec cette grâce que l'on retrouve dans l'écriture *ashi-de*. Les motifs élégants de ces objets rappellent ceux du papier à écrire et aussi la représentation stylisée mais si vivante de prairies sur les laques. La joie, le sentiment poétique que suscitent les fleurs et les animaux saisis dans leur relation intime avec le paysage et la saison se manifestent à la fin de la période Heian sous un jour purement japonais. Remarquons que ces miroirs échappaient souvent à la sphère profane. Des images religieu-

145
Armure bleue. Fer et cuir. H. des pièces recouvrant le tronc: 39,9 cm. XIIe siècle. Itsukushima-jinja, Miyajima, Hiroshima.
L'armure, avec ses lanières de cuir bleu et le casque qui en est solidaire, aurait été réalisée à la demande de Taira no Shigemori (1138–1179).

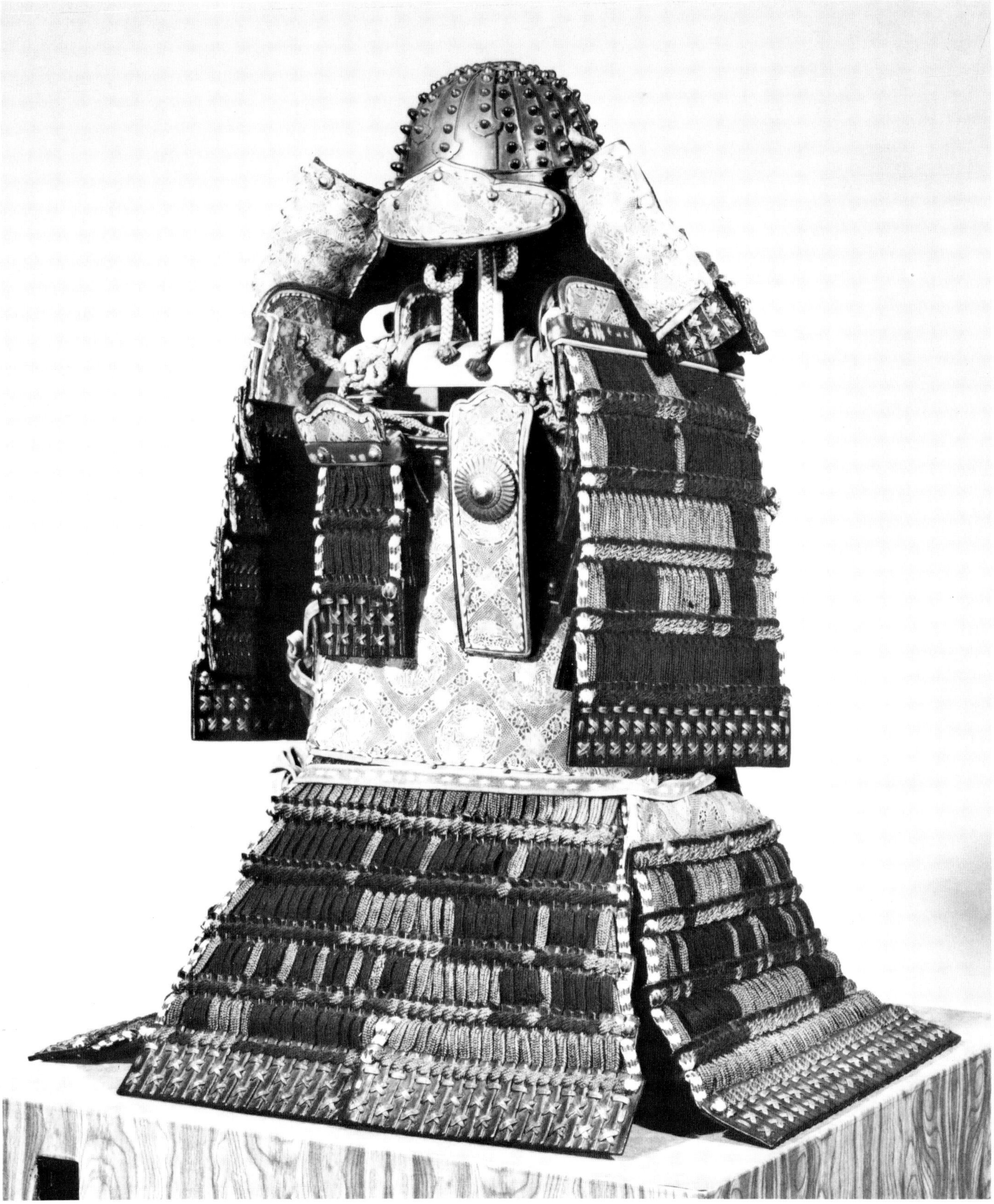

146
Paroi arrière d'un carquois. Métal et bois de santal rouge avec laque et nacre. H. 32 cm. Vers 1131. Kasuga-jinja, Nara.
Le petit carquois de cérémonie est laqué selon une technique tout à fait particulière qui n'a été appliquée qu'ici. L'arrière est en bois de santal recouvert d'une plaque de métal jaune. Du laque noir couvre les motifs gravés: rochers, herbes et oiseaux. La bordure, par contre, porte des incrustations de nacre et des appliques de bronze.

ses étaient alors gravées sur la face avant. Ils étaient aussi placés à titre d'objets votifs dans les tertres à *sūtra*.

144   La fabrication des épées occupait un rang très élevé, presque apparenté à une fonction sacerdotale, dans la hiérarchie des métiers. Le forgeron *(kaji)* se soumettait dans son travail aux prescriptions du Shintō: ablutions purificatrices, abstinence, invocation à la divinité. La forge, délimitée par des cordes de paille, était considérée comme un lieu sacré; le forgeron portait le vêtement

147
Coffret pour écrits bouddhiques. Bois avec laque sec et *togidashi* d'or et d'argent. L. 37 cm; larg. 24,4 cm; H. 8,3 cm. 919. Temple Ninna-ji, Kyōto.
Le coffret plat doit son élégance au léger arrondi du couvercle souligné par la densité de l'ornementation: rinceaux en «laque poli» et êtres ailés *kalavinka*. Selon l'inscription du champ central, il était destiné à contenir les écrits de la secte Shingon que Kūkai avait ramenés de Chine.

148
Coffret à *sūtra*. Bois avec laque noir et *togidashi* d'or et d'argent. L. 32,7 cm; larg. 23,3 cm; H. 16,7 cm. Fin du XIe siècle. Fujita Art Museum, Ōsaka.
Les parois de ce coffret, destiné à contenir le *Sūtra du Lotus,* sont illustrées de scènes tirées de ce *sūtra*. Un des longs côtés représente le Bouddha au cours d'une de ses existences antérieures: il est roi, mais il s'est mis au service d'un ascète pour lequel il apporte du bois à brûler et cueille des fruits. L'influence chinoise est sensible. Cependant, certains détails et en particulier les ornements de la partie supérieure incluent des motifs japonais.

149
Table. Bois avec laque et nacre. L. 66,5 cm; larg. 33,5 cm; H. 77,5 cm. Début du XIIe siècle. Temple Chūson-ji, Hiraizumi.
La table d'autel venant de la bibliothèque à *sūtra* du temple est travaillée avec la même maîtrise technique que la décoration intérieure du Konjiki-dō. Des rinceaux de fleurs en nacre rehaussent l'éclat du fond en laque noir saupoudré d'or.

150
Support de miroir. Bois laqué noir. H. 67 cm. XIᵉ siècle. Kasuga-jinja, Nara.
Le gracieux support repose sur quatre pieds galbés. Les deux bras destinés à recevoir le miroir forment un angle aigu avec le tronc et reprennent la forme des pieds. Des ornements en relief donnent à l'ensemble une silhouette élégante rappelant des formes chinoises. La base de laque noir est décorée de poudre d'or et de motifs découpés dans des feuilles d'or et d'argent.

blanc du clergé shintoïste et, isolé du monde parfois pendant des semaines, il travaillait avec un seul aide, se conformant à des règles rigides.

Au début du Xᵉ siècle, la qualité des lames d'épée avait atteint son apogée. Les forges, au cours des premiers temps de la période Heian, étaient situées dans des provinces éloignées: Buzen, Bizen, Hōki et, près de Heian-kyō, Yamashiro. Il y en avait d'autres dans l'extrême Nord de Honshū et sur l'île de Kyūshū à Satsuma qui travaillaient pour les puissants clans de la noblesse désireux de se constituer des arsenaux en vue de guerres éventuelles.

Le premier sommet de l'art du forgeage se situe sous l'empereur Ichijō (980–1011), précisément à l'époque du *Genji-monogatari*. Cependant, il apparaît clairement dans la littérature de cour que les héros, alanguis, absorbés par leurs aventures amoureuses et leurs élégantes conversations poétiques, n'éprouvaient que mépris pour les préoccupations et les idéaux chevaleresques.

A cette époque, les forgerons signaient déjà leurs lames de leur nom; les cinq plus célèbres d'entre eux travaillaient dans la province de Bizen, mais Sanjō Munechika (938–1014) fonda une école à Heian-kyō. Les épées portaient chacune un nom. Leur fabrication était d'ailleurs la seule activité manuelle admise pour un empereur: Gotoba Tennō s'y exerça. Au XIᵉ siècle, le renom des forgerons japonais était tel que les marchands chinois importaient leurs épées. Le grand poète Ouyang Xia (1007–1072) écrivit même un poème à propos des épées japonaises[40].

Les armures étaient fabriquées par des artisans groupés en une guilde dont il est fait mention dans la chronique cérémoniale *Engi-shiki* de 927. Elles se composaient de plaquettes de fer attachées bout à bout par des cordes multicolores. L'articulation souple des différentes rangées permettait une très grande liberté de mouvement tout en protégeant efficacement les bras, les cuisses et le ventre. Seule la plaque de poitrine était massive et recouverte de cuir coloré. Le casque, en forme de coiffe, était rattaché à l'armure par des bandes de plaquettes qui couvraient la nuque et les côtés de la tête.

151
Selle. Bois incrusté de nacre. H. 27 et 30 cm; L. 44 cm. XIIᵉ siècle. Tōkyō National Museum, Tōkyō.
Les arçons avant et arrière de la selle sont incrustés de longs rameaux de fleurs de trèfles hagi en nacre qui se rejoignent au milieu en formant une toile d'araignée. Les côtés et le milieu des bandes transversales laquées en noir sont également décorés de feuilles de hagi faites de délicates incrustations de nacre. Le trèfle hagi, associé à la poésie et à la guerre, appartenait au répertoire des images de la cour Heian.

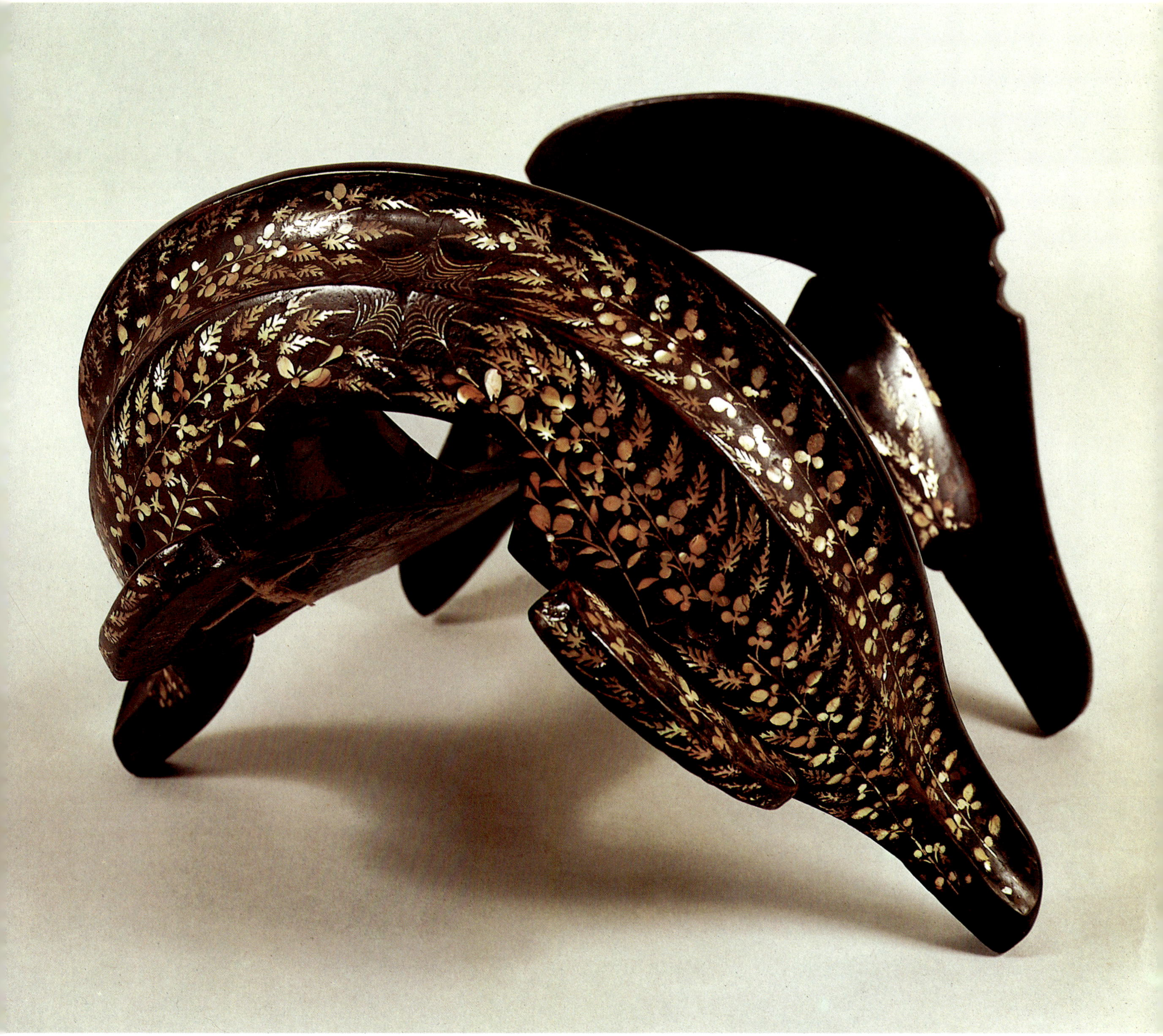

152
Coffret de toilette. Bois laqué noir, laque doré et nacre. L. 22,4 cm; larg. 30,6 cm; H. 13,5 cm. XIIᵉ siècle. Tōkyō National Museum, Tōkyō.
Le motif poétique et ornemental des roues qu'on immerge dans l'eau pour qu'elles durcissent apparaît sur les coffrets de toilette les plus anciens qui nous soient parvenus. Les lignes de l'eau et les roues sont travaillées en laque *togidashi*; les roues sont aussi incrustées de nacre. L'intérieur du coffret est décoré d'oiseaux et de fleurs des quatre saisons, qui contrastent heureusement avec l'extérieur.

Au XIᵉ siècle, pendant la guerre civile, les armures étaient luxueuses, hautes en couleur et, qui plus est, très efficaces. Armes et armures avaient un caractère sacré. Les grands guerriers et chefs de clan les faisaient d'ailleurs consacrer dans les sanctuaires Shintō de leur clan. Aujourd'hui, le sanctuaire Itsukushima-jinja abrite l'équipement hérité des Taira, le sanctuaire Kasuga-jinja à Nara celui des Fujiwara et le sanctuaire Ōyama-zumi-jinja sur l'île d'Imishima celui du malheureux héros Minamoto no Yoshitsune (1159–1189).

Le laque, qui donnait à la fois solidité, couleur et éclat, jouait en architecture, en sculpture et dans le domaine des objets utilitaires un rôle important. En 808, au début de la période Heian, les bureaux de Peinture et du Laque furent fondus en un seul. D'après Beatrix von Ragué, l'art du laque, au cours du premier siècle de la période Heian, utilisait encore les techniques de l'époque Nara, qui étaient inspirées des laques chinois du Shōsō-in (756)[41]. Les encadrements du sanctuaire Taima, dans la province de Nara, réalisé au cours de la deu-

153
Petit coffre. Bois laqué noir, *togidashi* et nacre. L. 30,5 cm; larg. 39,9 cm; H. 30 cm. XIIe siècle. Temple Kongōbu-ji, Kōya-san, Wakayama.
Sur le couvercle et les côtés du petit coffre destiné à des objets de culte, sont représentés des prairies parsemées d'iris en fleurs, des plantes aquatiques et des pluviers en vol. Ce décor rappelle celui de certains papiers à écrire. Lignes et surfaces sont travaillées en *togidashi* de différentes nuances avec grande habileté. Du nacre rehausse l'éclat de la surface. Le motif du marais est repris sur les côtés intérieurs de la boîte. Le fond est ajouré et orné de rinceaux en bronze doré.

154
«Coffre chinois». Bois avec laque noir et nacre. L. 92,3 cm; larg. 67,7 cm; H. 59 cm. Fin du XIe siècle. Tōkyō National Museum, Tōkyō.
Les parois et le couvercle du «coffre chinois» sont ornés de blasons ronds en nacre représentant des phénix, incrustés dans le laque noir. Comme souvent à cette époque, le laque noir est légèrement saupoudré d'or, de manière abondante à l'intérieur des blasons et de façon encore plus dense sur les blasons des pieds, si bien que la nacre se fond dans le dégradé des nuances dorées.

xième moitié du VIIIe siècle pour abriter la célèbre tapisserie du paradis de l'Ouest, sont ornés de motifs éparpillés, dorés et argentés, peints sur fond de laque dans un style Tang classique. Ils datent de 800 environ et constituent une transition vers la décoration des objets telle qu'elle sera pratiquée à la période Heian.

Au début du Xe siècle, les artisans du laque mirent au point une technique de décoration nouvelle et spécifiquement japonaise: l'image saupoudrée (maki-e). Elle apparaît pour la première fois sur un appuie-bras avec fleurs et papillons. Elle consiste en un saupoudrage d'or et d'argent sur les parties laquées encore humides où figure déjà le dessin. Elle se perfectionna et s'affina par la suite: la surface est parfois recouverte de laque noire et ensuite de nouveau poncée jusqu'à ce que réapparaisse le saupoudrage, cette fois complètement lisse. On termine par une application de laque transparent pour préserver la surface. Cette dernière technique a été utilisée dans le coffret à documents du temple Ninna-ji daté de 147 919. L'inscription indique qu'il était destiné à accueillir les écrits que Kūkai avait ramenés de Chine. L'âme est faite d'un tissage en chanvre et le décor est typique de l'époque Tang: rinceaux de fleurs avec nuages et êtres mythiques saupoudrés délicatement de fines couches d'or et d'argent *(togidashi)*. La base de laque noir est mouchetée de limaille d'or. Ce type de base est commun à presque tous les laques de la période Heian.

La boîte où l'on rangeait les étoles des moines, dans le temple Tōji, semble s'éloigner de l'ornementation hiératique bouddhique. Elle doit être à peine postérieure au coffret décrit précédemment. Vagues, oiseaux et animaux marins recouvrent complètement sa surface; le centre du couvercle est occupé par deux têtes de dragons. Une petite boîte à bijoux, qui appartient également au temple Ninna-ji et qui semble provenir de la succession de l'empereur Uda, mort en 937, dégage un charme particulier. L'effet métallique a été obtenu par un saupoudrage d'or abondant; sur ce fond se découpent des fleurs et des oiseaux imaginaires mais pleins de vie. Le coffret à *sūtra* du Fujita Art Museum à Ōsaka se distingue des précédents coffrets qui datent du Xe siècle. Sur ses parois sont représentées des scènes des existences antérieures du Bouddha, thème qui deviendra courant dans les laques réalisés par saupoudrage.

148

Nous possédons des renseignements sur les objets en laque par la littérature et la peinture. La littérature féminine aux environs de l'an 1000 y fait allusion. Par ailleurs, le *Genji-monogatari-emaki* et le *Ban-Dainagon-ekotoba* restituent fidèlement l'image des principaux meubles et objets usuels de l'aristocratie. Etagères, tables, coffrets de toilette, boîtes à miroirs et à peignes y sont représentés avec leurs décors dorés et argentés.

9, 174

Le milieu et la fin de la période Heian virent le premier épanouissement d'un art du laque spécifiquement japonais. Le laque doré et la nacre donnaient aux pavillons des temples un éclat paradisiaque qui renforçait le pouvoir évocateur des sculptures dorées. Le Hōō-dō du Byōdō-in à Uji a perdu les ornements originaux en laque et en nacre de l'autel. En revanche, le Konjiki-dō du Chūson-ji à Hiraizumi, postérieur d'environ 70 ans, a conservé sa décoration intérieure. Sur les piliers principaux, douze médaillons représentent le grand Bouddha Dainichi des *mandara*. La poudre d'or est dense mais laisse toutefois les contours dégagés. Les pendentifs sont couverts de rinceaux exécutés selon la même technique. Quant aux bandes intermédiaires et aux poutres, elles présentent des cartouches décorés d'incrustations de nacre alternant en partie avec des appliques en bronze ajouré. Les socles de certaines sculptures et les tables d'autel, richement incrustés de nacre, proviennent probablement du même atelier.

86

149

Outre des armes et des armures, quatre selles de combat de l'époque Heian tardive nous sont parvenues. Elles sont également ornées d'incrustations de nacre, renforcées par des couches de laque. Des motifs profanes et poétiques y apparaissent: rameaux de chêne et de pivoines, chevêche, trèfle hagi et vagues à effet décoratif. Le décor le plus libre, nous le trouvons sur l'unique coffret de toilette de la période Heian tardive qui nous soit parvenu. Il représente – exécuté en laque *togidashi* avec incrustations de nacre et de métaux nobles – un des motifs favoris de l'époque: des roues de chars plongées dans l'eau pour qu'elles durcissent. Le même sujet réapparaît dans l'anthologie *Sanjūroku-nin-shū*. La nature est traitée avec une liberté plus grande encore sur le petit coffre avec pluviers et marais d'iris que possède le temple Kongōbu-ji sur le mont Koya-san. Le paysage, purement japonais, est rendu avec lyrisme. Çi et là, un oiseau ou un sagittaire sont exécutés d'une main légère en laque *togidashi* avec incrustations de nacre.

151

152

153

La dépendance vis-à-vis du monde formel bouddhique reste beaucoup plus forte dans le domaine des accessoires liturgiques. Un nouvel élément décoratif apparaît dans les laques du XIIe siècle: les blasons. Sur le couvercle du coffre du National Museum de Tōkyō, de type chinois, à six pieds, sont disséminés des phénix armoriés d'une facture puissante et incrustés de nacre. Ils sont reproduits en plus petit sur les pieds. Les trois couches successives de poudre d'or n'atténuent que très partiellement le caractère ornemental du décor.

154

La musique et la danse

> «A l'ombre des arbres majestueux au feuillage rutilant, au son ineffable des flûtes des quarante hommes de la haie accordé, le vent des pins qui descendait des montagnes, soufflait en rafales, et parmi les feuilles tourbillonnantes la resplendissante apparition de l'interprète des «Vagues de la mer glauque» était d'une beauté saisissante.»
>
> *Le Dit du Genji*[42]

Les missions en Chine ramenèrent également des formes de danse et de musique dont les qualités propres et le caractère exotique enthousiasmèrent les Japonais. La danse et la musique *gigaku* disparurent à la fin de la période Nara. Le *gagaku* (la «musique élégante») devint en revanche la musique à la mode. Très appréciée à la

155
Genji-monogatari-emaki: chapitre 45, Hashihime. Encre et couleurs sur papier. 22 × 48,9 cm. Premier quart du XIIe siècle. Tokugawa Reimeikai Foundation, Tōkyō.
Par un soir de pleine lune, le prince Kaoru épie au travers d'une palissade tapissée de lierre rouge les sœurs Ōigimi et Naka no Kimi qui, dans la maison, jouent de la cithare *koto* et du luth *biwa*. Des nuages argentés flottent sur la scène.

cour, elle était exécutée à l'occasion de cérémonies et de divertissements officiels. Le terme *«bugaku»* (musique de danse) s'appliquait aux danses accompagnées de musique. Les danses étaient classées en fonction du pays d'origine qui avait inspiré chorégraphie, accompagnement musical, costumes et masques. Les plus anciennes venaient d'Asie centrale et de Corée, d'autres, plus récentes, d'Inde, d'Insulinde et de la Chine des Tang. Les danses shintoïstes primitives et les danses paysannes évoluèrent également vers le *bugaku*.

Les musiques étaient jouées sur les instruments de leur pays d'origine: les musiques chinoise et indienne sur des flûtes et des hautbois en bambou, des orgues à bouche, un gong en bronze, un tambour et une timbale. Venaient ensuite les instruments à corde: le *biwa*, luth à sonorité basse, et la cithare à 13 cordes: le *sō-no-koto*. Les instruments coréens – flûte coréenne, hautbois de bambou, gong et tambour – avaient une gamme particulière. Parmi les instruments japonais traditionnels, il faut citer les petites cithares *wagon* et les baguettes utilisées dans les danses *kagura* du culte Shintō.

La musique d'orchestre, exécutée par tous les instruments, était structurée à partir de courtes mélodies de 16 à 32 mesures, proches des chansons populaires. Dans le *bugaku,* la danse n'était accompagnée que par des flûtes et des instruments à percussion.

Les empereurs se chargeaient personnellement de l'organisation de la musique et de la danse. L'empereur Saga, fils de Kammu Tennō, réorganisa et élargit en 809 l'ancien office de Musique. Des cours de danse, de musique et de flûte étaient donnés chacun par quatre professeurs. Douze professeurs étaient chargés de la musique coréenne. La musique de Dora, celle de Wu et celle de l'Inde étaient enseignées chacune par deux maîtres[43]. Le nombre des professeurs de musique dépassait de loin celui des professeurs d'autres disciplines telles que la littérature. Par la suite, le bureau fut de nouveau réduit et prit sous l'empereur Nimmyō, lors de la réforme de 848, sa forme définitive. Fujiwara no Sadatoshi avait étudié la musique en Chine et il ramena de sa mission 20 à 30 rouleaux de notations musicales. La musique de cour *gagaku* était basée sur deux modes pentatonaux: *ryō* et *ritsu*. Il existait trois espèces de notations qui toutes dérivaient de celles des hymnes bouddhiques: une échelle pour les instruments à corde, la désignation de la hauteur des tons pour les instruments à vent et, pour la musique vocale, une sorte de neume.

La réforme modernisa la musique et la danse. Les représentations avaient lieu sur une scène carrée. Deux tentes situées respectivement à l'est et à l'ouest abritaient les musiciens des orchestres. Les deux gros tambours étaient placés au nord de la scène. Selon la terminologie de l'époque, on alternait les musiques «de gauche» et «de droite». Les musiques de gauche étaient exécutées par les gardes du corps impérial du cinquième rang de la gauche, vêtus d'une tenue de cour rouge. Elles comprenaient la musique Tang, la musique indienne et la nouvelle musique de danse japonaise. La musique coréenne traditionnelle et le *gigaku* suranné formaient le groupe des musiques de droite; elles étaient exécutées par des membres de la garde du corps de droite du sixième rang. Ils étaient vêtus d'une tenue verte, bleue ou jaune.

Les chorégraphies étaient variées. Il existait des danses guerrières et des danses d'inspiration littéraire. Les premières étaient exécutées sur un tempo énergique et rapide, les secondes étaient caractérisées par l'élégance coulée des mouvements. Les danseurs se produisaient par groupe de deux, de quatre ou de six et se déplaçaient sur un rythme commun. Les hommes étaient généralement seuls à danser, mais il existait aussi des danses de femmes et d'enfants dont beaucoup sont tombées dans l'oubli.

Au Xe siècle, l'empereur Murakami transforma le bureau de Musique en école de musique de la cour. Les danses désuètes furent éliminées; d'autres, qui se dansaient à deux, furent développées. Le plein épanouissement du *bugaku* commença sous le règne de l'empereur Ichijō (986–1011). Des traités sur l'art de la danse furent composés; Fujiwara no Shinzei (Michinori) écrivit et illustra un ouvrage de base en 1159.

L'art du *bugaku* faisait obligatoirement partie de l'éducation de l'homme de cour. Lors des fêtes, princes et nobles dansaient souvent spontanément, sans toutefois porter de masque. Dans le *Genji-monogatari,* l'auteur décrit avec admiration la danse du rayonnant prince Genji lors de la fête d'automne. Dans le palais Suzaku-in, en présence de l'empereur, Genji exécuta avec Tō no Chūjō la «danse des vagues bleues de la mer». Quarante

156
Koto. Bois laqué noir et *togidashi*. L. 152 cm; larg. (en haut) 26,5 cm. XIe siècle. Temple Kongōbu-ji, Kōya-san, Wakayama.
Le long manche de la guitare à 13 cordes, dont les ferrures sont aujourd'hui disparues, est décoré de formations rocheuses tourmentées dont l'exécution rappelle celle de dessins à l'encre. Des plantes, des arbres en fleur, des oiseaux et des papillons animent le paysage. Poudres d'or et d'argent colorent les motifs. La conception de l'image rappelle celle des célèbres papiers du *Sanjūroku-nin-shū* du temple Nishihongan-ji.

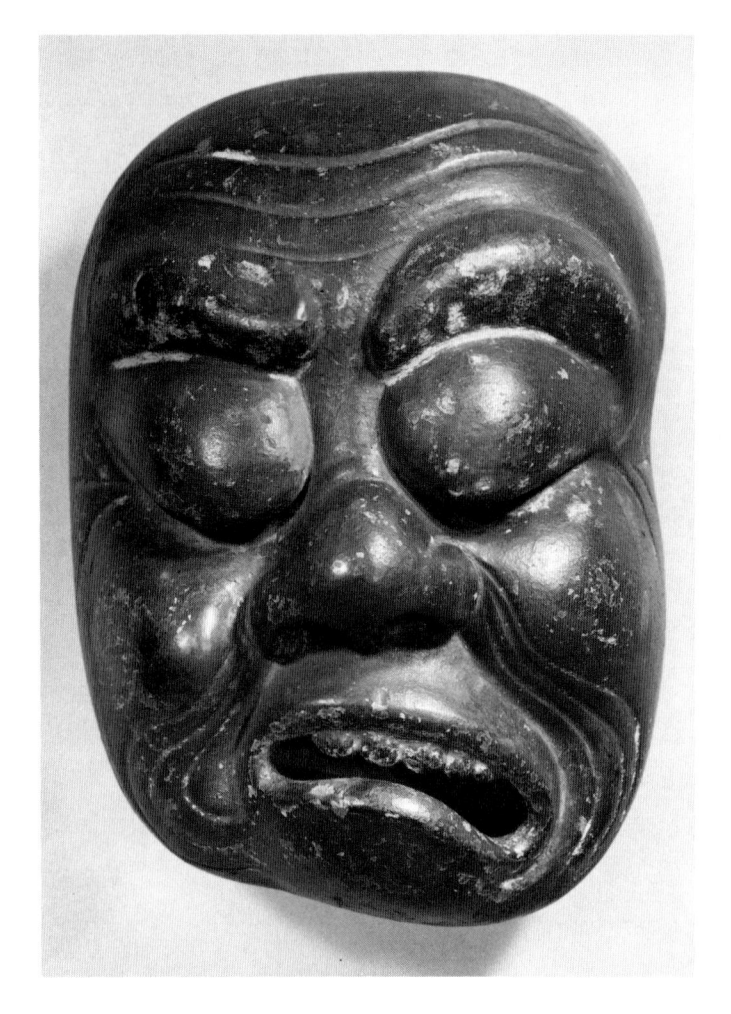

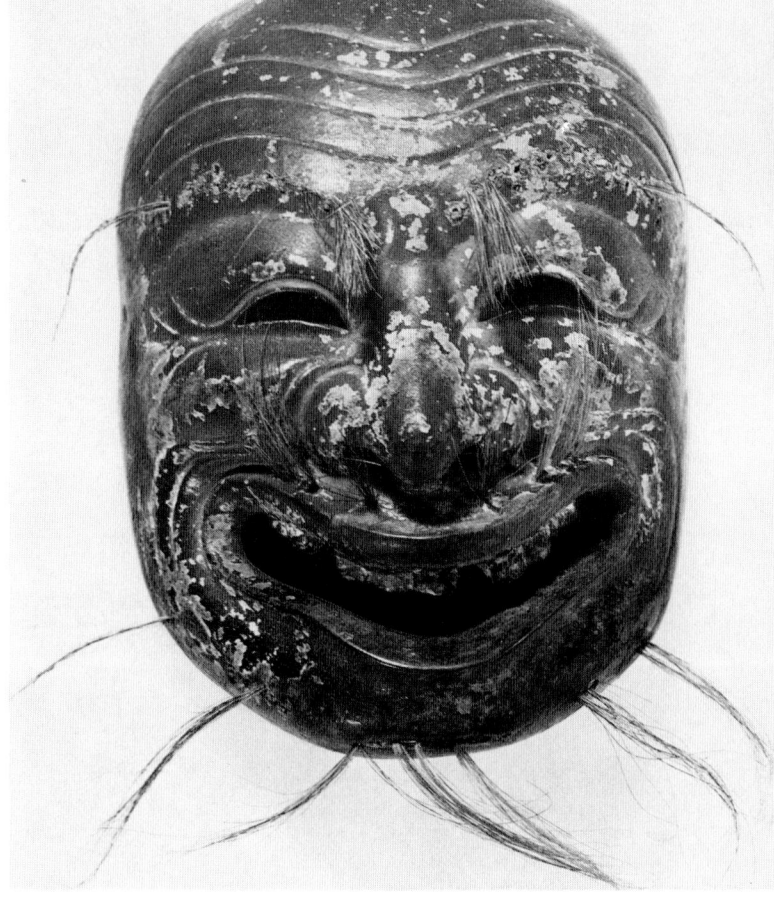

157
Masque *hare* de la danse *bugaku ninomai*, par Gyōmyō. Bois laqué et coloré. H. 29,8 cm. 1173. Itsukushima-jinja, Miyajima, Hiroshima.
Dans le *bugaku,* la danse *ninomai* suivait la danse *ama* et la parodiait. Deux danseurs montaient sur scène, l'un portant un masque d'homme hilare *(emi-men),* l'autre un masque de femme bouffi et lépreux *(hare-men).* La paire la plus célèbre de ces masques est conservée dans le sanctuaire Itsukushima-jinja. Le sculpteur Gyōmyō a fait déborder l'expression grotesque du masque *hare* dans le registre du tragique.

158
Masque *emi* de la danse *bugaku ninomai,* par Gyōmyō. Bois laqué et coloré; crin de cheval. H. 27 cm. 1173. Itsukushima-jinja, Miyajima, Hiroshima.
Le masque masculin de la danse *ninomai* représente un vieillard ridé et hilare, nanti de longs poils de barbe et de longs sourcils. Le caractère comique, burlesque, de la danse est rendu ici avec brio.

flûtistes jouant à l'unisson les accompagnaient. Au cours de ces fêtes, une danse suivait l'autre et l'empereur récompensait les exécutants par des cadeaux et des titres. La danse *gosechi* avait lieu le deuxième jour du dragon du onzième mois et constituait un événement artistique à la cour; quatre jeunes dames l'exécutaient sur une scène en faisant virevolter leurs manches avec élégance.

159 ▷
Masque de Bosatsu. Bois laqué et coloré. H. 24,9 cm. Milieu du XIIe siècle. The Cleveland Museum of Art, John L. Severence Fund, Cleveland (inv. 50.581).
Le masque emprunte les traits d'un noble visage de bodhisattva. Ce genre de masque était porté lors des processions *gyōdō* par 25 moines qui représentaient une scène de la Descente d'Amida. Des masques de Bosatsu ont été conservés au Hōryū-ji et au Tōdai-ji ainsi qu'au Jōdo-ji à Hyōgo. Ce remarquable exemplaire est probablement l'œuvre d'un maître de bouddha vivant dans l'entourage de Unkei à Nara.

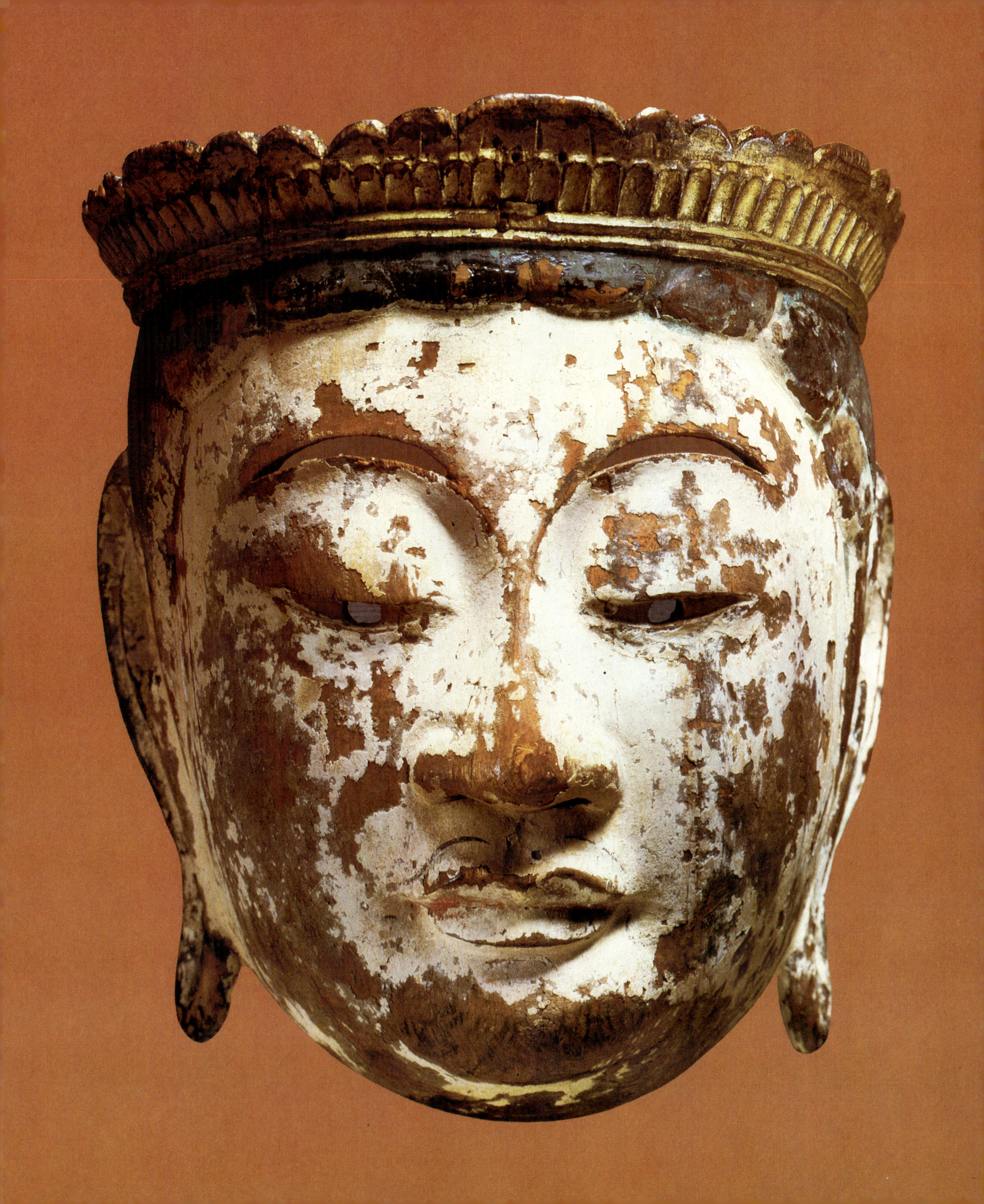

La musique jouait un rôle important même en dehors des événements officiels. L'éducation musicale de l'aristocratie était d'ailleurs mise sur le même pied que l'apprentissage de la poésie ou de la calligraphie. La distinction d'une dame se mesurait à la qualité de son jeu sur des instruments à cordes (cithare *wagon*, cithare *sō no koto*, luth *biwa*). Les messieurs eux aussi se révélaient en pratiquant l'art de la flûte traversière. Les instruments de grande qualité sonore étaient considérés comme des objets précieux: chacun d'eux portait un nom et ils se transmettaient d'une génération à l'autre.

Une centaine de danses *bugaku* qui datent de la période Heian nous sont parvenues. Lors de leur exécution, on utilisait 32 types de masques, dont 24 peuvent encore être identifiés aujourd'hui[44]. Les masques de l'époque Heian étaient portés au cours des représentations dans les temples. Peut-être même étaient-ils créés pour ces occasions. Le temple Tōdai-ji conserve une série de masques *bugaku* portant les dates 1042, 1086, 1160 et 1162, dates qui correspondent à des fêtes *kegon*. Le Hōryū-ji possède lui aussi des masques datés du XIIe siècle. On offrait également des masques *bugaku* aux sanctuaires Shintō. Les masques du trésor du sanctuaire d'Itsukushima, datés de 1173, portent des signatures de maîtres. A partir de la fin du XIIe siècle, les sculpteurs sur bois des grands ateliers signent également leurs masques.

Les maîtres sculpteurs firent de leurs masques *bugaku* des œuvres d'art aussi expressives que leurs bouddha monumentaux. L'esprit de chaque danse est remarquablement exprimé par les masques correspondants: étranges masques de spectres du *ryō-ō* et du *genjō-raku*, masques *ninomai* et *kotoku-raku* grotesques et parfois lascifs, masques *shintoriso* et *ayagiri* d'une beauté idéale et sereine.

Les masques de procession bouddhiques, utilisés à peu près à la même époque que les masques *bugaku*, leur sont en partie apparentés sur le plan formel, mais ils n'étaient pas destinés aux représentations de danses: ils sortaient seulement lors de cérémonies religieuses qu'on pourrait qualifier de «processions d'images»[45]. Certaines images de culte de grande importance, telles que le Shōtoku Taishi sculpté du Hōryū-ji ou le Bouddha Amida des cérémonies *raigō*, étaient promenées en procession par des porteurs masqués. Leurs masques représentaient des divinités inférieures: dieux, démons, demi-dieux et hybrides hommes-animaux hérités de l'hindouisme et auxquels le bouddhisme avait assigné des fonctions protectrices. Les plus nobles d'entre ces masques étaient ceux des bodhisattva. Le caractère sublime de leur nature supraterrestre était matérialisé dans la forme du visage. Ces masques *gyōdō*, exécutés eux aussi dans les ateliers des sculpteurs de bouddha, entretiennent des liens évidents avec la grande sculpture de l'époque Heian: leur style est celui de la sculpture japonaise des XIe et XIIe siècles. Dans ce cas comme dans celui des masques *bugaku*, le passage de la technique *ichiboku* à la technique *yosegi* attestait la volonté de mettre les techniques au service d'une expressivité plus conforme à la sensibilité artistique de l'époque.

Les fêtes de l'année

Les fêtes et cérémonies prévues par le calendrier modelaient la vie de l'empereur et de sa suite. Le *tennō*, descendant de la déesse du soleil Amaterasu, veillait en tant que grand-prêtre à l'observance des rites shintoïstes. Mais il régissait aussi les usages confucianistes hérités de la Chine et s'adonnait aux exercices bouddhiques qui commandaient son intérêt personnel ou celui du pays.

Les cérémonies régulières (*Nenjū-gyōji*) furent consignées par l'empereur Saga en 821 dans un ouvrage en trois volumes portant le titre *Cérémonies de palais pendant la période Kōnin (Kōnin-dairi-shiki)*. Les cérémonies anciennes et celles qui avaient été récemment introduites au début du IXe siècle y sont recensées pour la première fois. En effet, l'empereur Kammu, fondateur de Heian-kyō, avait dû être confronté à des problèmes plus pressants que le cérémonial de cour. Le livre présente également la «fête des chevaux bleus (blancs)» au cours de laquelle les chansons étaient scandées par le battement des pieds (le septième jour du premier mois), la «fête des poèmes près du ruisseau» qui était organisée dans les jardins du palais et la «fête des chrysanthèmes» célébrée le neuvième jour du neuvième mois. Ces trois fêtes étaient conformes aux usages chinois. D'autres étaient d'inspiration purement japonaise: la «fête des fleurs de cerisiers» et la «fête du rouge feuillage d'automne» dont la date dépendait de l'état de la nature et ne pouvait être liée de façon rigide au calendrier. Ces deux fêtes ne sont pas mentionnées dans le *Nenjū-gyōji*, mais Murasaki Shikibu consacre à chacune d'elles un chapitre du *Genji-monogatari*.

Un document illustrant les fêtes et cérémonies de cour aurait, pour la première fois, été exécuté par le peintre de cour Kose no Kanaoka sous l'empereur

160
Nenjū-gyōji-emaki: premier rouleau, deuxième scène. Encre et couleurs sur papier. H. 45,2 cm. Copie d'après un original d'environ 1160. Collection privée.
Au Nouvel An, l'empereur se rend au palais de l'ex-empereur, son père. Dans l'avant-cour du pavillon Shishin-den, le cortège impérial et la litière du phénix attendent l'arrivée de l'empereur près des portes Shōrei-mon et Kenrei-mon.

Daigo en 930; il fut apparemment perdu. L'empereur Goshirakawa décida alors, vers la fin de la période Heian, de faire peindre à nouveau une série d'*emaki* destinés à illustrer le *Nenjū-gyōji*. Peut-être a-t-il commandé cette deuxième version, exécutée entre 1158 et 1166, parce qu'il avait conscience de vivre au tournant d'une époque. Le peintre Fujiwara no Mitsunaga est considéré comme l'auteur principal de cette œuvre qui comporte 60 longs rouleaux. Il passe d'ailleurs pour être également le créateur du *Ban-Dainagon-ekotoba*. L'ex-empereur conserva d'abord les boîtes en laque contenant les rouleaux dans le trésor de son temple Rengeō-in. Après la destruction de ce dernier au XIIIe siècle, la maison impériale récupéra les peintures. L'empereur Gomizunoo, très intéressé par cette œuvre, la fit intégralement recopier en 1661 par les peintres de la famille Sumiyoshi qui appartenaient à l'atelier de la cour. Puisque l'original est perdu, nous devons nous contenter aujourd'hui des copies: sept rouleaux en couleur et neuf en noir et blanc, auxquels il faut ajouter quelques répliques peintes aux XIXe et XXe siècles d'après des copies.

Que dépeignent les scènes du *Nenjū-gyōji-emaki*? Le spectateur assiste à la vie ritualisée de la cour, par exemple au départ de l'empereur qui va rendre visite à 160 l'ex-empereur à l'occasion du Nouvel An; il peut aussi observer comment le petit peuple, la police, les domes-

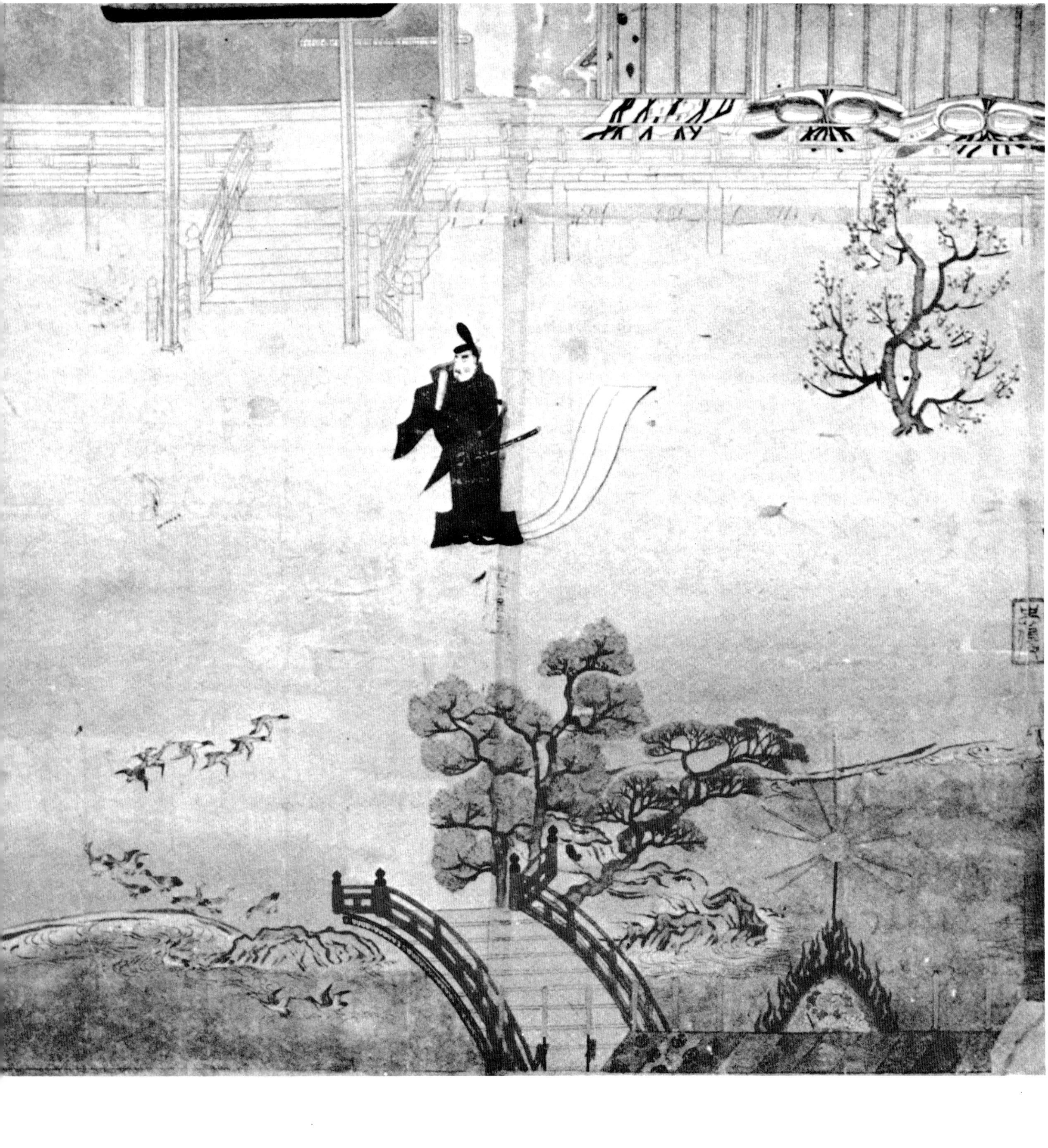

◁ 161
Nenjū-gyōji-emaki: premier rouleau, quatrième scène. Encre et couleurs sur papier. H. 45,2 cm. Copie d'après un original d'environ 1160. Collection privée.
Un envoyé de l'empereur, en tenue officielle et tenant un sceptre *shaku*, annonce l'arrivée prochaine du *tennō* dans le palais Hōjūji-dono où réside l'ex-empereur. En haut à droite, on aperçoit les manches des dames qui dépassent sous des paravents.

162
Kitano-Tenjin-engi: deuxième rouleau, deuxième scène. Encre et couleurs sur papier. H. 52,1 cm. Vers 1219. Temple Kitano-jinja, Kyōto.
Dans la cour du palais de Miyako no Yoshika a lieu une séance de tir à l'arc. Le grand homme d'Etat Sugawara no Michizane place la flèche et vise la cible. Derrière lui, le maître de maison assis sur des nattes et tout autour les spectateurs – hôtes, serviteurs et gens du peuple – le regardent, fascinés.

tiques ou les badauds prennent part à la cérémonie. Il voit se dérouler la fête Kamo du quatrième mois avec la procession du régent, conduite par une princesse de sang impérial vers les deux sanctuaires Kamo (inférieur et supérieur) pour accomplir au bord du fleuve les purifications rituelles. Enfin, il assiste à des représentations de *bugaku* dans l'enceinte du palais impérial et à des banquets en l'honneur des archers.

Les jeux de ballon de la cour (football *kemari*) se déroulaient dans le jardin du palais. Des combats de coq, divertissement très populaire, faisaient les délices de la petite noblesse et étaient organisés à l'intérieur du palais *shinden*. Le petit peuple en organisait dans la rue. Sont dépeints également les banquets de Nouvel An à la cour. Ils avaient lieu le 18 du premier mois, après les compétitions de tir à l'arc de la garde impériale. On peut également voir les danses *bugaku* exécutées devant l'empereur et la lecture solennelle de poèmes. Le *Nenjū-gyōji-emaki* dépeint aussi les préparatifs solennels du Gosai-en, la grande cérémonie d'action de grâce après les moissons, qui se tenait dans le Daigoku-den, pavillon officiel du palais: les trônes de l'empereur et de l'impératrice restent invisibles tandis qu'un long cortège de prêtres bouddhistes fait son entrée dans la cour; on assiste à la réception de l'impératrice et des épouses secondaires.

Les rites bouddhiques d'exorcismes sont eux aussi dépeints dans ces rouleaux. Des cérémonies secrètes se

35 déroulent dans le pavillon Shingon-in situé à l'ouest du palais: des rouleaux illustrés figurant les cinq grands Myōō sont suspendus au-dessus de l'autel; ils sont flanqués des deux *mandara*, celui de la Matrice à l'est et celui du Diamant à l'ouest. Les images des Jūni-ten sont exposées dans le pavillon oriental.

Pour mieux focaliser l'attention sur l'essentiel de certaines cérémonies, l'artiste a fait appel à la perspective centrale. C'est elle qu'il utilise pour représenter les
137 scènes religieuses et la danse de six dames de cour qui suivait le banquet Naien, un des banquets du Nouvel An, et qui était exécutée sur une estrade dans le jardin oriental du Ryōki-den.

La fête Gion et les danses populaires trouvent également place dans les rouleaux. Le *Nenjū-gyōji-emaki* fait donc vivre le spectateur une année entière au milieu de la cour et du peuple dans une atmosphère tantôt pleine de solennité, tantôt joyeusement insouciante. Il offre un
161 panorama unique en son genre d'usages et de constructions du passé aujourd'hui disparus: les pavillons officiels du Chōdō-in et du Buraku-in, les bâtiments du palais intérieur et les pavillons réservés à l'impératrice:
175, 176 Shishin-den, Seiryō-den, Jijū-den. On peut même voir les rideaux peints et les paravents des appartements des dames. Enfin, l'éventail des vêtements portés par tous les rangs de la noblesse, les gardes du palais, les serviteurs et les gens du peuple est restitué en détail.

La période Heian à son apogée nous a donc légué, outre les chefs-d'œuvre littéraires, ce document unique au monde qui fait revivre une culture vieille de mille ans.

Les seigneurs et les dames de la cour

Murasaki Shikibu présente le héros idéalisé de son roman, le rayonnant prince Genji, comme le prototype de l'homme de qualité à l'époque Heian. Cet homme beau, élégant, sensible et peu enclin à l'héroïsme devint l'idéal 163 d'une époque, un exemple pour les hommes, un prince charmant pour les femmes. Son fils et son petit-fils, bien qu'ils lui ressemblassent par bien des traits, ne pouvaient prétendre à égaler la beauté et la noblesse de son caractère et de son apparence. Des générations de chercheurs japonais ont tenté de découvrir le personnage historique qui aurait servi de modèle au prince Genji. Il semble que Genji ne soit pas exclusivement le produit de l'imagination de Murasaki Shikibu, mais que certains traits de sa personne aient été empruntés à Fujiwara no Korechika (974–1010). Ce dernier fut, comme Genji, banni pour avoir eu une liaison avec la femme de l'ex-empereur ou tout au moins pour avoir tenté d'en avoir une. Il fut cependant réhabilité et put rentrer à Heian-kyō. Ivan Morris brosse de l'homme Heian le portrait suivant[46]:

«Le gentilhomme de Heian se poudrait le visage (les visages des hommes mal poudrés rappellent à Sei [Shōnagon] la terre noire sur laquelle la neige a fondu par plaques) et il s'inondait généreusement de parfum les cheveux et les vêtements. L'art de préparer les parfums était très développé. A une époque où très peu de gens

163
Genji-monogatari-emaki: chapitre 36, Kashiwagi III, troisième scène (détail). Encre et couleurs sur papier. 21,9 × 48,1 cm. Premier quart du XIIe siècle. Tokugawa Reimeikai Foundation, Tōkyō.
Le prince Genji tient dans ses bras Kaoru, fils adultérin de son épouse, à l'occasion de la fête du cinquantième jour de sa naissance. Il regarde le bébé et médite sur la répétition des événements: lui aussi avait connu avec Fujitsubo, la femme de son père, des amours illicites dont était né l'empereur Reizei. Cf. ill. 180.

se lavaient soigneusement et où les vêtements très compliqués étaient difficiles à nettoyer, les parfums étaient extrêmement utiles. Il ne s'agissait pas bien entendu de produits achetés tout prêts, mais de préparations complexes et raffinées. Genji lui-même était très admiré pour son habileté à préparer son encens personnel dont l'arôme particulier annonçait son arrivée et persistait après son départ. Chez le prince Niou, l'un des personnages les plus masculins, la préparation des parfums touchait à l'obsession. Son ami Kaoru et lui étaient réputés pour cet art et le fait que deux des personnages les plus respectés de Murasaki s'appellent Seigneur Parfum et Prince Odeur Raffinée symbolise les idéaux de cette époque en opposition si marquée avec ceux des guerriers qui allaient la suivre.»

Murasaki Shikibu n'est pas seule à décrire des héros masculins au visage rond, poudré de blanc, pathétiques et efféminés; le même type de héros se retrouve dans le *Utsubo-monogatari,* dont l'auteur est un homme. Un siècle plus tard, cet idéal restait inchangé. Sinon, les peintres du *Genji-monogatari-emaki* et d'autres scènes du genre eussent difficilement pu représenter leurs personnages aussi fidèlement d'après cette description.

Le prince Genji occupe un rang subalterne qui lui a été assigné par son père. Il représente cependant un idéal pour la cour à cause de ses fabuleuses richesses: il possède en ville deux palais, le Nijō-in et le Rokujō-in, où il entretient de nombreuses maîtresses dans des ailes distinctes adaptées à leurs rangs respectifs. Bien qu'il déplore le caractère astreignant des charges que lui imposent ses hautes fonctions, il consacre aux dames, et en particulier à Murasaki, une épouse secondaire à laquelle il est très attaché, une grande partie de son temps et de ses pensées. Son rang élevé le contraint à participer à toutes les cérémonies de la cour, aux réceptions, aux banquets, aux fêtes officielles des temples telles que la fête Kamo. Il est tenu de passer à la cour la plus grande partie de son temps pour y divertir leurs majestés, s'y exercer au sport princier du jeu de ballon, le *kemari*. Il doit y faire de la musique et participer aux danses *bugaku* et aux concours de poésie. Son rang lui interdisait les plaisirs de la chasse, les promenades à cheval et même le tir à l'arc ou l'escrime.

On ignore en quoi consistaient les tâches administratives ou politiques auxquelles il était astreint. Mais quelles qu'elles fussent, il ne les accomplissait qu'à contre-cœur. La langue et la littérature classique chinoises, auxquelles se rattachait évidemment la poésie, constituaient à l'époque le fondement de tout savoir et faisaient partie de la formation de tout homme de qualité. Genji, lors de la fête organisée à l'occasion de l'accession à l'âge d'homme de son fils Yūgiri, estime que l'instruction qu'il a reçue au palais présente des lacunes. Son fils devra dorénavant fréquenter l'université. Le pauvre Yūgiri n'occupe que le sixième rang, alors qu'il aurait droit au quatrième. L'adolescent se voit forcé d'étudier auprès de ces savants et de ces docteurs de l'université décrits avec ironie et mépris, et il en est très mortifié.

Finalement, ce sont les aventures amoureuses qui jouent dans la vie de l'aristocratie le rôle important. Dans le deuxième chapitre déjà, Genji passe une nuit avec Uma no Kami, Tō-Shikibu no Jō et son beau-frère Chūjō à deviser de la psychologie des femmes appartenant à toutes les classes sociales. Ils comparent les comportements et les types, et on peut se demander si leurs compagnes auraient souscrit à leur jugement. Il est certain que Murasaki Shikibu, dans son journal, critique sévèrement les autres dames de la cour et en particulier Sei Shōnagon qu'elle blâme pour son arrogance, son égocentrisme et la liberté de son comportement.

La vie quotidienne était étroitement régie non seulement par l'étiquette de cour, mais aussi par des interdits et des tabous. Les impuretés qu'entraînaient la mort, la maladie, la naissance, la menstruation ou les mauvais rêves contraignaient, selon la pensée shintoïste, à l'isolement. Les interdits de direction hérités de la géomancie chinoise et basés sur les conceptions Yin-Yang devaient être tournés. Ils encombraient la vie courante mais offraient aussi d'excellentes excuses dans des situations déplaisantes.

Les connaissances médicales étaient très peu développées. L'acupuncture chinoise avait été adoptée de même que l'usage des moxa qu'on faisait brûler en des points précis. Les maladies étaient diagnostiquées et traitées selon les méthodes découlant de la théorie Yin-Yang. Cependant, la plupart du temps, elles étaient attribuées à des influences malignes ou à des phénomènes de possession par des mauvais esprits et soignées par des formules d'exorcisme Dhāranī que prononçaient des prêtres bouddhistes pour chasser les esprits.

L'homme Heian, sensible et imprégné de la conception bouddhique de la vanité du monde, aspirait souvent à l'état monastique. Beaucoup de personnages du *Dit du Genji* y voient une façon de se libérer de leurs attaches humaines et de leurs errements. Genji lui-même parle souvent de sa décision de se faire moine, mais en fin de compte il ne s'y résout pas. C'est un enfant de ce bas monde nanti de traits charmants qui lui valent l'adulation de ses contemporains. La postérité lui vouera encore pendant un millénaire de l'admiration, parce qu'elle voit en lui l'irremplaçable représentant d'une des périodes les plus grandioses et les plus japonaises de l'histoire du Japon.

L'image des nobles de sexe masculin que nous renvoie la littérature de l'époque Heian reste vague et floue. Les femmes, en revanche, ont des contours vivants et précis, même pour le lecteur actuel. Nous devons cette restitution précise aux loisirs des dames de la cour qui, pour tromper leur ennui, décrivaient selon leur tempérament et leur degré d'imagination la vie telle qu'elles la voyaient ou la rêvaient. Sei Shōnagon commente dans ses *Notes de chevet* le destin des femmes mariées vivant à la cour de la façon suivante[47]:

«J'apprécie peu et je trouve sans intérêt les femmes qui mènent une vie honnête, se satisfont d'un bonheur conjugal de surface et n'attendent aucune joie de l'avenir. Les filles bien nées devraient séjourner à la cour pour apprendre à connaître les gens et le monde.

»Je déteste les hommes qui présentent les dames de la cour comme des êtres désinvoltes et gâtés. Bien sûr, il peut y avoir un soupçon de vérité dans cette assertion, parce qu'il n'est guère de visage qui ne leur soit familier. Elles connaissent tout le monde à commencer par leurs majestés l'empereur et l'impératrice jusqu'aux représentants du quatrième, cinquième ou sixième rang. Elles ne sont pas effarouchées par les gens de plus basse extraction telle que la suite des autres dames de la cour, les employés de province, les femmes de ménage, filles de service et autres membres du personnel subalterne. Peut-être ne rencontrent-elles pas si souvent de jeunes nobles. Et pourtant si! Lorsqu'elles sont en service à la cour, les femmes apprennent à en connaître beaucoup. On ne peut donc nier totalement cette critique.»

Aux yeux du monde et des hommes, la dame de la cour, enveloppée dans les multiples épaisseurs de son luxueux vêtement de soie et limitée dans ses mouvements, apparaissait assise sur un siège bas derrière une petite table à écrire et abritée du regard par un écran. Elle assistait aux grands événements de la vie de cour qui se déroulaient dehors, cachée derrière des rideaux de bambous ou dans une charrette à bœufs. Le monde extérieur ne connaissait d'elle que l'élégant dégradé de ses grandes manches pendantes. Les visages demeuraient cachés: lorsqu'une dame devait paraître en pu-

164

Genji-monogatari-emaki: chapitre 50, Azumaya I (détail). Encre et couleurs sur papier. 21,8 × 39,2 cm. Premier quart du XIIe siècle. Tokugawa Reimeikai Foundation, Tōkyō.
A gauche, une suivante peigne les cheveux de Naka no Kimi pour les sécher; d'autres servantes sont assises dans le coin inférieur droit (cf. ill. 186). Ukifune, demi-sœur de Naka no Kimi, regarde des illustrations de *monogatari*. Toutes portent la tenue de cour officielle composée de tuniques de soie aux harmonieux accords de couleur. On reconnaît dans le profil de trois quarts de l'une et le profil perdu de l'autre la représentation caractéristique des visages réduite à «un trait pour les yeux, un crochet pour le nez».

blic, elle dissimulait derrière un éventail une face lourdement fardée aux dents artificiellement noircies et aux sourcils épilés puis repeints.

La femme était mariée par son père ou enlevée sans formalités par un prétendant qui parvenait derrière son rideau après l'échange de poésie rituel. Dans le *Genji-monogatari*, le désir de conquête des hommes ne mène pas toujours au succès ni au bonheur. L'analyse psychologique de Murasaki Shikibu est particulièrement pénétrante lorsqu'elle décrit l'éventail des réactions féminines face aux entreprises galantes du prince Genji.

Le journal de Murasaki Shikibu révèle des événements significatifs de la vie de leurs majestés. Son sens du récit dramatique est incontestable lorsqu'elle relate l'accouchement de l'impératrice Akiko, fille de Fujiwara no Michinaga, en 1001. On peut se représenter clairement la chambre tendue de blanc dans le palais de Michinaga, les cortèges de prêtres et de courtisans qui récitent des *sūtra* ou accomplissent des rites magiques jusqu'à ce que, enfin, le prince héritier soit né. Le *Gaki-no-sōshi* décrit également – en image cette fois – un accouchement, mais il se déroule dans une demeure plus modeste, menacé par la présence invisible des esprits affamés.

Les enfants étaient pour tous un objet d'affection. L'épouse secondaire de Genji, Murasaki no Ue, qu'il avait enlevée alors qu'elle était encore une fillette, regrettait amèrement de ne pas avoir eu d'enfant et elle adopta non sans une certaine jalousie mais en lui prodiguant beaucoup d'affection la fille que Genji avait eue de la princesse Akashi.

Selon son rang d'origine, la femme, qu'elle soit épouse principale ou secondaire, demeurait chez ses parents ou partageait l'habitation de son mari. D'après W. McCullough, la position hiérarchique de l'épouse principale et des épouses secondaires différait à peine[48]. Il est évident que la poésie et la calligraphie ne constituaient pas leur occupation principale. Elles devaient très prosaïquement laver et coudre les vêtements de leur mari. La teinture était également un art de femme dans lequel la Murasaki du roman excellait. Comme les vêtements étaient destinés non seulement à habiller les membres de la famille mais servaient de cadeaux – par exemple au Nouvel An – et de salaires, la couture et la teinture tenaient une place importante dans l'emploi du temps. W. McCullough rapporte que la belle-mère du grand Fujiwara no Michinaga lui cousait deux fois par an de nouveaux vêtements. Etant donné la somptuosité des robes des hauts dignitaires, la couture constituait pour les maîtresses de maison et leurs serviteurs une occupation suffisante. Rien n'était davantage objet de moqueries que des vêtements passés de mode, surtout s'ils étaient offerts.

Un domaine cependant était également ouvert aux deux sexes: la littérature, mais uniquement la littérature japonaise. Depuis l'époque Nara, les poèmes des femmes étaient prisés à l'égal de ceux des hommes. L'homme cultivé attendait d'une femme qu'elle soit en mesure de composer un poème de 31 syllabes, un de ces *waka* où intervenaient toutes les allusions et toutes les comparaisons avec la nature qui devaient en faire une œuvre d'art. La seule composition du poème ne suffisait pas. Il fallait aussi qu'il soit transcrit dans une graphie exclusivement féminine qui correspondait au style et à l'être de la femme. La calligraphie des femmes et leurs formes d'expression particulières constituaient une marque de culture et de spécificité japonaise.

Cette composante purement féminine du sentiment esthétique a communiqué à la poésie sa propre fluidité, mais elle est aussi à l'origine du mépris que certaines époques postérieures, plus dures, marqueront vis-à-vis des arts de l'époque Heian qualifiés d'«efféminés». La très vive sensibilité qui imprègne l'art japonais prend pourtant ses racines dans cette époque où les dames de la cour avaient droit à la parole et s'exprimaient sur un mode inimitable, fait de finesse mais aussi de sobre intelligence.

Le vêtement

Les vêtements que portaient l'empereur, son épouse et la noblesse jusqu'au cinquième rang, tout comme le cérémonial de la cour, avaient été hérités de la Chine. Ils subirent peu de changements au cours de la période Heian. Cependant, l'habillement et la coiffure féminines s'adaptèrent progressivement au goût japonais à partir du milieu de l'époque.

Lors des grandes solennités, couronnement, actions de grâce après la récolte, fête de Nouvel An, l'empereur portait une tenue d'apparat écarlate, appelée *«ōsode»* (vêtement aux grandes manches). Il était taillé comme un *kimono* à longues manches, ample du bas, croisé de gauche à droite jusque sous les aisselles et entièrement brodé de motifs porte-bonheur. Une sorte de tablier plissé *(mo)* le maintenait à la taille. Une riche ceinture ornée de joyaux et d'un pendentif de soie tissée et peinte

165
Ban-Dainagon-ekotoba: premier rouleau, dernière scène (détail). Encre et couleurs sur papier. H. 31,5 cm. Vers 1170. Collection privée, Tōkyō.
Fujiwara no Yoshifusa a reçu l'autorisation de prendre devant l'empereur la défense de Minamoto no Makoto, injustement accusé par Ban Dainagon d'avoir délibérément provoqué un incendie. On voit ici Makoto, chancelier de la Gauche, en tenue d'été *sokutai,* quittant le palais.

166
Murasaki-Shikibu-nikki-ekotoba: cinquième section, dixième scène (détail). Encre et couleurs sur papier. H. 20,9 cm. Milieu du XIIIe siècle. Fujita Art Museum, Ōsaka.
Le cinquième ou le sixième jour après la naissance du futur empereur Ichijō, son grand-père, le grand chancelier Fujiwara no Michinaga, contemple au clair de lune, de la galerie de son palais, les nouveaux bateaux de plaisance (cf. ill. 198). Le chancelier porte un vêtement *naoshi* par-dessus un pantalon bouffant et une coiffe *kammuri.*

167
Nenjū-gyōji-emaki: cinquième rouleau, quatrième scène (détail). Encre et couleurs sur papier. H. 45,2 cm. Copie d'après un original d'environ 1160. Collection privée.
Des serviteurs de la cour portant la tenue *kariginu* et la coiffe *eboshi* attendent devant le palais; l'un d'entre eux est assis sur un tabouret laqué.

168
Murasaki-Shikibu-nikki-ekotoba: quatrième section, quatorzième scène. Encre et couleurs sur papier. H. 20,9 cm. Milieu du XIII siècle. Collection privée.
Après la fête du cinquantième jour de la naissance du prince héritier, des seigneurs, qui ont quelque peu abusé du saké, lutinent des suivantes de l'impératrice dans les galeries du palais.

complétait l'ensemble. En dessous du *ōsode,* l'empereur portait un *kimono* à manches courtes sur une chemise blanche *(hitoe).* La chemise et le *kimono* dépassaient légèrement de l'encolure et du bas des manches de *l'ōsode,* porté avec deux pantalons superposés, l'un blanc, l'autre rouge. Les pieds, protégés par des chaussettes de soie, étaient chaussés de sandales de cuir laqué noir. L'empereur et les nobles de haut rang portaient dans la main droite un sceptre, emblème de leur dignité. L'empereur était coiffé du bonnet *kammuri,* en gaze noire, et surmonté d'une couronne carrée, en or, et d'un disque solaire, symbole de sa majesté.

Les princes impériaux qui occupaient les trois premiers rangs de la hiérarchie étaient vêtus plus sobrement. Ils portaient un *ōsode* d'une seule couleur, ramené à l'avant par-dessus le tablier *mo.* La ceinture brodée était prolongée, à l'avant, par une bande à franges à laquelle se fixait la précieuse épée de cérémonie. Ils étaient coiffés du bonnet *kammuri* et d'une petite couronne.

Pour les cérémonies moins importantes que celles évoquées plus haut, toute la cour, depuis l'empereur jusqu'au dignitaire du neuvième rang – le rang le plus bas –, portait la tenue *sokutai*. Le vêtement du dessus 165 était fermé très haut à la manière d'un manteau au col rond et étroit et à larges manches droites; fermé de la gauche, il était pourvu d'une grande bordure. La ceinture n'était visible qu'à l'arrière. Le rang du dignitaire se reconnaissait au tissu du vêtement. Seule la haute noblesse était autorisée à porter du damas noir. Sous le manteau, on portait une veste de brocart et un *kimono* blanc à longue traîne (elle atteignait 4 m pour les régents). Sur certaines images on peut voir, assis dans des vérandas, les seigneurs qui laissent pendre leur traîne par-dessus la balustrade. Sur la peau, on portait une fine chemise de toile blanche bordée au col et aux manches de rubans colorés.

Comme coiffure, les membres de la haute noblesse portaient un bonnet plat de gaze noire, nanti d'une queue et d'une bande raide de laque noire, et les dignitaires moins importants (au-dessous du cinquième rang) un bonnet à deux passants. La haute coiffe raide, appelée «*eboshi*», était portée dans des circonstances moins solennelles.

Dans les réunions intimes, on était vêtu du *ikan,* qui ne comportait pas de traîne et qu'on nouait à la taille avec une corde et la bande de cuir dans laquelle on passait l'épée. Dans le dos, le tissu faisait poche par-dessus la ceinture. Par-dessous, on enfilait une large culotte bouffante nouée dans le bas.

Dans leurs appartements privés, les messieurs s'habillaient d'une tenue légère *(naoshi),* coupée comme le 166 manteau du *sokutai*. Il semble que Genji ait été irrésistible dans cette tenue. En plus du pantalon, on portait sous le *naoshi* deux chemises, l'une rouge et l'autre blanche. Un bonnet et un éventail complétaient la tenue.

La petite noblesse portait souvent la tunique de chasse *(kariginu)* dont les manches cousues uniquement dans le dos laissaient une grande liberté de mouvement. Les serviteurs ne pouvaient porter que des *kariginu* blancs. Il 167 existait une tenue plus commode encore: une courte veste rentrée dans le pantalon.

La tenue de cérémonie de l'impératrice était aussi fastueuse que celle de l'empereur. Elle était composée de douze *kimono (jūni-hitoe)* superposés très fins, par-des- 125 sus lesquels on portait une jupe-culotte écarlate. Le *kimono* le plus proche du corps était pourvu de longues manches, qui pouvaient dissimuler les mains. Le *hitoe* du milieu avait cinq faux cols et manchettes dont le dé- 168 gradé de couleurs était soumis à des règles strictes. La coupe du vêtement était immuable. Par-dessus l'ensemble, on portait une veste de brocart qui descendait jusqu'à la taille et enfin le vêtement *uwagi* au dos duquel s'attachait une traîne de fine soie blanche brodée.

L'ornement le plus prisé de la femme était la chevelure, parfois nouée en chignon, mais généralement libre. 169 On la gonflait parfois de fausses mèches. L'impératrice portait, comme l'empereur, une sorte de couronne d'or. Comme toutes les dames de la cour, elle se cachait le visage derrière son éventail.

Dans l'intimité, la tenue des dames se composait de quatre pièces et était dépourvue de ceinture. Pour la promenade, les dames de la noblesse se rabattaient un voile sur la tête. Les servantes de la cour étaient habillées de soie blanche, ornée de motifs peints, et d'une veste de brocart.

Les femmes du peuple étaient souvent vêtues d'un vêtement de lin attaché à l'aide d'une corde ou d'un tablier. C'est ainsi qu'elles sont représentées dans le *Shigi-san-engi-emaki*. Lorsqu'elles appartenaient à une couche de population plus aisée, elles s'enveloppaient dans des *kimono* colorés qu'elles superposaient. En ville, les femmes se coiffaient d'un grand chapeau de paille, en forme de bol. En voyage, elles y attachaient une voilette.

Les moines et les prêtres se reconnaissaient à leur *kimono* sobre, couvert d'un surtout noir de lin ou d'herbe qui se terminait en jupe plissée. En outre, ils portaient une large écharpe faite de morceaux de brocart cousus, 173

169
Genji-monogatari-emaki: chapitre 49, Yadorigi III, deuxième scène. Encre et couleurs sur papier. 21,4 × 37,8 cm. Premier quart du XIIᵉ siècle. Tokugawa Reimeikai Foundation, Tōkyō.
Après leur troisième nuit d'amour, le prince Niou et la jeune Roku no Kimi se réveillent dans le lit nuptial. Un groupe de servantes attend dans l'antichambre. Niou contemple pour la première fois sa jeune femme à la lumière du jour.

qui devait rappeler le vêtement rapiécé du Bouddha. Les policiers et chevaliers ne portaient pas d'uniforme particulier. Les gardes du palais se distinguaient par leurs coiffes dont le côté était pourvu d'un ornement de crin de cheval en forme d'éventail. Ils étaient armés d'une épée et d'un grand arc. Le carcois se portait sur le dos. Au combat, les chevaliers revêtaient une armure par-dessus leur *kimono;* leurs jambes étaient protégées par un pantalon qui faisait guêtre. Ils étaient coiffés d'un petit *eboshi* plissé. Les seigneurs de guerre portaient de beaux casques forgés, en fer, surmontés de cornes imposantes.

On retrouve dans le *Nenjū-gyōji-emaki* la représentation de tous les costumes décrits ici, depuis celui de la femme du peuple jusqu'à celui de l'empereur – sauf toutefois le costume de grande cérémonie. On peut voir dans le temple Jingo-ji des portraits des grands de l'époque, en costume de cérémonie *sokutai,* exécutés par Fu-

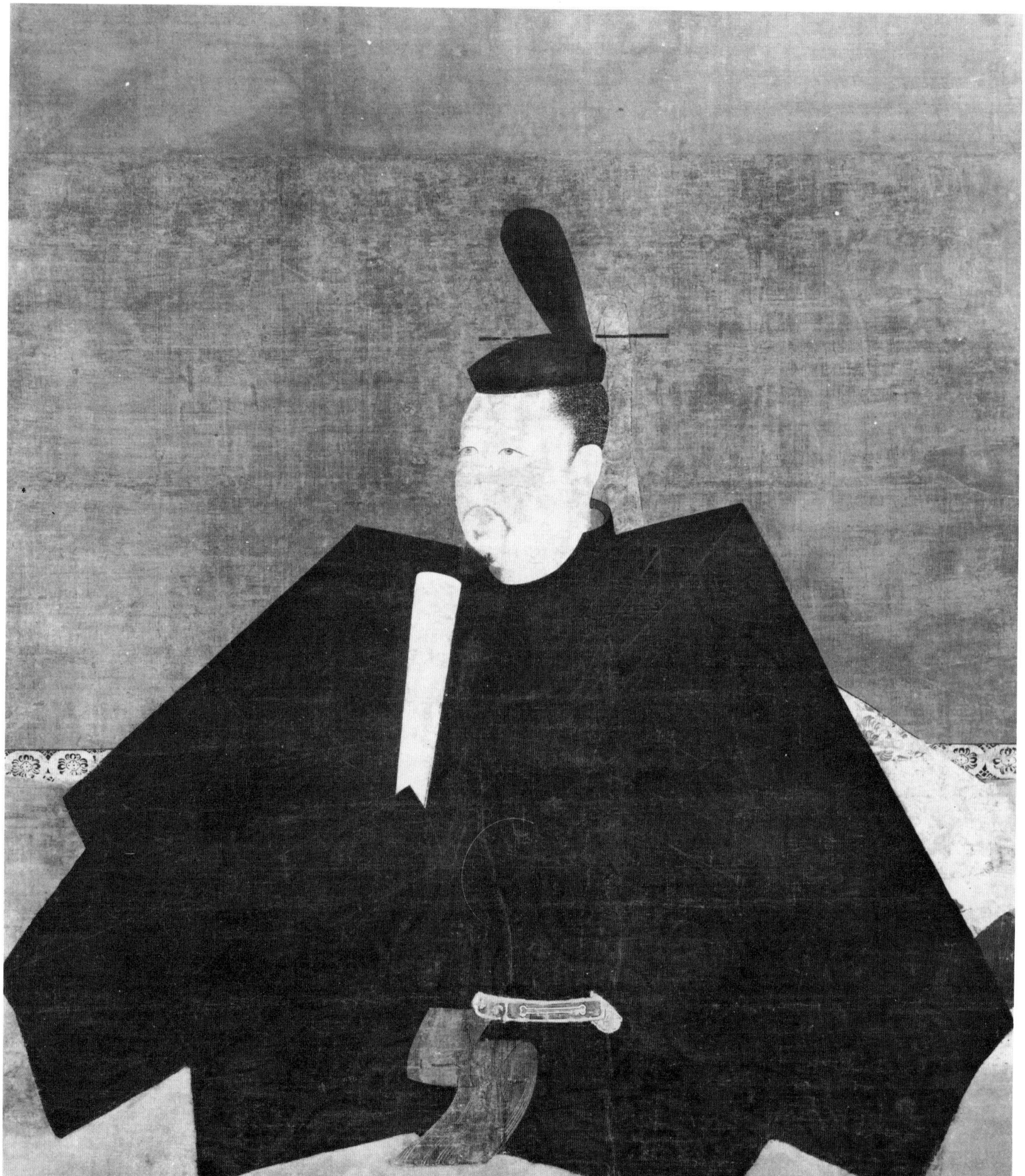

◁ 170
Portrait de Taira no Shigemori (1138–1179), attribué par la tradition à Fujiwara no Takanobu (1145–1205). Encre et couleurs sur papier. 139 × 112 cm. Temple Jingo-ji, Kyōto.
Ce portrait, censé représenter Shigemori, appartient à une série qui fut exécutée dans l'entourage de l'ex-empereur Goshirakawa. Shigemori porte la tenue de cour et la coiffe *kammuri*, ainsi qu'un sceptre *shaku* et une épée de cour. Soucieux de réalisme et avec une grande économie de moyens, l'artiste donne au personnage, dans ce portrait de style Yamato-e, des traits très individualisés.

171
Heiji-monogatari-emaki: troisième rouleau, Rokuhara-gyōkō. Encre et couleurs sur papier. H. 42,4 cm. Fin du XIIIe siècle. Tōkyō National Museum, Tōkyō.
La scène dépeint la fuite de l'empereur Nijō lors d'une révolte de l'armée. Pour échapper aux troupes, le *tennō* déguisé en femme quitte le palais dans un char sous l'œil méfiant de guerriers du clan Minamoto.

172
Veste *hampi*. Soie. H. 36,1 cm. Milieu du XIIe siècle. Itsukushima-jinja, Miyajima, Hiroshima.
La petite veste sans manches fut donnée en offrande au sanctuaire d'Hiroshima. Elle est tissée avec raffinement selon la technique des brocarts de style chinois et est ornée de médaillons rapportés, représentant des cigognes et des fleurs. Ce genre de veste était porté sous l'armure.

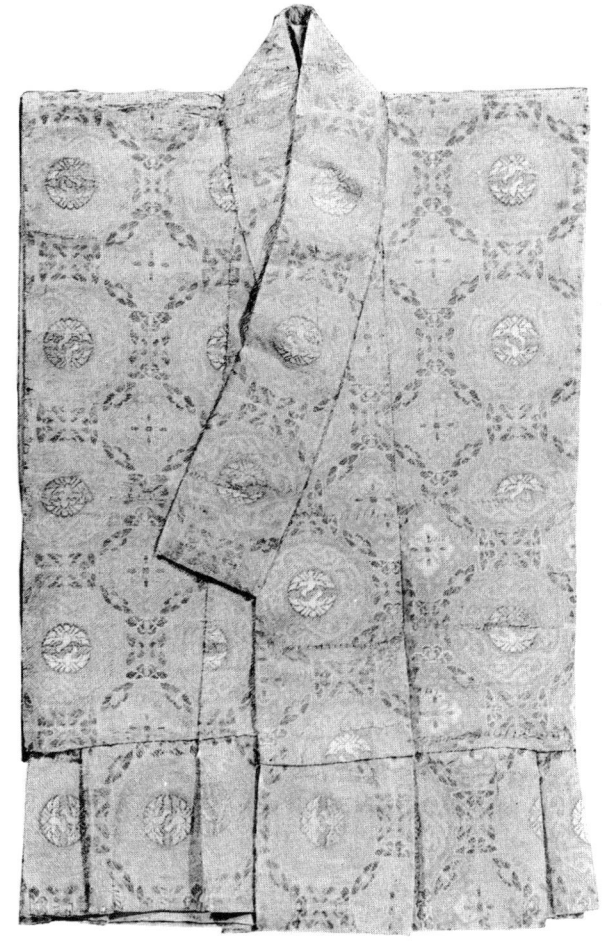

173
Pièce de soie avec motifs bouddhiques. Soie *nishiki*. 204 × 57 cm. Période Heian tardive. Temple Ninna-ji, Kyōto.
Les représentations de *vajra* et de bijoux sur des socles de lotus qui parsèment le fond de cette pièce de tissu, permettent de penser qu'il s'agit d'un fragment d'écharpe de moine. Selon la tradition, elle aurait appartenu au prince abbé Shōshin Hōshinnō, mort en 1085. Le raffinement de la technique de tissage porte cependant à croire qu'elle a été exécutée plus tard.

174
Ban-Dainagon-ekotoba: troisième rouleau, cinquième scène; attribué à Fujiwara (Tokiwa) no Mitsunaga. Encre et couleurs sur papier. H. 31,5 cm. Vers 1170. Collection T. Sakai, Tōkyō.
Après l'arrestation du coupable Ban Dainagon, le désespoir règne dans son palais. Dames et servantes donnent libre cours à leur douleur. La pièce où elles sont représentées donne un aperçu du cadre de vie quotidien dans les maisons seigneuriales.

175
Nenjū-gyōji-emaki: cinquième rouleau, quatrième scène (détail). Encre et couleurs légères sur papier. H. 45,8 cm. Copie d'après un original d'environ 1160. Collection privée.
Après le banquet de Nouvel An, un concours de composition de poésies chinoises est organisé dans le pavillon Jijū-den derrière le Shishin-den. L'empereur y prend part, incognito. Derrière les dignitaires, on aperçoit une table dressée et des tabourets.

176
Nenjū-gyōji-emaki: cinquième rouleau, cinquième scène (détail). Encre et couleurs légères sur papier. H. 45,8 cm. Copie d'après un original d'environ 1160. Collection privée.
Après le concours de poésie, les participants se sont installés à table.

jiwara no Takanobu. Les dames et seigneurs de la cour sont représentés dans le *Genji-monogatari-emaki* en tenue *naoshi* plus intime. On peut cependant voir, dans l'image qu'illustre le chapitre Yadorigi, des dames en tenue officielle de cour, portant la veste de brocart et le tablier *mo*. Elles regardent, depuis l'antichambre, une partie de *gō* qui oppose l'empereur et le prince Kaoru.

Dans les œuvres de cour, les artistes représentent, avec un remarquable souci du détail, l'éventail et l'assortiment des nuances visibles à l'extrémité des larges manches des robes des femmes. Parfois, et c'est le cas dans le *Nenjū-gyōji-emaki,* la présence d'une femme est suggérée par la seule apparition d'une manche qui dépasse d'un paravent de bambous.

Les officiers et soldats de la garde du palais nous sont présentés dans le *Ban-Dainagon-ekotoba*. Ils portent ou non la cuirasse, mais sont toujours nantis de l'arc et des flèches. Le *Heiji-monogatari-emaki* nous fait voir l'occupation de la douce ville de Heian-kyō par les hommes de guerre des Taira et des Minamoto, la capture de l'empereur et de l'ex-empereur et l'incendie des palais. Mais ces bouleversements, et bien d'autres par la suite, n'ont pas porté atteinte à la tradition des costumes de cérémonie de la cour, qui sont encore portés de nos jours dans les grandes occasions.

La nourriture et les boissons

Il ne semble pas que les plaisirs de la table aient été prisés par la noblesse Heian. Mais, de même qu'on attachait la plus haute importance à l'élégance du vêtement et à la perfection du maquillage, on appréciait l'art de présenter la nourriture; les mets étaient disposés avec recherche et amour sur des plats de céramique ou de laque.

A la cour, comme le rapporte Ivan Morris[49], on prenait deux repas principaux. Toute personne de haut rang était généralement servie sur une tablette à pied en bois laqué. Au milieu de l'assiette, le riz décortiqué – nourriture des gens de qualité – était disposé en forme de cône tassé; il était entouré de petits plats de légumes, de raifort, d'algues, de coquillages et de poisson. Le poisson se mangeait cuit, frit ou mariné. La nourriture était préalablement découpée en petits morceaux qu'il était aisé de saisir avec les baguettes. La viande – sauf parfois celle du gibier à plumes – était proscrite par la religion bouddhique.

On buvait surtout de l'eau et de l'alcool de riz. Dans son journal, Murasaki Shikibu décrit des fêtes, qui se déroulaient dans le palais de Fujiwara no Michinaga, et au cours desquelles de nobles seigneurs buvaient avec délice leur saké. Celui-ci, moins alcoolisé que les distillats modernes, les rendait un peu sentimentaux et amoureux. On servait des noix et des fruits avec le vin de riz et parfois même des sorbets préparés avec de la glace qu'on stockait dans des caves, et à laquelle on mélangeait un sirop de liane.

Le *Nenjū-gyōji-emaki* rapporte en image un grand banquet qui rassemble des membres de la petite noblesse. Les lettrés qui ont pris part à un concours de poésie sont assis sur de petits sièges de bambou autour de tables basses. D'autres, comme les poètes par exemple, sont assis à terre dans la cour du palais, autour de nattes sur lesquelles on a disposé les plats. Des serviteurs éclairent les hôtes de leurs torches.

Dans des occasions exceptionnelles, on mangeait des gâteaux de riz agrémentés de divers ingrédients. Le jour du sanglier du dixième mois, on mangeait des gâteaux colorés de sept façons différentes afin de se protéger des maladies et avoir une nombreuse descendance. Dans le *Genji-monogatari,* Murasaki reçoit de tels gâteaux dans un joli coffret de bois précieux. Plus tard, le prince Genji, sacrifiant à une coutume de mariage, fait placer après leur troisième nuit d'amour des gâteaux blancs et des cadeaux près de l'oreiller de Murasaki[50].

Les repas étaient servis aux empereurs par des *uneme,* jeunes dames-pages. Elles étaient vêtues de robes joliment colorées et d'une petite veste de brocart qui mettait de la gaieté dans le cérémonial du palais.

IV   Reflets de la littérature et de la vie dans la peinture

La peinture Yamato-e et le *Genji-monogatari-emaki*

> «La pluie en ce début d'été tombait plus dru que les années précédentes, pas la moindre tache claire ne trouait le ciel nuageux. Dans le Rokujō-in les dames, pour combattre l'ennui, regardaient du matin au soir des récits illustrés. La dame Akashi peignait de telles images avec beaucoup de goût et les offrait ensuite à sa petite-fille.»
>
> *Le Dit du Genji*[51]

Dès ses premiers contacts avec le domaine culturel chinois, le Japon adopta les rouleaux *(makimono)* comme support de toute écriture. Ils étaient formés de bandes de papier ou de soie mises bout à bout dans le sens horizontal et pouvaient atteindre une longueur de plusieurs dizaines de mètres. Les peintures destinées à être regardées en privé, qu'il s'agisse d'esquisses ou d'œuvres très élaborées, avaient adopté cette forme.

On a conservé au Japon des fragments d'une œuvre bouddhique qui comportait huit rouleaux, le *Sūtra illustré des Causes et des Effets (Kakō-genzai-e-inga-kyō),* datant de la première moitié du VIIIe siècle. L'œuvre, qui respecte la forme traditionnelle chinoise, dépeint des épisodes des existences du Bouddha Shaka. Dans la bande illustrée qui se déroule parallèlement au texte, les scènes représentent des événements merveilleux se succèdent par tranches d'espace distinctes et s'alignent les unes à la suite des autres.

Deux siècles et demi plus tard, la littérature romanesque, en plein épanouissement, donna l'impulsion de départ aux grandes créations originales de la peinture japonaise: les rouleaux illustrés *(emakimono* ou *emaki)* du Yamato-e. La poésie *waka* avait, déjà auparavant, influencé la peinture de style lyrique. Le désir de créer une forme d'expression artistique qui emprunte simultanément plusieurs voies suscita au Japon l'apparition d'œuvres où se fondaient langue, écriture et image. Elles étaient évidemment imprégnées par le goût dominant de la noblesse de cour. Ce sont les *waka* qui fournirent les premiers thèmes des illustrations. Elles devaient rendre en images *(kokoro-e)* l'atmosphère, l'essence du poème. Paravents et écrans offraient, dans les palais, un cadre adéquat à ces illustrations.

A l'époque où Murasaki Shikibu écrivit *Le Dit du Genji,* c'est-à-dire vers l'an 1000, un des passe-temps 186 favoris à la cour consistait à regarder des romans illustrés *(monogatari-e),* à en peindre en dilettante et à en présenter lors de compétitions où l'on comparait leurs mérites. Le chapitre 17 du roman, E-awase, fait état de compétitions où les artistes de l'époque présentaient des illustrations du *Taketori-monogatari*, du *Ise-monogatari,* du *Utsubo-monogatari* et du *Shō-Sammi-monogatari*. Il devait donc dès cette époque exister d'excellentes représentations des gens et de leur environnement habituel.

En 1955 ont été découvertes, dans les cadres des peintures murales du pavillon du Phénix du Byōdō-in à Uji, des esquisses jusqu'alors inconnues et qui représentent des hommes en costume japonais. Leur attitude réservée, digne, et leur visage rond les différencient nettement des Chinois tels que se les représentaient les Japonais et qu'on peut voir sur le fameux paravent *senzui-* 138 *byōbu* et sur un coffre du temple Kyōōgokoku-ji: leur 177 visage grotesque, difforme et leur silhouette efflanquée et active sont aux antipodes de l'image idéale de l'aristocrate japonais.

Les 58 scènes de la vie du prince Shōtoku Taishi 178 (574–622) qui, à l'origine, ornaient un pavillon du temple Hōryū-ji, sont aujourd'hui montées sur un paravent à cinq panneaux. Datant de 1069, elles sont l'œuvre du peintre Hata no Munesada (Chitei), qui peignit en couleurs la sculpture représentant Shōtoku. Distinctes les unes des autres, elles sont campées au milieu d'un paysage vu de loin et de haut. Elles sont réparties sans ordre

177
«Coffret de Chine» (détail). Bois peint en couleur et contours rouges. H. 49,2 cm; larg. 82,3 cm. IXe siècle. Temple Kyōōgokoku-ji, Kyōto.
Le coffret en bois du temple Kyōōgokoku-ji (Tōji) occupe, par la nature des sujets représentés sur les parois, une place importante dans l'histoire de la peinture: la facture des Chinois qui s'y adonnent à des jeux divers est naïve, mais on y décèle le goût de la caricature qui caractérisera toute la peinture de type Kara-e de l'époque Heian.

178
Shōtoku Taishi eden (détail), par Hata no Munesada (Chitei). Autrefois tenture murale dans un pavillon du Hōryū-ji, aujourd'hui cinq paravents à deux panneaux. Encre et couleurs sur soie. Chaque paravent: 272,7 × 181,3 cm. 1069. Tōkyō National Museum, Tōkyō.
Les sectes secrètes considéraient le prince Shōtoku Taishi comme une réincarnation du Bouddha, raison pour laquelle on représenta les épisodes de sa vie et de ses existences antérieures. A l'instigation de Mononobe et Nakatomi, des lieux de culte bouddhiques furent saccagés lorsque le prince était âgé de 14 ans. Une pagode fut abattue et la statue de Bouddha jetée dans le canal. La représentation de 1069 marque le début de la peinture Yamato-e: maisons, gens et paysages prennent des apparences japonaises.

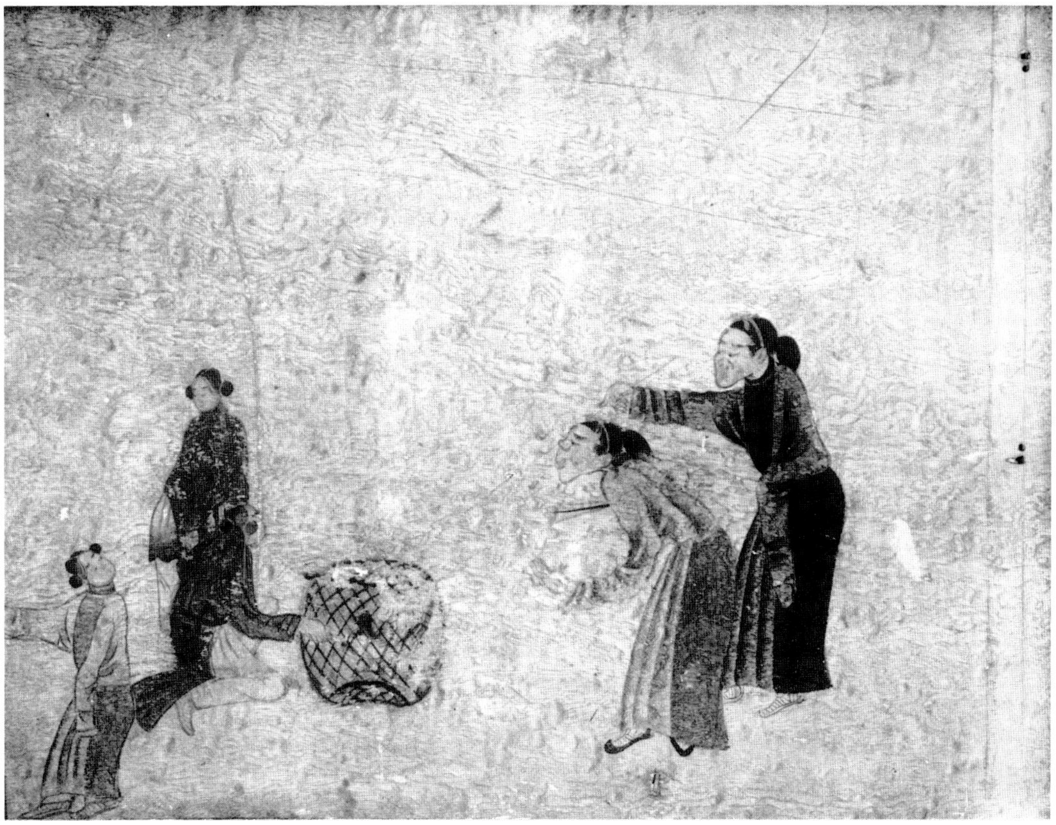

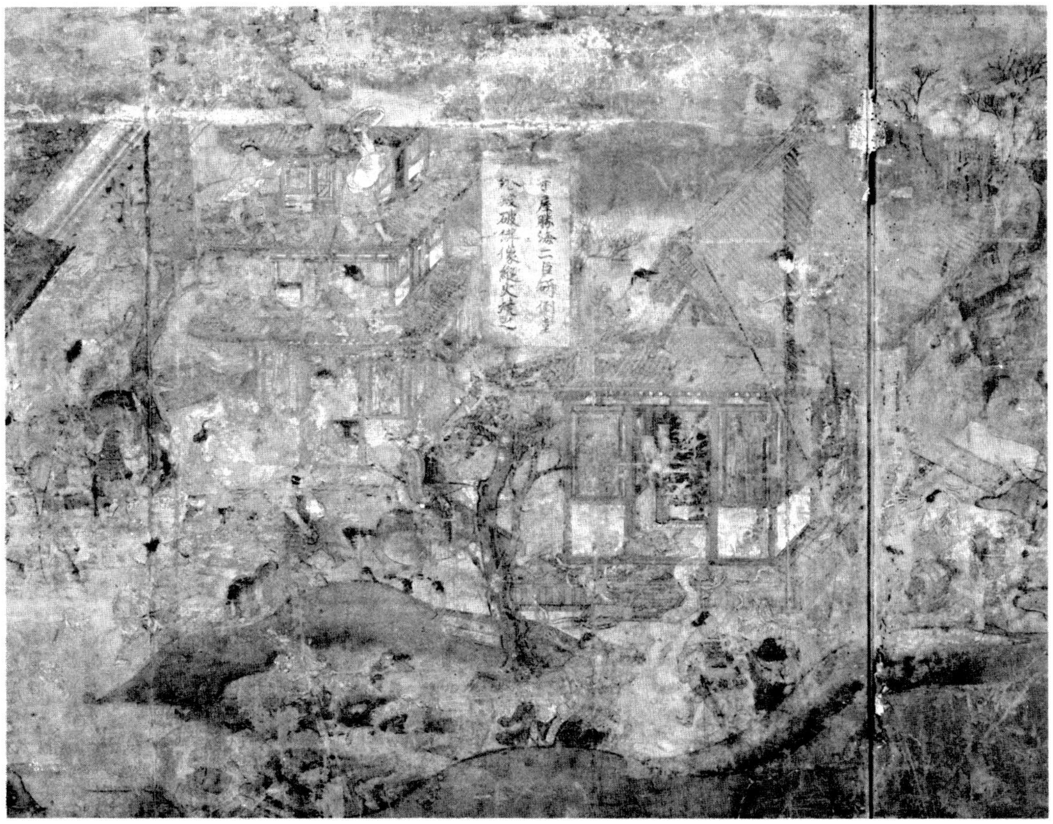

sur trois niveaux. Des commentaires enfermés dans des cartouches éclairent leur sens pour le non-initié. A l'horizon du troisième panneau, le mont Fuji donne un accent indubitablement japonais au paysage mouvementé et très dense; Shōtoku Taishi en aurait fait l'ascension à l'âge de 27 ans. La représentation est imprégnée de conceptions bouddhiques: par exemple, Shōtoku Taishi est assimilé à un Bouddha Shaka. Cependant, les silhouettes sont japonaises: les femmes, qui toutes appartiennent à la cour, portent des robes superposées et laissent flotter leur longue chevelure, traits spécifiques de la mode japonaise de cette époque.

L'œuvre la plus ancienne dans le style Yamato-e, extrêmement célèbre et purement japonaise, est le *Genji-monogatari-emaki,* adaptation illustrée du *Dit du Genji.* Quatre rouleaux datant de la première moitié du XIIe siècle sont partiellement conservés. Les 20 scènes et les 29 fragments de texte longs de 2 à 109 colonnes sont aujourd'hui séparés les uns des autres et encadrés. Quinze illustrations appartiennent à la Tokugawa Reimeikai Foundation, quatre au Gotō Art Museum (autrefois collection Masuda) et un fragment, surpeint par la suite, au National Museum de Tōkyō.

Le luxe déployé dans l'exécution des images et la décoration du papier calligraphié font supposer que l'œuvre a été commandée par la cour. Fujiwara no Mototoki note, en 1119, dans son journal, le *Chōshū-ki,* qu'une série de dix rouleaux illustrant *Le Dit du Genji* a été exécutée à la demande de l'ex-empereur Shirakawa. Sont-ce là ceux qui nous sont parvenus? On l'ignore. Le ou les auteurs qui appartenaient peut-être à l'office de Peinture sont inconnus, bien que l'œuvre soit attribuée par la tradition à Fujiwara no Takayoshi. Les calligraphies font apparaître diverses mains. Dans le cas d'une commande de la cour, comme dans celui des *sūtra*-joyaux, toutes les formes d'art pouvaient être mises en œuvre et tous les artistes engagés dans une réalisation collective. Peut-être le *Genji-monogatari-emaki* qui nous est parvenu a-t-il été peint 10 ou 20 ans plus tard, après que l'ex-empereur Toba eut prit en mains les rênes du pouvoir, suite à la mort de son grand-père Shirakawa en 1129. Lui-même et ses épouses Taikemmon-in (Tamako; 1101–1145) et Bifukumon-in (Tokuko; 1117–1160) encourageaient les arts. Tout comme les dames de la cour à l'époque de Murasaki Shikibu, une centaine d'années auparavant, ils éprouvaient un très vif intérêt pour les romans illustrés qui reflétaient parfaitement leur environnement matériel, leurs sentiments et leurs idées.

La hauteur des illustrations varie entre 21,4 et 22 cm; leur largeur est soit 39 soit 48 à 49 cm. Chaque scène peut être appréhendée dans son entier d'un seul coup d'œil et le regard n'est pas entraîné vers la suite du récit comme dans les rouleaux postérieurs qui «racontent» en continu. La composition de l'image diffère de tout ce qui a précédé. Comme dans le roman, l'accent est mis sur les états d'âme et non sur l'action. Pour permettre au spectateur l'accès à l'intérieur des palais, les maisons sont représentées sans toit, selon la technique dite du «toit arraché» *(fukinuki-yatai).* La vue est donc plongeante, un peu à la façon des dessins isométriques. Les côtés des habitations et des pièces sont rarement parallèles aux bords de l'image, ils fuient généralement en diagonale. C'est pour cette raison que l'espace est limité dans le sens vertical par des colonnes et des piliers. Fréquemment, un bâtiment surgit dans l'angle droit de la surface peinte pour souligner que la scène se prolonge et que le découpage de l'image n'est dû qu'au hasard. Dans ce cadre architectural géométrique et tracé à la règle, les personnages s'adonnent rarement à une activité. Apparemment dénués de vie, ils se laissent aller à leurs états d'âme.

Les silhouettes sont engoncées dans des vêtements raides selon la mode et le goût du temps. Les dames, dans leurs robes de soie à plis figés et leur cascade de cheveux noirs, ressemblent à des papillons. Les hommes portent, même sur leur lit de mort, les hautes coiffes noires distinctives de leur rang. Les visages, anonymes, expriment pourtant, avec toute la réserve qui se doit, des nuances dans les sentiments. Ils sont dessinés d'après la formule: «l'œil en forme de trait, le nez en forme de crochet» *(hikime-kagihana).* Une exception: la représentation de l'empereur Suzaku, devenu moine, pleurant au chevet de sa fille préférée Onna San no Miya parce qu'elle a décidé de se faire nonne.

179
Genji-monogatari-emaki: chapitre 36, Kashiwagi I. Encre et couleurs sur papier. 21,9 × 48,3 cm. Premier quart du XIIe siècle. Tokugawa Reimeikai Foundation, Tōkyō.
L'empereur Suzaku se tient au centre d'un espace compartimenté par des supports de rideaux (cf. ill. 124). Il est profondément peiné par la décision de sa fille, la princesse Onna San no Miya, de se faire nonne. Malade, elle est couchée à sa gauche. Le prince Genji, à l'avant-plan, est lui aussi très ému. La mélancolie et l'atmosphère de deuil qui se reflètent dans l'attitude des femmes, à droite, sont soulignées par le choix des couleurs.

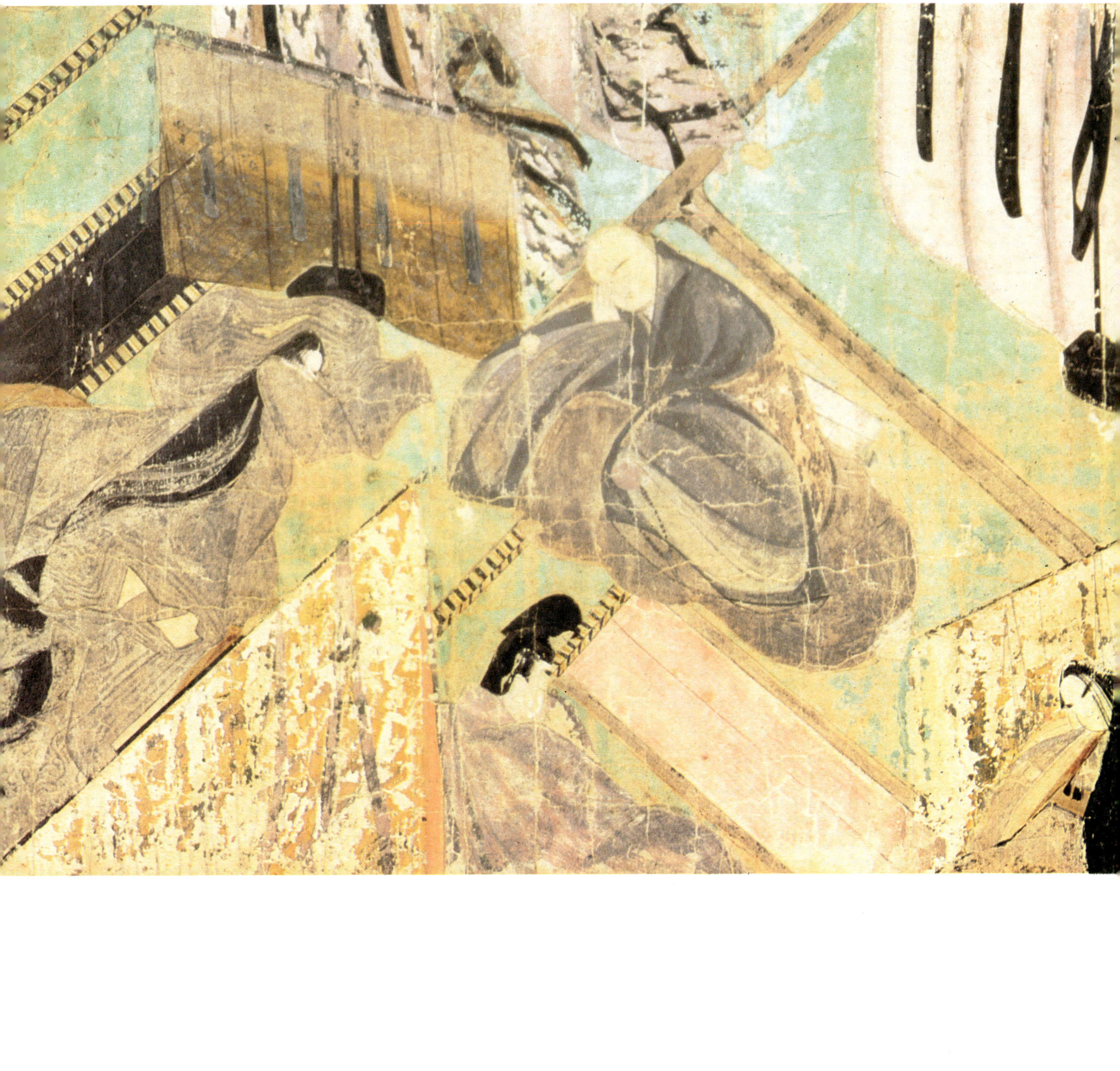

180
Genji-monogatari-emaki: chapitre 36, Kashiwagi III. Encre et couleurs sur papier. 21,9 × 48,1 cm. Premier quart du XIIe siècle. Tokugawa Reimeikai Foundation, Tōkyō.
Le prince Genji tient dans ses bras son fils présumé Kaoru dont on fête le cinquantième jour. Il le regarde, pensif (cf. ill. 163). Six petites tables cérémonielles en laque rouge sont disposées dans un ordre précis. La mère de Kaoru, la princesse Onna San no Miya, cachée, se repose à gauche, tandis que ses suivantes sont assises à l'avant-plan. De l'une d'elles, presque totalement dissimulée, on ne voit que le bas des manches, délicatement colorées, qui dépassent par-dessous les rideaux.

◁ 181
Genji-monogatari-emaki: chapitre 37, Yokobue. Encre et couleurs sur papier. 21,9 × 38,7 cm. Premier quart du XIIe siècle. Tokugawa Reimeikai Foundation, Tōkyō.
Lorsque Yūgiri rentre chez lui, en essayant de passer inaperçu, il aperçoit sa femme, Kumoi no Kari, qui donne le sein à son bébé. Le groupe de la mère et de ses suivantes est éclairé par une lanterne, derrière un rideau écarté. A gauche, l'espace est délimité par une porte coulissante décorée d'un paysage.

182
Genji-monogatari-emaki: chapitre 38, Suzumushi I. Encre et couleurs sur papier. 21,8 × 47,4 cm. Premier quart du XIIe siècle. Gotō Art Museum, Tōkyō.
La quinzième nuit du huitième mois, par pleine lune, le prince Genji rend visite à la princesse Onna San no Miya devenue nonne dans le palais Sanjō. La princesse en prière est appuyée à un montant. Une jeune nonne, après avoir fait offrande au Bouddha, écoute les insectes dans le jardin.

La vivacité des couleurs donne aux images un accent presque ornemental, ce qui est dû à la technique utilisée, dénommée «peinture fabriquée» *(tsukuri-e)*. La première étape en est un dessin préliminaire à l'encre de Chine. On le recouvre d'une couche de coquillages broyés qui va servir de base aux couleurs, essentiellement des minéraux pulvérisés. Après la pose de la couleur, les contours étaient repris à l'encre de Chine mais sans accent et les parties noires (cheveux et coiffes de cour) étaient recouvertes d'encre de Chine brillante mêlée de colle. Parfois, on étendait sur la base une mince couche de couleur argentée et on soulignait d'or les contours de certains vêtements.

La deuxième illustration du *Genji-monogatari-emaki* se détache de l'ensemble parce qu'elle se déroule au milieu d'un paysage et non à l'intérieur d'une habitation. Le chapitre 16 du roman, Sekiya, décrit la rencontre entre Genji qui se rend avec sa suite en pèlerinage à Ishiyama et le gouverneur de Hitachi qui rentre dans la capitale. Genji avait autrefois aimé Utsusemi, la femme de ce

183
Genji-monogatari-emaki: chapitre 40, Minoru. Encre et couleurs sur papier. 21,8 × 48,3 cm. Premier quart du XII siècle. Gotō Art Museum, Tōkyō.
Par une nuit de tempête, en automne, le prince Genji rend visite à Murasaki no Ue mourante. Elle est couchée à droite dans un espace clos et cache son visage derrière son bras (cf. ill. 125). A droite, à l'avant-plan, on aperçoit derrière un paravent la tête étroite de l'impératrice Akashi. Sur la véranda, Genji fait face à la malade, cachant lui aussi son visage dans sa manche.

184 ▷
Genji-monogatari-emaki: chapitre 39, Yūgiri. Encre et couleurs sur papier. 21,8 × 39,5 cm. Premier quart du XII siècle. Gotō Art Museum, Tōkyō.
Dans le palais Sanjō, le prince Yūgiri, assis à sa table d'écriture, lit la lettre, sur papier richement décoré, que lui a adressé la princesse Ochiba. Poussée par la jalousie, sa femme Kumoi no Kari se précipite et la lui arrache. Des servantes sont assises dans la pièce adjacente.

gouverneur. Ému, il lui fait parvenir un poème. Les deux cortèges apparaissent dans l'espace central de l'image entre des montagnes tantôt arrondies tantôt escarpées. Cavaliers et chars à bœufs se rencontrent dans le tiers gauche de l'image. A droite apparaissent un *torii* et les bâtiments d'un sanctuaire. A peine visibles, quelques caractères *kana* extraits du poème d'Utsusemi sont dispersés dans le paysage et signalent la source située près du défilé. Tout au loin, à l'horizon, se dessine la rive du lac Biwa. Pas plus d'action ni de tension dans cette scène que dans les autres: ici comme ailleurs, hommes et paysages débouchent dans le flou. Malheu-

185 ▷
Genji-monogatari-emaki: chapitre 48, Sawarabi. Encre et couleurs sur papier. 21,4 × 39,2 cm. Premier quart du XII siècle. Tokugawa Reimeikai Foundation, Tōkyō.
Dans la villa de montagne à Uji, on prépare le déménagement de Naka no Kimi qui va rejoindre le prince Niou à Heiankyō. On aperçoit la jeune femme dans la pièce arrière, émue de quitter l'environnement qui lui est familier. Ses accompagnatrices, séparées d'elle par de simples écrans en tissu, préparent le linge pour le voyage, tandis que Ben no Kimi tente de rassurer sa maîtresse.

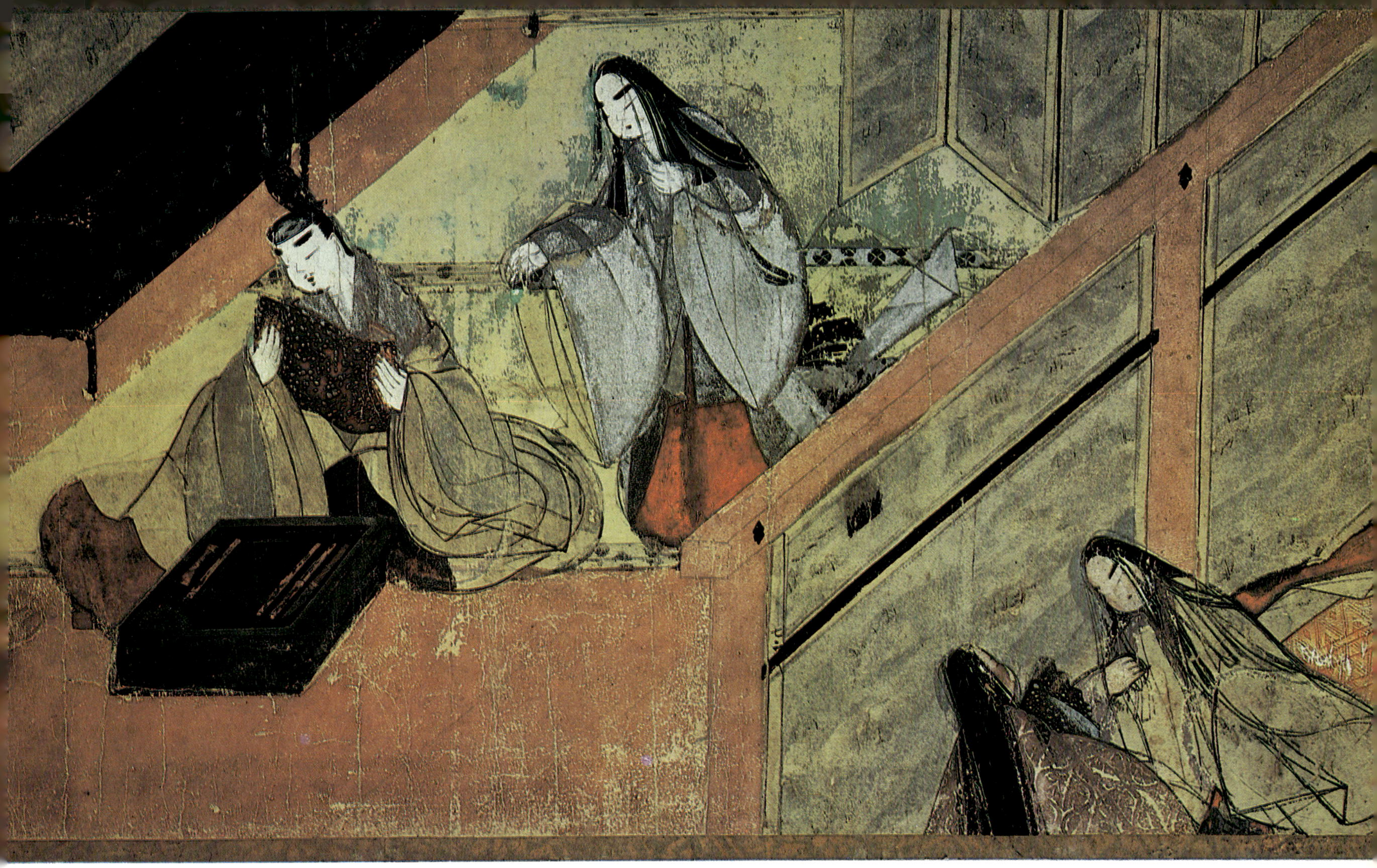
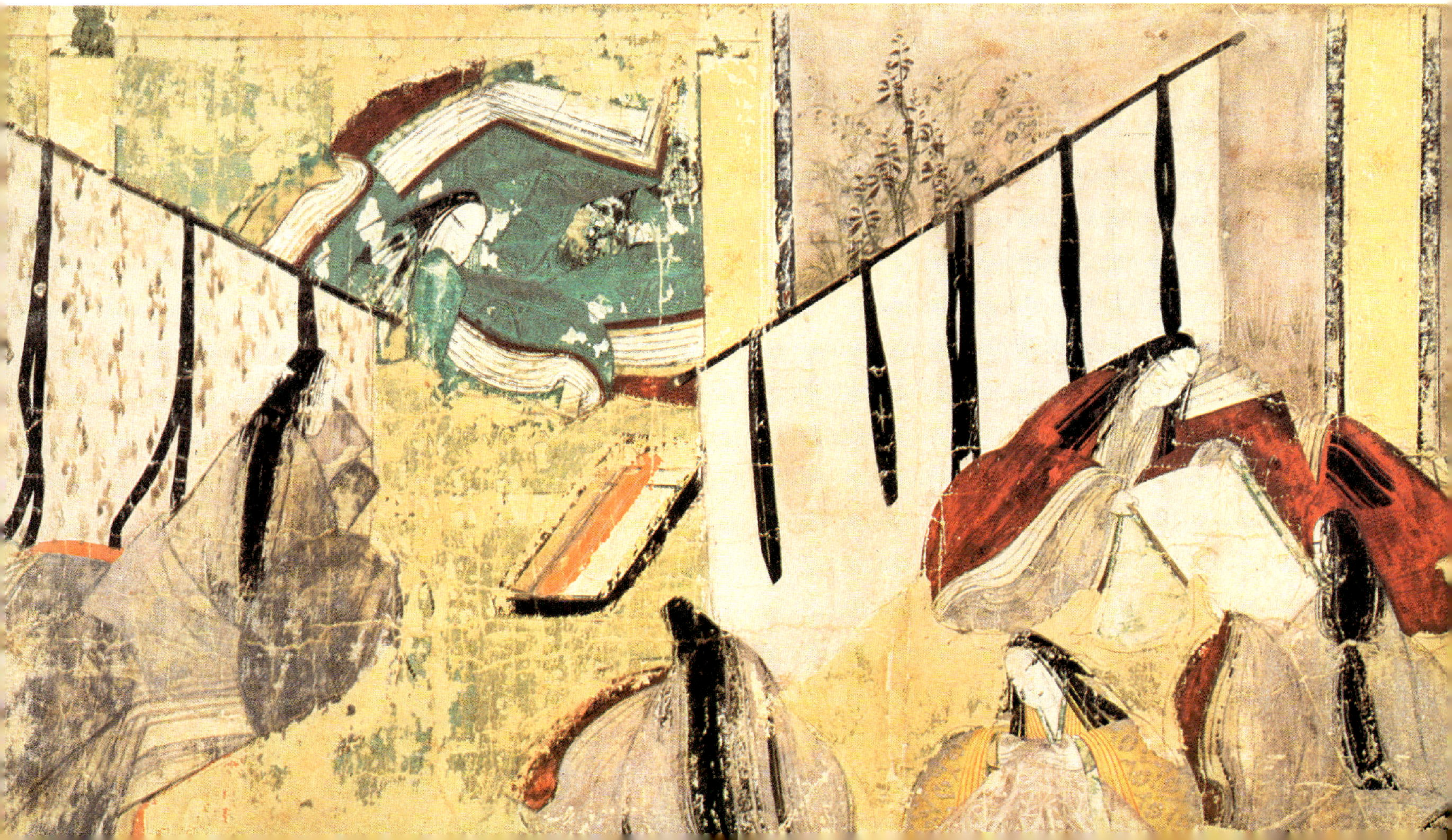

186
Genji-monogatari-emaki: chapitre 50, Azumaya I. Encre et couleurs sur papier. 21,5 × 48,9 cm. Premier quart du XIIe siècle. Tokugawa Reimeikai Foundation, Tōkyō.
Naka no Kimi a caché sa demi-sœur Ukifune dans sa demeure, le palais Nijō. On lui lave les cheveux, tandis que Ukifune regarde des *monogatari* illustrés et qu'une suivante lit le texte. Cf. ill. 164.

reusement, l'image est très endommagée et les détails ne sont plus guère visibles.

Les peintres du *Genji-monogatari-emaki* ont utilisé un «papier couleur d'œuf» pour les illustrations. Ce papier, particulièrement résistant, lisse et absorbant, était fabriqué à partir de fibres de riz et de mûrier renforcées par des charges et de la colle. Les couleurs pulvérisées qu'utilisait le peintre étaient d'origine minérale: l'azurite donnait le bleu, la malachite un vert lumineux; les tons rouge cinabre et orange étaient dérivés de sels de plomb et de mercure. La palette incluait aussi le blanc (blanc de plomb ou calcaire des coquillages), qui souvent virait au violet par oxydation. Enfin le jaune et la couleur thé étaient obtenus à partir d'ocre ou de matières organiques.

Les papiers décoratifs des fragments calligraphiés avaient été fabriqués par les mêmes ateliers qui fournissaient les scribes de *sūtra*. Le palais impérial possédait son propre office de matériel d'écriture. C'est là que le prince Genji fit fabriquer un papier particulièrement beau sur lequel il copia le *sūtra* d'Amida pour Onna San

187
Genji-monogatari-emaki: chapitre 44, Takegawa II. Encre et couleurs sur papier. 22 × 48,1 cm. Premier quart du XIIe siècle. Tokugawa Reimeikai Foundation, Tōkyō.
Les personnages sont groupés autour d'un cerisier en fleurs. Les filles de Tamakazura jouent une partie de *gō* dont l'enjeu est précisément l'arbre. L'atmosphère printanière est soulignée par les somptueux vêtements des servantes assises sur la véranda. Kurōdo no Shōshō observe la scène à travers les jalousies.

no Miya[52]. C'est également sur un papier très choisi, confectionné à la cour, que sont écrites les parties de texte du *Genji-monogatari-emaki*. La coloration de base du papier et le saupoudrage de la surface avec de petites feuilles, des grains ou des bandes filiformes d'or et d'argent pour former les motifs les plus divers appartiennent au répertoire d'atelier habituel. Des formes nouvelles sont cependant introduites: spirales, papillons et cristaux de neige, toujours en or et argent.

Plusieurs mains ont participé à la calligraphie. Si l'œuvre comportait à l'origine environ dix rouleaux[53], l'ensemble calligraphié n'a pu être mené à bien que par un groupe de scribes, certainement des calligraphes de l'atelier de la cour. Cinq types d'écriture, dus au travail de cinq calligraphes, sont reconnaissables.

Les rouleaux illustrés qui prenaient comme thème la littérature féminine étaient classés sous la rubrique «peinture de femme». Dans le *Genji-monogatari-emaki*, les règles de composition de l'image et de représentation des personnages étaient parfaitement mises au point et assimilées. Aussi ce type de peinture, décoratif jusqu'à être abstrait, fut-il utilisé pour les rouleaux postérieurs qui illustraient des romans ou des journaux de femmes.

L'Histoire et les légendes dans l'*emaki*

Un autre style, correspondant aux récits d'action, se développa en réaction au style de cour. Cette peinture de «reportage» produisit des œuvres pour hommes qui

188
Shigi-san-engi-emaki: premier rouleau, deuxième scène. Encre et couleurs sur papier. H. 31,7 cm. Vers 1160–1170. Temple Chōgosonshi-ji, Nara.
La deuxième scène du rouleau du «grenier volant» dépeint comment le grenier d'un riche propriétaire est enlevé par le bol à aumônes en or du moine Myōren. Serviteurs, parents et moines se ruent à sa poursuite. Le propriétaire s'agite sur son cheval et suit la scène des yeux. Le coup de pinceau, fluide et légèrement caricatural, souligne l'aspect dramatique de l'événement.

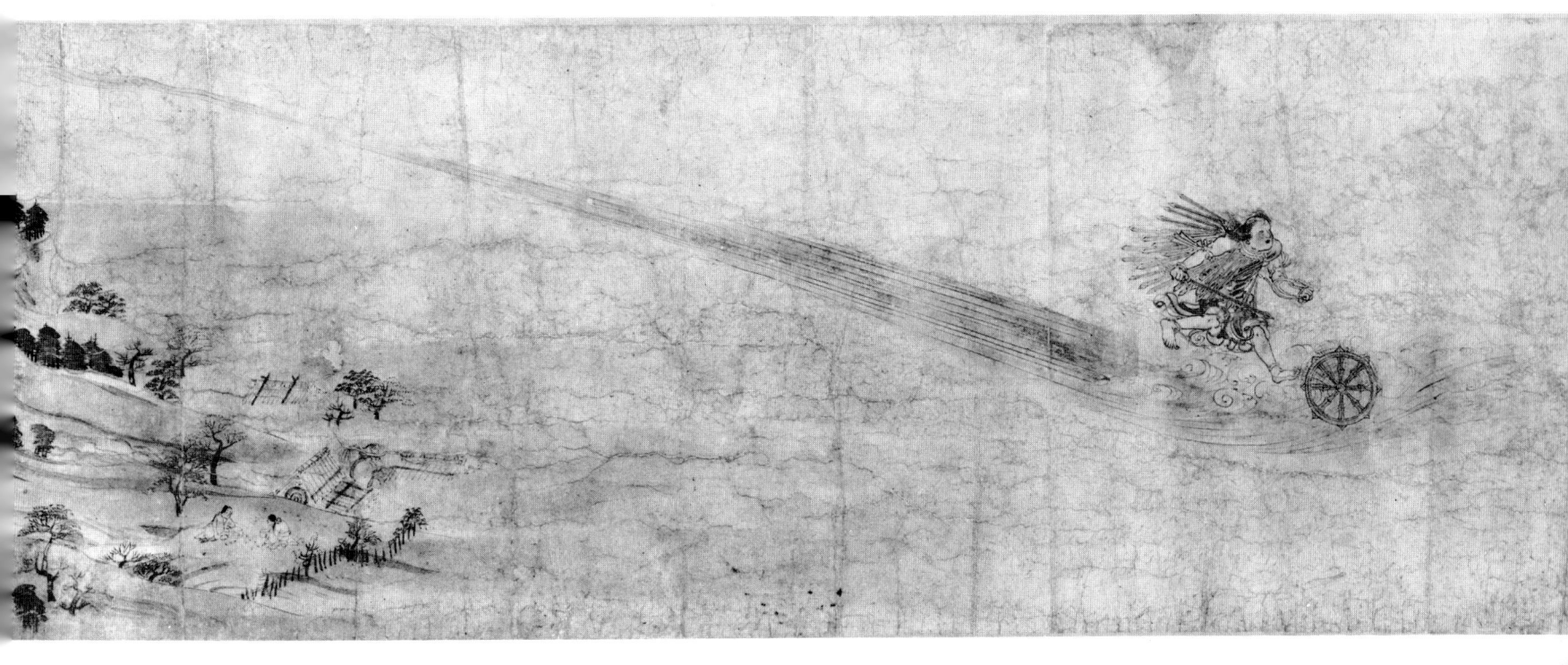

189
Shigi-san-engi-emaki: deuxième rouleau, sixième scène. Encre et couleurs sur papier. H. 31,8 cm. Vers 1160–1170. Temple Chōgosonshi-ji, Nara.
Un jeune garçon, symbolisant la divinité céleste de l'épée, court sur un pan de nuages en faisant rouler devant lui la roue de la Loi. Il accourt du Shigi-san au palais impérial pour guérir l'empereur Daigo malade. A gauche, le paysage vu de haut rappelle les frontispices stylisés et vigoureux des *sūtra* peints en or et argent.

190
Shigi-san-engi-emaki: troisième rouleau, sixième scène. Encre et couleurs sur papier. H. 31,7 cm. Vers 1160–1170. Temple Chōgosonshi-ji, Nara.
Le Grand Bouddha du temple Tōdai-ji à Nara est le pivot du récit et de l'image du troisième rouleau, le rouleau de la nonne. C'est dans ce temple que la nonne apprend qu'elle doit chercher sur le Shigi-san son frère disparu. La puissante silhouette du Bouddha en bronze doré est représentée en perspective centrale dans un pavillon ouvert.

197

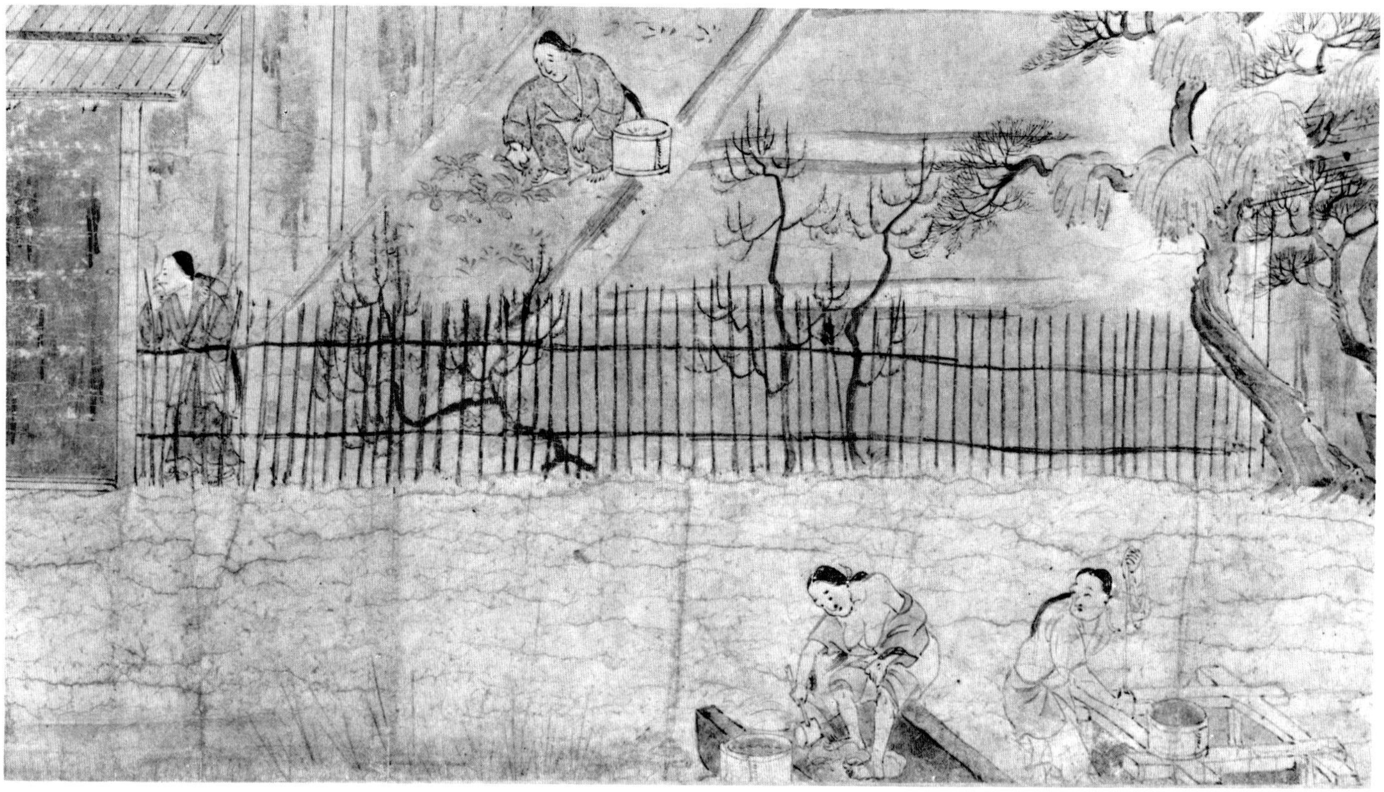

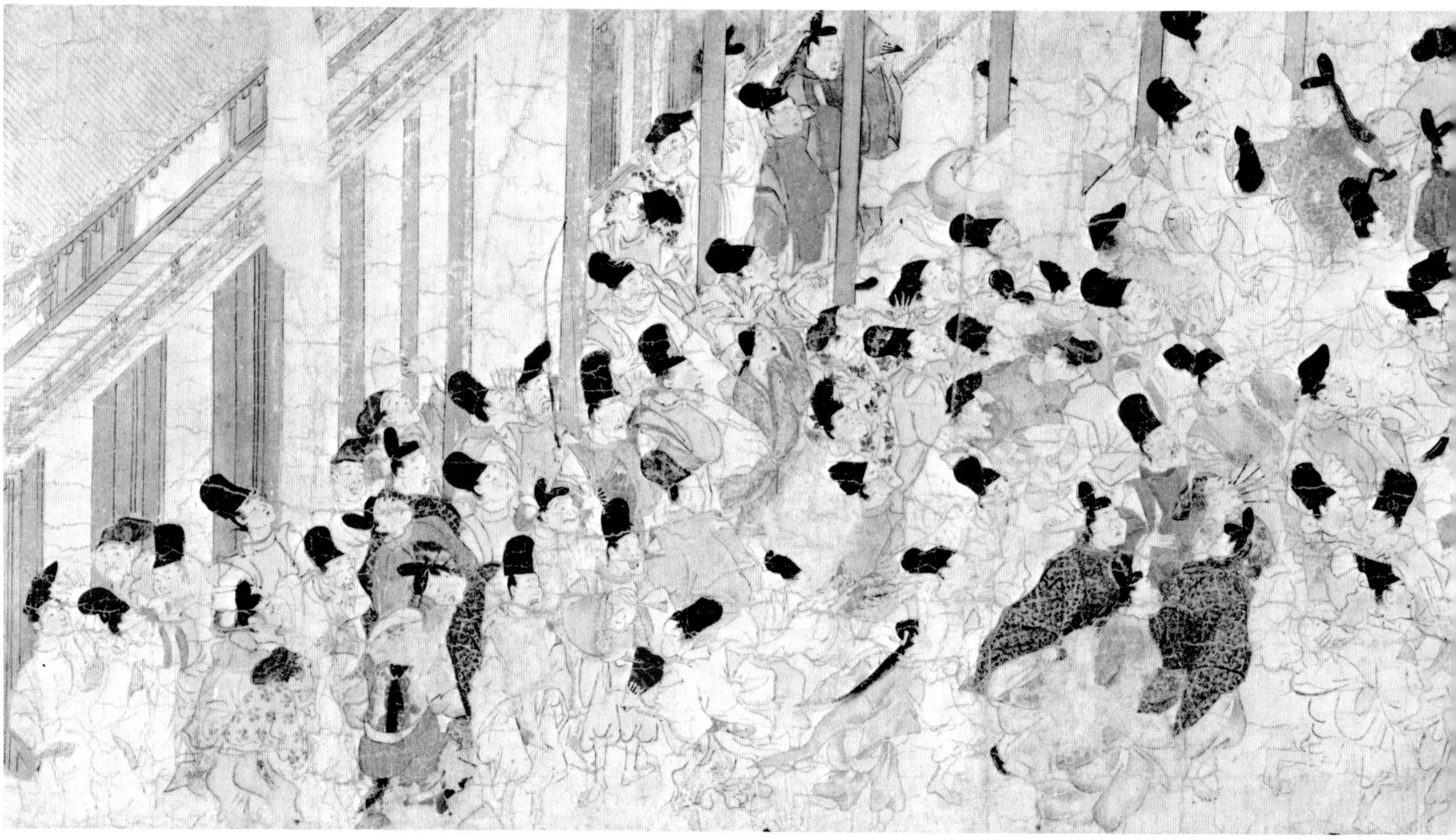

◁ 191
Shigi-san-engi-emaki: troisième rouleau, quatrième scène. Encre et couleurs sur papier. H. 31,7 cm. Vers 1160–1170. Temple Chōgosonshi-ji, Nara.
La nonne, à la recherche de son frère, parcourt un village. L'image dépeint la vie quotidienne de ses habitants. A l'avant-plan, une femme puise de l'eau; une autre foule du linge. De l'autre côté de la rue, une troisième cueille des légumes, tandis qu'une curieuse épie la nonne. Cf. ill. 51.

192
Ban-Dainagon-ekotoba: premier rouleau, cinquième scène; attribué à Fujiwara (Tokiwa) no Mitsunaga. Encre et couleurs sur papier. H. 31,5 cm. Vers 1170. Collection T. Sakai, Tōkyō.
La foule reflue de la porte Ōten-mon en flamme vers la porte Eshō-mon. Les curieux, de toutes les classes sociales, se pressent, atterés, et fuient les flammes.

relataient entre autres des légendes relatives à la fondation de temples ou encore des événements historiques. Le dessin est enlevé d'un mouvement vif du pinceau, l'espace se dilate sur toute la longueur du rouleau, ce qui permet au peintre de saisir l'événement dans un continuum espace-temps vivant et rythmé.

Au cours des années 1160–1170 furent créés les trois rouleaux du *Shigi-san-engi-emaki,* consacrés au cycle de légendes rapportant les miracles du dieu de la montagne Shigi-san dans le Yamato. Cette chronique était à l'origine destinée au temple lui-même. Peut-être même fut-elle exécutée à l'intention du temple de la cour à Heian-kyō, puisque le Shigi-san et sa divinité tutélaire Bishamon-ten protégeaient le pays. La conception du récit qui s'étend sur trois rouleaux est originale. L'œuvre est d'ailleurs classée parmi les Trésors nationaux, au même titre que le *Genji-monogatari-emaki.*

Le premier rouleau dépeint l'épisode d'un bol à aumônes que son propriétaire, le moine Myōren, envoyait seul quêter du riz. Devant le refus d'un riche paysan, il enlève, par mesure de représailles, son grenier plein de riz, au grand ébahissement de l'assistance. Tou-

200

193-194
Ban-Dainagon-ekotoba: deuxième rouleau, deuxième scène; attribué à Fujiwara (Tokiwa) no Mitsunaga. Encre et couleurs sur papier. H. 31,5 cm. Vers 1170. Collection T. Sakai, Tōkyō.
Le méfait de Dainagon est dévoilé à la suite d'une rixe entre les enfants d'un gardien et ceux d'un domestique. Tandis qu'une mère furieuse emmène son fils, les gens dans la rue sont atterés par le méfait.

ché par les prières de la victime, Myōren renvoie les balles de riz mais conserve le grenier pour le temple. Dans le deuxième rouleau, un messager impérial chevauche vers le Shigi-san pour prier Myōren de mettre en œuvre ses pouvoirs surnaturels pour guérir l'empereur Daigo. Myōren ne fait pas lui-même le voyage vers Kyōto, mais il envoie le représentant de Bishamon-ten. Le palais impérial et le pavillon personnel de l'empereur, le Seiryō-den, sont représentés avec fidélité, ce qui permet une datation. Le troisième rouleau dépeint le pèlerinage d'une nonne issue de la noblesse en quête de son frère. Sur le seuil du pavillon du Grand Bouddha du Tōdai-ji à Nara, le Bouddha l'invite en rêve à se rendre au Shigi-san. C'est là qu'elle identifie en Myōren le frère qu'elle cherchait.

189

190
191

Les longueurs des rouleaux sont respectivement de 8,47, 12,60 et 14 m. Seuls les deux derniers contiennent chacun deux fragments de texte. Mais les légendes avaient déjà été consignées au cours de la première moitié du XIIe siècle dans le *Kokon-setsuwa-shū* et un siècle plus tard dans le *Ujishūi-monogatari,* si bien qu'il est possible de reconstituer le récit.

Dessin et caractères du *Shigi-san-engi-emaki* sont exécutés d'une main preste, les couleurs par contre sont utilisées avec parcimonie soit pour accentuer un détail du récit, soit pour souligner l'importance d'un personnage. Pour les objets relevant du domaine du sacré, l'artiste utilisait l'or: c'est le cas du bol à aumônes en forme de lotus, du Grand Bouddha ainsi que des rayons et du bijou du messager divin.

Les personnages en action se dirigent de la droite vers la gauche dans le sens du déroulement de l'image. La représentation se perd rarement dans le lointain, elle sort rarement du plan de l'image, tandis que sur les côtés, en l'absence de tout «cadre» de composition, les séquences se fondent l'une dans l'autre[54]. Même si les bâtiments, à l'encontre de ceux du *Genji-monogatari-emaki,* sont campés parallèlement au bord de l'image, la perspective parallèle est utilisée de façon conséquente pour les lignes allant vers l'arrière. Seul l'espace sacré du grand pavillon du Tōdai-ji fait exception: les lignes de fuite convergent vers la sculpture du Grand Bouddha[55].

190

On peut voir des antécédents à la caricature pleine de verve des personnages et au rythme des paysages dans certaines représentations de style chinois, notamment dans le *senzui-byōbu* du temple Kyōōgokoku-ji (Tōji). En fait, seule la technique picturale est typiquement chinoise – entre autres, le rythme vibrant du pinceau parfois tenu en oblique pour tracer les contours ou

138

peindre les lavis. Mais l'artiste a transposé cette technique chinoise dans son monde japonais. Il frétille de plaisir à décrire les humains: le petit peuple, qui donne libre cours à ses affects et qu'il méprise un tant soit peu, et les gens de la cour, pleins de dignité et d'aisance. Les héros ont chacun une personnalité distincte. Le moine Myōren et sa sœur, la noble nonne, sont dotés de traits précis: on les reconnaît à leur visage dans chaque épisode.

Le peintre devait être un artiste de la cour, probablement un spécialiste de la peinture à l'encre de Chine attaché à l'office de Peinture. Les collines sont esquissées en quelques lignes dynamiques, les arbres faits seulement de traits et de mouchetures, et cependant le paysage réel du Yamato est parfaitement restitué. La poésie et la réalité du paysage sont saisis tout autrement que dans le *Genji-monogatari-emaki*.

La datation de l'œuvre a pu être faite grâce aux bâtiments représentés. Après avoir été incendié, le pavillon de l'empereur (Seiryō-den), qui apparaît dans le deuxième rouleau, n'a été reconstruit qu'en 1157. En revanche, le pavillon du temple Tōdai-ji contenant le Grand Bouddha, que l'artiste reproduit dans ses moindres détails, brûla complètement en 1180. Il est donc fondé de situer l'œuvre entre les dates 1160–1170.

Très proche du *Shigi-san-engi-emaki* tant par son contenu historique que son aspect formel, le *Ban-Dainagon-ekotoba,* œuvre d'un peintre de cour, dépeint en continu, sur trois rouleaux, un événement historique de l'année 866. L'intriguant conseiller d'Etat Ban (Tomo no) Dainagon mit feu à la grande porte Ōten-mon du pavillon principal (Chōdō-in) du palais impérial et attira les soupçons sur son ennemi politique, le ministre de la Gauche Minamoto no Makoto. La première moitié du premier rouleau dépeint le sacrilège. A partir de la droite, c'est-à-dire de la porte Suzaku-mon, la foule des policiers et des curieux en fuite se presse vers les nuages de fumée qui, de la porte en feu, se dirigent vers la gauche. A cette foule correspond, à gauche, la masse de badauds qui, de la porte Eshō-mon, observe l'incendie. Otto Kümmel décrit la scène de façon pénétrante[56]: «Au milieu, la porte, dévorée de flammes rouges que lèchent de lourdes bandes de fumée noire. A une certaine distance et de part et d'autre de cet enfer bouillonnant, une foule hurlante et affolée semble à première vue être prise en masse. En y regardant de plus près, les personnages sont très distincts, plus individualisés que la plupart des gens dans la vie courante, bien que les corps et les visages soient esquissés en quelques coups de pinceaux.»

192

195
Kibi-Daijin-Nittō-ekotoba (détail). Encre et couleurs sur papier. H. 32 cm. Seconde moitié du XIIᵉ siècle. Museum of Fine Arts, Boston (inv. 32.131).
Dans ce récit pétillant, l'envoyé japonais en Chine, Kibi no Makibi (693–775), aidé par un esprit, bat les Chinois sur leur propre terrain. Dans un tournoi, il échappe à la mort par magie et les Chinois lui organisent un festin. Le sentiment de supériorité des Japonais de l'époque Heian sur leur modèle chinois s'exprime ici de façon particulièrement évidente.

Dans la deuxième moitié du rouleau, l'accusé, Minamoto no Makoto, est menacé de bannissement, mais Fujiwara no Yoshifusa se rend auprès de l'empereur Seiwa et témoigne de l'innocence de Makoto.

Dans le deuxième rouleau, un messager impérial se hâte vers la maison de Makoto pour lui annoncer la levée de la sanction. Les événements s'accélèrent alors: un des enfants du concierge de Tomo no Dainagon en vient aux mains avec le fils d'un policier qui, par hasard, avait vu l'incendiaire commettre son forfait. Dans le feu de l'action – en haut les enfants se chamaillent, en bas les pères s'accusent mutuellement –, le policier laisse échapper son secret.

Le troisième rouleau dépeint la punition méritée: le serviteur de Tomo no Dainagon est entendu, Dainagon arrêté et, pendant qu'à l'intérieur de la maison ses femmes clament leur désespoir, le fourgon cellulaire s'en va sous l'œil d'un petit groupe de serviteurs fidèles rassemblés devant le portail.

Dans le *Ban-Dainagon-ekotoba,* l'artiste fait appel à la fois au dessin du pinceau et aux couleurs brillantes qui sont cependant posées plus parcimonieusement que dans le *Genji-monogatari-emaki*. Les contours et les lignes intérieures sont dessinées comme des caractères, avec un accent de départ et un trait court très attentif à la nature du papier. Les attitudes des hommes et des chevaux sont pleines de vivacité. La couleur posée tantôt uniformément, tantôt avec ombrage, leur donne vie: le rouge des pommettes par exemple souligne l'excitation des personnages. Les limites d'une scène sont parfois

196
Ban-Dainagon-ekotoba: troisième rouleau, sixième scène; attribué à Fujiwara (Tokiwa) no Mitsunaga. Encre et couleurs sur papier. H. 31,5 cm. Vers 1170. Collection T. Sakai, Tōkyō.
Lorsque le cortège qui accompagne Ban Dainagon sur la route de l'exil passe par la porte du palais, les domestiques pleins de tristesse suivent leur maître du regard.

197
Nezame-monogatari-emaki: première scène. Encre et couleurs sur papier décoré de feuilles d'or et d'argent. H. 25 cm. XIIe siècle. Museum Yamato Bunkakan, Nara.
Les illustrations de l'histoire de Nezame sont, comme celles du *Genji-monogatari,* exécutées dans la technique *tsukuri-e*. A droite, trois jeunes filles font de la musique dans un jardin idyllique. Dans la maison, on aperçoit la coiffe du héros qui épie les dames qui se cachent. L'aspect décoratif est ici plus marqué que dans le *Genji-monogatari-emaki*: les silhouettes se fondent dans un jeu ornemental de lignes et de motifs.

marquées par des bandes de brouillard, déjà introduites dans le *Genji-monogatari-emaki* pour suggérer un climat et qui jouaient un rôle très important comme lien ou comme césure entre les espaces dans les paravents narratifs de type Yamato-e. La ligne de démarcation entre les scènes peut aussi être indiquée par des arbres qui sont observés et individualisés au même titre que les personnages.

La tradition attribue cette série de rouleaux au peintre Fujiwara (connu aussi sous le nom de Minamoto ou Tokiwa) no Mitsunaga, qui travaillait à la cour aux environs de 1173. A la demande de l'ex-empereur Goshirakawa, Mitsunaga avait peint ou tout au moins esquissé le gigantesque *emaki* relatif aux fêtes annuelles, le *Nenjū-gyōji-emaki,* qui comprend 60 rouleaux. Aussi la légende lui adjuge-t-elle arbitrairement d'autres œuvres

198
Murasaki-Shikibu-nikki-ekotoba: cinquième section, dixième scène (détail). Encre et couleurs sur papier. H. 20,9 cm. Milieu du XIIIe siècle. Fujita Art Museum, Ōsaka.
Le grand chancelier Fujiwara no Michinaga debout sur la galerie de son palais observe les nouveaux bateaux de plaisance à tête de dragon et de coq (cf. ill. 166). Bien que cette œuvre soit encore exécutée dans la technique *tsukuri-e* caractéristique de l'époque Heian, il s'y manifeste une force nouvelle dans le mouvement et l'expression.

de même style. Le *Ban-Dainagon-ekotoba* compte au nombre de celles-ci, de même que les rouleaux humoristiques *Kibi-Daijin-Nittō-ekotoba (Le voyage en Chine de Kibi Daijin)* où l'on raconte une victoire de messagers japonais sur leurs hôtes chinois obtenue par la ruse et la magie.

205

La littérature de femmes dans l'emaki

Les romans illustrés jouissaient d'une grande faveur auprès des dames de la cour. Dans le chapitre 50 (Azumaya) du *Genji-monogatari-emaki,* on voit dame Ukifune qui se distrait dans la maison de sa demi-sœur en regardant des cahiers d'images tandis qu'une suivante lui lit le texte du roman, écrit dans un autre cahier. Ces cahiers de grand format *(sōshi)* étaient donc déjà utilisés à l'époque Heian à côté des *emaki*. Il se peut que beaucoup de scènes autonomes[57] qui composent certains rouleaux aient été, à l'origine, destinées à de tels cahiers et n'aient été assemblées que plus tard en *emaki*.

La qualité de la production littéraire baissa au fur et à mesure que se répandait parmi les dames de la cour la mode d'écrire des romans dans le sillage du *Genji-monogatari*. Mais leurs adaptations illustrées étaient toujours accueillies avec le même enthousiasme par la cour, et les ateliers impériaux continuaient à en produire. Aussi étonnant que cela puisse paraître, le niveau artistique de ces représentations illustrées ne baissa pas. Bien au

199
Makura-no-sōshi-emaki: troisième scène. Encre sur papier. H. 25,5 cm. Première moitié du XIVe siècle. Collection N. Asano, Tōkyō.
Cette image est extraite d'un rouleau enluminé tardif illustrant *Les Notes de chevet* de Sei Shōnagon. Elle dépeint, dans une technique raffinée en noir et blanc, une scène du cinquième mois. Dans une partie du palais limitée par des poutres, des lattis et des jalousies, on tend aux dames un rameau de bambou. Sei Shōnagon le reçoit et en explique le sens: en chinois, bambou signifie «le noble», et dans ce contexte c'est l'expéditeur des rameaux qui est le gentilhomme.

contraire, chaque *monogatari-e* affirma jusque bien avant dans le XIVᵉ siècle sa spécificité. A la fin du XIIᵉ siècle, la forme du *tsukuri-e* est adoptée de nouveau dans le *Nezame-monogatari-emaki* dont il ne nous reste que quatre scènes et cinq fragments de texte. Pour autant qu'on puisse en reconstituer la trame, l'œuvre dépeint les extraordinaires aventures amoureuses de la belle dame de la cour Yowa no Nezame et de son fils Masako.

L'auteur du roman, qui date du milieu du XIᵉ siècle, serait la fille de Sugawara no Takasue à laquelle on attribue également le *Sarashina-nikki*. Dans l'adaptation illustrée, la technique *tsukuri-e* utilisée se rapproche de celle du *Genji-monogatari-emaki*. Le mode de représentation de l'architecture et des hommes se situe dans la même tradition. Comme support de la peinture, l'artiste a choisi un papier à écrire agrémenté de motifs micacés ou traités à la feuille d'or et d'argent. Les scènes illustrées elles-mêmes entrent cette fois dans le domaine de l'ornemental: les jeux de lignes dans la représentation des arbres suggèrent une calligraphie cursive, encore qu'on ne puisse y reconnaître des caractères à proprement parler. Cette accentuation de l'aspect décoratif rapproche ces œuvres des pages de couverture des *sūtra* illustrés et des éventails à *sūtra* du temple Shitennō-ji.

Le journal de Murasaki Shikibu nous est parvenu dans une version illustrée du XIIIᵉ siècle. Son contenu et sa forme l'apparentent lui aussi au *Genji-monogatari-emaki*. Cependant, l'esprit nouveau de l'époque Kamakura souligne les aspects dramatiques sur un mode jusqu'alors inacceptable.

Le *Murasaki-Shikibu-nikki-ekotoba* (*Journal illustré de Murasaki*), d'esprit purement japonais, dépeint les événements qui, entre 1008 et 1010, se sont produits à la cour de l'impératrice Akiko. Cette chronique très vivante de la régence du grand Fujiwara no Michinaga comprend 24 scènes de largeur variable, réparties en trois rouleaux et six feuilles séparées. L'œuvre commence – comme le journal – par la naissance du premier fils de l'impératrice Akiko et de l'empereur Ichijō. Les images suivantes dépeignent les festivités organisées à cette occasion. Le style de vie pompeux, l'élégance de l'architecture et de l'aménagement intérieur du palais Tsuchimikado sont rendus de façon très vivante. La représentation du badinage des gentilshommes éméchés avec les suivantes de l'impératrice est empreinte d'un léger humour.

Il existe une version illustrée des *Notes de chevet* de Sei Shōnagon qui date du XIVᵉ siècle. L'artiste renonce ici au chromatisme éclatant du *tsukuri-e* au profit de l'encre

200
Genji-monogatari-emaki: album Ukifune, première scène. Encre sur papier. 23,9 × 18,6 cm. XIVᵉ siècle. Museum Yamato Bunkakan, Nara.
Un album, fragment d'une version tardive du *Genji-monogatari*, nous est parvenu. Les illustrations, en noir et blanc, n'utilisent que l'encre; les accents sont donnés par les coiffes de cour et les cheveux dénoués des femmes. Le prince Niou écrit une poésie matinale à Ukifune. Dans le bas, on aperçoit des têtes de serviteurs.

pure. On croit voir le dessin préparatoire d'une image en couleur. Les lignes sont tracées avec délicatesse et précision, et les rares accents colorés – ponctuation des bouches rouges et présence de quelques lavis – soulignent le raffinement des effets de noir et blanc. On parle également dans ce cas d'«image (laissée) blanche».

La forme du *monogatari-emaki* comme celle du Yamato-e déboucha sur la peinture de l'école Tosa. Les récits peints en continu sur de longs rouleaux se firent de plus en plus rares et les commandes se limitèrent peu à peu à

201
Le prince Shōtoku Taishi et ses assistants. Encre et couleurs sur soie. 126,8 × 72 cm. Seconde moitié du XIᵉ siècle. Temple Ichijō-ji, Hyōgo.
Au Japon, on adjoignit à la série de rouleaux verticaux consacré aux portraits idéalisés des patriarches Tendai, celui du prince Shōtoku Taishi (574–622). Il est dépeint ici âgé de 16 ans au cours d'une prédication. Il porte un vêtement sacerdotal et tient un encensoir. Il est représenté, pour des raisons religieuses, plus grand que nature et entouré de dix petits assistants en prière.

202
Portrait de Minamoto no Yoritomo (1147–1199), attribué à Fujiwara no Takanobu (1145–1205). Encre et couleurs sur soie. 138 × 112,5 cm. Temple Jingō-ji, Kyōto.
Ce portrait de Yoritomo, aux traits accusés, appartient à la même série que celui de Taira no Shigemori (cf. ill. 170). Le style Yamato-e a créé un type d'images de culte dites «portraits ressemblants» représentant les régents et les hauts dignitaires en tenue officielle. L'expression à la fois madrée et brutale de Yoritomo annonce l'esprit de l'époque qu'il inaugura.

203
Portrait de la poétesse et impératrice Yoshiko (929–985), attribué à Fujiwara no Nobuzane (1176–1268). Encre et couleurs sur papier. 27,9 × 51,1 cm. Milieu du XIIIᵉ siècle. Freer Gallery of Art, Washington, D.C. (inv. 50.24).
Le portrait de l'impératrice Yoshiko provient d'un rouleau découpé représentant 36 poètes assis sur des nattes. La poétesse porte de somptueuses tuniques dont les ourlets se superposent partiellement et une petite veste de brocart. Le texte est constitué de notices biographiques et d'une de ses poésies.

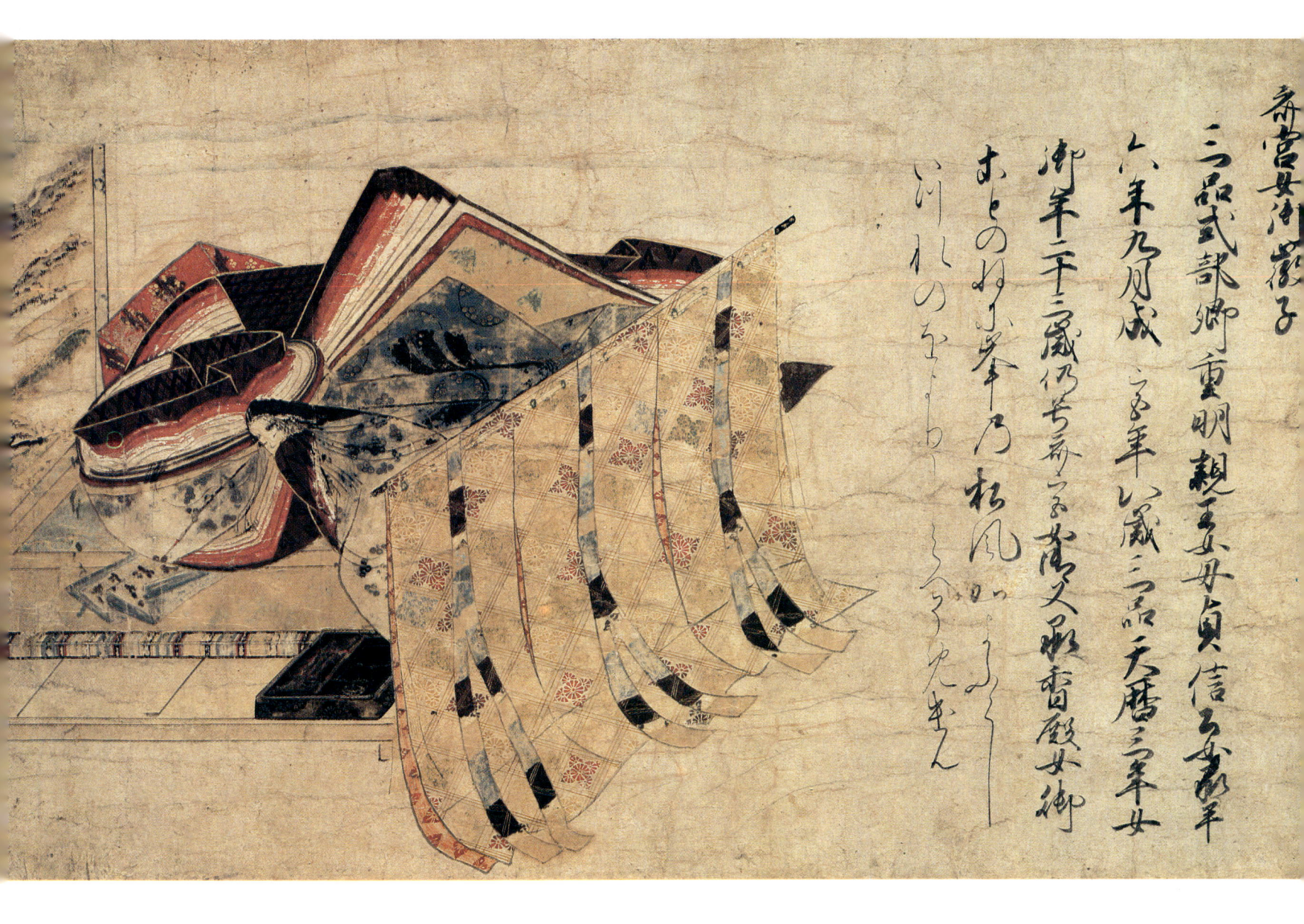

celles de la cour. En revanche, les thèmes classiques tels que le *Genji-monogatari* ou les récits des luttes entre les Heike et les Minamoto réapparurent sur les paravents qui avaient, aux Xe et XIe siècles, donné naissance à la forme du rouleau long.

Les portraits

La peinture profane japonaise avait d'abord trouvé son mode d'expression propre dans les paysages poétiques du Yamato-e. Les arbres fleuris ou les feuillages roux d'automne conféraient au style âpre hérité de Chine un caractère plus enjoué. Lorsque vint la mode des rouleaux longs, l'intérêt se porta sur des thèmes divertissants ou documentaires. Ainsi les humains, leurs actions devinrent des sujets prisés. Mais au début, on ne s'intéressait pas au portrait: le but de l'artiste était d'évoquer l'ambiance, les sentiments qui sous-tendaient une scène. C'est notamment le cas dans le *Genji-monogatari-emaki*. Certains accords de couleurs permettaient de transmettre le contenu affectif d'une scène au spectateur. Les traits des personnages étaient dépourvus d'intérêt, puisqu'à la cour l'individu s'effaçait totalement devant le «dignitaire». La représentation du visage respectait la règle «un trait pour l'œil, un crochet pour le nez». On sait, par les écrits de Murasaki Shikibu et de Sei Shōnagon, qu'un visage expressif, surtout un visage d'homme, était tenu pour vulgaire, pour plébéien. L'homme beau et distingué se devait d'offrir un visage lisse, rond comme une pomme et souligné par une barbiche.

Dans les rouleaux qui illustraient les récits historiques ou légendaires, on trouve toutefois des personnages reconnaissables à leur physionomie. Un exemple en est le moine Myōren du *Shigi-san-engi-emaki*. Ceci devait permettre d'identifier le personnage dans les diverses scènes du récit.

Au contraire, dans le domaine de la peinture religieuse bouddhique, les portraits idéalisés de patriarches et de fondateurs de sectes jouaient un rôle de premier plan. Ils constituaient le noyau de certaines cérémonies et étaient vénérés à l'égal des divinités peuplant le panthéon bouddhique. Les patriarches n'étaient d'ailleurs pas exclusivement des continentaux: Shōtoku Taishi, prince régent du VIe–VIIe siècle, et le moine Ennin étaient inclus parmi les patriarches de la secte Tendai et leurs portraits figurent parmi les leurs dans le temple Ichijō-ji. Plus ancien encore est le portrait célèbre de Shōtoku Taishi et de ses frères, peint à l'époque Nara, et que Y. Shirahata tient pour une figure centrale d'une triade Shaka[58].

S'il est vrai qu'on a représenté en sculpture des divinités Shintō, considérées comme «traces d'êtres et de force bouddhiques», sous les traits de princesses et de prêtres, comme c'est le cas pour la triade du temple Yakushi-ji, il fallut attendre l'époque Kamakura pour voir apparaître les premières représentations peintes de divinités Shintō.

La littérature nous permet de fixer approximativement l'époque à laquelle remontent les premiers portraits d'empereurs: l'introduction à un poème de Dewa no Ben, qui figure dans le dixième tome de l'anthologie *Goshūi-waka-shū,* décrit un portrait de l'empereur Goichijō (1008–1036). En réalité, les portraits les plus anciens que nous connaissions aujourd'hui sont les très impressionnants portraits d'hommes du temple Jingo-ji qui datent de la fin du XIIe siècle. Ils constituent le couronnement de la peinture Yamato-e. Il est probable que les peintres de la cour exécutaient sur ordre de l'empereur des esquisses des grands de l'époque au cours de festivités. On y fait en tout cas allusion dans certaines chroniques. Sans doute est-on parti de telles esquisses pour réaliser des portraits de dignitaires appartenant à l'entourage de l'ex-empereur Goshirakawa, qui sont devenus ensuite des images de culte. Appartenant à un ensemble probablement plus vaste, seuls les portraits de Minamoto no Yoritomo, Taira no Shigemori et Fujiwara no Mitsuyoshi ont été conservés. Ils rendent bien la dignité et la noblesse des personnages. Ils sont vêtus de la tenue officielle de cour: grand vêtement raide de damas noir noué à la ceinture, épée de cour, sceptre *shaku* et bonnet *kammuri*. Seuls les visages se détachent, clairs et bien marqués, sur la grande robe noire. Les traits de Shigemori (mort en 1176), fils du seigneur de guerre Taira no Kiyomori, trahissent sa nature sceptique et passive. Fujiwara no Mitsuyoshi représente le type même du courtisan de l'ex-empereur. Sa face réservée et impersonnelle s'inscrit dans la tradition de la cour. Le visage de Minamoto no Yoritomo, en revanche, respire la volonté et l'absence de scrupules. Ce seul portrait, le plus tardif du groupe, laisse pressentir que le fondateur du shōgunat de Kamakura est à l'origine d'une nouvelle époque de l'histoire du Japon.

Le portrait de style Yamato-e ne se limitait pas à ces représentations suggestives de personnages célèbres. Les portraits de poètes *(kasen-e)* offrent un autre aspect de cet art. Il s'agit de représentations de visages idéaux, fruits de l'imagination de l'artiste. Ils illustraient les recueils calligraphiés de leurs poèmes. Le lecteur aimait en effet à contempler et vénérer le visage du poète, égal des dieux selon les conceptions Shintō. Les plus anciens portraits *kasen-e* datent de l'époque Kamakura et sont attribués à Fujiwara no Nobuzane (1176–1265). Ils représentent des personnages de la cour des époques Nara et Heian.

Dans deux rouleaux plus anciens, en partie découpés, les poètes sont présentés tour à tour avec une notice biographique et un de leurs poèmes. Les messieurs, issus pour la plupart de la moyenne noblesse, sont souvent empreints de dignité, qu'ils soient ou non vêtus d'une tenue de cérémonie. Les prêtres apparaissent sous des traits plus humains et moins schématisés. Les dames cachent leur visage dans la cascade multicolore de leurs robes.

Les caricatures et les «six univers»

De tous les *emaki* de l'époque Heian, les plus renommés sont les rouleaux sans titre ni texte qui appartiennent au temple Kōzan-ji. Ils mettent en scène des animaux dans des attitudes humaines, des combats d'animaux et des humains impitoyablement caricaturés – notamment des

204
Chōjū-giga: premier rouleau, troisième scène. Encre sur papier. H. 31,8 cm. XIIᵉ siècle. Temple Kōzan-ji, Kyōto. Des lièvres et des grenouilles apportent, sur des brancards, de la nourriture et une cruche d'eau pour les lièvres qui tirent à l'arc. La légèreté du trait donne vie aux animaux et aux plantes disposées en galeries. La tradition attribue les parties les plus anciennes des quatre rouleaux à l'abbé Toba Sōjō.

205
Chōjū-giga: premier rouleau, cinquième scène. Encre sur papier. H. 31,8 cm. XIIᵉ siècle. Temple Kōzan-ji, Kyōto. Les animaux de cette séquence caricaturent les humains. A droite, des lièvres et des renards s'affairent autour d'une grenouille morte; à gauche, des lièvres, des renards et d'autres animaux – certains habillés comme les gens du petit peuple – regardent deux grenouilles qui exécutent une danse populaire.

moines – se livrant à des compétitions et des jeux de force.

Ces quatre rouleaux sont appelés «*Chōjū-jimbutsu-giga*» ou «*Chōjū-giga*» (Caricatures d'animaux et d'humains). Sur le premier, lièvres, grenouilles, singes et renards s'adonnent à leurs jeux humains, mais ce sont toujours les plus faibles qui l'emportent. Après un concours de natation entre lièvres et singes, une épreuve de tir à l'arc opposant lièvres et grenouilles est couronnée par une danse de victoire des grenouilles. Suivent d'autres jeux et enfin la scène la plus irrévérencieuse: un singe déguisé en moine prie devant une grenouille jouant le rôle d'une image de culte. On a l'impression que l'artiste s'est non seulement gaussé de la comédie humaine en général, mais qu'il a pris plus particulièrement pour cible le monde de la cour et le clergé.

212

◁ 206
Chōjū-giga: premier rouleau, dernière scène. Encre sur papier. H. 31,8 cm. XIIe siècle. Temple Kōzan-ji, Kyōto.
Un singe déguisé en moine récite le chapelet derrière un baluchon et une table d'offrandes couverte de pêches. Venant de gauche, des lièvres et des grenouilles affairés, habillés en domestiques et chargés d'offrandes, escortent un lièvre en tenue de cour qui porte une peau de tigre.

◁ 207
Chōjū-giga: quatrième rouleau, dernière scène. Encre sur papier. H. 30,9 cm. XIIIe siècle. Temple Kōzan-ji, Kyōto.
La dernière scène du quatrième rouleau représente avec un grand sens de la caricature des hommes plongés dans de curieuses activités. Un abbé, portant un éventail et prosterné devant un autel, adresse ses prières à une image de culte qui représente une grenouille. Derrière lui sont assis des moines absorbés dans la lecture des *sūtra* et des gens du peuple visiblement émus. Ce persiflage, peint au XIIIe siècle, rappelle et transforme celui du premier rouleau où un singe vénérait une grenouille sainte.

Le deuxième rouleau représente 16 combats d'animaux: des oiseaux, des chevaux, des taureaux, des chiens et des animaux imaginaires se battent sans raison apparente.

Le troisième rouleau comporte deux parties. Les neuf premières scènes sont consacrées à des compétitions entre des personnages humains: quatre sortes de jeux sur damier, des combats où l'on se pousse de la tête et du ventre, où l'on se tire les oreilles – épreuves appréciées au Japon – et enfin un concours où chacun des deux adversaires essaie d'obliger l'autre à baisser le regard. Les

208
Gaki-no-sōshi: deuxième scène. Encre et couleurs sur papier. H. 27,2 cm. Fin du XIIe siècle. Autrefois collection Kawamoto. Tōkyō National Museum, Tōkyō.
Dans une maison sans toit, une femme accouche en position assise. Au milieu d'autres femmes, de récipients et de tessons, un esprit affamé *(gaki),* invisible aux autres personnages, se précipite vers le placenta. Dans l'antichambre, un moine récite des formules de conjuration.

209
Yamai-no-sōshi. Encre et couleurs sur papier. H. 21,2 cm. Fin du XIIe siècle. Autrefois collection Matsunaga. Fukuoka Municipal Museum, don du Matsunaga Memorial Museum.
L'obésité compte au nombre des maladies *(yamai)* qui sont dépeintes dans les rouleaux des «six univers». Une femme boursouflée souffrant de cette infirmité ne peut plus marcher qu'en s'appuyant sur deux compagnes. Deux hommes expriment sans ménagement leur stupéfaction; à côté d'eux, une jeune femme nourrit son bébé.

210
Jigoku-no-sōshi: troisième scène. Encre et couleurs sur papier. H. 26,4 cm. Seconde moitié du XIIe siècle. Autrefois dans le temple Anju-in. Tōkyō National Museum, Tōkyō.
La troisième image du rouleau des enfers dépeint le quinzième des 16 enfers *(jigoku)* dans lequel meurtriers, voleurs, débauchés et ivrognes doivent expier dans les flammes. Des pêcheurs hurlant de douleur apparaissent entre les flammes ardentes; à gauche et à droite, des valets de l'enfer poussent des nouveaux venus dans le feu.

やけまたよみがへりてまたやくかくのごとくやむことなし五天をもしめ取

たゞこの地獄よ別町ありなまば雨炎火石
とふこのごろの衆生じ一人間まて
衆生 偸盗邪婬おもしたらむそ

images suivantes représentent un combat de coqs et un combat de chiens qui se déroulent devant une assistance fascinée. La deuxième moitié du rouleau est consacrée de nouveau aux animaux: on passe sans transition d'une course entre un lièvre qui chevauche un cerf et d'autres lièvres montés sur des renards, à des grenouilles et des singes tout à leurs festins et leurs jeux, tandis que trois grenouilles et un serpent prennent la fuite.

Les onze images du quatrième rouleau représentent sur un mode burlesque des êtres difformes, des cérémonies bouddhistes, des scènes de tir à l'arc à cheval et diverses compétitions.

Le *Chōjū-giga* n'est pas un ensemble homogène. Les deux premiers rouleaux sont depuis longtemps attribués, sans preuve suffisante, à l'abbé Toba Sōjō, Kakuyū (1053–1140). Kakuyū, fils du noble Minamoto no Takakuni, devint abbé du temple Onjō-ji et plus tard supérieur du Shōkongō-ji, le temple du palais impérial de Toba. Encore que les rouleaux du *Chōjū-giga* soient de quelques décennies postérieurs à la mort de Toba, ils sont appelés en japonais «*toba-e*» depuis l'époque Edo. Le troisième rouleau porte une date, 1253. Ses deux parties sont visiblement de la main d'artistes différents, ainsi d'ailleurs que le quatrième rouleau. Tous les artistes appartiennent cependant au clergé. On retrouve dans les contours aux traits brefs et appuyés de ces caricatures le coup de pinceau utilisé dans les esquisses bouddhiques et dans les images soulignées d'or et d'argent des pages de garde de certaines copies de *sūtra*[59].

On classe actuellement ce type d'esquisses à l'encre de Chine, enlevées avec vivacité, et le minutieux *Genji-monogatari-emaki* dans une même catégorie, celle des «dessins sur fond blanc» *(haku-byō)*, pour les distinguer clairement des peintures à l'encre *(sumi-e* ou *suiboku-ga)*. La peinture à l'encre, qui fut introduite à nouveau de Chine au Japon au XIVᵉ siècle, est essentiellement la peinture du bouddhisme Zen (Chan).

Les rouleaux qui représentent les «six univers» *(rokudō)* sont également, mais sur un autre mode, d'inspiration monastique. L'intérêt porté à des représentations angoissantes des niveaux inférieurs d'existence trouve son origine dans l'amidisme. L'éventail des thèmes, sans doute assez vaste à l'origine, se réduisit progressivement et certains thèmes devinrent prépondérants: ceux de l'enfer, des esprits affamés, de la maladie. Ces thèmes macabres excitaient l'imagination et étaient souvent traités dans un style caricatural, qui devait être ressenti comme un antidote.

Du point de vue de l'inspiration, les représentations des «six univers» apportaient peu de nouveauté, puisque dès la fin du IXᵉ siècle le Palais possédait des paravents représentant les mêmes scènes qui servaient d'images de culte lors de la fête Butsumyō-e du douzième mois de l'année. D'après S. Ienaga, les affrontements brutaux entre les Taira et les Minamoto, représentés de manière si réaliste dans le *Heiji-monogatari-emaki,* amenèrent l'élite de la cour à prendre réellement conscience des horreurs de la guerre[60].

C'est vers 1180 que sont apparus les *Rokudō-sōshi-emaki*. Les «*emaki* de l'enfer» *(Jigoku-no-sōshi)* nous sont parvenus sous forme de quatre fragments de rouleaux; 23 images sont consacrées aux 10 enfers principaux et aux 16 enfers secondaires. Dans les enfers du coq de feu, des vers, des insectes et du pilon de fer, les pêcheurs subissent des tourments qui ne sont pas destinés à les annihiler, mais à les mener au repentir et à la renaissance dans le paradis par la grâce du bodhisattva Jizō.

La même délectation dans le détail macabre apparaît dans la représentation des «esprits affamés» *(gaki)* du *Gaki-no-sōshi-emaki*. L'artiste les dépeint sous la forme d'êtres bouffis, grands et petits, condamnés à subsister à partir de déchets, d'excréments et de sang. Ils sont présents dans toutes les couches de la société et en toutes circonstances: banquets des nobles, naissance d'un enfant, enterrements, fête des âmes «Obon».

Le *Yamai-no-sōshi* représente dans un style et avec des préoccupations similaires les maladies humaines et les souffrances qu'elles engendrent. Le souci du diagnostic précis semble présider à la représentation de maladies désagréables et singulières. Deux rouleaux de l'époque Heian contenant 21 images et les textes qui leur correspondent nous sont parvenus. Aucune œuvre de la fin de cette époque n'a rendu avec autant de réalisme et de vérité l'inévitable souffrance humaine.

Postface: la fin d'une époque

«Le tremblement de terre
Alors le grand séisme de 1185 fit trembler la terre plus violemment qu'aucun autre auparavant. Les montagnes s'effondrèrent et les fleuves furent engloutis, la mer déborda et submergea le pays. La terre se fendit, faisant jaillir de l'eau, les rochers se brisèrent et roulèrent dans les vallées. Les bateaux qui naviguaient le long des côtes furent projetés au large. Les chevaux qui trottaient sur les routes perdirent pied. Et que dire des destructions dans toute la capitale: pas un seul édifice, pas une seule pagode, pas un seul sanctuaire ne demeura intact. Certains s'effondrèrent, les autres furent abattus, et le cataclysme souleva poussière et cendre en un gigantesque nuage noir. Le grondement de la terre qui tremblait et des bâtiments qui s'écrasaient était aussi puissant que le tonnerre. Ceux qui étaient dans leur demeure s'enfuirent par peur d'être broyés, mais ils se retrouvèrent devant des crevasses béantes.»
Hōjōki (Récits de ma hutte), par Kamo no Chōmei, 1212[61]

Le déclin politique et économique de la période Heian était prévisible depuis les guerres civiles des années 1156 et 1159-1160. Les clans de la noblesse d'épée, les Taira et les Minamoto, guidés par l'opportunisme, s'alliaient tantôt à l'empereur, tantôt à l'ex-empereur, tantôt aux moines-soldats, et cherchaient à s'emparer du pouvoir par la trahison, la ruse et les massacres. Après la mort de Taira no Kiyomori (1181), la chance sembla favoriser les Minamoto. C'est au cours de la guerre Gempei, la dernière phase de la guerre civile, qu'eurent lieu les affrontements les plus violents entre les deux clans qui avaient renforcé leurs armées. Yoshitsune, frère de Minamoto no Yoritomo et général de l'armée, détruisit totalement la flotte des Taira en 1185 près de Dannoura. Bien que l'Empire chancelât depuis cette bataille, la routine impériale ne subit guère de modification à Heian-kyō. Après le décès, en 1185, de l'empereur-enfant Antoku, on mit sur le trône son frère Gotoba (1180-1239), mais les rênes du pouvoir restèrent entre les mains de l'ex-empereur Goshirakawa. Cependant le chef de clan des Minamoto, Minamoto no Yoritomo, mit sur pied un second gouvernement, le «gouvernement sous tente» *(bakufu),* dans la ville de Kamakura (région de Kantō). Froidement calculateur, il établit, d'abord avec l'autorisation de l'empereur, les bases d'un nouvel ordre économique. Dans les provinces, à côté des fonctionnaires existants, il mit en place ses vassaux, ses gouverneurs militaires et ses administrateurs territoriaux et il finança son régime grâce à une augmentation brutale de l'impôt. Il ne survécut que sept ans à sa nomination au poste de gouverneur militaire *(sei-i tai-shōgun),* mais il inaugura cependant une nouvelle époque de l'histoire japonaise.

Les nouveaux idéaux de le noblesse d'épée réhabilitèrent les vertus anciennes des clans japonais – loyauté et mépris de la mort au combat – qui s'étaient dissoutes dans le style de vie élitaire et d'un extrême raffinement de la noblesse de cour. Les idéaux anciens s'exprimèrent à l'époque Kamakura sous une forme nouvelle et furent codifiés dans le code du chevalier *(bushi* ou *samurai)*. Le bouddhisme Zen, ramené de Chine par des moines d'une génération nouvelle, servait de fondement à cette vision du monde. Le but était l'illumination de l'individu, accessible à chacun dans cette vie grâce à la discipline et à l'introspection que permettait la méditation. Pour le *bushi* et le moine Zen, la croyance au paradis avait perdu sa fascination. Les sectes Jōdo et Nembutsu ne survivaient plus que dans le peuple. Le prêtre Zen Eisei (1141-1215) alla deux fois en Chine et fonda en 1191, avec l'appui de Minamoto no Yoriie, deuxième *shōgun* de Kamakura, la secte Rinzei, encore vivante aujourd'hui.

De nouveaux courants artistiques et esthétiques parvinrent au Japon avec le bouddhisme Zen. Leur langage pictural, abstrait et épuré, illustré dans la peinture à l'encre, s'oppose totalement aux conceptions de la peinture Heian. La sculpture se chargea d'une réalité dramatique et un «nouveau réalisme» se manifesta dans la littérature.

Le nouvel esprit du temps ne put cependant étouffer complètement les créations spécifiquement japonaises de la période Heian, car à la cour l'idéal artistique du *wa-yō* demeura vivant même si les formes évoluèrent. Les nouvelles générations retournaient toujours aux anciens idéaux pour y puiser l'inspiration. La grande peinture décorative de l'époque Momoyama ou de l'école Rimpa à l'époque Edo avec ses prestigieux représentants Kōetsu, Sōtatsu et Kōrin ne sont pas pensables sans l'art Heian et sans la peinture Yamato-e. La représentation de l'homme et le sentiment de la nature caractéristiques des *emakimono* restèrent présents jusque dans l'art populaire de l'estampe (Ukiyo-e) entre le XVIIe et le XIXe siècle.

Peut-être le raffinement si chargé de sensibilité de l'époque Heian put-il demeurer vivant parce qu'il émanait de ce qu'on pourrait appeler l'«âme japonaise».

Appendices

Notes

Les titres cités en abrégé (nom de l'auteur et année de la publication) sont mentionnés en entier dans la bibliographie.

1 KIDDER, 1964, p. 35.
2 On assigne à la fin de la période Heian tantôt la date 1185, tantôt la date 1192. La première correspond à la bataille de Dannoura qui vit la déroute des Taira, la seconde à la nomination de Minamoto no Yoritomo au poste de *sei-i tai-shōgun* et à la reconnaissance de son gouvernement à Kamakura, le *bakufu*.
3 SANSOM, 1958, p. 178–196.
4 Cf. HASÉ et SECKEL, 1959.
5 MORRIS, I., 1980.
6 LEWIN, 1962.
7 REISCHAUER, J. et R. K., 1937.
8 «Le fait que – en dehors des chroniques historiques – la première œuvre littéraire soit un recueil de vers d'inspiration autochtone japonaise démontre l'importance de l'art de la poésie dans la tradition nationale.» (D'après SANSOM, 1958, p. 93.)
9 HURST III, 1976, p. 65.
10 Traduction française d'après *Shinkokinwakashū*, 1964.
11 Cf. REISCHAUER, E. O., 1963.
12 Traduction française d'après HAKEDA, 1972, p. 51.
13 Cf. illustration en couleur dans: ISHIMOTO, 1978.
14 Yanagisiwa, T., dans: ISHIMOTO, 1978.
15 Les modèles, anciens et nouveaux, et l'orientation artisanale d'un style aux multiples facettes et cependant cohérent furent analysés par KURATA, 1970.
16 MINAMOTO, H., *Shinshu Nihon Bunkashi Taikei*, vol. 4, *Heian zenki*, Tōkyō, 1943, p. 216.
17 YASHIRO, 1960, I, p. 183.
18 GOEPPER, R. (éd.), *Shu-p'u, der Traktat zur Schriftkunst von Sun Kuo-t'ing*, Wiesbaden, 1974 (Studien zur Schriftkunst Ostasiens, 2).
19 Traduction française d'après BENL et HAMMITZSCH, 1956, p. 59, 60.
20 KATO, Sh., *A History of Japanese Literature*, Londres, 1979, p. 91–136.
21 Traduction française de SANSOM, 1958, p. 140.
22 Cf. SANSOM, 1958, p. 174–175.
23 HURST III, 1976, p. 150.
24 Traduction française d'après *Genji-monogatari, Die Geschichte vom Prinzen Genji*, I, 1966, p. 688.
25 PAINE et SOPER, 1955, p. 230.
26 «A l'apparition de cette figure de Bouddha miséricordieux, résolu à assurer le salut de tous, correspond une modification du sentiment religieux. L'activisme austère, l'effort personnel de rédemption font place à une foi croissante dans la grâce salvatrice du Bouddha.» (GUNDERT, 1943, p. 48.)
27 Traduction française de SECKEL, 1960, p. 78.
28 Traduction française d'après *Genji-monogatari, Die Geschichte vom Prinzen Genji*, I, 1966, p. 36.
29 Traduction française de SECKEL, 1957, p. 153.
30 Traduction française d'après BENL, 1951, p. 71.
31 Traduction française de *The Gossamer Years (Kagerō Nikki)*, 1964, p. 14.
32 Traduction française de KATO, Sh., *A History of Japanese Literature*, Londres, 1979, p. 173.
33 Traduction française d'après *The Pillow Book of Sei Shōnagon*, trad. I. Morris, 1971, p. 10–11.
34 MORRIS, M., 1980.
35 D'après GATTEN, 1981.
36 *Genji-monogatari: Le Dit du Genji*, traduit du japonais par René Sieffert, Publications orientalistes de France, Paris, 1978.
37 Traduction française d'après *Genji-monogatari, Die Geschichte vom Prinzen Genji*, I, 1966, p. 862–863.
38 FURUYA, 1981, ill. 21.
39 AKIYAMA, 1961, p. 66.
40 Cf. ROBINSON, B. W., *Arts of Japanese Sword*, Londres, 1961, p. 18.
41 RAGUÉ, VON, 1967, p. 23, 25.
42 *Genji-monogatari: Le Dit du Genji*, traduit du japonais par R. Sieffert, Paris, 1978, p. 235.
43 GABBERT, *Die Masken des Bugaku*, 1972, p. 38.
44 Cf. GABBERT, *Die Masken des Bugaku*, 1972; NISHIKAWA, 1978.
45 Cf. SECKEL, 1954.
46 MORRIS, I., 1969, p. 137.

47 Traduction française d'après *Das Kopfkissenbuch der Hofdame Sei Shōnagon,* traduit du japonais et édité par Mamoru Watanabé, Zurich, 1952, p. 55–56.
48 MCCULLOUGH, 1967.
49 MORRIS, I., 1969, p. 141.
50 Cf. *Genji-monogatari, Die Geschichte vom Prinzen Genji,* I, 1966, p. 304.
51 Traduction française d'après *Ibid.,* p. 725.
52 Traduction française d'après *Ibid.,* p. 248.
53 AKIYAMA, 1961, p. 70; ID., 1976, p. 22.
54 Sur la notion d'«absence de cadre», Cf. TSUDSUMI, Ts., *Die Kunst Japans,* Leipzig, 1929, p. 23 ss.
55 La suite des rouleaux a été interprétée de manière exhaustive par ARMBRUSTER, 1959.
56 Traduction française de KÜMMEL, 1929, p. 135.
57 C'est-à-dire clairement délimitées et ne se fondant pas dans un récit continu (N. d. T.).
58 SHIRAHATA, 1966, p. 19.
59 TODA, 1969, p. 50.
60 IENAGA, S., *Painting in Yamato Style,* New York et Tōkyō, 1973, p. 107 (The Heibonsha Survey of Art, 10).
61 Traduction française d'après KEENE, 1955.

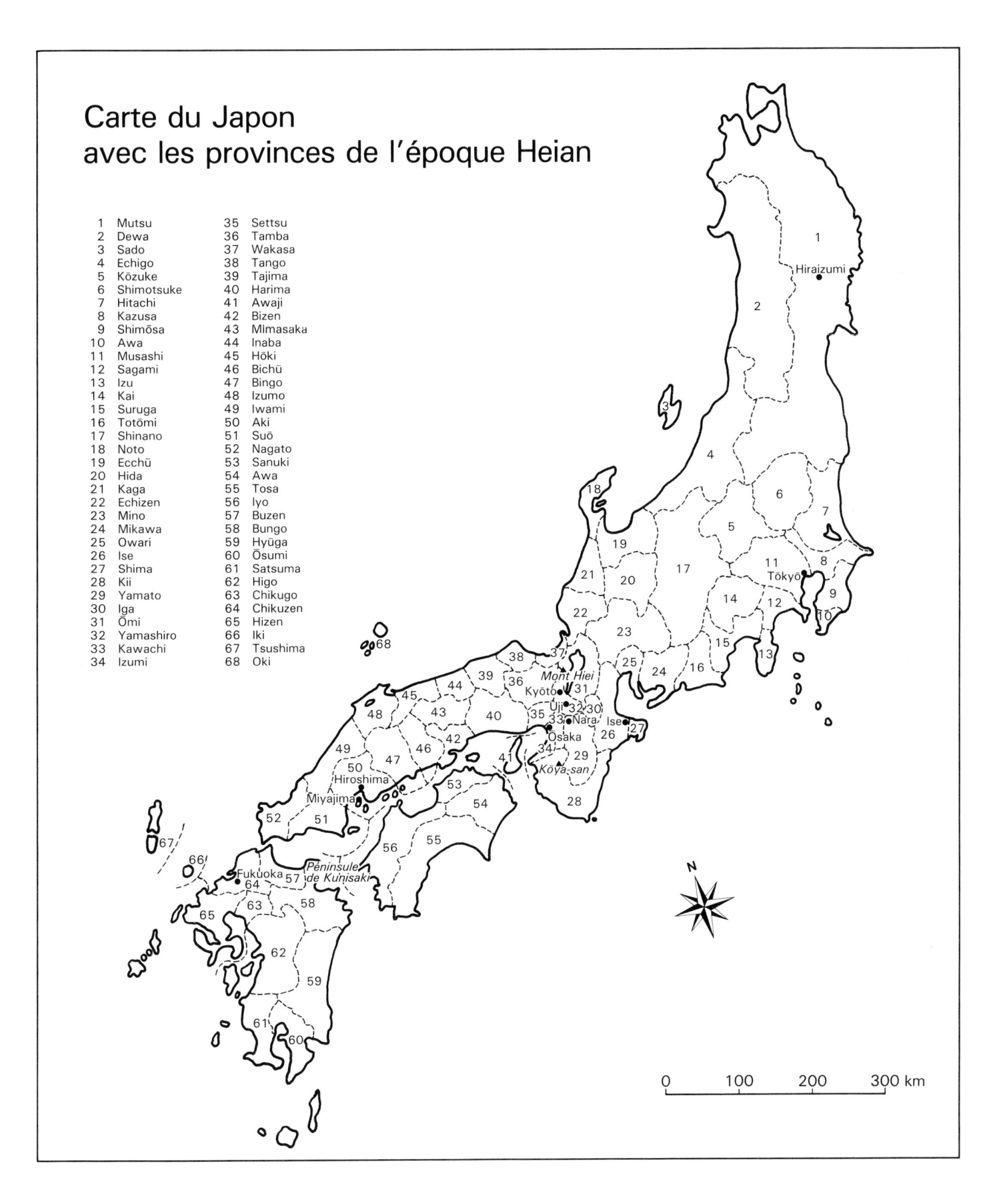

Carte du Japon avec les provinces de l'époque Heian

1	Mutsu	35	Settsu
2	Dewa	36	Tamba
3	Sado	37	Wakasa
4	Echigo	38	Tango
5	Kōzuke	39	Tajima
6	Shimotsuke	40	Harima
7	Hitachi	41	Awaji
8	Kazusa	42	Bizen
9	Shimōsa	43	Mimasaka
10	Awa	44	Inaba
11	Musashi	45	Hōki
12	Sagami	46	Bichū
13	Izu	47	Bingo
14	Kai	48	Izumo
15	Suruga	49	Iwami
16	Totōmi	50	Aki
17	Shinano	51	Suō
18	Noto	52	Nagato
19	Ecchū	53	Sanuki
20	Hida	54	Awa
21	Kaga	55	Tosa
22	Echizen	56	Iyo
23	Mino	57	Buzen
24	Mikawa	58	Bungo
25	Owari	59	Hyūga
26	Ise	60	Ōsumi
27	Shima	61	Satsuma
28	Kii	62	Higo
29	Yamato	63	Chikugo
30	Iga	64	Chikuzen
31	Ōmi	65	Hizen
32	Yamashiro	66	Iki
33	Kawachi	67	Tsushima
34	Izumi	68	Oki

Plan du palais impérial (Daidairi)

Portes

A	Anka-mon	c	petite porte nord
B	Ikan-mon	d	Kenshun-mon
C	Datchi-mon	e	Shunka-mon
D	Jōtō-mon	f	Kenrei-mon
E	Yōmei-mon	g	Sumei-mon
F	Taiken-mon	h	Kyūjō-mon
G	Ikuhō-mon	i	Chūka-mon
H	Bifuku-mon	j	Gishū-mon
I	Suzaku-mon	k	Kian-mon
J	Kōka-mon	l	Genki-mon
K	Danten-mon	m	Anki-mon
L	Sōheki-mon	n	Kayō-mon
M	Impu-mon	o	Senyō-mon
N	Jōsai-mon	p	Ensei-mon
O	Furō-mon	q	Chōraku-mon
P	Yōroku-mon	r	Shōmei-mon
Q	Emmei-mon	s	Eian-mon
R	Kaimei-mon	t	Butoku-mon
S	Buraku-mon	u	Ommei-mon
T	Fukurai-mon	v	Yūgi-mon
U	Banshū-mon		
V	Ryūtoku-mon		
W	Kōgi-mon		
X	Eifuku-mon		
Y	Shōkei-mon		
Z	Kaki-mon		
A'	Eiyō-mon		
B'	Tsūyō-mon		
C'	Sensei-mon		
D'	Kanka-mon		
E'	Ganyō-mon		
F'	Chōraku-mon		
G'	Ōten-mon		
H'	Eika-mon		
I'	Shōgi-mon		
J'	Keihō-mon		
K'	Shōzen-mon		
L'	Kenshin-mon		
M'	Kōrai-mon		
N'	Kaishō-mon		
O'	Shōtoku-mon		
a	Shikkan-mon		
b	Sakuhei-mon		

Bâtiments

1. Urushi-muro
2. Hyōgo-ryō
3. Entrepôt
4. Entrepôt
5. Entrepôt
6. Entrepôt
7. Tonomo-ryō ou Shuden-ryō
8. «Jardin du thé»
9. Ōkimi-no-tsukasa
10. Uneme-no-tsukasa
11. Ōkura-shō
12. Entrepôt
13. Entrepôt
14. Naga-dono
15. Ritsu-bunzō
16. Poste de garde
17. Ōtonoi-dokoro
18. Naikyō-bō
19. Ukon-efu
20. Zusho-ryō
21. Ōuta-dokoro
22. Kamon-ryō
23. Kura-ryō
24. Nanin
25. Nui-dono-ryō
26. Nashimoto-no-in
27. Sakon-efu
28. Uhyō-efu
29. Butoku-den
30. Utage-no-matsubara
31. Shingon-in
32. Ito-dokoro
33. Naizen-shi
34. Uneme-no-machi
35. Moku-no-naikō
36. Chūka-in
37. Ranrin-bō
38. Keihō-bō
39. Kahō-bō
40. Gohi-dono
41. Dairi
42. Shiki-no-onzō-shi
43. Geki-no-chō
44. Minami-dokoro
45. Ippon-no-gosho-dokoro
46. Kama-dokoro
47. Sake-dono
48. Naiju-no-machi
49. Saiga-in
50. Sahyō-efu
51. Tōga-in
52. Takumi-ryō
53. Zōshu-shi
54. Sama-ryō
55. Tenyaku-ryō
56. Mii
57. Nakazukasa-no-kuriya
58. Buraku-den, à l'intérieur du Buraku-in
59. Daigoku-den (en haut) Ryūbi-dō (en bas)
60. Chōdō-in ou Hasshō-in
61. Shōran-rō
62. Seihō-rō
63. Jijūkyoku
64. Nakatsukasa-shō
65. Udoneri
66. Kemmotsu
67. Shurei
68. Tenyaku
69. Onyō-ryō
70. Kageyushi
71. Fumi-dono
72. Dajō-kanchō
73. Chōsho
74. Saiin
75. Shōin
76. Shusuishi
77. Enkan-jinja
78. Kunai-shō
79. Daizenshiki
80. Gugo-in
81. Ōi-ryō
82. Uma-ryō
83. Jibu-shō
84. Shoryō-ryō
85. Gemba-ryō
86. Hanji
87. Kyōbu-shō
88. Danjōdai
89. Hyōbu-shō
90. Mimbu-shō
91. Shuzei-ryō
92. Shukei-ryō
93. Zōsha
94. Zōsha
95. Shikibu-shō
96. Shuzei-no-kuriya
97. Mimbu-no-kuriya
98. Shukei-no-kuriya
99. Shikibu-no-kuriya
100. Rinin
101. Saiin
102. Tōin
103. Ōtoneri-ryō
104. Jijūsho-no-kuriya
105. Gagaku-ryō

(d'après J. et R. K. REISCHAUER, *Early Japanese History,* Princeton et Londres, 1937)

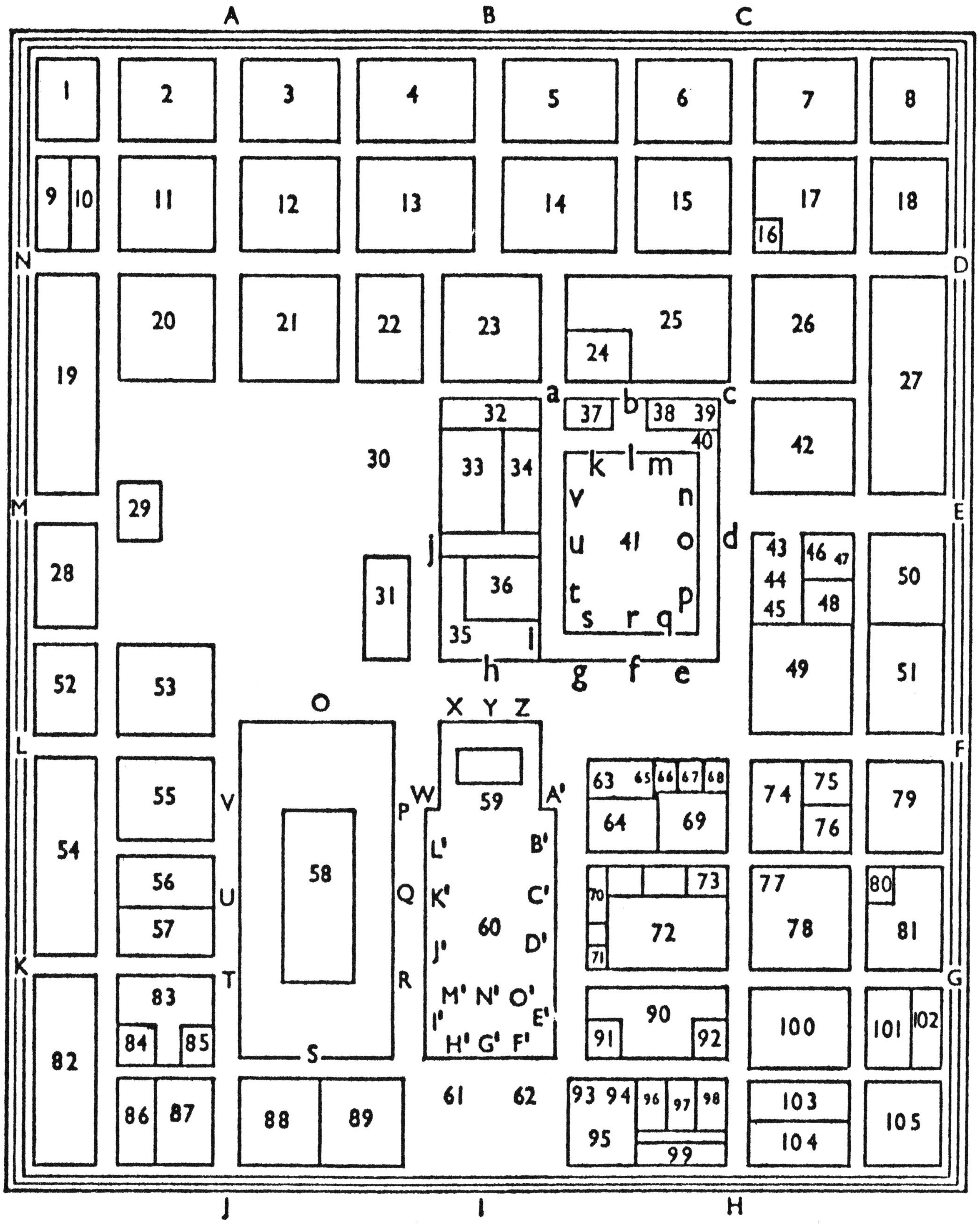
A
B
C
1
2
3
4
5
6
7
8
9
10
11
12
13
14
15
16
17
18
N
D
19
20
21
22
23
24
25
26
27
a
b
c
32
37
38
39
40
42
30
33
34
k
l
m
v
n
M
E
29
u
41
o
d
43
44
45
46
47
48
50
28
j
36
31
t
p
s
r
q
35
i
h
g
f
e
49
51
52
53
O
X
Y
Z
L
F
59
W
A'
63
65
66
67
68
74
75
79
55
V
P
64
69
76
54
L'
B'
58
56
K'
C'
U
Q
73
77
80
70
60
72
78
81
57
J'
D'
71
K
G
T
R
83
M'
N'
O'
90
I'
E'
100
101
102
82
84
85
H'
G'
F'
91
92
S
61
62
93
94
96
97
98
103
86
87
88
89
95
105
99
104
J
I
H

Plan du palais intérieur (Dairi)

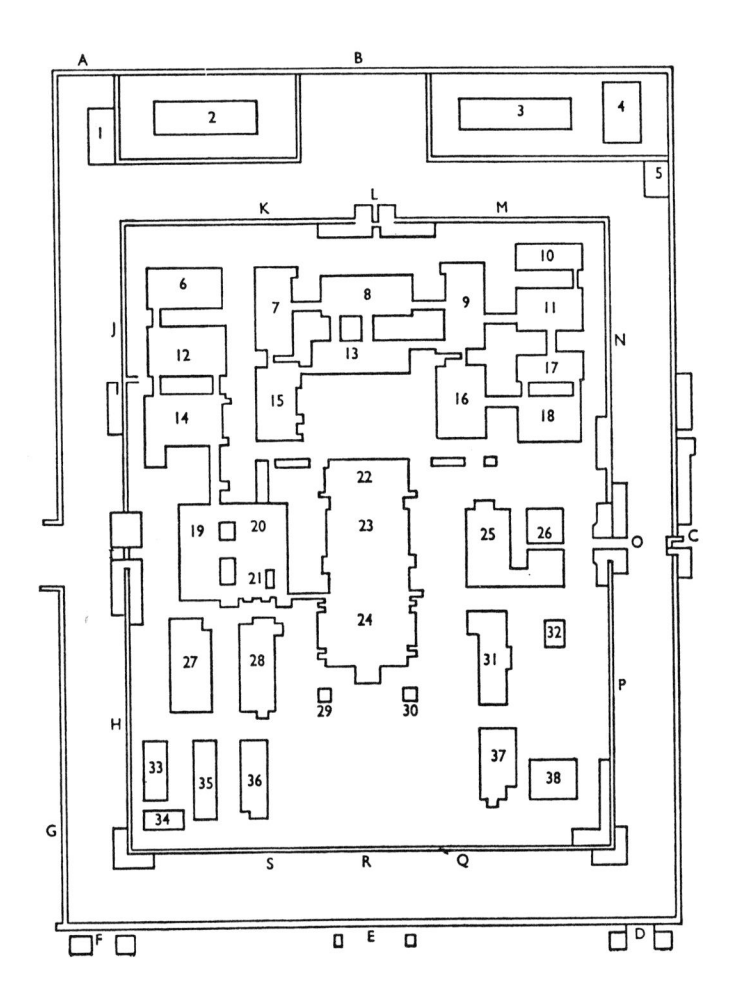

(d'après J. et R. K. Reischauer, *Early Japanese History*, Princeton et Londres, 1937)

Portes

A Shikkan-mon
B Sakuhei-mon
C Kenshun-mon
D Shunka-mon
E Kenrei-mon
F Sumei-mon
G Chūka-mon
H Butoku-mon
I Ommei-mon
J Yūgi-mon
K Kian-mon
L Genki-mon
M Anki-mon
N Kayō-mon
O Senyō-mon
P Ensei-mon
Q Chōraku-mon
R Shōmei-mon
S Eian-mon

Bâtiments

1 Gosho-dokoro
2 Ranrin-bō
3 Keihō-bō
4 Kahō-bō
5 Gohi-dono
6 Shihō-sha
7 Tōka-den
8 Jōgan-den
9 Senyō-den
10 Shigeihoku-sha
11 Shigei-sha
12 Gyōke-sha
13 Jōnei-sha
14 Higyō-sha
15 Koki-den
16 Reikei-den
17 Shōyōhoku-sha
18 Shōyō-sha
19 Kōrō-den
20 Seiryō-den
21 Denjō-no-ma
22 Jōkyō-den
23 Jijū-den
24 Shishin-den
25 Ryōki-den
26 Ummei-den
27 Kurōdo-dokoro-machiya
28 Kyōsho-den
29 Ukon-no-tachibana (oranger)
30 Sakon-no-sakura (cerisier)
31 Giyō-den
32 Mikoshi-yadoriya
33 Tsukumo-dokoro
34 Tsukumo-dokoro-nansha
35 Shimmotsu-dokoro
36 Anfuku-den
37 Shunkō-den
38 Shuki-den

Les empereurs de l'époque Heian

(d'après G. B. Sansom)

Empereurs	Naissance	Accession au trône	Abdication	Mort
Kammu	737	781	—	806
Heijō	774	806	809	824
Saga	786	809	823	842
Junna	786	823	833	840
Nimmyō	810	833	—	850
Montoku	827	850	—	858
Seiwa	850	858	876	880
Yōzei	868	877	884	949
Kōkō	830	884	—	887
Uda	867	887	897	931
Daigo	885	897	—	930
Suzaku	923	930	946	952
Murakami	926	946	—	967
Reizei	950	967	969	1011
Enyū	959	969	984	991
Kazan	968	984	986	1008
Ichijō	980	986	—	1011
Sanjō	976	1011	1016	1017
Goichijō	1008	1016	—	1036
Gosuzaku	1009	1036	—	1045
Goreizei	1025	1045	—	1068
Gosanjō	1034	1068	1072	1073
Shirakawa	1053	1072	1086	1129
Horikawa	1079	1086	—	1107
Toba	1103	1107	1123	1156
Sutoku	1119	1123	1141	1164
Konoe	1139	1141	—	1155
Goshirakawa	1127	1155	1158	1192
Nijō	1143	1158	—	1165
Rokujō	1164	1165	1168	1176
Takakura	1161	1168	1180	1181
Antoku	1178	1180	(détrôné)	1185
Gotoba	1180	1184	1198	1239

Les régents Fujiwara (866–1184)

	Sesshō	Kampaku		Sesshō	Kampaku
Yoshifusa (804–872)	866–872	–	Norimichi (996–1075)	–	1068–1075
Mototsune (836–891)	873–880	880–891	Morozane (1042–1101)	1086–1090	1075–1086; 1090–1094
Tadahira (880–949)	930–941	941–949			
Saneyori (900–970)	969–970	967–969	Moromichi (1062–1099)	–	1094–1099
Koretada (924–972)	970–972	–	Tadazane (1078–1162)	1107–1113	1105–1107; 1113–1121
Kanemichi (925–977)	–	972–977			
Yoritada (924–989)	–	977–986	Tadamichi (1097–1164)	1123–1129; 1141–1150	1121–1123; 1129–1141
Kaneie (929–990)	986–990	990			
Michitaka (957–995)	990–993	993–995	Motozane (1143–1166)	1165–1166	1158–1165
Michikane (961–995)	–	995	Motofusa (1144–1230)	1166–1172	1172–1179
Michinaga (966–1027)	1016–1017	996–1017: nairan	Motomichi (1160–1233)	1180–1183; 1184–1186	1179–1180
Yorimichi (992–1074)	1017–1019	1020–1068	Moroie (1172–1238)	1183–1184	

Les Minamoto (Genji)

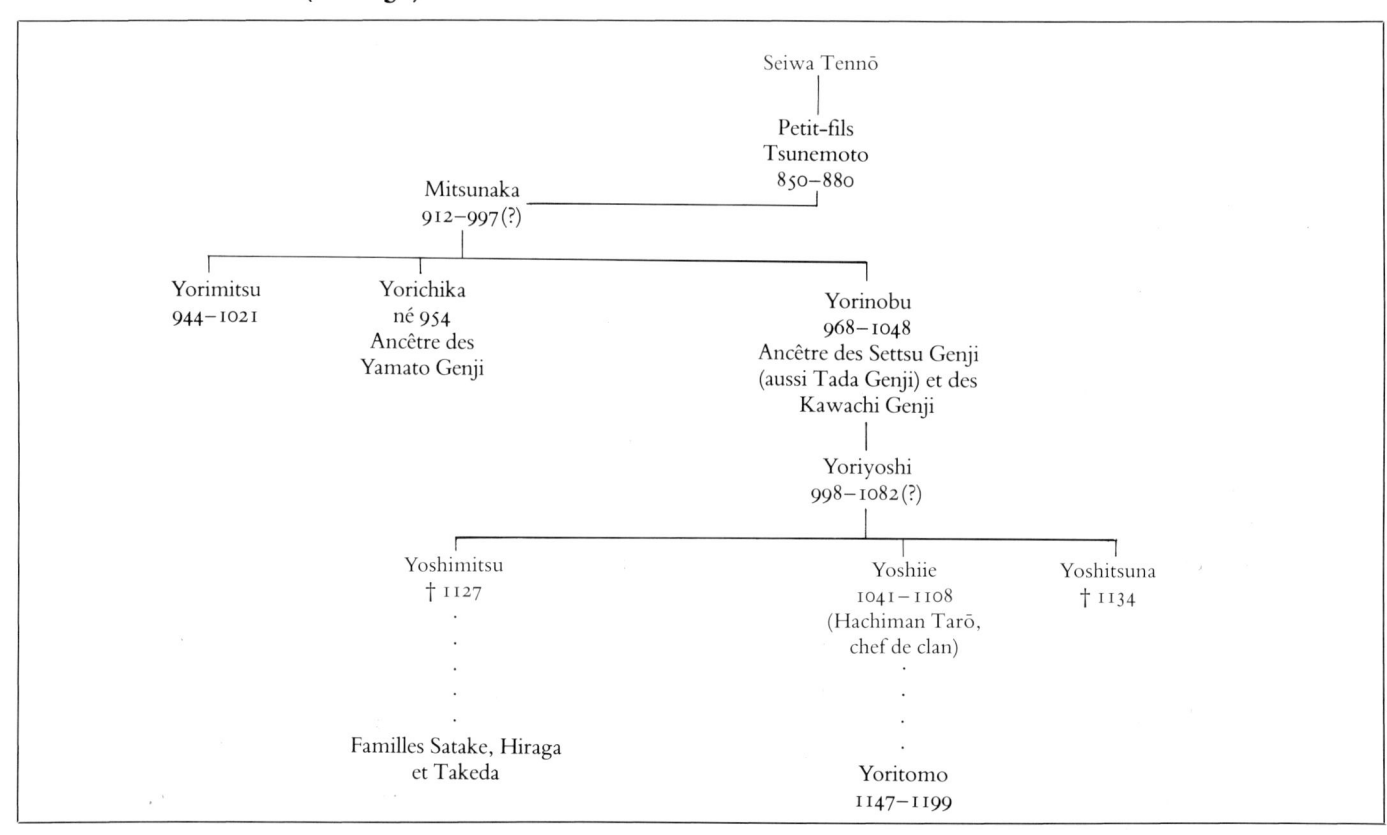

```
                              Seiwa Tennō
                                  |
                              Petit-fils
                              Tsunemoto
                               850–880
              Mitsunaka _____|
              912–997(?)
       _____|_____
      |              |                  |
  Yorimitsu      Yorichika          Yorinobu
  944–1021        né 954            968–1048
              Ancêtre des      Ancêtre des Settsu Genji
              Yamato Genji     (aussi Tada Genji) et des
                                    Kawachi Genji
                                        |
                                    Yoriyoshi
                                    998–1082(?)
            _____|_____
           |                         |               |
       Yoshimitsu                 Yoshiie         Yoshitsuna
         †1127                    1041–1108         †1134
           .                    (Hachiman Tarō,
           .                     chef de clan)
           .                          .
           .                          .
  Familles Satake, Hiraga              .
        et Takeda                  Yoritomo
                                   1147–1199
```

(d'après G. B. Sansom, *A History of Japan*, vol. I, Londres, 1958)

Dates importantes concernant l'art et l'architecture de l'époque Heian

Vers 782	Le moine Kankei fonde le Murō-ji
784	Transfert da la capitale à Nagaoka
785	Le moine Saichō fonde le temple Enryaku-ji sur le Hiei-zan
791	Sculptures de Shi-tennō du temple Kōfuku-ji
794	Transfert de la capitale à Heian-kyō
Vers 800	Erection de la pagode du temple Murō-ji
802	Sculpture de Yakushi du temple Jingo-ji
804	Mission de Saichō, Kūkai et Tachibana no Hayanari en Chine
806	Le moine Kūkai rapporte de Chine les portraits des «cinq patriarches de la secte Shingon» (conservés dans le temple Kyōōgokoku-ji), 30 albums de calligraphie (dans le temple Ninna-ji) et de petit autels de voyage (dans le temple Kongōbu-ji)
808	Fusion du bureau de Peinture et du bureau du Laque
812	Le moine Kūkai calligraphie le *Kanjōrekimei* (conservé dans le temple Jingo-ji) et le *Fūshin-jō* (dans le temple Kyōōgokoku-ji)
816	Le moine Kūkai construit le temple Kongōbu-ji sur le Kōya-san
821	Portraits de Ryūchi et de Ryūmyō (conservés dans le temple Kyōōgokoku-ji) Moine Kūkai: «*mandara* des Deux Mondes» et *mandara* des 17 saints
823	Calligraphies de Saga Tennō
827	Erection du Kōdō du temple Kyōōgokoku-ji
Vers 830	«*Mandara* des Deux Mondes» du Jingo-ji
836	Fondation du temple Kanshin-ji à Kawachi
838	Le moine Enchin fait copier en Chine le «Fudō jaune»
839	Cérémonie de l'ouverture des yeux des sculptures du Kōdō du temple Kyōōgokoku-ji
847	Le moine Eiun ramène de Chine les cinq figures de Kokūzō (conservées dans le Kanchi-in)
850–858	Première mention des paravents Yamato-e
Après 852	Rouleaux verticaux des douze Jūni-ten dans le temple Saidai-ji «Coffre chinois» avec peintures Kara-e conservé dans le temple Kyōōgokoku-ji
855	La tête du Grand Bouddha du temple Tōdai-ji se brise
875	Cloche du temple Jingo-ji avec inscription de Fujiwara no Toshiyuki
876	Paravent avec représentation de la rivière Tatsuta en possession de Dame Fujiwara no Takako
880	Début de la reconstruction du pavillon Daigoku-den du Palais
886	Bureau de Peinture (*e-dokoro*) fondé au Palais en tant qu'institution indépendante
888	Triade d'Amida du temple Ninna-ji
Vers 900	«*Mandara* des Deux Mondes» du temple Kyōōgokoku-ji Peinture du nimbe du Jizō Bosatsu du temple Murō-ji

905–922	*Kokin-waka-shū (Anthologie de poèmes japonais anciens et nouveaux)*
919	Coffret à documents du temple Ninna-ji
920	Le grand maître de bouddha Eri construit la pagode du temple Kyōōgokoku-ji
924 (ou 925?)	Kannon aux mille bras du temple Hōsshō-ji
926	Le moine Jōei (Jinin): bouddha dans le temple Daigo-ji
927	*Engi-shiki* (chronique cérémoniale)
929	Ono no Tōfu calligraphie une collection de poèmes chinois destinée à être reproduite sur un paravent
935	*Tosa-nikki*, journal de voyage de Ki no Tsurayuki
937	Le maître de bouddha Kōshō: deux Ni-ō du temple Kiyomizu-dera
945	*Ise-monogatari (Contes d'Ise)*
951	Jūichimen Kannon du temple Rokuhara-mitsu-ji
951–952	Inauguration de la pagode du temple Daigo-ji avec «mandara des Deux Mondes» et peintures des «huit patriarches de la secte Shingon»
951–980	*Yamato-monogatari (Histoires du Yamato)*
985	Moine Genshin (Eshin Sōzu): *Ōjō Yō-shū*
987	Le moine Chōnen ramène de Chine une sculpture de Shaka (conservée dans le temple Seiryō-ji) et des peintures de 16 *rakan*
990	Erection du Kōdō du temple Hōryū-ji
991	Triade de Yakushi du Kōdō du temple Hōryū-ji
Vers 996	*Makura no sōshi (Notes de chevet)* de Sei Shōnagon
1000	Kose no Hirotaka peint des échantillons pour les vêtements impériaux
Vers 1002	Portrait de Jion Daishi du temple Yakushi-ji Peinture centrale de la triade d'Amida du temple Hokke-ji
Vers 1002–1010	*Genji-monogatari (Le Dit du Genji)* de Murasaki Shikibu
1003	Masques de Jūni-ten du temple Kyōōgokoku-ji
1006	Fujiwara no Michinaga construit le pavillon Godai-dō dans le temple Hōshō-ji; il commande une sculpture de Fudō-myōō (aujourd'hui dans le temple Dōshu-in)
1007	Fujiwara no Michinaga consacre le tertre à *sūtra* sur le mont Kimpusen
1010	*Murasaki-Shikibu-nikki (Journal de Murasaki Shikibu)*
1012	Kannon aux mille bras du temple Kōryū-ji
1013	Yakushi du temple Kōfuku-ji *Wakan-rōei-shu* (anthologie de poèmes)
1020	Fujiwara no Michinaga fonde le temple Hōjō-ji
1022	Inauguration des pavillons Kondō et Godai-dō du temple Hōjō-ji
1042	Masques *bugaku* du sanctuaire Tamukeyama-jinja
1047	Yakushi du temple Saimyō-ji
1051	Yakushi du temple Hōkai-ji

1053	Inauguration du temple Byōdō-in Maître de bouddha Jōchō: Amida du Hōō-do tu temple Byōdō-in Descente d'Amida et paysages peints sur les portes du Hōō-do du temple Byōdō-in
1064	Maître de bouddha Chōsei: Jūni-ten du temple Kōryū-ji
1066	Triade de Yakushi du temple Ryōzen-ji, Nara
1069	Maître de bouddha Enkai: «Shōtoku Taishi à l'âge de 7 ans» du temple Hōryū-ji Hata no Munesada (Chitei): peintures murales «Shōtoku Taishi eden» dans le pavillon à images du temple Hōryū-ji
1078	Bishamon-ten et Kichijō-ten du Hōryū-ji
1086	Peinture «Entrée du Bouddha dans le Nirvāna» du temple Kongōbu-ji
1096	Erection du Hondō du temple Ishiyama-dera
1098	Erection du pavillon d'Amida du temple Hōkai-ji
Vers 1100	Peinture «Bouddha sortant du cercueil d'or»
1102	Masques *gyōdō* pour la cérémonie *raigō* du temple Hōryū-ji
1105	Inauguration du pavillon d'Amida du temple Sonshō-ji
1107	Hondō du temple Jōruri-ji avec neuf sculptures d'Amida
1108	Erection du Kōdō du temple Chūson-ji à Hiraizumi
1116	Fujiwara no Mototoshi calligraphie le *Wakan-rōei-shū*
1119	Mention du *Genji-monogatari-emaki* dans la littérature
1120	Calligraphies *Sanjūroku-nin-shū* du temple Nishihongan-ji
1120–1140?	*Genji-monogatari-emaki* (rouleaux enluminés du *Dit du Genji*)
1121	Ouverture des yeux de la sculpture Shōtoku Taishi dans le Shōryō-in du temple Hōryū-ji Erection du pavillon de Yakushi du temple Daigo-ji
1124–1126	Erection du Konjiki-dō du temple Chūson-ji
1126	Erection du pavillon à *sūtra* du temple Chūson-ji
1127	Peinture des Jūni-ten du temple Kyōōgokoku-ji Peinture des «cinq grands rois de la sagesse» du même temple
1130	Inauguration du temple Hōkongō-in; Amida du maître de bouddha Inkeku
1135–1140	Maître de bouddha Kenen: Amida du temple Anrakuju-in, Toba
1137	Inauguration du temple Anrakuju-in à Toba
1139	Inauguration du temple Seishō-ji
Vers 1140	*Chōjū-giga* (rouleaux enluminés *Caricatures d'animaux et d'humains*)
1141	Illustrations du *Sūtra du Lotus* du temple Kunō-ji
1144	Masques *bugaku* du temple Hōryū-ji
1148	Triade d'Amida du temple Sanzen-in, Ōhara
1149	Fondation du temple Enshō-ji Triade d'Amida aux yeux de cristal du temple Chōgaku-ji
1154	Senjū Kannon du temple Būjō-ji

Vers 1157	*Nenjū-gyōgi-emaki* (rouleaux enluminés relatifs aux fêtes annuelles) de Tokiwa no Mitsunaga
1160	Fujiwara no Tadayuki calligraphie le *Wakan-rōei-shū*
1164	Erection du pavillon d'Amida de Shiramizu (temple Ganjō-ji); à l'intérieur, triade d'Amida et deux Ni-ten
	Rouleau *Heike-nōkyō* du temple Itsukushima-jinja
	Inauguration du temple Myōhō-in (Rengeō-in); à l'intérieur, 1001 sculptures de Kannon aux mille bras par Kōchō, Kōkei et Unkei
1173	Masques *bugaku* du temple Itsukushima-jinja
1175–1177	*Ban-Dainagon-ekotoba* (rouleau enluminé de l'histoire de Ban Dainagon)
1176	Maître de bouddha Unkei: Dainichi du temple Enjō-ji
1178	Transfert d'une pagode dans le temple Jōruri-ji
	Masques *bugaku* du temple Atsuta-jinja
Avant 1180	*Shigi-san-engi-emaki* (rouleaux enluminés relatifs aux légendes du dieu de la montagne Shigi-san)
1180	Taira no Shigehira fait anéantir par le feu les temples Tōdai-ji et Kōfuku-ji
1181	Le moine Chūgen fait reconstruire le temple Tōdai-ji
1185	Masques *bugaku* du temple Kasuga-jinja
1190–1192	Calligraphie: «*sūtra* sans yeux» pour l'ex-empereur Goshirakawa

Répertoire des œuvres des sculpteurs de bouddha Kōshō et Jōchō

> Equivalence des mesures:
> 1 *shaku* = 30,3 cm
> *jōroku* = 16 *shaku* = c'est-à-dire env. 500 cm pour une figure debout
> et env. 250–290 cm pour une figure assise
> *tōshin* = grandeur nature

Kōshō (ou Kōjō)
Actif vers 990–1021 à Kyōto. Intendant du temple Kiyomizu-dera, père de Jōchō

988?	Triade de Shaka pour le temple Enkyō-ji
Vers 989	Jūichimen Kannon pour le temple Henjō-ji
990–995	Shaka pour le temple Ryōzen-in érigé par Eshin Sōzu sur le Hiei-zan
991	Triade de Yakushi pour le Kōdō du temple Hōryū-ji Shaka (*jōroku*) pour le palais Kawara-in du Sadai-jin Minamoto no Tōru. En l'an 1000, l'œuvre fut transférée dans le temple Gidarin-ji
Vers 992?	Amida pour le temple Gokuraku-ji
993?	Yakushi pour le temple Zensui-ji
Vers 995	Triade de Miroku pour le temple Zenshō-ji
998	Octroi du titre ecclésiastique *tosa kōshi*
999?	Triade de Miroku pour le temple Miroku-ji
999	Dainichi, Fugen et Jūichimen-Kannon pour le temple Chōen-ji Nyōirin Kannon en argent pour la mère de Fujiwara no Yukinari
999–1000	Travaux de restauration sur la sculpture de Myōken dans le Myōken-dō du temple Reigan-ji Shō-kannon, Bon-ten et Taishaku-ten pour le pavillon Jijū-den du Palais
1001	Image de culte pour le temple Kedai-in de Eshin Sōzu sur le Hiei-zan
1002	Amida avec Fugen et Monju en bois de santal pour les lectures du *Sūtra du Lotus* dans le palais Higashi Sanjō-in des Fujiwara
1003?	Yakushi pour le temple Byōdō-ji
1004	Réception par Fujiwara no Yukinari de matière première destinée à quatre statues de Shi-tennō
1005	Début d'un travail exécuté pour l'impératrice Gōfuzu: figures grandeur nature de Yakushi et de Jūichimen-Kannon recouvertes d'or et Fudō peint Fugen pour le pavillon Sammai-dō du temple Jōmyō-ji de Fujiwara no Michinaga
1006	Amida doré pour le temple Seson-ji
1006?	Fudō-myōō pour le temple Dōshu-in à Kyōto
1007	Cinq bouddha pour la pagode du temple Kongōbu-ji sur le Kōya-san

1008	Yakushi en bois de santal pour l'impératrice Gōshuzen
1010	Yakushi et Kannon en argent pour la fête Ninnō-e
1012?	Senjū-Kannon pour le temple Kōryū-ji
1013?	Yakushi pour le temple Kōfuku-ji
1013	Amida pour le temple Shōrin-in à Ōhara Réception de feuilles d'or pour trois sculptures grandeur nature de Fujiwara no Michinaga
1018–1022	Miroku (2 *jōroku*) pour le temple Seki-dera de Eshin Sōzu
1020	Neuf Amida (*jōroku*) pour le pavillon Muryōjū-in du temple Hōjō-ji

Jōchō
Actif de ?–1057 à Kyōto. Fils de Kōshō

1020 (en collaboration avec Kōshō)	Pour le Muryōju-in du temple Hōjō-ji: neuf Amida dorés (*jōroku*); un Kannon et un Seishi (chacun de 10 *shaku*); quatre Shi-tennō peints
1022	Pour le Kondō du temple Hōjō-ji: un Dainichi doré (32 *shaku*); quatre figures dorées représentant Shaka, Yakushi, Monju et Miroku (chacune d'entre elles mesurant 20 *shaku*); un Bon-ten et un Taishaku-ten peints; quatre Shi-tennō (chacun de 9 *shaku*). Pour le Godai-dō du temple Hōjō-ji: un Fudō peint et quatre Myōō (chacun de 20 *shaku*); quatre Shi-tennō peints (chacun de 16 *shaku*). Les deux pavillons furent consacrés le 14ᵉ jour du 7ᵉ mois de l'an 1022 et Jōchō reçut deux jours plus tard le titre ecclésiastique de *hokkyō*.
1023	Pour le Yakushi-dō du temple Hōjō-ji: sept Yakushi dorés (*jōroku*); six Kannon dorés (*jōroku*); un Nikko et un Gakkō-Bosatsu dorés; douze Jūni-shinsho polychromes (chacun de 8 *shaku*)
1026	Pour l'accouchement de l'impératrice: 27 figures grandeur nature: Shaka, Fugen, Monju, sept Yakushi, six Kannon, cinq Dai-myōō, Bon-ten, Taishaku-ten et quatre Shi-tennō
1036	Pour les funérailles de l'empereur Goichijō: trois bouddha
1040	Pour la fête commémorative en l'honneur de l'empereur Gosuzaku: un Yakushi en argent (1 *shaku*)
1041	Pour la fête des fleurs de cerisiers: renouvellement de la tête de dragon des bateaux
1047	Reconstruction du temple Kōfuku-ji: triade de Yakushi Jōchō est élevé au rang ecclésiastique de *hōgen*
1053	Pour le Hōō-dō du temple Byōdō-in à Uji: un Amida doré (*jōroku*); 52 petites figures en relief de bodhisattva

Arbre généalogique des sculpteurs de l'école Jōchō

———— Parents

— — — — Elèves

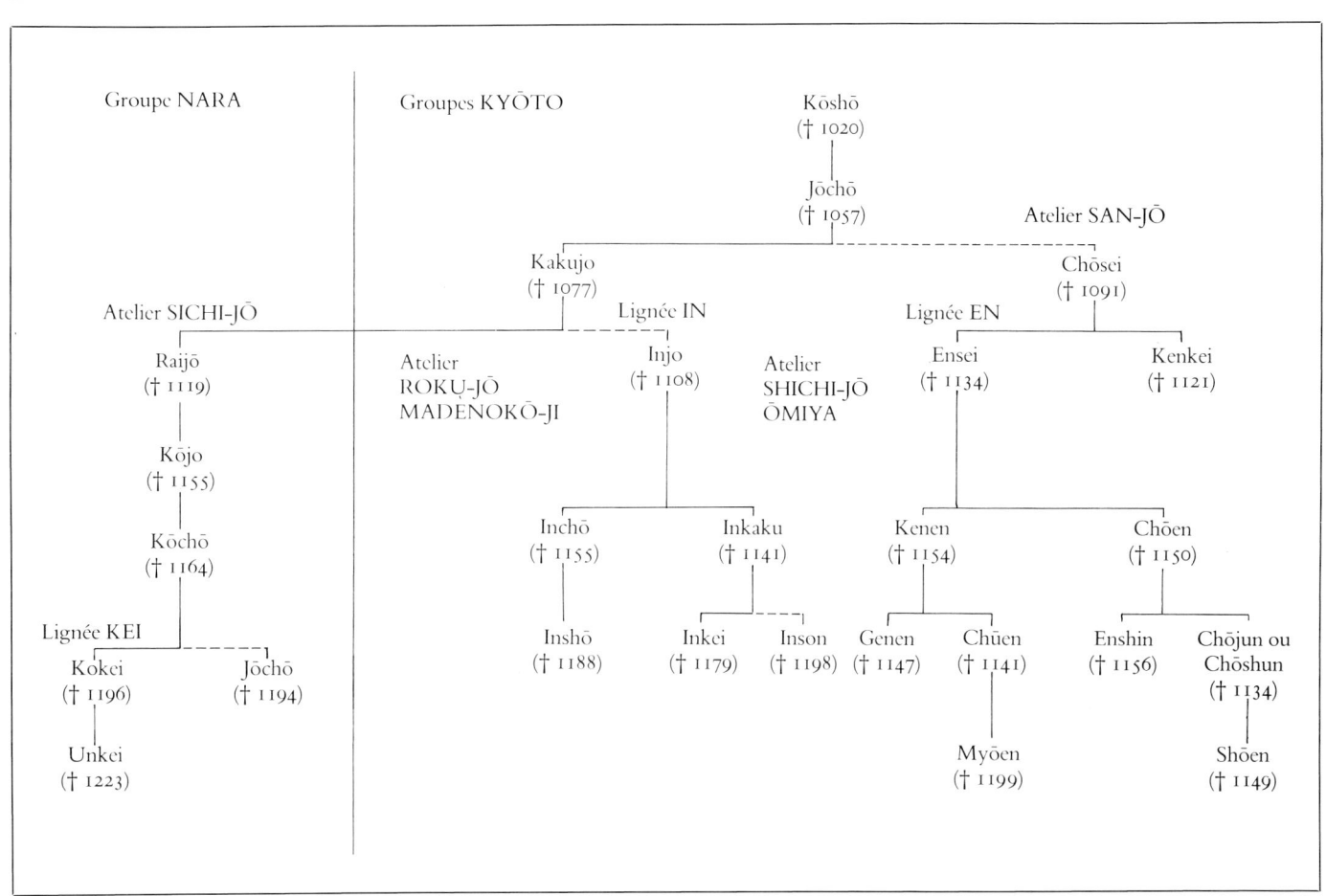

```
Groupe NARA          Groupes KYŌTO              Kōshō
                                               († 1020)
                                                  |
                                                Jōchō
                                               († 1057)
                                                  |                    Atelier SAN-JŌ
                          ┌───────────────────────┼─────────────────────────────┐
                        Kakujo                                                Chōsei
                       († 1077)                                              († 1091)
Atelier SICHI-JŌ    ┌─────┴──────┐ Lignée IN            Lignée EN         ┌─────┴──────┐
      |             |            Injo      Atelier      Ensei           Kenkei
    Raijō     Atelier         († 1108)    SHICHI-JŌ    († 1134)        († 1121)
   († 1119)   ROKU-JŌ                      ŌMIYA
      |       MADENOKŌ-JI
    Kōjo
   († 1155)
      |
    Kōchō                ┌────────┴────────┐           ┌────────┴────────┐
   († 1164)            Inchō            Inkaku        Kenen             Chōen
      |               († 1155)         († 1141)      († 1154)          († 1150)
 Lignée KEI              |           ┌────┴─── ┐    ┌────┴────┐      ┌────┴──────────┐
 ┌────┴─────┐          Inshō       Inkei    Inson  Genen    Chūen   Enshin      Chōjun ou
Kōkei     Jōchō       († 1188)    († 1179) († 1198) († 1147) († 1141) († 1156)    Chōshun
(† 1196) († 1194)                                              |                  († 1134)
   |                                                         Myōen                   |
 Unkei                                                      († 1199)               Shōen
(† 1223)                                                                          († 1149)
```

Œuvres attribuées à Jōchō

Pour le Hakkaku-dō du temple Tōin dans le Yakushi-ji : copie du Shaka du temple Daian-ji

Pour le Saiin de Kunitsune no Ason : un Shaka *(jōroku)*

Pour le temple Rokuharamitsu-ji : un Jizō *(tōshin)*

Pour le Sambō-in du temple Daigo-ji : un Dainichi en bois de santal, un Yakushi et un Shaka

Pour le temple Kōtoku-in à Sakamoto : un Amida

(Répertoire des œuvres de Jōchō d'après K. MIZUNO, *Dai-busshi Jōchō,* Tōkyō, 1980 [Nihon no bijutsu, 1, n° 164].)

Glossaire

Acalanātha (sanscrit)
Voir Fudō-myōō.

Aizen-myōō (sanscrit: Rāgarāja)
«Dieu qui vainc la luxure et l'avidité», manifestation de Dainichi et de Kongōsatta et incarnation de la plus haute bienveillance. Son corps est rouge, il a trois yeux et six bras, il est couronné d'une tête de lion et siège sur un lotus rouge.

Amaterasu Ōmikami
«La grande et sublime déesse qui brille au ciel». Selon la mythologie Shintō, elle est la fondatrice de la maison impériale. Son petit-fils, Ninigi, est considéré comme l'arrière grand-père de Jimmu Tennō, le premier empereur du Japon. Son sanctuaire d'Ise fut érigé sous le règne de Suinin Tennō.

Amida Nyorai (sanscrit: Amitābha, Amitāyus tathāgata) ou Muryōkō ou Muryōju
«Bouddha de la vie et de l'éclat infini.» Dhyāni-Bouddha de l'Ouest, seigneur du paradis de l'Ouest et de la Terre pure *(jō-do)*. Son corps est doré, ses boucles de cheveux sont tournées vers la droite. Gestes: *jō-in* (sanscrit: *dhyāna*): méditation; *tempōrin-in* (sanscrit: *dharmacakra*): mise en branle de la roue de la Loi; *raigō-in* (sanscrit: *vitarka*): vœu de délivrance.

Amida-dō ou Yūshin-dō
«Pavillon d'Amida». Pavillon où l'on vénère le Bouddha Amitābha. Au Japon, c'est en général un pavillon carré de 9, 15 ou 21 m de côté, couvert d'un toit pyramidal; l'intérieur, œuvre d'art total, reproduit un paradis d'Amida *(jōdo)* avec un Amida sculpté ou une triade d'Amida, et des images du paradis de l'Ouest.

ashi-de
«Main de roseau (écriture)». Distribution décorative et chargée de sens de caractères dans une peinture Yamato-e. Utilisée à l'époque Heian comme élément ornemental sur du papier ou des laques.

bettō
Intendant ou directeur d'une administration.

Bhaishajyaguru tathāgata
Voir Yakushi Nyorai.

Birushana Nyorai (sanscrit: Vairocana), appelé aussi Rushana
«Bouddha de la splendeur universelle.» Bouddha originel d'où dérivent toutes les manifestations du Bouddha. Au Japon, il est mis sur pied d'égalité avec la déesse du soleil Shintō Amaterasu Ōmikami. Birushana est assis sur un lotus à mille pétales et est entouré d'un nimbe comportant d'innombrables petits bouddha.

Bishamon-ten (sanscrit: Vaishravana) ou encore Tamon-ten
Divinité protectrice du Nord sous les Shi-tennō, plus tard également dieu du bonheur. Il est représenté en chevalier cuirassé, avec épée et pagode, debout sur un rocher avec deux démons.

Bodhisattva (sanscrit)
Voir Bosatsu.

Bosatsu (sanscrit: bodhisattva)
«Sa voie est l'illumination». Il atteint les dix perfections de la doctrine bouddhique, mais il a renoncé à l'état de bouddha pour aider les âmes souffrantes à accéder à l'illumination et au Nirvāna.

Bon-ten (sanscrit: Brahmā)
Dans l'hindouisme, troisième grand créateur du monde avec Vishnu et Shiva. Représenté sous les traits d'un homme; dans le bouddhisme ésotérique, il est nanti de quatre têtes et de quatre bras, et il chevauche trois oies.

Bouddha (sanscrit)
Voir Nyorai.

Butsu (sanscrit: Bouddha)
Au Japon ne désigne en général que Shaka Nyorai.

bugaku
«Musique de danse». Danse cérémonielle dérivée de modèles continentaux, propre au clergé et à la noblesse. Le *bugaku* est accompagné de musique d'orchestre et il est exécuté sur scène, souvent avec des masques. On connaît aujourd'hui 24 types de ces masques dont les plus anciens datent du début du XIe siècle.

bushi ou *samurai*
«Chevalier». Membre de la noblesse d'épée, la classe des chevaliers s'opposait à la noblesse de cour et sa puissance s'accrut dans les provinces au cours de la période Heian.

busshi
«Maître de bouddha». Sculpteur *(ki-busshi)* ou peintre *(e-busshi)* d'images de culte bouddhique.

bussho
«Atelier de (sculpture) de bouddha». Ateliers des *busshi* séparés des temples depuis le Xe siècle et travaillant sur commande.

byōbu
«Paravents pliables» à deux ou six panneaux. Généralement exécutés par paires et représentant une scène continue ou des scènes complémentaires. A l'époque Heian, les thèmes des paravents étaient soit chinois (Kara-e) soit japonais (Yamato-e). Les premiers étaient hauts de cinq pieds, les seconds de quatre pieds.

Chan (chinois)
Voir Zen.

Daidairi
«Grand palais». Domaine réservé au gouvernement et aux appartements privés de l'empereur et conçu selon le modèle de la capitale chinoise Chang'an.

Daijō-e
«Fête de la dégustation du riz». Principale cérémonie Shintō après celle de l'accession au trône d'un empereur.

Dainichi Nyorai (sanscrit: Mahāvairocana)
«Bouddha de la plus grande lumière». Bouddha originel et pivot du bouddhisme ésotérique, cœur de la sagesse du Bouddha et figure centrale du *«mandara* des Deux Mondes».

Dairi
«Palais». Résidence de l'empereur.

dajō-tennō ou *jōkō*
«Grand-empereur». Titre d'un empereur après son abdication.

danzō
«Figure en bois parfumé». A l'origine, sculptures en bois de santal importées de Chine et généralement laissées au naturel.

Dazai-fu
Depuis le VIe siècle, siège de l'administration militaire de Kyūshū (Tsukushi) qui a joué un rôle important dans les relations avec le continent.

dengaku
«Musique des champs». Danses populaires à la mode à l'époque Heian et exécutées au cours d'une cérémonie religieuse célébrant la mise en culture du riz.

Deva
Voir Ten.

e-busshi
Voir *busshi*.

e-dokoro
«Office de Peinture». Administration de la cour impériale qui supervisait les peintres du palais et surveillait leurs travaux; fondée en 886.

ekotoba
«Récit en images». Voir *emakimono*.

emakimono ou *emaki*
«Rouleau d'images». Terme désignant les rouleaux enluminés de style Yamato-e.

eshi
«Peintre». Terme désignant les peintres professionnels qui exécutaient des peintures profanes commandées par la cour ou la noblesse.

Fudō-myōō (sanscrit: Acalanātha)
«L'inamovible roi de la sagesse». Figure effrayante, ornée de l'épée, du fouet et du feu, qui exerce des fonctions de gardien. Manifestation de Dainichi dans le bouddhisme ésotérique.

Fugen Bosatsu (sanscrit: Samantabhadra)
«Bodhisattva de la plus haute sagesse qui exauce tous les vœux». Il est assis sur un éléphant blanc pourvu de six défenses. Dans le bouddhisme ésotérique, il tient un *vajra* en mains. Pendant la période Heian, il fut considéré comme un intercesseur pour les femmes selon un chapitre du *Sūtra du Lotus*.

fukinuki-yatai
«Style du toit arraché». Mode de représentation dans le Yamato-e qui permet la figuration de scènes à l'intérieur des maisons.

gagaku
«Musique élégante». Musique de concert qui accompagnait aussi les danses *bugaku;* unisson d'instruments à vents, à cordes et à percussion.

Genji
«Clan Minamoto». Nom des familles séparées de la famille impériale et qui retombèrent dans les rangs inférieurs. Les lignées portaient le nom des empereurs dont elles descendaient.

giga
«Caricature». Terme désignant des caricatures esquissées d'un pinceau rapide.

gigaku
«Musique d'art». Danses masquées importées du continent au VIIe siècle. Environ 240 masques de la période allant de la fin du VIIe au milieu du VIIIe siècle ont été conservés.

Godai Kokūzō (sanscrit: Ākāshagarbha)
Les «cinq grands Kokūzō» (manifestations de la sagesse cosmique) représentant les vertus des cinq bouddha de la sagesse (Godai Nyorai). Ils préservent des catastrophes et aident à accéder au bonheur.

Godai-myōō (sanscrit: Dharmapāla)
Les «cinq grands rois de la sagesse». Emanations de Dainichi Nyorai, ils sont représentés sous formes de silhouettes terrifiantes. La figure centrale, Fudō-myōō, est entourée à l'est de Gozanze-myōō, au sud de Gundari-myōō, à l'ouest de Daiitoku-myōō et au nord de Kongōyasha-myōō.

gofun
Carbonate de calcium. Pigment blanc préparé à partir de coquillages et utilisé comme charge des couleurs et pour la préparation des couches de fond.

gyōdō
Processions dans les temples, qui symbolisent le *raigō* de l'amidisme, c'est-à-dire la Descente d'Amida Nyorai accompagné de son cortège de 25 bodhisattva.

gyōdō-men
Masques pour les processions *gyōdō* qui représentent Bosatsu ou les Jūni-ten.

Hachiman
Dieu Shintō de la guerre et protecteur du pays. Intégré dans le bouddhisme en tant que Dai-Bosatsu et représenté en moine (Sōgyō Hachiman).

Haiden
«Pavillon de prières». Pavillon ou préau dans les sanctuaires Shintō, destiné aux fidèles. Le Haiden apparaît au milieu de la période Heian.

haji
«Vaisselle en terre». Céramique simple et cuite à basse température, à but utilitaire, fabriquée au tour par les membres de la guilde des Haji.

hakubyō-e
«Peinture (laissée) blanche». Type de peinture Yamato-e dans lequel les contours sont exécutés à l'encre noire et où les seuls accents sont les bouches rouges et les surfaces noires des cheveux de femmes et des coiffes d'hommes.

hensō
Voir *mandara*.

hikime-kagihana
«L'œil en forme de trait, le nez en forme de crochet». Mode de représentation du visage dans le Yamato-e.

hisashi
Avant-toit des palais et des temples.

Hiten
«Divinité volante». Figure flottante semblable à un Bosatsu, porteuse d'offrandes lors de la Descente d'Amida.

hōgen
«Œil de la Loi». Deuxième rang dans la hiérarchie des titres bouddhiques; pendant la période Heian, titre qui pouvait être décerné aux artistes spécialisés en peinture ou en sculpture bouddhiques; voir aussi *hōin* et *hokkyō*.

hōin
«Signe de la Loi». Rang le plus élevé dans la hiérarchie des titres bouddhiques; voir aussi *hōgen* et *hokkyō*.

Hokke-kyō
«Sūtra du Lotus».

hokkyō
«Pont de la Loi». Troisième rang (le plus bas) dans la hiérarchie des titres bouddhiques; voir aussi *hōgen* et *hōin*.

hompa-shiki
Style en «vagues ondulantes». Mode de représentation des plis dans la sculpture Jōgan. Les arêtes sont alternativement hautes et plates.

Honden
Pavillon principal d'un sanctuaire Shintō.

Hondō
Pavillon principal d'un temple bouddhique.

honzon
Image de culte principale d'un pavillon.

hōō
«Phénix». Titre d'un ex-empereur devenu moine.

hōsōge
«Fleurs des précieuses apparitions». Fleurs imaginaires dans le style Tang qui, lors d'apparitions d'êtres divins, tombent du ciel. Egalement ornement dans l'art bouddhique.

ichiboku-zukuri
«Technique du tronc unique». Technique selon laquelle les sculptures en bois sont taillées à partir d'un seul tronc et sont parfois évidées dans le dos. Technique japonaise la plus ancienne qui atteignit son apogée stylistique et artistique dans la sculpture Jōgan.

imayō-uta
«Poème à la mode». Poème d'origine bouddhique de huit ou douze lignes composées alternativement de cinq et sept syllabes. A l'époque Heian, ces poèmes traitaient aussi de thèmes profanes.

insei
«Gouvernement de cloître ou de palais». Régence d'un empereur après son abdication avec appareil administratif propre. Depuis 1068, désigne la troisième phase de l'époque Heian.

issai-kyō
«Une série de *sūtra*». Recueil de tous les textes de *sūtra* connus et composé de 5000 à 6900 rouleaux.

itabori
«Sculpture sur planches». Relief plat.

jinja
«Sanctuaire des dieux». Lieu saint Shintō.

Jizō Bosatsu (sanscrit: Kshitigarbha)
«Matrice de la terre». Bosatsu qui conduit et sauve les âmes. Son action se manifeste entre le Nirvāna de Shaka Nyorai et l'arrivée du Bouddha de l'avenir, Miroku. Représenté en moine avec bijou et crécelle. Il sauve les gens des enfers et protège les enfants.

jōdo
«Terre pure». Nom du paradis de l'Ouest d'Amida Nyorai.

jōroku
«Seize pieds». Dimension habituelle des sculptures de Bouddha, environ 5 m pour les figures debout et 2,50–2,90 m pour les figures assises.

Jūichimen Kannon (sanscrit: Ekādashamukhāvalokiteshvara)
Forme sous laquelle apparaît Kannon et qui protège des démons. Dix petites têtes symbolisant les étapes d'illumination couronnent sa tête tournée vers l'arrière.

Jūni Shinshō
«Douze généraux» de Yakushi Nyorai. Les têtes des douze divinités protectrices, effrayantes, sont parfois celles des animaux du zodiaque japonais. Ils symbolisent les douze promesses de Yakushi Nyorai de sauver les hommes.

Jūni-ten
«Douze Deva». Divinités protectrices du pays et de la doctrine bouddhique, ils jouent un rôle important dans le bouddhisme ésotérique en lieu et place des Shi-tenno.

kaeriguma
«Ombrage inversé». Procédé utilisé dans la peinture bouddhique pour donner aux figures divines un caractère visionnaire.

kami
«Divinité». Etre divin dans le Shintō.

kana
Caractère de l'écriture syllabique japonaise.

kanji
«Caractère chinois». Idéogramme emprunté aux Chinois qui peut être lu en japonais ou en sino-japonais.

Kannon Bosatsu (sanscrit: Avalokiteshvara) ou Kanzeon
«Le seigneur qui se penche sur les cris de souffrance du monde». Emanation d'Amida Nyorai dont il porte la représentation dans sa couronne. Accompagne Amida au même titre que Seishi. Dans le *raigō*, il porte le trône en forme de lotus destiné au défunt. A l'époque Heian, il est représenté sous forme de Kannon à onze têtes, de Kannon à mille bras ou de Nyoirin Kannon.

kanshi
«Poésie chinoise». Poème de cinq ou sept mots (*shi*), emprunté à la Chine, qui comporte une rime en fin de ligne.

Kara-e
«Peinture chinoise». Peinture de style chinois avec thèmes chinois, par opposition aux peintures Yamato-e, japonaises par le fond et la forme.

kara-kami
«Papier de Chine». Papiers décorés fabriqués en Chine ou imités de ceux-ci dans les ateliers japonais. Ils étaient colorés et ornés de motifs micacés obtenus par impression ou au pochoir.

kara-yō
«Style chinois». Désigne la tendance de l'art et de la culture japonaise qui s'inspirait de la Chine ou la copiait directement, par opposition au *wa-yō*, style spécifiquement japonais.

kasen-e
«Image de poète». Portrait idéalisé de poètes et poétesses renommés, exécuté en style Yamato-e.

keman
«Bannière de fleurs». Applique décorative en forme d'éventail, en bronze ou en cuir, suspendue à des autels, à des chariots de temples et à des objets sacrés.

ki-busshi
Voir *busshi*.

Kichijō-ten (sanscrit: Sri-mahā-deva) ou Kisshō-ten
Déesse du bonheur, des vertus et des moissons abondantes. Epouse de Bishamon-ten (sanscrit: Vaishravana). Généralement représentée en dame de l'époque Tang, avec un bijou porte-bonheur dans la main.

kichō
«Support de tenture». Tréteau en forme de T dont tombent librement des bandes de tissu. Les dames de la cour s'abritaient des regards indiscrets derrière de telles tentures.

kirikane
«Or découpé». Motifs ornementaux découpés dans des feuilles d'or appliquées sur des peintures et des sculptures bouddhiques.

kokoro-e
«Image du cœur». Image résumant le sens d'une œuvre d'art. Frontispice d'un *sūtra* qui illustre son contenu.

Kondō
«Pavillon d'Or». Pavillon principal d'un temple bouddhique, appelé aussi Hondō.

konshi
«Papier bleu». Papier à écrire teint en bleu profond à l'indigo et utilisé pour la transcription de *sūtra*.

maki-e
«Image par saupoudrage». Technique d'exécution d'images par saupoudrage de poudre d'or et d'argent sur du laque humide.

mandara (sanscrit: *mandala*) ou *hensō*
Schématisation du panthéon bouddhique sous forme de diagrammes.

manyō-gana ou *mana-gana*
«Mode d'écriture du *Manyō-shū*». Utilisation de caractères chinois pour leur valeur phonétique, comme caractères syllabiques, dans la transcription de poèmes et de textes de langue japonaise.

mappō
«Age de la fin des temps». Dernière des trois époques selon la tradition bouddhique. Au Japon, elle devait commencer en 1052.

mikkyō
«Doctrine secrète». Nom désignant les doctrines des sectes Shingon et Tendai du bouddhisme ésotérique, influencées par le tantrisme. Elles furent introduites au Japon au début de l'époque Heian.

Miroku Bosatsu (sanscrit: Maitreya)
«Le bodhisattva qui déborde d'amour». Bouddha de l'ère à venir; bodhisattva du paradis de l'Est, Tōsotsu-ten (Tushita). Représenté tantôt en Bouddha, tantôt en bodhisattva.

miyabi
«Elégance distinguée». Elégance de la cour de Heian-kyō, qui imprégnait le style de vie de la haute aristocratie.

mokushin-kanshitsu
«Laque sec sur âme de bois». Technique utilisée en sculpture; l'âme en bois était recouverte d'une série d'étoffes de chanvre imbibées de laque puis de couches de laque pure. La pièce laquée était ensuite sculptée à sec. Technique en usage pendant la deuxième moitié de l'époque Nara et le début de la période Heian.

Monju Bosatsu (sanscrit: Mānjushrī)
«Le jeune homme heureux». Bodhisattva de la sagesse dont les attributs sont le glaive et le livre; il monte un lion.

monogatari
«Récit«. Roman en prose.

monogatari-e
«Images de roman». Illustrations de récits célèbres, peints en style Yamato-e, généralement selon la technique *tsukuri-e*.

mudrā (sanscrit)
«Sceau». Position symbolique des mains appartenant au répertoire gestuel des bouddha.

nehanzu
«Image du Nirvāna». Représentation de l'entrée de Shaka Nyorai dans le Nirvanā.

nembutsu
«Invocation du Bouddha», abréviation de *namu Amida butsu*. Invocation qui mène à la renaissance dans le paradis de

l'Ouest d'Amida Nyorai; préconisée d'abord par des prédicateurs isolés et ensuite par des sectes.

nikki
«Journal». Terme désignant un journal à caractère autobiographique. Le *nikki* apparaît à l'époque Heian. Il est rédigé en langue chinoise par les hommes et en langue japonaise transcrite en caractères syllabiques *kana* par les femmes.

Ni-o (sanscrit: Vajradhara) ou Ni-ten
«Deux rois». Deux figures effrayantes de gardiens érigées dans la porte Chū-mon des temples bouddhiques et destinées à protéger la doctrine.

nise-e
«Image ressemblante». Portrait de haut dignitaire en tenue officielle dans le Yamato-e, dont les traits sont représentés avec fidélité.

nōsho
«Scribe remarquable». Terme désignant depuis la fin du Xe siècle les calligraphes éminents au service de la cour.

Nyoirin Kannon (sanscrit: Cintāmanicakrāvalokiteshvara)
«Celui qui apaise les convoitises». Forme des «six Kannon» avec deux, quatre ou plus généralement six bras.

Nyorai (sanscrit: Tathāgata)
«Celui qui va venir». Le Bouddha suprême.

onna-de
«Ecriture de femme». Ecriture syllabique en caractères *kana* utilisée par les femmes.

onoko-de
«Ecriture d'homme». Ecriture en caractères chinois réservée aux hommes.

Raidō
«Pavillon de prières». Préau ou annexe du Hondō d'un temple bouddhique.

raigō
«Descente de bienvenue». Amida Nyorai vient accueillir sur terre les fidèles mourants et les ramener dans son paradis. Thème iconographique central dans l'amidisme. Amida est représenté flottant sur des nuages au milieu de Kannon, Seishi et 25 autres Bosatsu.

Rikushō-ji
«Les six temples Shō», de Shirakawa, à l'est de Kyōto, fondés par les ex-empereurs pendant la période *insei*.

Rokkasen
«Les six génies poétiques». Terme désignant le groupe des six poètes renommés du XIe siècle: Ariwara no Narihira, le dignitaire ecclésiastique Henjō, Kisen Hōshi, Ōtomo no Kuronushi, Bunya no Yasuhide et la poétesse Ono no Komachi.

roku-dō ou *riku-dō*
«Six univers». Les six niveaux d'existence selon les conceptions bouddhiques. Le monde le plus bas est celui des enfers. Viennent ensuite celui des esprits affamés, des animaux, des démons, des hommes et des dieux mortels.

Rushana
Voir Birushana Nyorai.

saigu
Grande prêtresse du sanctuaire d'Ise. Cette fonction était réservée à une princesse impériale célibataire.

saiin
Grande prêtresse du sanctuaire Kamo à Heian-kyō. Cette fonction était réservée à une princesse impériale célibataire.

saishiki-emaki
«*Emaki* coloré». *Emakimono* exécuté en *tsukuri-e* avec superposition de plusieurs couches de dessins et de couleurs. Les exemples classiques en sont le *Genji-monogatari-emaki*, le *Nezame-monogatari-emaki* et le *Murasaki-Shikibu-nikki-emaki*.

samurai
Voir *bushi*.

sanzon
«Triade». Groupe de trois sculptures cultuelles représentant une configuration de l'univers de Bouddha.

Seishi Bosatsu (sanscrit: Mahāsthāmaprāpta)
«Force extraordinaire». Bodhisattva représentant la sagesse d'Amida. Figure associée à Amida Nyorai au même titre que Kannon Bosatsu. Il se reconnaît à la position des mains faisant le geste de la prière et la présence d'un vase dans sa couronne.

Senjū Kannon (sanscrit: Sahasrabhujāvalokiteshvara)
Figure qui veille au salut de tous; pourvue de onze têtes et de mille bras. C'était une représentation très appréciée de Kannon Bosatsu dans le bouddhisme de la période *insei*.

Shaka Nyorai (sanscrit: Shākyamuni tathāgata)
Nom du Bouddha historique, le prince indien Siddhārta Gautama.

shaku
Sceptre de cérémonie, insigne de rang de la noblesse de cour.

shikishi
«Papier de couleur». Feuillet de papier épais, presque carré, généralement coloré, peint ou imprimé. Il était utilisé en calligraphie et en peinture.

shinden-zukuri
«Style chambre à coucher». Architecture palatiale de l'époque Heian.

shinzō
Représentations, réalisées à la manière de portraits, de dieux Shintō; sous l'influence de la doctrine Shingon, ils sont figurés en prêtres et en dames de la cour.

shita-e
«Image sous-jacente». Peinture qui, pour des raisons d'ordre religieux ou décoratif, était recouverte de textes.

Shi-tennō (sanscrit: Catur-mahārāja ou Lokapāla)
«Les quatre rois du ciel». Gardiens des quatre côtés de la montagne du monde, empruntés à la sphère culturelle indienne. Dans le bouddhisme, ils sont représentés en guerriers et veillent sur un *stūpa,* un *mandara* ou un autel.

shōji ou *sōji*
Paroi coulissante dans les palais japonais. Pendant la période Heian, ils servaient de support à des peintures.

sō-kana
«*Kana*-herbes». Graphie de *kana* dérivée de l'écriture herbiforme chinoise.

Sue, céramique de
Céramique japonaise imitant des modèles coréens, cuite à haute température et utilisée, essentiellement à des fins cérémonielles, entre le Ve et le XIIIe siècle.

Taishaku-ten (sanscrit: Sakradevanam Indra)
«Puissant seigneur des Deva». Dieu brahmanique qui combattit les Deva. Dans le bouddhisme, «Seigneur des 33 cieux». Figure complémentaire de Bon-ten (sanscrit: Brahmā).

tanka, aussi *waka* ou *uta*
«Court poème». Poème japonais de 31 syllabes. Il se compose de lignes de 5, 7, 5 puis 7 et 7 syllabes.

Ten (sanscrit: Deva)
Etre céleste, divinité inférieure de l'Inde. Dans le bouddhisme, serviteur des bouddha.

Tobatsu Bishamon-ten
«Bishamon de Turfan». Manifestation de Bishamon-ten. Vêtu d'une cuirasse, il protège une ville ou un pays. En général, il se tient debout sur deux démons et sur la déesse de la terre.

togidashi
«Faire ressortir par polissage». Technique de décoration dans laquelle un motif obtenu par saupoudrage d'or et d'argent est recouvert d'une couche de laque que l'on use par polissage jusqu'à ce que le décor réapparaisse.

tsukuri-e
«Peinture fabriquée». Technique de peinture du Yamato-e. Dans ce procédé, on recouvre le dessin préliminaire de couleurs. Les contours sont ensuite repassés à l'encre de Chine.

ungen-saishiki
«Coloris ombré». Dans la peinture bouddhique, ombrage appliqué par bandes; ce procédé dérive de la peinture d'Asie centrale.

uta
Voir *tanka*.

uta-awase
«Concours de poésie». Compétitions poétiques organisées officiellement à la cour.

uta-monogatari
«Romans-poèmes». Courts récits qui encadrent un poème. Le *Ise-monogatari* et le *Yamato-monogatari* en sont des exemples.

vajra (sanscrit)
Foudre-diamant d'Indra.

waka
«Poème japonais». Voir *tanka*.

washi
«Papier japonais». Fabriqué dans des moulins à papier *(kōya)* japonais à partir de fibres de mûriers. Se distingue du papier chinois *(kara-kami)*.

wa-yo
«Style japonais». S'utilise par opposition au «style chinois» *(kara-yō)*. Désigne les formes purement japonaises dans l'art de l'époque Heian.

Yakushi Nyorai (sanscrit: Baishajyaguru)
«Bouddha de la guérison». Le Bouddha avait fait douze vœux pour guérir tous les êtres vivants des maux physiques et psy-

chiques. Il est généralement représenté avec un coffret à médicaments dans la main droite.

Yamato
Province centrale du Japon dont la capitale est Nara; pays d'origine du clan Yamato. Anciennement et en langage poétique, désigne l'ensemble du Japon.

Yamato-e
«Peinture japonaise». Style de la peinture spécifiquement japonaise par opposition au style dérivé de la tradition chinoise (Kara-e).

yosegi-zukuri
«Sculpture faite de blocs de bois assemblés». Technique de sculpture sur bois innovée au début du XIe siècle qui permit la création d'œuvres de grandes dimensions à parois extrêmement minces. Les pièces de bois ou les planches étaient assemblées et emboîtées, puis chacune d'elles était travaillée par divers artisans spécialisés.

Zen (sanscrit: Dhyāna; chinois: Chan)
«Méditation». Exercice spirituel d'introspection. Venu d'Inde par le truchement de la Chine.

zuzō
«Silhouettes dessinées». Contours dessinés des figures du panthéon bouddhique. Elles furent ramenées de Chine et servirent de documents iconographiques aux artistes japonais.

Bibliographie

AKIYAMA, T., *La Peinture japonaise*, Genève, 1961.
—— *Heian jidai sezokuga no kenkyū (Peinture profane du haut moyen-âge japonais)*, Tōkyō, 1964.
—— *Genji-e*, Tōkyō, 1976 (Nihon no bijutsu, 4, n° 119).
—— «A New Attribution for a Painting Fragment to the Twelfth Century (Tale of Genji Scrolls)», dans: *Kokka*, 1011, Tōkyō, 1978.
—— et al., *Emakimono*, Tōkyō, 1968 (Genshoku nihon no bijutsu, 8).
ALEX, W., *Architektur der Japaner*, Ravensburg, 1965.
ARMBRUSTER, G., *Das Shigisan-Engi-Emaki, Ein japanisches Rollbild aus dem 12. Jahrhundert*, Hambourg et Wiesbaden, 1959 (Mitteilungen der Ostasiengesellschaft, XL).
—— et H. BRINKER, *Pinsel und Tusche*, Munich, 1975.
ARNOLD, P., *Avec les sages du Japon*, Paris, 1972.
Art treasures from the Imperial Collections, Tōkyō, 1971.
ASTON, W. G. (éd.), *Nihongi*, 2 vol., Londres, 1956.

BARY, W. T., *Sources of the Japanese Tradition*, New York, 1958.
BENL, O., «Fujiwara Kinto, Dichter und Kritiker der Heian-Zeit», dans: *Monumenta Nipponica*, 4, 2, Tōkyō, 1941.
—— *Die Entwicklung der japanischen Poetik bis zum 16. Jahrhundert*, Hambourg, 1951.
—— et H. HAMMITZSCH (éd.), *Japanische Geisteswelt*, Baden-Baden, 1956.
BROWER, R. H. et E. MINER, *Japanese Court Poetry*, Stanford, 1961.
—— *Fujiwara Teika's Superior Poems of Our Time, A Thirteenth-Century Poetic Treatise and Sequence*, Stanford, 1967.

ELISSEEFF, D. et V., *La Civilisation japonaise*, Paris, 1974 (Les Grandes Civilisations).
—— *L'art de l'ancien Japon*, Paris, 1980.

FONTEIN, J., *The Pilgrimage of Sudhana*, La Haye, 1967.
—— «Kibi's Adventures in China», dans: *Boston Museum Bulletin*, n° 344, Boston, 1968.
—— et R. HEMPEL, *China, Korea, Japan*, Berlin, 1968 (Propyläen Kunstgeschichte, 17).
FRÉDÉRIC, L., *Japon, art et civilisation*, Paris, 1969.
—— *Le Shintō*, Paris, 1972.
FUJIMURA, S., *Nihon bungaku daijiten*, 7 vol., Tōkyō, 1936-1937.
FUKUYAMA, T., *Byōdōin to Chūsonji*, Tōkyō, 1964 (Nihon no Bijutsu, 9); éd. anglaise: *Heian Temples: Byodo-in and Chuson-ji*, New York et Tōkyō, 1976 (The Heibonsha Survey of Art, 9).
FURUYA, M., *Heian-jidai no sho*, Tōkyō, 1981 (Nihon no bijutsu, 5, n° 180).

GABBERT, G., *Die Masken des Bugaku, Profane japanische Tanzmasken der Heian- und Kamakura-Zeit*, Wiesbaden, 1972.
—— *Buddhistische Plastik aus China und Japan*, catalogue-inventaire du Museum für Ostasiatische Kunst der Stadt Köln, Wiesbaden, 1972.
GATTEN, A., «The Order of the Early Chapters in the Genji-Monogatari», dans: *Harvard Journal of Asiatic Studies*, 41, 1981, n° 1, p. 5-46.
Genji-monogatari, Die Geschichte vom Prinzen Genji, trad. allemande intégrale par Oscar Benl, 2 vol., Zurich, 1966.
Genji-monogatari: Le Dit du Genji, trad. française par R. Sieffert, Paris, 1978.
GOEPPER, R., *Kunst und Kunsthandwerk Ostasiens*, Munich, 1968, réimpr. 1978.
GONTHIER, A., *Histoire des institutions japonaises*, Bruxelles, 1956.
The Gossamer Years (Kagerō Nikki), A Diary by a Noblewoman of Heian Japan, trad. par E. G. Seidensticker, Tōkyō, 1964.
GROUSSET, R., *Sur les traces du Bouddha*, Paris, 1957.
GUNDERT, W., *Japanische Religionsgeschichte*, Tōkyō et Stuttgart, 1935, 2ᵉ éd. 1943.

HAKEDA, Y. S., *Kūkai, Major Works*, New York, 1972.
HAMMITZSCH, H. (éd.), *Erzählungen des alten Japan (Konjaku Monogatari)*, Stuttgart, 1965.
HASÉ, A. et D. SECKEL, *Emaki*, Paris, 1959.
HERBERTS, K., *Das Buch der ostasiatischen Lackkunst*, Düsseldorf, 1959.
HURST III, G. C., *Insei, Abdicted Souvereigns in the Politics of Late Heian Japan, 1086-1185*, New York et Londres, 1976.

IENAGA, S., *Yamato-e*, Tōkyō, 1969 (Nihon no Bijutsu, 10).
—— *Jōdai yamato-e zenshi*, Tōkyō, 1966.
ISHIMOTO, Y. (éd.), *Eros and Cosmos in Mandala*, cat. d'exposition, Tōkyō, 1978.
ITO, N., *Mikkyō kenchiku*, Tōkyō, 1978 (Nihon no bijutsu, 4, n° 143).

Japan, Frühe buddhistische Malereien, New York, 1959 (UNESCO-Sammlung der Weltkunst).
Japanese Poetic Diaries, éd. et trad. par E. Miner, Berkeley et Los Angeles, 1969.

KAGEYAMA, H., *The Arts of Shintō,* New York, 1973 (Arts of Japan, 4).
KAMEDA, T., *Men to Shōzō,* Tōkyō, 1971 (Genshoku nihon no bijutsu, 23).
KATO, B. et al., *The Threefold Lotus Sutra,* New York, 2ᵉ éd., 1975.
KEENE, D. (éd.), *Anthology of Japanese Literature from the Earliest Era to the Mid-nineteenth Century,* New York, 1955.
KIDDER, J. E., *Japan before Buddhism,* Londres, 1959.
—— *Sculptures Japonaises,* Tōkyō et Fribourg, 2ᵉ éd., 1963.
—— *Japanese Temples,* Londres, 1964.
—— *The Birth of Japanese Art,* Londres, 1965.
KINOSHITA, M., *Sanjūrokunin-kashū,* Tōkyō, 1980 (Nihon no bijutsu, 5, n° 168).
Kokuhō, National Treasures of Japan, 6 vol., Tōkyō, 1963–1967.
Konjaku, Tales of Times Now Past, trad. par M. Ury, Berkeley, 1979.
KOOP, A. J., *Guide to the Japanese Textiles,* II: *Costumes of the Victoria & Albert Museum,* Londres, 1920.
KUDO, Y. et al., *Amidadō to Fujiwara Chōkoku,* Tōkyō, 1969 (Genshoku nihon no bijutsu, 6).
KÜMMEL, O., *Die Kunst Chinas, Japans und Koreas,* Potsdam, 1929 (Handbuch der Kunstwissenschaft).
KUNO, T., *A Guide to Japanese Sculpture,* Tōkyō, 1963.
KURATA, B., *Jōgan chōkoku,* Tōkyō, 1970 (Nihon no bijutsu, 1, n° 44).
—— et al., *Mikkyō jiin to Jōgan chōkoku,* Tōkyō, 1967 (Genshoku nihon no bijutsu, 5).
Kyōto National Museum, Heian jidai no bijutsu (Fine Arts of Heian Period), Kyōto, 1958.

LANDY, P., *Le Japon,* Paris, 1970 (Nous partons pour).
LEE, S. E., *A History of Far Eastern Art,* Londres, 1964.
LEWIN, B., *Aya und Hata, Bevölkerungsgruppen Altjapans kontinentaler Herkunft,* Wiesbaden, 1962 (Studien zur Japanologie, 3).

MCCULLOUGH, H. C. (éd.), *Tales of Ise,* Stanford, 1968.
MCCULLOUGH, W., «Japanese Marriage Institutions in the Heian Period», dans: *Harvard Journal of Asiatic Studies,* 27, 1967, p. 103–167.
The Manyōshū, trad. anglaise par H. H. Honda, Tōkyō, 1967.
MASUDA, T., *Japon,* Fribourg, 1969 (Architecture universelle).
MEECH-PEKARIK, J., «Disguised Scripts and Hidden Poems in an Illustrated Heian Sutra», dans: *Archives of Asian Art,* 31 (1977–1978).
MINER, E., *An Introduction to Japanese Court Poetry,* Stanford, 1968.

MIZUNO, K., *Dai-busshi Jōchō,* Tōkyō, 1980 (Nihon no bijutsu, 1, n° 164).
MORAN, S. F., «The Statue of Fugen Bosatsu, Okura Museum, Tōkyō», dans: *Arts asiatiques,* 7, 1960, n° 4.
—— «The Statue of Amida (of Hōō-dō)», dans: *Oriental Art,* N. S. 6, 1960, n° 2.
—— «The Kirikane Decoration of the Statue of Fugen Bosatsu, Okura Museum, Tokyo», dans: *Oriental Art,* N. S. 6, 1960, n° 4.
MORRIS, I., *La vie de cour dans l'ancien Japon* (trad.), Paris, 1969 (La Suite des Temps).
—— *The Tale of Genji Scroll,* Tōkyō, 1971.
—— *La Noblesse de l'Echec. Héros tragiques de l'histoire du Japon* (trad.), Paris, 1980 (La Suite des Temps).
MORRIS, M., «Sei Shōnagon's Poetic Catalogues», dans: *Harvard Journal of Asiatic Studies,* 40, 1980, n° 1, p. 5–54.
MURASE, M., *Japanese Art, Selection from the Mary and Jackson Burke Collection,* New York, 1975.

NAKANO, G., *Fujiwara chōkoku,* Tōkyō, 1970 (Nihon no bijutsu, 7, n° 50).
NAKATA, Y., *Sho,* Tōkyō, 1967 (Nihon no Bijutsu, n° 27).
—— *The Art of Japanese Calligraphy,* New York et Tōkyō, 1973 (The Heibonsha Survey of Art, 27).
Nihon Emakimono Zenshū, Japanese Scroll Painting, 22 vol., 2 vol. suppl., Tōkyō, 1958–1965.
NISHIKAWA, K., *Bugaku Masks,* Tōkyō, New York et San Francisco, 1978 (Japan Arts Library).
NOMA, S., *The Arts of Japan, Ancient and Medieval,* 2 vol., Tōkyō, 1966–1967.

OKASAKI, J., *Jōdo kyōga,* Tōkyō, 1969 (Nihon no bijutsu, 12, n° 43).
—— *Pure Land Buddhist Painting,* Tōkyō, 1977 (Japan Arts Library).
OKAZAKI, T., *Kyōto Gosho to Sentō Gosho,* Tōkyō, 1974 (Nihon no bijutsu, 8, n° 99).
OKUDAIRA, H., *Emaki, Japanese Picture Scrolls,* Tōkyō, 1962.
—— *Emakimono,* Tōkyō, 1966 (Nihon no Bijutsu, 2); éd. anglaise: *Narrative Picture Scrolls,* New York et Tōkyō, 1973 (Arts of Japan, 5).
OYAMA, N., *Shakyō,* Tōkyō, 1979 (Nihon no bijutsu, 5, n° 156).

Pageant of Japanese Art, 6 vol., Tōkyō, 1957–1958.
PAINE, R. T. et A. C. SOPER, *The Art and Architecture of Japan,* Harmondsworth, 1955.
PAPINOT, E., *Dictionnaire d'histoire et de géographie du Japon,* Tōkyō, 1907.
The Pillow Book of Sei Shōnagon, trad. par I. Morris, Harmondsworth, 1967, 2ᵉ éd. 1971.

RAGUÉ, B. von, *Geschichte der japanischen Lackkunst*, Berlin, 1967.
RAMBACH, P., *Le Buddha secret du tantrisme japonais*, Genève, 1978.
REISCHAUER, E. O., *Die Reisen des Mönchs Ennin*, Stuttgart, 1963.
—— *Histoire du Japon et des Japonais* (trad.), Paris, 1973 (Points-Histoire).
REISCHAUER, J. et R. K., *Early Japanese History*, 2 vol., Princeton et Londres, 1937.
RENONDEAU, G., *Histoire des moines guerriers du Japon*, Paris, 1957.
—— *Anthologie de la poésie japonaise classique*, Paris, 1971.
ROBERTS, L. P., *Dictionary of Japanese Artists*, Tōkyō, 1976.
ROSENFIELD, J. M., *Japanese Arts of the Heian Period, 794–1185*, New York, 1967.
—— et S. SHIMADA, *Traditions of Japanese Art, Selections from the Kimoko and John Powers Collection*, Cambridge, Mass., 1970.
—— et al., *The Courtly Tradition in Japanese Art and Literature*, Cambridge, Mass., 1973.

SANSOM, G. B., *Japan, A Short Cultural History*, Londres, 1931.
—— *A History of Japan*, 1: *A History of Japan to 1334*, Londres, 1958.
SAWA, T., *Mikkyō no bijutsu*, Tōkyō, 1969 (Nihon no Bijutsu, 8); éd. anglaise: *Arts in Japanese Esoteric Buddhism*, trad. par R. L. Gage, New York et Tōkyō, 1972.
SCHAARSCHMIDT-RICHTER, I. et O. MORI, *Le Jardin japonais*, Fribourg, 1979.
SECKEL, D., «Das älteste Langrollenbild in Japan, Kakō-Genzai-Ingakyō», dans: *Bulletin of Eastern Art*, 37, Tōkyō, 1943.
—— *Grundzüge der buddhistischen Malerei*, Tōkyō, 1945.
—— «Buddhistische Prozessionsmasken (Gyōdō-men) in Japan», dans: *Nachrichten der Gesellschaft für Natur- und Völkerkunde Ostasiens*, 76, 1954, p. 29–52.
—— *Buddhistische Kunst Ostasiens*, Stuttgart, 1957.
—— *Einführung in die Kunst Ostasiens*, Munich, 1960.
—— *Kunst des Buddhismus*, Baden-Baden, 1962.
SEI SHŌNAGON, *Les Notes de chevet*, trad. par A. Beaujard, Paris, 1966 (Connaissance de l'Orient).
SHIBATA, M. et M., *Le «Kojiki» (Chronique des choses anciennes)*, introduction, traduction intégrale et notes, Paris, 1969.
SHIMBO, T., *Hakubyō-emaki*, Tōkyō, 1970 (Nihon no bijutsu, 5, n° 48).
SHIMIZU, Y., «Seasons and Places in Yamato Landscape and Poetry», dans: *Ars Orientalis*, 12, 1981.
Shinkokinwakashū, Japanische Gedichte, trad. par H. Hammitzsch et L. Brüll, Stuttgart, 1964 (Reclam 8931–32).

SHIRATA, Y., *Shōzō-ga*, Tōkyō, 1966 (Nihon no bijutsu, 12, n° 8).
—— *Monogatari-emaki*, Tōkyō, 1970 (Nihon no bijutsu, 6, n° 49).
—— *Kasen-e*, Tōkyō, 1974 (Nihon no bijutsu, 5, n° 96).
Sho, Pinselschrift und Malerei in Japan vom 7.–19. Jahrhundert, cat. d'exposition, Cologne, 1975.
Shodō zenshū, vol. 11–14, Nihon, 2–5, Heian, 1–4, Tōkyō, 1954–1956.
SIEFFERT, R., *La littérature japonaise*, Paris, 1961.
SNELLGROVE, D. L. (éd.), *The Image of the Buddha*, New York, 1978.
SOPER, A. C., «The Rise of Yamato-e», dans: *Art Bulletin*, 24, 1942, n° 4.
—— «The Illustrated Method of the Tokugawa Genji Pictures», dans: *Art Bulletin*, 37, 1955, n° 1.
—— «A Pictorial Biography of Prince Shōtoku», dans: *Metropolitan Museum Bulletin*, New York, janvier 1967.
SUKEY, H., *Washi, The World of Japanese Paper*, Tōkyō, 1978.
SWANN, P. C., *Japan, von der Jōmon- zur Tokugawa-Zeit*, Baden-Baden, 1965.

TAHARA, M. (éd.), *Tales of Yamato*, Honolulu, 1980.
TAJIMA, R., *Les deux grands mandalas et la doctrine de l'ésotérisme shingon*, Paris, 1959 (Bulletin de la maison franco-japonaise, nouvelle série).
TAKEDA, M. et al., *Butsuga*, Tōkyō, 1969 (Genshoku nihon no bijutsu, 7).
The Tale of Genji, trad. anglaise par A. Waley, New York, 1960.
The Tale of Genji, trad. anglaise par E. G. Seidensticker, 2 vol., Tōkyō, 1976, 4ᵉ éd. 1980.
TANAKA, I. (éd.), *Nihon Emakimono zenshū*, 24 vol., Tōkyō, 1958–1969.
TANAKA, S., *Inshokuki*, Tōkyō, 1967 (Nihon no bijutsu, 1, n° 9).
TODA, K., *Japanese Scroll Painting*, Chicago, 1935; réimpr. New York, 1969.
Tōkyō, Gotō Art Museum, Gotō bijutsukan meihin zuroku, Tōkyō, 1953.
—— *Idemitsu Art Gallery, The Fifteenth Anniversary Catalogue*, Tōkyō, 1981.
—— *National Museum, Japanese Calligraphy*, cat. d'exposition, Tōkyō, 1978.
TOUSSAINT, F., *Histoire du Japon*, Paris, 1969.
TSUKAKOSHI, S. (éd.), *Konjaku*, Zurich, 1965.

UYENO, N. (éd.), *Woodblock Reproductions of the Genji Picture Scrolls*, Tōkyō, 1963.

VIE, M., *Histoire du Japon des origines à Meiji*, Paris, 1969 (Que sais-je?).
VOS, F., *A Study of the Ise-Monogatari*, 2 vol., La Haye, 1957.

WALEY, A. (éd.), *Japanese Poetry,* Londres, 1956 (1ʳᵉ éd. 1919).
WOLZ, C., *Bugaku, Japanese Court Dance,* Seattle, 1971.

YAMAGIWA, J. K., *Okagami, A Japanese Historical Tale,* Londres, 1967.

YASHIRO, Y., «Scroll Paintings of the Far East», dans: *Transactions and Proceedings of the Japan Society,* 33, 1935.
—— *Art Treasures of Japan,* 2 vol., Tōkyō, 1960.
—— et P. C. SWANN, *Japanische Kunst,* Munich et Zurich, 1958.
YOSHIZAWA, C. et al., *Japanische Kunst,* 2 vol., Vienne et Munich, 1975.

Index

Les chiffres en italique renvoient aux numéros des légendes.

Akiko, impératrice 64, 138, 175, 207
Amaterasu Ōmikami 12, 19, 29, 74, 168
Amida Nyorai 8, 64, 74, 77–80, 84, 86, 89, 91, 98, 100, 101, 102, 104, 112, 116, 121, 124, 168; *57, 58, 62, 65, 68–70, 72, 74–76, 80–84, 86, 89–93, 106, 108, 159*
Amida-kyō 74, 121, 128, 194
Amida, *raigō* 64, 78, 80, 84, 89, 91, 100, 102, 112, 115, 120, 121, 140, 168; *60, 61, 70, 83, 90, 91, 106*
Anjū-in *210*
Anrakuju-in, Kyōto 91, 104; *72*
Antoku, empereur 65, 217
Ariwara no Narihira 57, 59
Ariwara no Yukinari 135
Asie centrale 17, 20, 164
Asuka, période 14
Awaji, île 22
Aya, peuple 12

Ban-Dainagon-ekotoba 70, 163, 169, 184, 202, 203, 204; *165, 174, 192–194, 196*
Birushana Nyorai 17, 19, 32, 38, 40, 42; *3, 190*
Bishamon-ten 108, 199, 202; *voir aussi* Tobatsu-Bishamon-ten
Bizen 154, 158
Bodhisattva 14, 17, 33, 40, 44, 46, 51, 64, 78, 79, 89, 91, 104, 112, 115, 120, 121, 122, 124, 168
Bo Juyi (Haku Rakuten) 55, 136, 140, 142, 151; *40, 128, 138*
Bon-ten 33, 44; *3, 14, 15*
Bouddha 12, 14, 29, 33, 40, 48, 51, 70, 77, 78, 79, 80, 91, 104, 112, 115, 120, 121, 122, 124, 126, 132, 133, 139, 154, 163, 179; *voir aussi* Amida, Birushana, Dainichi, Miroku, Shaka, Yakushi
Bouddhisme, bouddhiste, bouddhique 8, 12, 14, 17, 20, 22, 27, 29, 40, 43, 46, 48, 64, 74, 78, 80, 82, 86, 112, 115, 116, 121, 122, 126, 132, 139, 154, 163, 165, 168, 171, 173, 184, 186, 188, 210, 216
Brahma *voir* Bon-ten

Būjō-ji, Kyōto 108, 120; *97*
Bunya no Yasuhide 57
Buzen 158
Byōdō-in, Uji 64, 74, 186
 Hōō-dō 64, 86, 91, 104, 112, 116, 140, 163, 186; *57, 58, 60, 65–71*

Chang'an 15, 22, 29, 40, 48, 52, 147
Chine, chinois 8, 12, 14, 17, 19, 20, 22, 27, 28, 29, 38, 40, 42, 44, 46, 48, 52, 55, 57, 58, 62, 74, 79, 80, 86, 89, 102, 112, 115, 120, 121, 122, 123, 124, 126, 133, 134, 135, 136, 137, 139, 141, 146, 147, 148, 151, 154, 158, 161, 162, 163, 164, 165, 168, 173, 175, 186, 202, 209, 217; *30, 40, 89, 101, 104, 105, 107, 147, 195*; *voir aussi* Song et Tang
Chōen, sculpteur 106
Chōgaku-ji, Nara 112
Chōgonsonshi-ji, Nara *51, 188–191*
Chōhō-ji, Kyōto 107
Chōjū-giga 9, 211–216; *204–207*
Chōnen, moine 102, 146
Chōsei, sculpteur *72*
Chūson-ji, Hiraizumi 101, 102, 126; *85–87, 149*
 Konjiki-dō 101, 102, 126, 154, 163; *86*
Confucianisme 29, 168
Corée, coréen 12, 14, 19, 22, 74, 121, 122, 124, 151, 154, 164, 165

Daian-ji, Nara 15, 122
Daidairi, Kyōto 22; *4, 189*
 Buraku-in 22, 172
 Chōdō-in 22, 172, 202
 Daigoku-den 22, 171
 Eshō-mon 202; *192*
 Kenrei-mon 22
 Ōten-mon 202
 Rashō-mon 22, 46; *29*
 Shingon-in 40, 80, 172; *34, 35*
 Suzaku-mon 22, 202
Daidairi, Nara 14, 194
Daigo, empereur 27, 55, 57, 63, 82, 140, 169, 202
Daigo-ji, Kyōto 33, 48, 51, 82, 112, 116; *63*

Dai-Hanna Haramitta-kyō 124; *112*
Dainichi Nyorai 29, 33, 38, 46, 82, 86, 101, 103, 163; *20–22, 32, 86, 99*
Dainichi-kyō 29, 124; *22*
Dairi, Kyōto 22, 26, 66, 147, 172; *4*
 Jijū-den 172; *175*
 Ryōki-den 151, 172; *137*
 Seiryō-den 26, 147, 151, 172, 202; *6–9*
 Shishin-den 22, 147, 172; *5, 160, 175*
Daiun-ji 154
Dannoura, bataille navale 65, 217
Dewa, province 101, 126
Dewa no Ben, poétesse 210
Diao Qing, peintre 40
Dit du Genji, Le *voir Genji-monogatari*
Donchō, moine 122
Dōshu-in, Kyōto 102
Dunhuang 80, 112, 123; *107*

Eiga-monogatari 64, 136
Eisei, moine 217
Eizan-ji 154
Elephanta 44
Enchin (Chishō Daishi) 29, 40, 48, 51, 55, 140; *30, 41*
Enen, peintre 116
Engi, ère 70
Enjō-ji, Nara *99*
Enkei, sculpteur 108
Ennin (Jigaku Daishi) 29, 55, 58, 77, 82, 86, 210; *105*
Enryaku-ji, Hiei-zan 29, 65, 77, 82, 123
Ensei, sculpteur 91
Enshō-ji, Shirakawa 65
Enyū, empereur 141
Eri, sculpteur 64
Ezo (Aïnu), peuple 22

Fudōki 19
Fudō-myōō 33, 46, 51, 102; *33*; *voir aussi* Godai-myōō
Fugen Bosatsu 84, 121; *21, 100, 102, 111, 114*
Fujiwara, clan 8, 14, 15, 22, 27, 51, 58, 62–64, 65, 66, 70, 74, 84, 91, 101, 103, 104, 121, 126, 136, 138, 160

Fujiwara no Aritoshi 57
Fujiwara no Fubito 15, 62
Fujiwara no Hidehira 102, 126
Fujiwara no Kadonomaru 29
Fujiwara no Kaneie 84, 135, 136
Fujiwara no Kintō 135, 136, 142, 147; *129*
Fujiwara no Kiyohira 100, 102, 126
Fujiwara no Korechika 172
Fujiwara no Michinaga 63, 64, 70, 84, 86, 102, 103, 116, 124, 136, 138, 141, 154, 175, 184, 207; *45, 75, 166, 198*
Fujiwara no Michitaka 137
Fujiwara no Mitsunaga 169, 204; *192–194, 196*
Fujiwara no Mitsuyoshi 210
Fujiwara no Moromochi 70
Fujiwara no Morozane 65
Fujiwara no Motohira 102
Fujiwara no Mototoki 188
Fujiwara no Mototsune 27, 63, 84
Fujiwara no Nobuzane 210
Fujiwara no Sadanobu 147
Fujiwara no Sadatoshi 165
Fujiwara no Sanesuke 142
Fujiwara no Sari 141
Fujiwara no Shinzei (Michinori) 65, 165
Fujiwara no Shunzei 135, 147
Fujiwara no Tadahira 84
Fujiwara no Tadamichi 65, 70, 147
Fujiwara no Tadazane 70
Fujiwara no Takamitsu 135
Fujiwara no Takanobu 35, 184; *170, 202*
Fujiwara no Takayoshi 188
Fujiwara no Tamemitsu 84
Fujiwara no Tametoki 138
Fujiwara no Teika 70, 135, 147; *135*
Fujiwara no Tokihira 27
Fujiwara no Tsuginawa 52
Fujiwara no Yorimichi 64, 86
Fujiwara no Yorinaga 70
Fujiwara no Yoshifusa 27, 57, 63 203; *165*
Fujiwara no Yoshitsune 147
Fujiwara no Yukinari 84, 126, 136, 141, 142, 147; *129*
Fujiwara Onshi 63
Fuki-dera, Kyūshū 102; *89, 90*
Fukuoka, Kyūshū 154; *113*

Gaki-no-sōshi-emaki 175, 216; *208*
Gandhāra, style 46
Ganjō-ji, Nara 43; *24, 25, 33*
Ganjin (Jianzhen), moine 17, 42
Ganjō-ji, Iwaki 102; *88*
Gankō-ji, Nara 15

Gemmei, impératrice 14, 19
Gempei, guerre 217
Genchō, moine 116; *33*
Genji-monogatari 8, 59, 78, 104, 135, 136, 138, 139, 158, 165, 168, 173, 175, 184, 186, 188, 206, 209
Genji-monogatari-emaki 8, 138, 139, 148, 151, 163, 173, 184, 188, 191, 194, 195, 199, 202, 203, 204, 206, 207, 209, 216; *9, 49, 50, 124–126, 130, 155, 163, 164, 179–187, 200*
Genshin (Eshin Sozū), moine 77, 78, 80, 102
Godai Kokūzō 44
Godai-myōō 33, 40, 44, 46, 86, 120, 172; *34, 35, 110*
Godairiki Bosatsu 51
Goichijō, empereur 141, 210
Gokuraku-in *voir* Sanzen-in
Gokuraku-ji 84
Gokyō-goku, école 147
Gomizunoo, empereur 169
Goreizei, empereur 64
Gosanjō, empereur 64
Goshirakawa, empereur 35, 65, 91, 106, 135, 169, 204, 210, 217; *123, 170*
Gosuzaku, empereur 64
Gotoba, empereur 65, 158, 217
Gozanze-myōō *15, 34; voir aussi* Godai-myōō
Gyogi, moine 77
Gyōmyō, sculpteur *157, 158*

Hachiman 46, 48, 74; *31*
Hakuhō, période 14
Han Fangming 29, 52
Hanna-shingyō 128
Hata, peuple 12, 22
Hata no Munesada (Chitei) 108, 186; *178*
Heian-kyō, Kyōto 8, 22, 26, 27, 58, 62, 65, 70, 91, 101, 106, 122, 126, 128, 151, 154, 158, 168, 172, 184, 199, 217; *4*
Heiji-monogatari-emaki 184, 216; *171*
Heijō, empereur 27, 62
Heijō-kyō, Nara 14, 15, 22, 26, 27, 28, 36, 40, 48, 106, 108, 112, 122, 154
Heike, clan 209
Heike-nōkyō 128, 132, 133, 154; *116–119*
Henjō, moine 57
Hide no Are 19
Hiei-zan, mont 22, 27, 29, 77, 135
Hiei, sanctuaire, Sakamoto 74
Higashi Sanjō, palais, Kyōto 64
Hindouisme 44, 168

Hi no Sukenari 91
Hiraizumi 101
Hiroshige, Andō 148
Hōbodai-in, Kyōto 44; *26*
Hōgen, révolte 65
Hōjō-ji 64, 84, 86, 89, 101, 103, 116; *75*
Hōjū-ji, palais 91; *161*
Hōkai-ji, Kyōto 91, 104, 108; *79–81*
Hōki 158
Hokke-ji 46, 116; *27, 28, 106*
Hokke-kyō 29, 112, 121, 122, 124, 128, 134, 154; *120–122*
Hōkō-ji 14
Honami Kōetsu 218; *42, 43*
Hōnen, moine 74
Horikawa, empereur 65
Hōryū-ji, Nara 14, 32, 79, 108, 112, 168, 186; *1*
Hōshō-ji 84, 147
école 147
Hōsshō-ji, Shirakawa 65, 91
Hossō, secte 36, 77
Hui Guo, patriarche 29, 40

Ichiji-rendai-kyō 126; *115*
Ichijō, empereur 64, 137, 141, 158, 165, 207; *166, 198*
Ichijō, palais, Kyōto 91
Ichijō-ji, Hyōgo 116, 210; *105, 201*
Inde, indien 8, 20, 29, 32, 33, 38, 44, 51, 164, 165; *105*
Indrā *voir* Taishaku-ten
Insei, période 8, 64, 65, 91
Inson, sculpteur 106
Insulinde 164
Iran 17
Ise, poétesse 135; *131, 132*
Ise, sanctuaire de la déesse du soleil 19, 22, 70
Ise-monogatari 58, 135, 186
Itsukushima-jinja, Miyajima 74, 160, 168; *54–56, 116–119, 136*
Iwaki 102
Iwaki no Norimitsu 102
Izumi Shikibu 139
Izumi-Shikibu-nikki 139
Izumo 74

Jigoku-no-sōshi-emaki 216; *210*
Jingan-ji 35
Jingo-ji (près de Takao) 33, 35, 40, 43, 44, 48, 120, 151, 154, 179, 210
Jingō-kōgō, impératrice 48; *31*
Jingu-ji, Osaka 112
Jion Daishi 116; *104*
Jishō-in, Kyōto *140*
Jitō, impératrice 14

Jizō Bosatsu 38, 102, 104; *18, 92, 105*
Jōchō, sculpteur 64, 84, 86, 89, 91, 98, 102, 103, 104, 106, 112; *58, 59, 67-70, 75, 76, 81, 83, 91, 92*
Jōdo 64, 74-80, 91, 102, 112, 115, 121, 123, 124
Jōdo, secte 64, 74, 217
Jōdo-ji, Hyōgo *159*
Jōgan, époque et sculpture 35, 38, 40, 42-44, 46, 48, 51, 82, 102; *18, 19, 26-28, 64, 98*
Jōmyō-ji, Kobata 64, 84, 102
Jōruri-ji, Kyōto 84, 91, 104; *62, 74-78, 93*
Jūni Shinshō 38, 108; *18, 96*
Jūni-ten 51, 120, 172; *110*
Junji-Hachiman-kō, Kōya-san 51
Junna, empereur 27, 62

Kagerō-nikki 136
Kaifusō 19
Kakimoto no Hitomaro 20
Kakuyū *voir* Toba Sōjō
Kamakura, époque 27, 33, 38, 51, 121, 207, 210, 217; *18, 99, 198*
 ville 8, 65, 210, 217
Kammu, empereur 22, 27, 29, 52, 62, 164, 168
Kammuryōju-kyō 74
Kamo-jinja, Kyōto 22, 74
Kampyō, ère 135
Kanfugen-bosatsu-kyō 128; *114*
Kannon Bosatsu 46, 78, 79, 84, 100, 102, 104, 112, 120, 121; *21, 83, 84, 86, 102, 106*
 Jūichimen (à onze têtes) 38, 46, 112; *18, 27, 28*
 Nyoirin 46, 112
 Senjū (aux mille bras) 40, 84, 91, 102, 106, 108, 112, 120; *3, 73, 97*
 Shō 106
Kanshin-ji, près d'Osaka 46
Kara-e 133, 147, 148, 151, 202; *118, 138, 177*
Kasuga-jinja, Nara 70, 160; *144, 146*
Kazan, empereur 141
Keikō, empereur 12
Kenen, sculpteur 108; *72, 97*
Kenkei, sculpteur 36, 91
Ki, famille 55
Ki no Haseo 27, 58, 63
Ki no Tomonori 57; *127*
Ki no Tsurayuki 57, 58, 136, 147; *44, 120, 131*
Ki no Yoshimochi 58
Kibi-Daijin-Nittō-ekotoba 204; *195*
Kibi no Makibi *195*

Kichijō-ten 108, 112; *95*
Kimpusen, mont 64, 126, 154
Kisen, moine 57
Kitano-jinja, Kyōto 46, *162*
Kitano-temman-gū, Kyōto 74
Kitano-Tenjin-engi-emaki 27; *46, 162*
Kiyohara no Fukayabu 136
Kiyohara no Motosuke 136
Kobata 64
Kōchō, sculpteur 91
Kōen, sculpteur 91
Kōfuku-ji, Nara 15, 36, 65, 104, 108; *80, 96*
Koguryo (Kōkuri) 14
Kojiki 19, 20
Kojima-dera 48
Kōjō, sculpteur 91
Kokei, sculpteur 99
Kōken, impératrice 112
Kōken-Shōtoku, impératrice 17
Kokin-[waka-]shu 57, 58, 135, 136, 147, 148; *42-44, 127*
Kōkō, empereur 63, 80
Kokūzō Bosatsu 120; *109*
Kōmyō, impératrice 17
Kongara-Dōji 51; *33*
Kongōbu-ji, Kōya-san 32, 33, 120, 126, 163; *12, 101, 102, 153, 156*
Kongōchō-kyō 29
Kongōsammai-in, Kōya-san *12*
Kōnin, empereur 22
Kōnin, ère 40; *140*
Konjaku-monogatari 9, 139
Konkaikōmyō-ji, Kyōto 77
Konkōmyō-saishōō-kyō 122, 135
Konoe, empereur 65
Korechika, ministre 137
Kōrin, peintre 218
Kōryū-ji, Kyōto 14, 102
Kose, école 148
Kose no Kanaoka 148, 168
Kose no Kimmochi 148
Kose no Kintada 148
Kose no Ōmi 148
Kosei, sculpteur 91
Kōshō, sculpteur 64, 84, 102, 103; *59*
Kōtoku, empereur 122
Kōya-san, mont 32; *12*
Kōzan-ji, Kyōto 210; *204-207*
Kudara no Kawanari 148
Kūkai (Kōbō Daishi) 8, 26, 29, 32, 33, 36, 38, 44, 46, 48, 52, 55, 80, 120, 122, 154, 162; *11, 37, 38, 147*
Kunisaki, péninsule *89, 90*
Kunō-ji 128; *115*
Kūya, moine 77; *59*
Kyōōgokoku-ji *voir* Tōji
Kyōto *voir* Heian-Kyō

Li Zheng, peintre 48
Li Zhiao, poète 55; *39*
Longmen, grottes 14
Luoyang 74

Mahāyāna, doctrine 74, 122, 126; *voir aussi* bouddhisme
Makura no sōshi 136, 137, 138, 151, 174, 207; *199*
Mandara 29, 33, 35, 38, 40, 48, 51, 112, 121, 163
 Chinkai 121
 Garbhadhātu (de la Matrice) 29, 32, 40, 48, 172; *21, 22, 32, 110*
 Hokke-kyō 115
 Hōrokaku 115; *103*
 Jōdo 79, 80, 86
 Ryō-kai (des Deux Mondes) 33, 38, 48, 82, 100; *32, 35, 83*
 Saiin 40, 48
 Taema 79
 Taishaku 51
 Takao 40
 Vajradhātu (du Diamant) 29, 32, 40, 48, 100, 172; *20*
Manyō-shū 19, 20, 52, 56, 57; *36*
Matsuo-jinja 48
Māyā 120; *101, 107*
Mekira Taishō *96*
Michiko (Dōshi) 147
Minamoto, clan 8, 64, 65, 184, 209, 216, 217; *171*
Minamoto no Makoto 202, 203; *165*
Minamoto no Shigeyaki *134*
Minamoto no Shitagō 138, 147
Minamoto no Takaakira 63
Minamoto no Takakuni 216
Minamoto no Yoriie 217
Minamoto no Yoritomo 8, 27, 65, 210, 217; *12, 202*
Minamoto no Yoshitomo 65
Minamoto no Yoshitsune 160, 217
Mino 154
Miroku Nyorai 38, 124, 154; *21*
Mitsune, poète 147
Miyako no Yoshuka *162*
Mommu, empereur 14
Momoyama, époque 217
Monju Bosatsu 38, 40; *18, 21, 87, 102*
Monobe, clan *178*
Murakami, empereur 48, 63, 165
Murasaki Shikibu 8, 59, 64, 138, 139, 145, 168, 172, 173, 175, 184, 186, 188, 209; *45*
Murasaki-Shikibu-nikki 64, 138, 173, 175, 184, 207; *45*
 ekotoba 207; *166, 168, 198*
Murō-ji 36, 38, 43, 46, 51; *16-18*

Muryōju-kyō 74, 128
Mutsu, province 101, 126
Myōhō-in, Kyōto 91, 106, 169
  Sanjūsangen-dō 91, 106; *73*
Myōhō-renge-kyō 122
Myōō-in, Kōya-san 51

Nagaoka 22, 27, 29
Nakatomi no Kamatari 14, 62; *178*
Nakatomi no Yoshinobu 147
Nakatsu-hime, princesse 48; *31*
Nakatsukasa, princesse 147
Nara, époque 14, 17, 19, 46, 52, 62, 82, 102, 112, 122, 147, 151, 161, 163, 175, 210
  ville *voir* Heijō-kyō
Nembutsu, secte 217
Nenjū-gyōji 168, 169
Nenjū-gyōji-emaki 148, 151, 169, 171, 172, 179, 184, 204; *137, 160, 161, 167, 175, 176*
Nezame-monogatari-emaki 207; *197*
Nihon-shoki 19
Niitabe, prince 17
Nijō, empereur 65; *171*
Nijō no Kisaki, impératrice 148
Nimmyō, empereur 27, 52, 165; *14*
Ningbo 29
Ninna-ji, Kyōto 27, 63, 80, 162, 163; *147, 173*
Ni-ō 86, 104
Nishihongan-ji, Kyōto 147; *131, 133, 134, 156*
Ni-ten 102; *86*
Notes de chevet, Les *voir* Makura no sōshi

Ōe, clan 55
Ōi-dono, palais, Kyōto 65
Ōjō Yō-shū 64, 77, 102
Onjō-ji, bord du lac Biwa 29, 51, 55, 65, 216; *30*
Ono no Komachi 57
Ono no Takamura 135
Ono no Tōfu (Michikaze) 140, 141; *42, 43, 126, 127*
Ō no Yasumaro 19
Ōtomo no Kuronushi 57
Ōtomo no Yakamochi 20, 29
Ouyang Xiu, poète 158; *39*
Owari 154
Oyamazumi-jinja, Ōmishima 160

Paekche 12, 14, 22
Paradis de l'Ouest *voir* Jōdo

Qinglongsi 29

Rakan (luohan) 112
Reizei, empereur 63; *49, 163*
Reizei-in, palais, Kyōto 27, 66; *49*
Rengeō-in *voir* Myōhō-in
Rikushō-ji (six temples *shō*) 65, 91, 147
Rimpa, école 217
Rinzei, secte 217
Ritsu, secte 17
Rōben, moine 98
Rokuharamitsu-ji, Kyōto 104; *59, 92*
Ryōnin, moine 100; *82*
Ryōsei, peintre *30*
Ryūchi (Nāgabōdhi) 48
Ryūmyō (Nāgārjuna) 48, 116; *37, 105*

Sadahito, prince *voir* Shirakawa, empereur
Sadako, impératrice 137, 138
Saga, empereur 27, 32, 33, 52, 55, 62, 147, 164, 168; *39, 128*
Saga-in, palais, Kitano 27
Sagayama 154
Saichō (Dengyō Daishi) 8, 27, 28, 29, 52, 122; *10, 38, 89*
Saidai-ji, Nara 51
Saiji, Kyōto 26
Saikō-ji 154
Sainen, moine 108; *97*
Saishō-ji, Shirakawa 65
Sakanoue no Tamuramaro, général 27
Sanjō, empereur 141
Sanjō Munechika 158
Sanjūsangen-dō *voir* Myōhō-in
Sanuki 154
Sanzen-in, Ōhara 100, 104; *82-84*
Satsuma 158
Sawara, empereur 22, 27
Seiryō-ji 102
Seishi Bosatsu 79, 84, 100, 102, 120, 121; *70, 83, 84, 86, 106*
Seishō-ji, Shirakawa 65
Sei Shōnagon 136, 137, 138, 139, 145, 151, 173, 174, 207, 210; *199*
Seitaka-Dōji 51; *33*
Seiwa, empereur 40, 63, 203
Senkan, moine 77
Seson-ji, école 142, 147
Settsu 154
Shaka Nyorai 14, 38, 40, 46, 86, 102, 112, 120, 122, 124, 186, 188, 210; *18, 19, 101, 103, 107, 108*
Shigi-san, mont 199, 202; *189, 190*
Shigi-san-engi-emaki 70, 178, 199, 202, 210; *51, 188-191*
Shingon, secte 29-38, 40, 46, 48, 52, 55, 80, 82, 91, 100, 120, 122, 124, 151, 154; *12, 139, 141, 147*
Shin-Kokin-waka-shū 57, 70
Shinnen, moine 32
Shinnyobō, moine 100; *82*
Shinshō-ji, Shiga *42*
Shintō 8, 12, 14, 19, 20, 27, 29, 46, 48, 62, 70, 74, 80, 156, 158, 160, 164, 168, 173, 210; *30, 31, 52-54, 84, 119*
Shin-Yakushi-ji, Nara 17, 43
Shirakawa, empereur 64, 65, 91, 106, 147, 188; *131*
Shiramizu-Amida-dō *voir* Ganjō-ji
Shi-tennō 33, 82, 84, 91, 104; *93, 103*
Shitennō-ji, Osaka 12, 48, 134, 207; *121, 122*
Shiva Mahādeva 44
Shōbō, moine 82; *64*
Shōgo-in, Kyōto *30*
Shōkaku Gyōja, ermite 36
Shōkoku-in, Toba 91
Shōkongō-ji, Toba 216
Shōmu, empereur 17, 122, 147
Shōren-in, Kyōto 51, 116; *33*
Shōshin Hōshinnō, prince *173*
Shōtoku Taishi, prince héritier 12, 19, 108, 116, 122, 168, 186, 188, 210; *94, 105, 178, 201*
Shunei, moine 57
Soga, clan 12, 62
Sokujō-ji 104; *91*
Song, dynastie 9, 112, 120, 146
Sonshō-ji, Shirakawa 65
Sōsei, moine 148
Sōtatsu, peintre 218
Sugawara, clan 55; *46*
Sugawara no Koreyoshi 46
Sugawara no Michinaze 27, 57, 58, 63, 74; *46, 162*
Sugawara no Takasue, fille de 207; *135*
Suiko, impératrice 19
Sui-ten *110*
Sumeru, mont 112
Sumiyoshi, famille 169
Sun Guoting 52
Sutoku, empereur 65, 82
Sūtra du Lotus *voir* Hokke-kyō
Suzaku, empereur 63, 188; *64, 124, 179*
Suzaku-in, palais 27, 63, 165
Syrie 17

Tachibana, clan 55
  sanctuaire de Dame Tachibana 79
Tachibana no Hayanari 52
Tachibana no Michisada 139
Taima, sanctuaire, Nara 161

Taira, clan 8, 65, 74, 106, 128, 154, 160, 184, 216, 217
Taira no Kiyomori 65, 74, 108, 128, 210, 217; *54, 97, 119*
Taira no Shigemori 210; *170*
Taira no Tadamori 106
Taishaku-ten 33, 44, 51, 112; *3, 14, 15*
Takahiro, prince *voir* Gosanjō, empereur
Takamatsu-dono, palais, Kyōto 65
Takano Niigasa, mère de l'empereur 22
Tang, dynastie 14, 15, 27, 40, 43, 46, 55, 56, 136, 138, 154, 162, 163, 164, 165; *26, 39, 128*
Tanhuan, moine 74
Tankei, sculpteur 91, 106; *73*
Taoïsme 29
Tatsuta, rivière 148
Teiji-in, palais 135, 148
Temmu, empereur 14
Tempyō, ère 122
Tendai, secte 29, 40, 55, 57, 64, 74, 77, 82, 116, 121, 122, 124, 210; *30, 79, 89, 100, 108*
  patriarches 116; *105, 201*
Terre pure *voir* Jōdo
Tiantai, mont 29
  secte 29
Tibet, tibétain 46

Toba, empereur 65, 91, 106, 188, 216; *72*
Toba-dono, palais 65, 91; *72*
Toba Sōjō, abbé 216; *204*
Tobatsu-Bishamon-ten 46, 102; *29, 93, 95*
Tōdai-ji, Nara 17, 28, 77, 122, 146, 168, 202; *2, 98, 159, 190*
  Shōsō-in 17, 147, 161
Tōji, Kyōto 26, 33, 40, 44, 46, 48, 52, 102, 120, 151, 163, 186, 202; *13–15, 20–22, 29, 32–34, 37, 38, 110, 138, 177*
Tokugawa no Iemitsu 13
Tori, maître de bouddha 14
Tosa-nikki 58, 136
Tosa, école 207
Tōshōdai-ji, Nara 17, 40; *3*
Tsuchimikado, palais, Kyōto 63, 64, 70, 207
Turkestan 29

Uda, empereur 27, 57, 63, 80, 135, 148, 163
  village 22
Uji 64, 86, 138, 186; *155, 185*
Ujikami-jinja 74; *52, 53*
Ukiyo-e 217
Unkei, sculpteur *59, 99, 159*
Usa, sanctuaire, Ōita 74

Usuki 112
Utsubo-monogatari 136, 173, 186

Wakan-roei-shū 136, 142; *129*
Wake no Kiyomaru 35
Wang Xizhi 52
Wudaishan, monts 29

Yakushi Nyorai 35, 40, 43, 51, 82, 86, 91, 98, 108, 112; *3, 18, 23–25, 64, 77, 78, 96*
Yakushi-ji, Nara 14, 15, 17, 48, 116, 122, 210; *16, 31, 104*
Yamabe no Akahito 20; *133*
Yamashiro 158
Yamato, maison impériale 19
  région 12, 14, 199, 202
Yamato-e 8, 89, 126, 147, 148, 151, 186, 188, 204, 207, 209, 210, 217; *115–117, 120, 139, 170, 178, 202*
Yamato-monogatari 135
Yasaka-jinja, Kyōto 74
Yoshikane Ajari 116
Yoshiko, Saigu Nyōgo, impératrice et poétesse *203*
Yue 29
Yūshi-Hachimankō-Jūhakka-in, Koyasan 121; *61*

Zemmui 116
Zen, bouddhisme 216, 217

Crédit photographique

L'auteur et l'éditeur tiennent à exprimer leur reconnaissance aux photographes ainsi qu'aux musées et institutions qui ont bien voulu mettre à leur disposition les documents reproduits dans cet ouvrage. Ils remercient aussi pour leur aide Miss Aki Uyeno, National Research Institute of Cultural Properties, Tōkyō, et Dr Bunsaku Kurata, National Museum, Nara. Les chiffres renvoient aux numéros des illustrations.

La réunion du matériel photographique a été faite par Ingrid de Kalbermatten.

Berlin, Bildarchiv Preussischer Kulturbesitz 112
Boston, Museum of Fine Arts 195
Cleveland, The Cleveland Museum of Art 159
Fribourg, Ronald Sautebin 1, 2, 3, 16, 17, 23, 29, 57, 99
Hambourg, Marion Höflinger 38, 39, 41
—— Museum für Kunst und Gewerbe 62
Kyōto, Kiichi Asano 65
—— Benrido Company Ltd. 5, 6, 8, 14, 18, 19, 24, 26, 30, 33, 34, 43, 51, 52, 59, 60, 61, 67, 72, 74, 75, 80, 82, 83, 85, 88, 92–96, 98, 101, 106–108, 110, 113, 116, 118, 119, 123, 138, 139, 145, 147, 157, 174, 177, 188, 189, 190, 191, 202, 207
Nara, Kasuga-jinja 144, 146, 156
—— National Museum 97 (avec la permission du Temple Būjō-ji, Kyōto); 104 (photo: Satokazu Yazawa)
—— Museum Yamato Bunkakan 115, 197, 200
Ōsaka, Fujita Art Museum 166, 198
Tōkyō, Yukio Futagawa 12, 13, 53, 54, 77, 89, 90
—— Gotō Art Museum 44, 45, 49, 120, 125, 127, 130, 168, 182–184
—— Heibonsha Ltd. 40, 63, 86, 87, 91, 117, 132
—— National Research Institute of Cultural Properties 10, 11, 133, 134, 140, 148, 172, 173
—— Okura Shūkokan Museum 100
—— Orion Press 46, 78, 102, 105, 122, 136, 142, 149, 153, 162
—— Sakamoto Photo Research Lab. 204–206
—— The Seibu Museum of Art 20, 22
—— The Tokugawa Reimeikai Foundation 9, 50, 155, 164, 169, 179, 180, 181, 185–187
—— The Zauho Press 31, 35, 36, 42, 64, 70, 84, 109, 111, 129, 135, 137, 141, 143, 150–152, 154, 160, 161, 165, 167, 170, 171, 175, 176, 178, 192–194, 196, 199, 208, 210
Washington, D.C., Freer Gallery of Art 103, 114, 131, 203

Archives de l'auteur 27, 28, 32, 37, 56, 58, 69, 71, 73, 76, 79, 81, 121, 124, 126, 128, 158, 163, 201

Les illustrations ci-après proviennent des ouvrages suivants:

Ill. 55 et 66: MASUDA, T., *Japon,* Fribourg, 1969 (Architecture universelle);

Ill. 48: SCHAARSCHMIDT-RICHTER, I. et MORI, O., *Le Jardin japonais,* Fribourg, 1979;

Ill. 47: OKADA, J, *Chogu,* Tōkyō, 1966 (Nihon no bijutsu, 3, n° 7);

Ill. 25: KURATA, B. et al., *Mikkyō jiin to Jōgan Chōkoku,* Tōkyō, 1967 (Genshoku nihon no bijutsu, 5);

Ill. 68: KUDO, Y. et al., *Amidadō to Fujiwara Chōkoku,* Tōkyō, 1969 (Genshoku nihon no bijutsu, 6).

Secrétariat de production: Hubertus von Gemmingen
Secrétariat de rédaction: Dominique Guisan
Carte: Marcel Berger
Maquette et fabrication: Franz Stadelmann

Imprimé en Italie